KB200812

선교사의 정신건강과 책무

교회와 선교단체의 지원 체계

Missionaries, Mental Health, and Accountability:
Support Systems in Churches and Agencies

Copyright © 2020 Global Mission Leadership Forum(GMLF)

Korean Edition published by Duranno Ministry, Seoul 2020.
Translated and published by permission.
Printed in Korea.

선교사의 정신건강과 책무
교회와 선교단체의 지원 체계

지은이 | 김진봉·조나단 J. 봉크·J. 넬슨 제닝스·이재훈 외 39명
초판 발행 | 2020. 2. 26
등록번호 | 제1988-000080호
등록된 곳 | 서울특별시 용산구 서빙고로65길 38
발행처 | 사단법인 두란노서원
영업부 | 2078-3352   FAX | 080-749-3705
출판부 | 2078-3331

책 값은 뒤표지에 있습니다.
ISBN 978-89-531-3702-8 03230

독자의 의견을 기다립니다.
tpress@duranno.com   www.duranno.com

· 성경은 개역개정판을 사용했으며 다른 역본은 별도로 명시했습니다.

두란노서원은 바울 사도가 3차 전도여행 때 에베소에서 성령 받은 제자들을 따로 세워 하나님의 말씀으로 양육하던 장
소입니다. 사도행전 19장 8-20절의 정신에 따라 첫째 목회자를 돕는 사역과 평신도를 훈련시키는 사역, 둘째 세계선교
(TIM)와 문서선교(단행본·잡지) 사역, 셋째 예수문화 및 경배와 찬양 사역, 그리고 가정·상담 사역 등을 감당하고 있습니다.
1980년 12월 22일에 창립된 두란노서원은 주님 오실 때까지 이 사역들을 계속할 것입니다.

선교사의 정신건강과 책무

교회와 선교단체의 지원 체계

김진봉 · 조나단 J. 봉크 · J. 넬슨 제닝스 · 이재훈 외 39명 지음

40th 두란노

"

우리가 이 보배를 질그릇에 가졌으니
이는 심히 큰 능력은 하나님께 있고
우리에게 있지 아니함을 알게 하려 함이라

──────────────────────── 고린도후서 4장 7절

CONTENTS

제1부 · 성경 강해

제2부 • 선교사의 환멸과 낙심, 우울증

제3부 · 선교사의 관계 역동성과 갈등

제4부 · 선교사의 정신'질환'에 영향을 미치는 상황 요인

제5부 · 선교사의 정신건강 돌봄을 위한 자원

제6부 · 워크숍 논문

제7부 · 마무리 요약

추천사

1

우리 세대가 목격한 한국의 선교운동은 세계교회사에서 특별한 의미를 지닌다. 이 운동이 계속해서 확장되는 가운데 문화의 경계를 넘는 과정에서 도전해야 하는 일이 끊임없이 생겨나고 있다. 오늘날 한국 교회가 파송하는 해외 선교사와 사역자의 인구 대비 인원수는 세계 선두를 달린다.

이런 대대적 선교운동에 수반되는 도전을 다루기 위해 격년으로 포럼을 개최하고 있는데, 이 포럼은 2011년 코네티컷 소재의 해외선교연구센터(OMSC)에서 시작되었다. 당시 발표된 논문은 《선교 책무: 21세기 한국과 북미 선교 연구》(조나단 봉크 외 지음, 생명의말씀사, 2011)로 출간됐다. 당시 선교계에 신기원을 이룬 이 포럼은 다음 내용으로 소개됐다. "이 포럼의 의도와 결과에서 드러난 실제성과 솔직함, 전문성, 지적 활력, 영성을 볼 때 매우 특별한 일이 시작됐음이 확실하다. 거대하거나 위력적이거나, 수치상 인상적이지는 않지만 큰 장래성을 가졌다고 분명하게 말할 수 있다." 이후 세 차례에 걸쳐 한국과 미국에서 포럼이 개최됐고, 매번 한국어와 영어로 출판물이 출간됐다. 이번 출판물은 2011년에 시작된 획기적 심포지엄에서 비롯된 또 하나의 열매로, 2019년 6월 10~14일에 속초 켄싱턴스타호텔에서 열린 심포지엄에서 한국인과 외국인 전문가들이 발표한 15편의 사례 연구를 담았다. 2부에 나오는 네 편의 논문은 선교사의 환멸과 낙심, 우울증 문제를 다룬다. 3부는 결혼 및 타문화 경험과 관련한 선교사의 관계 역동성을 다룬 세 편의 논문으로 구성됐다. 4부로 묶여진 다섯 편의 논문은 선교사들의 정신건강을 해치는 요인을 분석한다. 세 편의 논문으로 이뤄진 5부에서는 선교 현장에서 스트레스와 정신건강 문제로 힘들어하는 선교사들에게 도움이 되는 자원을 제시한다.

우리 부부가 에티오피아에서 SIM 선교사로서 사역하는 특권을 누렸던 시기(1967~2005년) 후반에 우리는 신학교육, 전도, 교회 개척, 개발 프로젝트, 행정 책임 등 다양한 맥락에서 한국인 선교사들과 긴밀하게 협력할 수 있었다. 함께 사역한 한국인 선교사들이 보여준 타문화 적응력은 실로 놀라웠다. 오지 교회 개척 사역으로 섬긴 한국인 부부 선교사들이 특히 그랬다. 그들은 에티오피아 국민 언어인 암하라어에 능했고, 여러 원주민 언어도 잘 구사했다. 또한 외딴 지역에서도 간소하고 지혜롭게 생활할 줄 알았다. SIM 에티오피아가 연 2회 개최하는 영성수련회에서 한국인 선교사들은 SIM 전체 모임에서 가족처럼 어울렸다. 이 영성수련회에서 그들은 전체 참가자 앞에서 자신의 이야기를 스스럼없이 나눴다. 그리고 국제 선교기관에서 일어나는 좋고 나쁜 일을 비롯해 스트레스, 오해 등과 관련된 일에 대해 자유롭게 토의했다. 한편 다국적 그룹에서 흔히 일어날 수 있는 일이지만 우리 서양인들은 한국인 형제자매와 동역하면서 난감한 상황에 처하기도 했다. 예를 들면 몇몇 한국인 선교사가 SIM 에티오피아가 연 2회 주최하는 7일간의 전략회의에 참석했는데, 회의에서 열띤 대화가 이뤄지는 동안 한국인 참가자들은 특별한 의견 표명 없이 앉아 있다가 나중에서야 사석에서 몇몇 논점에 대한 자신들의 주장을 강하게 피력하곤 했다. 전략회의에서 의견을 솔직하게 말하지 않은 이유를 따져 물었을 때 그들은 "까다로운 사람으로 보이고 싶지 않았거든요"라고 대답했다. 이런 식으로 우리는 서로의 문화적 차이를 이해하고 존중하는 법을 배워 나갔다.

이 책에서 다룬 15건의 사례는 한국인과 외국인 저자의 인원수를 균등하게 배분해 선교사의 정신건강에 얽힌 복잡한 문제를 심층적으로 파고들었다. 또한 이와 연관되어 교회와 기관의 지원 체계가 져야 할 책무에 대해서도 논했다. 기고자인 한국인과 외국인 저자들은 선교사의 관계 역동성에 대한 네 가지 주요 영역을 고찰했다. 첫째, 환멸과 낙심, 우울증이다. 둘째, 관계 역동성과 갈등이다. 셋째, 선교사의 정신건강에 영향을 미치는 상황 요인이다. 넷째, 선교사의 정신건강을 돌보기 위한 자원의 유용한 통찰 등이다. 이들이 다룬 내용은 에티오피아에서 우리가 겪은 상황에 적용될 만한 것이 많았다. 특히 그리스도의 몸 안에서 의미 있는 기도의 필요성, 사역을 핑계로 가정에 대한 책임을 소홀히 한 탓으로 발생하는 트라우마, '상처 입은 종'을 도울 전문가의 필요성, 세계선교와 교회를 위해 동역하면서 정신건강을 증진시키고 모두에게 행복과 즐거움을 제공하는 풍성한 관계의 소중함에 대해 공감했다.

에티오피아에서 여러 사역과 리더 역할을 맡아 활동한 선교사 부부로서 우리는 이 책을 적극 추천한다. 특히 오늘날 새롭게 대두되는 타문화선교에 대한 책임을 가진 전 세계 선교기관의 리더에게 이 책을 권한다.

폴 발리스키(Paul Balisky) · 라일라 발리스키(Lila Balisky) 박사

전 에티오피아 주재 SIM 선교사

paulilab@telus.net

선교사는 "땅의 모든 족속이 너로 말미암아 복을 얻을 것이라"(창 12:3)는 성경 말씀처럼 복의 전달자다. 선교사는 예수님의 성품을 반영하여 그 성품을 재생산하며, 예수님이 이 땅에 세우신 구조를 더욱 굳건하게 만들며, 땅의 모든 종족이 복음을 들을 때까지 말씀을 전달하고 또 전달해야 한다. 그러나 본질적으로 인간의 한계를 가진 우리는 선교사로 살아가면서 여러 어려움을 겪을 수밖에 없다. 이런 사실을 알고 있음에도 우리는 그간 믿음으로 이 모든 어려움을 극복하도록 권면했을 뿐이다. 선교사의 정신건강 문제를 돌보는 것은 이제 선택 사항이 아니라 건강한 선교를 지속하기 위한 필수 영역이 되었다. 정신건강 전문가와 교회는 선교사의 정신건강과 삶을 보살피도록 부르심을 받았다고 할 수 있다.

이런 상황 아래 글로벌선교지도자포럼(GMLF)에서 '선교사의 정신건강과 책무: 교회와 선교단체의 지원 체계'를 주제로 KGMLF라는 국제포럼을 개최한 일은 시의적절했다고 본다. 특히 선교 구조가 열악한 상황에서 개인의 힘만으로 정신건강을 돌본다는 것은 매우 어려운 일인데, 적절한 구조를 만드는 것이 매우 중요하다고 생각한다. 이번 포럼을 통해 한국의 그리스도인 정신과 의사들의 모임인 대한기독정신과의사회와 KGMLF가 서로 교분을 쌓고 교류할 수 있게 된 것도 대단히 고무적인 일이다.

이번 포럼에서는 선교지에서 일상적으로 경험하는 스트레스, 우울, 불안, 분노 등 정서적 문제뿐 아니라 부부 갈등, 자녀 문제, 성 문제, 트라우마, 위기관리 등 다양한 주제를 다뤘다. 적절한 진단과 조기 검진을 통해 예방할 수 있는 정신적 문제를 해결하지 못해 심각한 질병 수준에 이르러 여러 어려움에 봉착한 선교사들이 이 포럼에서 이뤄진 논의를 통해 돌파구를 찾게 되리라 믿는다. 그동안 여러 교회와 선교단체는 정신건강 문제에 대한 인식 부족과 관점 차이 때문에 선교사의 정신건강에 대한 적절한 논의 진행이 어려웠는데, 이번 계기를 통해 그런 논의가 활발하게 이루어지기를 기대한다.

우리는 이 세상에서 그리스도의 뜻이 이뤄지기를 바라는 그리스도인이자 세계를 품은 그리스도인이다. 우리 각자는 본질적으로 선교사의 삶을 살도록 부름 받았다. 타문화권을 향해 나아가든, 우리를 찾아온 타문화권 사람을 환영하든, 나가는 사람을 후원하며 보내는 역할을 하든, 다른 사람을 하나님의 목적에 따라 살도록 모으든 간에 선교사로서의 역할을 감당하며 살아야 한다. 이 세상을 향한 하나님의 뜻을 이루기 위한 우리 동역에 이번 포럼에서 다뤄진 많은 주제가 큰 도움이 되리라고 믿으며, 이 귀한 포럼을 준비하고 발제하며 참여한 모든 사람을 하나님이 축복하시고 이 성과가 널리 알려지고 귀하게 사용되기를 기도한다.

채정호(Jeongho Chae), MD, PhD
대한기독정신과의사회 회장
가톨릭대학교 의과대학 정신과학과 교수

1980년 이후 한국인 선교사 수는 급격히 늘어났다. 그들의 성공적 선교 사역을 위해 높은 수준의 멤버케어를 제공하는 섬김이 반드시 필요함에도 한국 교회는 오랫동안 이를 소홀히 했다. 초기 수십 년간은 선교사 멤버케어에 대한 이야기가 가끔 언급되는 정도였지만, 최근 10년간 많은 한국인 선교사 멤버케어 단체가 생겼다. 그러나 여전히 갈 길이 멀다. 선교사들에게 보다 종합적이고 전문적인 서비스를 제공하기 위해 한국인 선교사 멤버케어 사역단체들이 더욱 노력해야 한다.

2019년 6월 속초 켄싱턴스타호텔에서 열린 KGMLF가 '선교사의 정신 건강과 책무: 교회와 선교단체의 지원 체계'를 주제로 삼은 것에 대해 개인적으로 기쁘게 생각한다. 선교사 멤버케어 분야의 전문가들이 모여 선교사의 영적·정신적·정서적·심리적·사회학적·문화적·신체적 필요 등을 포함한 여러 주제의 논문을 발표하고 의견을 나눴다. 이 자리에서 참가자들은 선교사 멤버케어와 연관된 복잡한 문제를 살펴보고, 이에 대한 해결책을 제시했다.

더 많은 선교사를 파송하는 것은 오늘날 교회가 당면한 중요한 과제이지만, 이미 파송된 선교사를 제대로 보살피는 과제도 소홀히 할 수 없다. 바로 지금이야말로 한국 교회와 선교계, 특히 선교사 멤버케어 단체들이 힘을 합쳐 보다 나은 선교사 케어를 위한 전략을 개발하고 실행해야 할 때다. 선교사 멤버케어 사역기관이 늘어나야 하고, 그들의 사역이 보다 종합적이고 전문화되어야 한다. 멤버케어를 제공하는 기관들이 모여 공동체를 이루되, 각 기관마다 고유 영역에서의 전문성을 갖춰야 한다.

이 책은 한국인과 외국인이 공동으로 저술에 참여해 선교사 멤버케어에 대한 종합적 관점을 제공하고 있다. 나는 이 책을 한국인 선교사를 비롯해 선교사 후보, 선교 지도자, 개교회 리더, 선교사 멤버케어에 큰 관심을 가진 모든 사람에게 권하고 싶다. 하나님은 이 땅에 임할 하나님 나라를 위한 사역에 부르고 파송한 그분의 종들을 보살피신다. 따라서 한국 교회와 한국 선교기관은 하나님 나라의 사역자들에게 필요한 보살핌을 제공할 지원 체계를 반드시 개발해야 한다.

박기호(Timothy Kiho Park) PhD

풀러신학교 선교대학원, 아시아 선교학 원로교수

선교 사역의 바통은 수 세기에 걸쳐 한 국가와 지역에서 또 다른 곳으로 꾸준히 전달되었다. 하나님의 성령이 사람들의 삶을 감동시키시며 "가라"는 명령에 따라 자국의 상황을 벗어나게 하실 때 그 일이 일어났다. 앤드루 월스는 문화의 경계를 넘는 하나님의 선교가 가진 역동적 특성에 대해 다음과 같이 말했다.

"문화의 벽을 넘는 확산 현상이 언제나 역사적인 기독교의 생명선이 되어 왔다는 사실, 기독교의 확산이 중심부로부터가 아니라 변두리에서부터 시작되었다는 특징을 갖고 있다는 사실, 교회의 역사는 진보적이 아니라 연속적인 것으로 발전과 후퇴가 되풀이되는 과정이며 강했던 지역에서 쇠퇴하고 전에는 약했던 지역에서 때로는 새로운 모습으로 부상하는 과정을 되풀이하고 있다는 사실을 한 세기 전에 비해서 지금 훨씬 더 쉽게 이해하게 되었다."[1]

20세기와 21세기 선교 역사에서 한국 교회는 중요한 역할을 담당해 오고 있다. 성령께서 1907년 평양대부흥운동을 통해 한국을 일으키신 사건은 20세기 초 세계 교회의 외딴 구석에서 일어난 일이었지만, 이 사건을 통해 교회는 열정적으로 하나님 선교의 대의를 품게 되었다. 오늘날 한국인 선교사들은 전 세계에서 활동하며, 복음 전파가 가장 적게 이뤄진 힘든 지역에서 복음을 전파하고, 그곳에서 교회를 개척하고 도움이 절실한 이들을 섬기고 있다.

서울을 방문하면 한국의 역동성과 에너지로 큰 충격을 받을 것이다. 이 도시는 1950~1953년 한국전쟁으로 초토화되었지만 현재는 세계적으로 가장 현대화되고 발전된 도시 가운데 하나로 손꼽힌다. 이 같은 발전은 한국인 특유의 근면과 열의와 집념을 입증해주는 사례다. 한국인의 이런 열정은 하나님의 선교에서도 발휘됐다.

그러나 묘하게도 우리의 강점이 약점으로 변할 때가 종종 있다. 강점이 지나치면 우리의 가장 중요한 능력을 해칠 수 있다.

2019년 속초에서 열린 KGMLF를 통해 한국 교회가 스스로 선교 노력을 비판적으로 검토한 뒤 중요한 의미가 담긴 이 책을 출간한 것에 대해 경의를 표한다. 어느 나라를 불문하고 자기 자신을 돌아보고 정신건강에 대한 책무 등의 영역을 평가한다는 것은 엄청난 용기를 필요로 한다. 분노, 부부 갈등, 성중독, 동료 선교사에 대한 관심 부족 등은 선교사 전기에 자주 등장하는 주제가 아니다. 그러나 이런 현실을 숙고함으로써 향후 복음 사역에 도움이 되는 중요한 교훈을 얻을 수 있다.

해외에서 40년 이상 보낸 세월을 돌이켜볼 때 선교 지도자로서 나 자신이 경험한 중요한 도전과 희생, 비통함이 기억난다. 친구 한 명이 비행기 납치로 목숨을 잃었고, 열대 전염병으로 여러 동료가 세상을 떠났으며, 한 사람은 사고로 장애를 입었고, 어떤 사람들은 대인관계와 팀 간의 갈등으로 깊은 상처를 입었다. 나는 그런 고난이 새로운 일이 아니라는 사실을 안다. 첫 순교자였던 스데반이 죽은 뒤 초대교회는 어떻게 대처했을까? 바나바는 선교여행의 동반자로서 고집 센 바울과 다투고 나서 어떤 종류의 상담이 필요했을까? 바울이 신뢰하는 동역자 디모데에게 보낸 마지막 편지(디모데후서)는 어떤가? 바울이 "아시아에 있는 모든 사람이 나를 버린 이 일을 네가 아나니"[2], 그리고 "다 나를 버렸으나"[3]라고 적었을 때 그는 우울증과 낙망으로 힘들어했을까? "이 세상을 사랑하여 나를 버리고"-4 떠난 그의 팀 동료 데마의 경우는 어떤가? 이 문장 이면에 어떤 사연이 담겨 있었을까?

예수님은 제자들이 향후에 다가올 큰 도전에 맞설 준비를 하도록 사역 기간 내내 특별한 관심을 기울이셨다. 요한복음 14-17장에 기록된 다락방에서 나눈 대화는 그 준비 과정의 정점이었을 것이다. 그때 예수님은 "이것을 너희에게 이르는 것은 너희로 내 안에서 평안을 누리게 하려 함이라 세상에서는 너희가 환난을 당하나 담대하라 내가 세상을 이기었노라"-5고 말씀하셨다. 제자들을 고난의 실존으로 부르시면서 동시에 자신이 이 어그러진 세상을 이겼다고 선언하신 것이다. 그리고 예수님은 성령의 권능을 약속하셨다. 성령이 오시면 그들은 "하나님이 우리와 함께 계시는 임마누엘"-6의 권능이 아니라 하나님이 우리 안에 거하시는 임마누엘의 권능을 가지게 될 것이다.

나는 이처럼 진솔한 생각이 담긴 이 책을 추천한다. 나는 이 책을 통해 한국인 선교사들이 더 잘 준비되고, 한국의 그리스도인들이 하나님의 선교에 더욱 깊이 매진하게 되기를 기도한다.

이 책은 21세기에 여러 문화적 장벽을 뛰어넘어 예수님의 좋은 소식을 전하며 심각한 도전과 싸우는 여러 교파와 교회, 선교기관의 리더들에게 꼭 필요한 자료다.

맬컴 맥그리거(Malcolm McGregor)

전 SIM 국제총재(2003~2013년),

현 Seconded to Langham Scholars as Associate Director for Scholar Care

이 책은 교회와 선교기관과 선교 지도자들이 격년으로 한 자리에 모이는 선교 포럼의 다섯 번째 결과물로, 한국인과 외국인 선교기관과 선교사에게 심오하고 의미 깊은 통찰을 제공한다.

여기에 실린 15편의 사례와 조사 분석, 개인적 성찰은 한국인 선교사를 위한 멤버케어의 현주소를 보여준다. 각 장마다 용기와 개인적 확신, 사려 깊은 솔직함이 드러나 있다.

선교사와 그 가족을 돌보는 문제는 오늘날 세계선교가 직면한 더욱 심각한 도전 가운데 하나다. 선교사 모집에서 은퇴에 이르기까지 선교사들의 치열한 삶은 일반 그리스도인에게 요구되는 것보다 훨씬 더 높은 수준의 관심을 필요로 한다. 선교사는 언어, 문화, 사역 등에서 경계를 넘나든다. 이 같은 일을 독신의 몸으로 감당하는 것도 도전이다. 새로운 언어를 배우고, 새로운 문화에 적응하고, 자국 문화와 다른 방식으로 사역이 이뤄져야 하는 지역에서 사역에 참여하고 외로움을 이겨내는 것, 이 모든 일은 현실에서 마주하게 되는 크나큰 도전이다. 정서적·심리적 트라우마, 심지어 신체적 트라우마를 동반하는 문화충격은 적응 과정에서 흔히 겪는 일이다. 이 책에서 납치와 살해에 대한 트라우마를 다룬다는 사실만으로도 우리는 선교사를 돌보는 일에 대한 중대성과 치열함이 얼마나 예사롭지 않은지 알 수 있다.

선교사 유닛이 선교사 개인뿐 아니라 배우자와 자녀를 포함할 경우 훨씬 더 복잡해진다. 가족 구성원이 크든 작든 간에 비슷한 스트레스 요인의 영향을 받으면서 각자 가족관계의 역동성을 마주할 수밖에 없는데, 그 역동성이 건강할 수도 있고 해로울 수도 있다.

이 책의 여러 논문에서 보듯 한국인 선교사에게 성과에 대한 압박, 위계질서, 의무감, 선교 '영웅'의 이상, 유교적 관계 가치관의 뿌리 깊은 영향력, 수치와 체면 의식 등은 다양한 방식으로 선교사와 그 가족들을 압박한다. 게다가 선교사가 심리학적·정신과적 도움을 필요로 한다는 것 자체를 백안시하는 한국의 분위기 때문에 도움 받는 것은 고사하고 도움이 필요하다는 사실을 인정하는 것조차 어렵다.

이 책에서 계속 보겠지만, 한국인이 겪는 멤버케어상의 어려움은 외국인 선교사들이 직면하는 어려움과 여러 면에서 유사하다. 즉 우울증, 중독, 부부 갈등, 환멸, 조직 내의 갈등, 동료와의 어려움, 가족의 트라우마, 질병 문제 등이 그렇다. 그러나 한국인 선교사는 한국 문화의 관점에서 이런 어려움을 경험하고 이해하기 때문에 한국 문화의 관점에서 납득될 만한 중재와 지원, 격려가 필요하다. 더 나아가 타문화 사역으로 활동한 기간을 끝내고 은퇴하는 선교사들에게 한국 교회와 선교기관이 적절한 지원을 제공하는 데 큰 관심을 두지 않고 있음을 보게 될 것이다.

이 책에서 소개되는 여러 사례와 이야기가 실제 인물에 대한 것임을 염두에 두면서 읽기를 당부한다. 단지 숫자에 불과하다거나 가상의 상황을 만들어낸 것이 아니다. 이 이야기는 그리스도께서 소중히 여기시는 종들이 예수님의 이름을 열방에 알리기 위해 애쓰는 삶의 이야기다. 이 책에 나오는 사례들 가운데 대다수는 큰 대가를 치르더라도 문화의 경계를 넘어 하나님을 섬기라는 특별한 부르심에 응답하기로 작정한 보통 사람의 이야기다. 이들의 이야기를 읽으면 우리가 선교사들과 동역자들을 적절하게 보살펴야 한다는 사실을 깨닫게 된다. 이 책을 읽는 가운데 하나님이 당신을 축복하고 확신을 심어주시기를 바라며, 한국인과 북미권 선교사들이 멤버케어와 관련해 직면한 우려 사항과 어려움에 대해 직접적인 이해를 얻게 되기를 바란다.

스콧 모로(Scott Moreau)

휘튼칼리지 대학원 학장, 선교학 교수

책 제목《선교사의 정신건강과 책무: 교회와 선교단체의 지원 체계》는 언뜻 보면 선교 현장과는 거리가 먼 사람들이 선교사의 삶을 둘러싼 신학적 논제를 다룬 난해한 토의를 연상시킨다. 그러나 이 책이 주는 놀라운 선물은 그 내용이 교회 내에서 복음 전파를 위해 온전히 헌신된 용감한 남녀들의 실제 삶과 사역을 다룬 심도 깊은 연구라는 점이다. 이 책은 문화의 경계를 넘나드는 삶과 사역의 낯선 지형을 탐험하는 선교사들 자신의 생애와 묵상에 대한 실제 사례 연구를 담은 보물 상자다. 이 책에 수록된 논문과 연구가 주는 통찰은 교회가 추수를 위해 선교 사역자를 독려하고 파송하는 일은 잘했지만 선교적 부름에 응답한 이들의 사역을 돌보고 유지하는 일은 제대로 하지 못했음을 반성하게 한다. 교회 전체가 건전한 모집 활동과 지속적 유지를 깊이 고민해야 할 때다.

이들 논문은 선교사가 직면하게 되는 특별한 도전을 살펴보고 있다. 선교사는 여러 저자가 '영웅적 지위'라고 표현하는 모습으로 파송되지만 머지않아 입국 초기에 문화 적응, 자주 간과되는 본국 보고 임무에 따른 불안감 등 어려운 도전에 직면하게 된다. 이 책은 타문화 선교에 따른 외적 도전에 국한되지 않고 뚜렷한 경계도 없고, 일상에서 휴식을 취할 만한 피난처도 없고, 묵상과 회복을 위한 공간도 거의 없는 사역 가운데서 개인의 영적 균형과 가정의 체계를 무너뜨리는 내면의 심각한 갈등도 다루고 있다. 이들 논문은 모든 선교기관에 속한 케어팀의 경각심을 일깨울 병리학적 실체를 지적하는 데 그치지 않는다. 복음을 새로운 상황 가운데로 확장시키는 일에 헌신된 타문화 사역자로서 용감하면서도 오해받기 쉬운 삶을 살아가는 여러 선교사의 탄복할 만한 성장도 다룬다. 선교사들은 접근 제한 국가에서는 물론이고 자신이 기독교 사역자임을 드러내고 섬길 수 있는 곳에서도 고립된 채 외롭게 사역하는 경우가 많은데, 어느 경우든 만만치 않은 어려움이 따르고 뚜렷하게 정의되는 도전이 있다. 그러나 선교사를 파송하는 사람들 가운데 다수는 이런 도전에 대해 충분한 관심을 기울이지 않았다. 이 책에 실린 논문들은 그런 선교 공동체의 삶 가운데서 건강을 지키고 온전함을 증진시킬 수 있는 긍정적 방안을 교회에 제시하고 있다.

이들 논문 중 다수는 한국인 선교사의 경험에 초점을 맞추고 있지만, 훨씬 더 넓은 대상에게 적용할 수 있다. 따라서 전 세계 교회와 선교 파송 기관이 탐독할 필요가 있다. 이 책은 여러 영역에서 새로운 수준의 모범적 해결책을 마련하도록 교회에 촉구하고 있다. 특히 선교에 지원하는 후보자의 선발 과정, 본국과 해외에서의 선교사 지원 체계, 자기성찰과 회복을 위한 공간과 기회 마련, 선교사와 그의 가정을 위한 지속적인 목회적 돌봄 등의 영역에서 그렇다. 이 책은 실제로 선교사로 섬긴다는 것에 대한 우리의 고정관념에 의문을 제기할 수도 있지만, 그것은 그리스도를 열방에 알리기 위한 거룩한 사역을 부여받은 이들에게 "길르앗의 유향"(렘 8:22; 46:11 참조)처럼 유익을 끼칠 것이다.

티머시 C. 테넌트 박사(Timothy C. Tennent) PhD

애즈버리신학교 총장, 세계선교학 교수

서문 1

내 하나님이여 내 하나님이여 어찌 나를 버리셨나이까 어찌 나를 멀리
하여 돕지 아니하시오며 내 신음 소리를 듣지 아니하시나이까 시22:1

'선교사의 정신건강과 책무: 교회와 선교단체의 지원 체계'라는 주제
로 제5회 KGMLF를 준비하는 과정에서 어느 한국인 목사에게 핀잔을
들었다. "포럼에서 이런 주제를 선정한 이유가 뭔가요? 선교사라면 당연
히 영적으로나 정신적으로나 신체적으로 건강해야 하는 것 아닌가요?"
선교사를 일반인보다 한 단계 높은 존재로 여긴 채 이상적이고 화려하게
보는 관점에 대한 응답이 바로 이 책이다. 나와 오랜 기간 동역하고 있는
조나단 봉크 박사와 넬슨 제닝스 박사는 이 포럼의 기획과 진행 과정에
서 많은 격려를 해주었다. 수십 년간 선교사들의 멤버케어를 위해 사역
하고 있는 아시안미션의 대표 정재철 목사도 여러 방면으로 이 포럼의
진행에 격려와 후원을 아끼지 않았다. 그는 이번 포럼의 주제를 처음 제
안한 사람이기도 하다.

이 책은 40여 명 저자의 논문을 단순히 책 한 권으로 모아놓은 것에 그

치지 않는다. 저자들은 자신의 개인 간증과 전문가로서의 오랜 식견과 경험을 공유하고자 했다. 바쁜 일정 가운데서 논문을 준비하고, 포럼 참석을 위해 속초까지 먼 여행을 마다하지 않은 저자들에게 GMLF 선교단체의 대표 자격으로 깊은 감사의 뜻을 표한다. 또한 이 행사가 풍성한 지적·영적 잔치가 되도록 전 세계에서 찾아와 참여하고 기여한 100여 명의 참가자에게 감사의 뜻을 전한다. 그들의 헌신과 참여가 없었다면 이 책은 나오지 못했을 것이다.

2008년 미국 뉴헤이븐에 있는 OMSC 단체에서 국제교회관계에 대한 스태프로 섬기고 있을 때 KGMLF에 대한 비전을 처음으로 그 단체 대표인 조나단 봉크 박사와 나눴다. 그때 그는 이 아이디어를 지지해주었을 뿐 아니라 KGMLF를 오늘날과 같은 포럼으로 성장시키는 데 중추적 역할을 했다. 2016년 OMSC의 이사진들이 필자의 국제교회관계 사역과 잘 진행되고 있던 KGMLF 국제포럼 행사를 모두 폐쇄했을 때, 10년간 봉사했던 그 단체를 떠나야 하는 가슴 아픈 상황이 있었다. 그런데 OMSC 명예원장인 조나단 봉크 박사를 비롯 넬슨 제닝스 박사와 드와이트 베이커 박사의 적극적인 도움으로 GMLF라는 새로운 단체를 코네티컷 주정부에 등록할 수 있었다. 이 단체의 주요 사역은 격년으로 KGMLF를 개최하고 책을 출판하는 일인데, 온누리교회 이재훈 목사의 헌신적인 후원과 협조가 있었기에 오늘날의 KGMLF로 발전할 수 있었음을 고백한다.

그동안 GMLF 여러 이사진의 지도와 격려를 통해 많은 것을 배울 수 있었음에 깊이 감사한다. 하나님이 동역하는 우리의 사역을 계속 축복해주시기를 기도드린다.

20여 년 전 영국의 올네이션스 크리스천 칼리지의 총장이자 교수로 필자를 지도해주었던 크리스토퍼 라이트 박사의 엘리야와 예레미야, 베드로에 대한 성경 강해 내용을 접하며 큰 위로를 받았다. 라이트 박사는 2011년 코네티컷 주 뉴헤이븐에서 열린 첫 KGMLF와 속초에서 열린 2017년과 2019년 KGMLF에서 성경 강해 강사로 섬겨주었다. 통찰력 있고 실제적 적용을 제시한 성경 강해에 대해 깊이 감사드린다.

정신질환과 관련된 필자의 작은 경험에 비춰볼 때 예방은 매우 중요하다고 생각한다. 예방이 불가능하다면 문제가 발생했을 때 빨리 전문가의 도움으로 적극적 돌봄과 회복의 시간을 갖길 바란다. 선교사로서 여러 정신적 어려움을 겪었던 필자에게 당시 전문가의 도움이 없었다면 이 서문을 쓸 수 없었을 것이다. 조나단 봉크 박사의 통찰은 나에게 큰 기쁨을 준다.

"정신질환은 그저 정신질환으로 끝나지 않는다. 정신질환은 다른 사람의 연약함을 공감할 수 있는 통로다. 이는 우리가 슈퍼히어로가 아니라 연약함 가운데서 온전해지는 하나님의 능력에 전적으로 의지할 수밖에 없고, 은혜로 구원받은 인간임을 드러내는 방법이다. 진정성 있는 인간이 된다는 것은 그런 의미다. 그것은 그리스도의 몸의 지체로서 서로를 의지한다는 뜻이다. 독립적인 사람은 인간의 신체 일부분이 스스로 독립적으로 존재하는 것처럼 무용지물이다. 우리가 서로 깊이 의존할 때 우리 주위 사람들에게 비로소 유익을 끼칠 수 있다."

필자의 영적 스승인 봉크 박사의 정곡을 찌르는 이 교훈은 고린도후서 1장 4-11절에 기록된 사도 바울의 가르침이기도 하다.

KGMLF가 발전할 수 있었던 것은 온누리교회 이재훈 담임목사의 섬김의 리더십과 온누리교회 장로들의 적극적 관심과 후원 덕분이라는 점을 강조하고 싶다. 이재훈 목사는 "우리는 촉매 역할을 할 뿐"이라는 것이 성경의 중심 메시지임을 강조한 바 있다. 우리는 모두 촉매로 세례 요한처럼 되어야 한다. '오직 예수'만이 우리의 삶을 통해 드러나야 한다. 또한 KGMLF에서 지속적으로 촉매 역할을 해주고 있는 아시안미션에 대해 언급하고자 한다. "KGMLF에 투자하는 것은 눈에 보이지 않는 하나님 나라를 위한 무형의 투자다"라는 것이 정재철 목사의 신념이다. 아시안미션이 보여주는 지대한 관심과 적극적 후원을 통해 KGMLF가 더욱 성장 발전하고 있음에 하나님께 영광을 돌린다. 정재철 목사는 2021년 KGMLF 포럼 행사를 2018년 평창 동계올림픽 때 사용했던 평창 켄싱턴호텔에서 했으면 좋겠다고 추천했다. 우리는 그의 현명한 조언과 장소 제공의 뜻을 감사한 마음으로 받아들이기로 했다. 그래서 제6회 KGMLF는 '선교와 돈'을 주제로 2021년 11월 9~12일 평창에서 개최될 예정이다. 나는 온누리교회와 아시안미션에 깊이 감사하면서 하나님이 세계선교역사에서 그들을 계속 촉매로 사용해주시고 풍성하게 축복해주시기를 기도한다.

2019년 KGMLF에서 밝은 모습으로 열심히 섬겨준 자원봉사자들에게 깊은 감사를 드린다. 특히 김홍주 목사(온누리교회 이천선교본부장)와 이경희 선교 목사의 지도 아래 이 포럼을 섬기기 위해 시간과 정성을 드려 헌신한 40여 명의 온누리교회 스태프에게 감사한다. 또한 포럼 준비부터 함께 논의하면서 실제적 필요를 채워준 아시안미션의 이상준 목사의 수고에도 감사한다. 모든 스태프는 활기가 넘쳤고 불평하거나 힘들어하는 기색 없이 행사 내내 포럼 참가자들을 섬겨주었다. 얼마나 멋진 하나님의 종들이었는지! 이번 KGMLF를 처음 참석한 로이스 도즈 박사는 선교사 멤버케어에 있어 세계적인 전문가로서 많은 나라에서 강의와 세미나를 인도한 경험을 갖고 있다. 팔순이 훨씬 넘은 그가 KGMLF에 대해 평가한 다음 글을 통해 큰 격려를 받았다.

"이번 행사는 내 인생에서 가장 뜻 깊은 콘퍼런스였다! 이 행사를 통해 깊은 영감과 많은 지식을 얻을 수 있었다. 네 가지 방식으로 배우는 것은 효과적이었고 동시에 즐거웠다. 첫째, 포럼 전 모든 페이퍼 내용을 읽을 수 있었다. 둘째, 잘 준비된 발제와 논평을 들을 수 있었다. 셋째, 각 발표에 이은 질의응답과 그룹 토의에 참여한 것은 정말 훌륭한 경험이었다. 마지막으로 이 포럼의 성공을 위해 온 정성과 노력을 쏟아 부은 온누리교회 스태프들의 헌신을 통해 깊은 감명을 받았다."

또한 이 책의 영문판 출간을 담당한 윌리엄 케리 퍼블리싱의 드니즈 원과 한국어판 출간을 맡은 두란노서원 담당자들에게 감사를 표한다. 영어 편집자인 도로시 캐럴 여사와 한국어 번역을 맡은 정순욱 박사에게도 감사한다. 또한 필자가 수년간 기도해 온 KGMLF 중국어 책 발간은 2020년 새해 주님이 주신 기도 응답이다. 곧 중국어로도 번역되어 출판, 보급된다고 생각하니 가슴이 벅차고 기쁘다. 마지막으로 보이지 않는 곳에서 묵묵히 뒷받침해준 가족에게 고마움을 전한다. 이번에 출간된 다섯 번째 KGMLF의 영문 책이 14년간 살고 있는 코네티컷 주 뉴헤이븐에 위치한 예일신학대학원 도서관 서가에 놓일 것을 생각하니 기대가 된다.

그러나 내 궁극적 기대와 바람은 다른 곳에 있다. 이번에 미국과 한국에서 출간된《선교사의 정신건강과 책무: 교회와 선교단체의 지원 체계》(두란노서원, 2020)가 오늘도 외로운 선교지에서 정신적인 어려움을 겪으면서도 신실하게 주를 섬기고 있는 선교사들에게 격려와 위로가 되기를 기도한다. 이 책을 존경하는 선교사들을 비롯해 그 가족들, 파송한 선교사들을 진심으로 사랑하는 교회와 단체, 목회자들과 교인들에게 헌정한다. 선교사들은 하나님의 능력이 그들의 연약함과 깨어짐 속에서 드러나는 질그릇이다. 이 책은 그런 선교사들과 하나님의 종들을 돌보기 위해 정성을 다하는 후원 교회와 성도들을 대표해 하나님께 올려드리는 제사다.
주님, 우리가 그런 일들을 꼭 이뤄내도록 도와주소서. 아멘.

김진봉

글로벌선교리더십포럼(GMLF) 대표

KGMLF 코디네이터

서문 2

10년 전 한국의 서울클럽에서 가진 모임으로 시작된 작은 씨앗이 이번 출판물과 네 권의 책으로 싹을 틔웠다니 믿기 어려울 정도다.

2010년 3월 1일 서울클럽에서 가진 한국글로벌선교지도자포럼의 첫 준비 모임에 14명의 한국 선교단체 대표와 신학교 교수, 몇몇 담임목사가 모였다. 이 모임은 고 정영현 장로와 그의 아내 김숙희 권사의 후원으로 개최되었다. 이들은 갓 생겨난 모임의 신실하고 너그러운 후원자이자 내 동역자인 김진봉 선교사의 아내 정순영 선교사의 부모다. 모임에 참석한 사람들은 정경철 선교사, 이현모 교수, 이신철 교수, 이원재 목사, 문상철 박사, 성남용 목사, 조영중 박사, 백신종 목사, 이광순 교수, 강승삼 교수 등이었다. 당시 참석자들은 코네티컷 주 뉴헤이븐에 위치한 OMSC에서 조촐한 국제 포럼을 열고, 사례 연구를 통해 '선교사와 선교, 교회의 책무: 전략, 통합성, 지속성에 대한 시사점'이라는 주제를 탐구해 보기로 합의했다.

동료인 김진봉 박사의 도움을 받아 2011년 2월 10~14일에 치러질 첫 포럼 준비를 위한 진지한 계획이 진행되었다. 이 작은 모임은 우리의 조출한 기대를 훨씬 넘어 큰 성공을 거뒀다! 48명의 선교와 교회 지도자들이 모여 발표를 하고 사례 연구와 논평에 대해 토의하면서 선교단체와 후원 교인들과 관련하여 그들의 재정적·행정적·전략적·목회적 책무의 실천과 부족함에 대한 복잡하고도 예민한 문제들을 대담하게 파고들었다.

포럼의 참가자들은 이 행사를 통해 큰 용기를 얻었다. 당시 포럼의 내용을 한국어와 영어로 출간한《선교 책무: 21세기 한국과 북미 선교 연구》(생명의말씀사, 2011)를 통해 그 축복이 널리 전해졌다. 본 포럼의 의도와 결과에서 드러난 실제성과 솔직함, 전문성, 지적 활력, 영성을 볼 때 대단히 의미 있는 일이 시작됐음을 느꼈다. 거대하거나 위력적이거나 수치상으로 인상적이지는 않지만 확실한 장래성을 보여주었다. 이것은 앞으로 하나님의 축복이 주어질 것을 알려주는 "바다에서 일어난, 사람의 손 만한 작은 구름"(왕상 18:44)과 같은 신호였다. 또한 문화의 경계를 넘어 일어나는 활발한 교류와 건설적인 협동, 다국어 출판을 통한 공유의 모범이 탄생한 것이었다. 파송 국가나 선교 대상 국가가 어디든, 또 선교기관이나 교단을 막론하고 이런 방식을 활용해 선교 현장에서 일어나는 복잡하면서도 간과되는 문제들을 검토할 수 있다는 가능성을 확인했다.

격년으로 열리는 포럼이 네 차례 더 이어졌다. 2013년에는 뉴헤이븐에서 열렸고 2015, 2017, 2019년에는 속초에서 열렸다. 한국에서 개최된 KGMLF는 이재훈 담임목사의 적극적 참여와 협력 그리고 기쁜 마음으로 후원해준 온누리교회의 도움을 많이 받았다. GMLF(Global Mission Leadership Forum Inc.)라는 새로운 조직 아래 처음 개최된 2017년 KGMLF 모임은 속초 켄싱턴스타호텔에서 열렸는데, KGMLF의 성공은 여의도순복음교회 이영훈 담임목사와 온누리교회 이재훈 담임목사의 넉넉한 재정 후원과 인력 지원에 큰 도움을 받았다.

경험이 쌓이면서 포럼의 수준은 지속적으로 향상되었다. 모일 때마다 정곡을 찌르는 성경 강해와 통찰력이 있고 더 많은 생각을 하게 해주는 사례 연구와 논평이 이뤄졌다. 한국과 세계 여러 나라에서 온 주요 선교 지도자들이 모여 선교와 연관된 책무의 어려운 문제를 폭넓게 다뤘고, 여러 권의 출판물을 한국어와 영어로 출간했다. 《선교사 가정에 대한 책무: 한국과 서구의 사례 연구》(두란노, 2013), 《대형 교회의 선교 책무: 글로벌 사례 연구를 통한 비판적 평가》(두란노, 2016), 《난민, 이주민, 탈북민에 대한 선교 책무》(두란노, 2018)에 이어 《선교사의 정신건강과 책무: 교회와 선교단체의 지원 체계》(두란노, 2020)가 나왔다.

이상이 2019년 6월 10~14일 두 후원기관인 온누리교회와 아시안미션의 도움으로 약 100명의 선교와 교회 지도자, 선교사, 심리학자, 정신과 의사, 전문 의료인들이 전 세계에서 속초에 모이게 된 배경이다. 이것은 약 2년에 걸쳐 발표자, 논찬자, 회의 진행자, 여행과 숙박, 주최 등 성공적인 포럼 개최에 필요한 온갖 세부 사항을 꼼꼼히 챙기고 계획한 결과로 이뤄진 것이다. 또한 이 행사를 후원한 교회와 선교기관의 후한 도움이 있었기에 가능했다.

40여 명에 달하는 온누리교회 스태프와 자원봉사자는 포럼 참가자들을 모시고 섬기는 일에 수반되는 모든 필요한 일을 담당했다. 이 팀을 향한 깊은 존경과 감사는 말로 다 표현하기가 어렵다. 또한 제5회 포럼이 이뤄질 수 있도록 숙박과 시설을 제공한 아시안미션의 정재철 목사의 후한 지원에 깊은 감사를 전한다. 김진봉 박사와 함께 이 행사를 위해 2년간 기도하며 준비했다. 앞서 언급한 여러 지도자가 함께한 것은 하나님께서 우리의 기도에 응답하신 증거였다. 어떤 이들은 후하게, 심지어 어떤 이들은 희생을 치르면서 재정을 후원했다. 또 어떤 이들은 시간과 지적 에너지를 투자했다. 많은 사람이 포럼에서의 발표와 이 책의 내용에서 보듯 프레젠테이션과 논평으로 자신들의 지혜와 지식의 은사를 공유했다. 또 다른 이들, 특히 도로시 캐럴 여사와 정순욱 박사는 보이지 않는 곳에서 애쓰면서 논문의 편집과 번역을 맡아 오타를 걸러내고 의미를 명확히 하여 각 논문이 최선의 상태로 제공되고, 모든 글이 한국어와 영어로 출판될 수 있도록 수고해주었다.

이 행사의 중추적 역할을 감당한 김진봉 박사에 대해 특별히 언급하고자 한다. 영감을 불어넣어 주는 그의 비전과 개인적 희생, 조직 운영의 은사, 아낌없는 노력이 중요한 촉매 역할을 한 덕분에 모든 부분이 합력해서 잘 운영되고 유익한 포럼으로 결실을 맺었다.

우리 주님은 그분을 신실하게 찾고 따르는 사람들을 자비로 대하신다는 진리가 역사를 통해 확증되고 있다. 이번 포럼과 여러분이 손에 들고 있는 이 책과 어떤 모습으로든 연관된 우리 모두는 그 사실을 감사함으로 인정할 수밖에 없다. 바울은 다음 말씀으로 우리를 상기시켜 준다.

우리가 이 보배를 질그릇에 가졌으니 이는 심히 큰 능력은 하나님께 있고 우리에게 있지 아니함을 알게 하려 함이라 고후 4:7

이 말씀은 우리의 경험을 통해 입증되었다. 하나님께 이 모든 영광을 드린다!

조나단 J. 봉크
글로벌선교리더십포럼(GMLF) 이사장

제1부

■

성경 강해

01
엘리야: 우울증과 두려움의 치유

———

크리스토퍼 J.H. 라이트

열왕기상 19장

아합이 엘리야가 행한 모든 일과 그가 어떻게 모든 선지자를 칼로 죽였는지를 이세벨에게 말하니 이세벨이 사신을 엘리야에게 보내어 이르되 내가 내일 이맘때에는 반드시 네 생명을 저 사람들 중 한 사람의 생명과 같게 하리라 그렇게 하지 아니하면 신들이 내게 벌 위에 벌을 내림이 마땅하니라 한지라 그가 이 형편을 보고 일어나 자기의 생명을 위해 도망하여 유다에 속한 브엘세바에 이르러 자기의 사환을 그곳에 머물게 하고 자기 자신은 광야로 들어가 하룻길쯤 가서 한 로뎀 나무 아래에 앉아서 자기가 죽기를 원하여 이르되 여호와여 넉넉하오니 지금 내 생명을 거두시옵소서 나는 내 조상들보다 낫지 못하니이다 하고 로뎀 나무 아래에 누워 자더니 천사가 그를 어루만지며 그에게 이르되 일어나서 먹으라 하는지라 본즉 머리맡에 숯불에 구운 떡과 한 병 물이 있더라 이에 먹고 마시고 다시 누웠더니 여호와의 천사가 또다시 와서 어루만지며 이르되 일어나 먹으라 네가 갈 길을 다 가지 못할까 하노라 하는지라 이에 일어나 먹고 마시고 그 음식물의 힘을 의

40

지하여 사십 주 사십 야를 가서 하나님의 산 호렙에 이르니라 엘리야가 그곳 굴에 들어가 거기서 머물더니 여호와의 말씀이 그에게 임하여 이르시되 엘리야야 네가 어찌하여 여기 있느냐 그가 대답하되 내가 만군의 하나님 여호와께 열심이 유별하오니 이는 이스라엘 자손이 주의 언약을 버리고 주의 제단을 헐며 칼로 주의 선지자들을 죽였음이오며 오직 나만 남았거늘 그들이 내 생명을 찾아 빼앗으려 하나이다 여호와께서 이르시되 너는 나가서 여호와 앞에서 산에 서라 하시더니 여호와께서 지나가시는데 여호와 앞에 크고 강한 바람이 산을 가르고 바위를 부수나 바람 가운데에 여호와께서 계시지 아니하며 바람 후에 지진이 있으나 지진 가운데에도 여호와께서 계시지 아니하며 또 지진 후에 불이 있으나 불 가운데에도 여호와께서 계시지 아니하더니 불 후에 세미한 소리가 있는지라 엘리야가 듣고 겉옷으로 얼굴을 가리고 나가 굴 어귀에 서매 소리가 그에게 임하여 이르시되 엘리야야 네가 어찌하여 여기 있느냐 그가 대답하되 내가 만군의 하나님 여호와께 열심이 유별하오니 이는 이스라엘 자손이 주의 언약을 버리고 주의 제단을 헐며 칼로 주의 선지자들을 죽였음이오며 오직 나만 남았거늘 그들이 내 생명을 찾아 빼앗으려 하나이다 여호와께서 그에게 이르시되 너는 네 길을 돌이켜 광야를 통하여 다메섹에 가서 이르거든 하사엘에게 기름을 부어 아람의 왕이 되게 하고 너는 또 님시의 아들 예후에게 기름을 부어 이스라엘의 왕이 되게 하고 또 아벨므홀라 사밧의 아들 엘리사에게 기름을 부어 너를 대신하여 선지자가 되게 하라 하사엘의 칼을 피하는 자를 예후가 죽일 것이요 예후의 칼을 피하는 자를 엘리사가 죽이리라 그러나 내가 이스라엘 가운데에 칠천 명을 남기리니 다 바알에게 무릎을 꿇지 아니하고 다 바알에게 입맞추지 아니한 자니라 엘리야가 거기서 떠나 사밧의 아들 엘리사를 만나니 그가 열두 겨릿소를 앞세우고 밭을 가는데 자기는 열두째 겨릿소와 함께 있더라 엘리야가 그리로 건너가서 겉옷을 그의 위에 던졌더니 그가 소를 버리고 엘리야에게로 달려가서 이르되 청하건대 나를 내 부모와 입맞추게 하소서 그리한 후에 내가 당신을 따르리이다 엘리야가 그에게 이르되 돌아가라 내가 네게 어떻게 행하였느냐 하니라 엘리사가 그를 떠나 돌아가서 한 겨릿소를 가져다가 잡고 소의 기구를 불살라 그 고기를 삶아 백성에게 주어 먹게 하고 일어나 엘리야를 따르며 수종 들었더라

이번 KGMLF 모임에서 우리는 세 번의 성경 강해를 통해 절박한 순간에 하나님과의 중요한 만남을 가진 세 사람을 살펴보려고 한다. 이들은 하나님의 부르심에 충성스럽고 진실되게 순종한 주님의 경건한 종이었음에도 상처, 우울증, 절망, 실패, 영적 붕괴를 겪어야 했다. 이런 상황을 오늘날 하나님의 충성된 종들도 동일하게 겪고 있다. 그러나 이들은 자신의 인격과 하나님이 주신 사명에 대해 하나님의 치유를 경험했다. 우리는 이들을 한 명씩 살펴보면서 우리 내면과 사역 안에 하나님의 손길이 절실히 필요한 영역이 무엇인지 발견하게 될 것이다.

가장 첫 번째로 엘리야를 만나 보자. 그의 좌절과 회복에 대한 이야기는 열왕기상 19장에 기록되어 있다. 우리는 그의 이야기를 읽으며 깜짝 놀라게 된다. 그도 그럴 것이 열왕기상 18장에서 엘리야는 사역의 정점에 서 있었다. 갈멜산에서 그는 살아계신 이스라엘 하나님의 이름으로 바알의 선지자들을 무찌르고 경이에 가까운 승리를 쟁취했다. 우리는 그가 진정한 하나님의 선지자로서 능력과 성공의 최고봉에 우뚝 선 모습을 보았다. 그는 사역의 정점에서 모든 백성을 여호와 앞으로 돌아오게 했다. 이것은 하나님이 그의 소명과 사역을 인정하시는 징표였다. 이 부분을 본문 삼아 설교하기는 얼마나 쉬운 일인가! 그러나

19장은 마치 전혀 다른 사람의 이야기처럼 느껴진다. 그는 스스로 죽기를 바랄 정도의 절망과 패배감, 공포의 구렁텅이에서 살기 위해 도망치는 동시에 죽기를 기도했다.

우선 엘리야를 이토록 절망하게 만든 구성 요소가 무엇인지 살펴보고 나서 하나님이 행하신 치료의 구성 요소를 살펴보자.

엘리야를 절망 가운데 빠트린 우울증의 구성 요소 ————

1. 정서적 요인

충격

아합이 엘리야가 행한 모든 일과 그가 어떻게 모든 선지자를 칼로 죽였는지를 이세벨에게 말하니 이세벨이 사신을 엘리야에게 보내어 이르되 내가 내일 이맘때에는 반드시 네 생명을 저 사람들 중 한 사람의 생명과 같게 하리라 그렇게 하지 아니하면 신들이 내게 벌 위에 벌을 내림이 마땅하니라 한지라 왕상 19:1-2

갈멜산 사건 이후 엘리야의 기대 수준은 한층 높아졌을 것이다. 우상 바알을 무너뜨린 기념비적 사건은 분명 전국적인 부흥으로 이어지리라고 생각했는데 그도 그럴 것이 사람들은 몇 시간 동안 "여호와 그는 하나님이시로다!"(왕상 18:39)라고 소리쳤던 것이다. 엘리야 자신의 옳음도 입증되었다. 그래서 그는 전국 순회 설교를 계획하면서 하나님의 말씀과 갈멜산 사건의 소식을 방방곡곡에 전할 생각을 했는지도 모른다. 엘리야는 지난 삼 년간 은밀히 숨어 지내다가 이제 전면에 복귀했다. 그런데 바로 다음 날 이세벨 왕후가 그의 목숨을 노린다는 흉한 소식을 들었다. 한 순간 영웅의 위치에서 살해 협박을 받는 수배자로 전락한 상황 변화로 그는 예기치 못한 엄청난 충격을 받았을 것이다. 그의 희망과 계획은 모두 무너졌다. 살해당하면 어떻게 할 것인가? 그렇게 된다면 백성을 여호와께 인도하는 중요한 사역은 누가 이어갈 것인가?

두려움

그가 이 형편을 보고 일어나 자기의 생명을 위해 도망하여 왕상 19:3 상반절

이것 또한 예상치 못한 일이었다. 우리는 엘리야가 대단히 용감한 사람이라고 생각한다. 그는 아합 왕과 이세벨 왕후의 궁전으로 걸어 들어가 그들과 정부 전체에 대해 하나님의 심판을 선포했다(그러고도 그는 살아 돌아왔다). 그리고 기적처럼 수개월간 까마귀의 돌봄을 받으며 혼자 숨어 지냈다. 그런데 이제 그는 정반대의 모습을 보인다. "엘리야는 두려워하며 살기 위해 도망쳤다!" 그의 모든 계획, 하나님의 지시 사항, 그가 행해야 할 사역의 다음 단계를 모두 내팽개치고 두려움에 떨며 달아난 것이다.

큰 충격을 받은 엘리야는 두려움에 떨고 있었다. 그리스도인이라고 해서 그런 감정으로부터 자유로운 것은 아니며, 목사와 선교사도 그 점은 마찬가지다. 우리는 갑작스러운 나쁜 소식과 현실의 위협으로부터 완전히 동떨어진 삶을 살고 있지 않다. 우리는 아무것도 느끼지 않거나 아무것도 느껴지지 않는 척하는 감정적 금욕주의자가 아니며, 그렇게 되어서도 안 된다. 야고보는 엘리야가 우리와 같은 성정을 가진 사람이라고 말한다(약 5:17 참조). 우리가 흔히 느끼는 감정을 엘리야도 느꼈다. 그런

감정은 그를 엄청난 절망으로 내몰고 도망치게 만들었다. 이런 일은 우리에게도 일어날 수 있다. 지금 이 순간 그런 일을 겪고 있는 사람도 있을 것이다.

2. 신체적 요인

고립

유다에 속한 브엘세바에 이르러 자기의 사환을 그곳에 머물게 하고 왕상 19:3 하반절

엘리야가 자신의 사환을 브엘세바에 머물게 한 것은 일종의 배려였는지도 모른다. 자신이 체포당할 경우 사환을 살려주려고 그랬을 수 있다. 아니면 다른 사람과의 접촉을 모두 끊고 싶은 마음에서 그랬을 수도 있다. 우리는 그 이유를 알 수 없지만 결과적으로 엘리야는 홀로 남았다. 물론 홀로 지낸 시기가 이전에도 있었다. 그는 그릿 시냇가에서 몇 달간 까마귀와 하나님을 벗 삼아 지내면서 하나님과 그분의 공급하심에 깊이 의지하도록 이끄심을 받았었다. 그러나 지금 그의 마음 상태로 보아 고독은 해로운 것이다. 외로움은 실제로 암세포처럼 퍼져 의심, 절망, 불신을 만들어낼 수 있다. 주님이 제자들에게 처음 나타나셨을 때 도마는 함께 있지 않았는데, 떨어져 있는 동안 그의 의심은 더욱 깊어졌을 것이다. 고독은 염려와 우울증을 키우는 완벽한 인큐베이터다. 물론 문자 그대로 혼자 있어야만 하는 것은 아니다. 군중 가운데서도 외로울 수 있다. 모두 별일 없이 지내는 것처럼 보이는 그리스도인끼리의 즐거운 교제도 두려움에 빠진 사람에게는 외로운 환경이 될 수 있다. 목사와 선교사는 바로

이런 종류의 외로움에 취약하다. 여러 사람으로 북적이는 사역의 한가운데서도 고독할 수 있는 것이다.

탈진

자기 자신은 광야로 들어가 하룻길쯤 가서 한 로뎀 나무 아래에 앉아서 자기가 죽기를 원하여 이르되 여호와여 넉넉하오니 지금 내 생명을 거두시옵소서 나는 내 조상들보다 낫지 못하니이다 하고 로뎀 나무 아래에 누워 자더니 천사가 그를 어루만지며 그에게 이르되 일어나서 먹으라 하는지라 왕상 19:4-5

엘리야가 갈멜산에서 긴장된 긴 하루를 보내고 나서 이스르엘까지의 먼 거리를 달려간 것(왕상 18:46)을 생각해 보라. 그리고 그는 곧바로 방향을 남쪽으로 틀어 유대 최남단 브엘세바까지 가기로 결정한다. 그는 다시 뙤약볕 아래서 광야 깊은 곳까지 온종일 홀로 걸어간다. 이 시간에 그가 음식을 먹었다는 기록은 없다. 그는 신체적으로 산산이 부서진 상태였을 것이다. 여기에 이세벨이 보낸 부하들의 손에 자기 목숨이 달려 있다는 공포까지 더해진 상황에서 엘리야가 깊은 절망에 빠져 있다고 해도 그리 이상하지 않다.

영적 침체는 많은 경우 피로, 배고픔, 수면 부족 등 신체적 요인과 관련이 있다. 이런 신체적 요인이 우울증의 직접적 원인은 아니지만 분명히 증상을 악화시킬 수 있고, 증상을 이겨내거나 '떨쳐내기' 더 어렵게 만들 수 있다(우울증은 스스로 떨쳐버릴 수 있는 것도 아니고 다른 사람에게 어서 떨쳐버리라고 쉽게 말할 수 있는 것도 아니다).

3. 심리적 요인

'전적 실패' 콤플렉스

한 로뎀 나무 아래에 앉아서 자기가 죽기를 원하여 이르되 여호와여 넉
넉하오니 지금 내 생명을 거두시옵소서 나는 내 조상들보다 낫지 못하
니이다 하고 왕상 19:4 하반절

엘리야가 하나님을 향해 말하는 내용의 행간을 읽어 보라. "주님, 이만
하면 됐습니다. 할 수 있는 만큼 다 했지만 아무 소용이 없습니다. 아무것
도 달라진 건 없습니다. 굉장한 성공을 거둔 것 같았지만 아무런 진전이
없네요. 결국 저는 실패자일 뿐입니다. 주님이 주신 사명도 실패했습니
다. 사실 저는 이전 세대 사람들보다 나을 것도 없습니다. 제가 정죄하는
사람보다 더 나은 사람도 아닙니다. 이제 포기하렵니다. 더 이상 할 수 있
는 일도 없으니 제 생명을 거두어주세요. 저를 사랑하신다면 그냥 죽여
주세요!" 모세도 감당하기 어려운 벅찬 상황에서 이 같은 마음으로 차라
리 죽기를 구했다는 점에 주목할 필요가 있다(민 11:14-15).

용기는 온데간데없이 사라지고 완전히 실패했다는 느낌이 이런 것이
다. 이런 느낌은 자살 충동을 동반한 우울증으로 발전한다. (우울증이 흔
히 그렇듯) 이것은 매우 비합리적으로 보일 수 있다. 엘리야는 자기 목숨
을 구하고자 도망쳤음에도 지금은 어쨌든 죽기를 구하고 있다. 이세벨이
죽이겠다고 위협하는 상황에서 하나님께 죽여 달라고 말하고 있는 것이
다! 이 장면을 상상해 보라. 엘리야가 이스르엘에서 출발해 광야의 먼 길
을 뛰다가 터벅터벅 걷다가 넘어지고 나중에는 기어가듯 하면서 로뎀 나
무에 이르러 결국 깊은 절망 가운데서 몸부림칠 때 그의 머릿속은 얼마

나 혼란스러웠겠는가.

사실의 왜곡

> 그가 대답하되 내가 만군의 하나님 여호와께 열심이 유별하오니 이는 이스라엘 자손이 주의 언약을 버리고 주의 제단을 헐며 칼로 주의 선지자들을 죽였음이오며 오직 나만 남았거늘 그들이 내 생명을 찾아 빼앗으려 하나이다 왕상 19:10

> 그가 대답하되 내가 만군의 하나님 여호와께 열심이 유별하오니 이는 이스라엘 자손이 주의 언약을 버리고 주의 제단을 헐며 칼로 주의 선지자들을 죽였음이오며 오직 나만 남았거늘 그들이 내 생명을 찾아 빼앗으려 하나이다 왕상 19:14

우울증에 빠진 사람에게 그의 생각은 실제로 일어난 일이 아니라 단지 상상일 뿐이라고 말한들 별 도움이 되지 않는다. 왜냐하면 그것은 상상이 아닐 수도 있기 때문이다(설사 상상이라고 해도 그들에게는 현실로 인식된다). 우울증은 환상에 불과한 것이 아니다. 우울증은 종종 사실과 연관되어 있다. 다만 왜곡된 사실 또는 사실의 일부와 연관되어 있다는 것이 문제다. 엘리야의 말을 듣고 실제 상황과 비교해 보라.

엘리야는 사실을 편향적으로 골라낸다. 예를 들어 그는 여호와를 향한 자신의 열심을 크게 부각시킨다. 여호와에 대한 충성을 지킨 다른 사람들도 존재하는데, 엘리야 또한 그런 사실을 알고 있을 뿐 아니라 오바댜처럼 그중 몇 사람을 만나기까지 했다(왕상 18:1-15). 그는 이스라엘 백성이 하나님의 제단을 파괴했다고 말하지만 자신이 방금 갈멜산에서 제단을 다시 수축한 사실을 잊은 것인가? 그는 이스라엘 사람들이 여호와의 선지자들을 죽였다고 말했는데, 그 말은 사실이지만 오바댜가 선지자 100명을 살려주었고(왕상 18:13) 엘리야도 그런 사실을 알고 있었다.

엘리야는 몇 가지 다른 사실을 과장한다. 예를 들어 그는 "오직 나만 남았다"라고 불평한다. 그러나 자신의 사환을 비롯해 오바댜, 어느 굴에 숨은 100명의 선지자도 있다. 이어서 그는 군대가 그를 추격하고 있는 것처럼 "그들이 내 생명을 찾아 빼앗으려 하나이다"라고 말하지만 그가 받은 것은 이세벨의 전갈이 전부였다(물론 그녀 한 사람이 군대 전체만큼이나 두려울 수는 있다).

곤경 가운데 지쳐버린 하나님의 종들이 겪는 영적 침체의 흔한 구성요소 중 하나가 이것이다. 즉 우리는 큰 그림의 일부만 볼 수 있는데 주로 가장 어둔 면에 주목한다. 우리는 사실을 그릇되게 취사선택하고, 어떤 사실은 왜곡하고 과장하기까지 한다. 맥락을 벗어나 사건을 해석하고 과대평가한다. 우리가 생각하고 말하고 상상하는 것에는 일말의 진실이 담겨 있지만 모든 진실을 담고 있지는 않다. 우리가 유해하고 우울하게 만드는 생각의 늪에 빠져들 때, 하나님은 우리를 이끌어 하나님 관점에서 보시는 현실을 재발견하게 하신다. 하나님은 결국 엘리야를 그렇게 해주셨다.

4. 영적 요인

하나님의 기도 응답을 믿지 못함

갈멜산에서 엘리야는 "이 백성에게 주 여호와는 하나님이신 것과 주는 그들의 마음을 되돌이키심을 알게 하옵소서"(왕상 18:37)라고 기도하면서 분명한 증거를 보여 달라고 구한다. 다시 말해 엘리야는 전국적 회개가 일어나리라는 틀림없는 증거를 원했다. 여호와의 불이 제단에 내려 희생 제물을 태웠을 때 "(바알이 아니라)여호와, 그는 하나님이시다!"라는 백성의 외침 속에서 그 증거가 드러났다. 그 소리가 엘리야의 귀에 거듭 메아리쳤다. 그러나 우울증과 두려움 가운데 있던 엘리야는 그 일이 실제로 일어났는지, 백성의 외침이 진실이었는지조차 믿을 수 없었다. 10절을 보면 그의 불평은 갈멜산 사건을 완전히 무시하고 그 이전 이스라엘 사람들의 상황으로 회귀한 듯했다. 그가 간구했고, 직접 보고 들은 증거에도 불구하고 그의 믿음은 무너졌다. 이런 일은 무척 놀랍지만 아주 드문 일은 아니다. 영적 침체의 영향 아래서는 과거에 경험한 놀랍고 신기한 하나님의 기도 응답조차 환상 가운데서 자신을 조롱하는 기억으로 느껴진다.

사탄의 공격

물론 이것은 명시적으로 언급되지는 않는다. 구약은 '고소하는 자'라는 뜻의 '사탄'에게 많은 관심을 기울이지 않는다. 그러나 바알 숭배를 비롯해 가나안 족속들의 전반적인 우상 숭배 체계는 성경에서 마귀 또는 사탄이라고 부르는 존재의 활동과 분명히 연결되어 있다. 자연 숭배와 부도덕, 성적 부패, (이세벨의 행동에서 드러나는) 잔혹한 압제, 불의 등은 악한 자가 가진 어둠의 권세에 대한 흔적을 드러낸다. 엘리야는 그것에 도전장을 내민 것이다! 엘리야는 바알과 그의 선지자들을 웃음거리로 만들었다. 그는 바알이 신이라는 주장이 헛소리임을 보여주었다. 그리고 살아계신 구속자이신 하나님을 섬기는 길에서 사람들을 꾀어내는 거짓 선지자들을 죽이라는 신명기 13장 1-5절의 법을 준행하도록 요구했다. 이에 대해 사탄은 반격했다. 사탄은 패배한 원수이지만 (궁극적 멸망이 실행될 때까지는) 자신의 패배를 받아들이지 않는다. 그가 끊임없이 예수님의 사역을 방해했음을 보라. 마찬가지로 엘리야에게 죽음에 대한 생각과 두려움과 절망을 불러일으킨 상황 속에 사탄의 술수가 있음을 분별할 수 있다.

사탄은 십자가에서 그리스도께 패배했지만 사실 우리는 오늘날 세상에서 여전히 활동 중임을 잘 알고 있다. 사탄은 자신의 어둠의 세계에 도전하고, 자신에게 결박된 사람들을 예수 이름의 권능으로 자유케 하는 이들에게 치열하게 반격한다. 어떤 영적 승리를 경험하거나 주님의 사역을 성공적으로 완수하고 나서 갑작스러운 우울증을 경험하곤 하는 이유가 여기에 있다.

이런 것들이 엘리야의 우울증을 구성하는 몇 가지 요소다. 이것들이 그와 하나님과의 관계를 깨뜨렸고, 하나님이 그에게 주신 사명과 그것을 완수할 능력에 대한 확신을 깨뜨렸다.

이제 최고의 치료자이며 치유하시는 하나님의 일하심을 살펴보며 위안을 얻자. 하나님은 지쳐 절망하고 죽음을 생각하는 그의 종을 어떻게 다루시는가?

하나님의 치료의 구성 요소 ————————————

하나님이 병약한 종을 온전케 하시고 다시 현역으로 복귀시키기 위해 온유하고도 굳세게 보살피시는 그 아름답고도 단순한 방식을 보면 경탄하지 않을 수 없다. 하나님이 하시는 네 가지 일 가운데 가장 기초적인 것부터 단계적으로 살펴보자.

1. 하나님은 그에게 잠과 먹을 것과 마실 것을 주신다

로뎀 나무 아래에 누워 자더니 천사가 그를 어루만지며 그에게 이르되
일어나서 먹으라 하는지라 본즉 머리맡에 숯불에 구운 떡과 한 병 물이
있더라 이에 먹고 마시고 다시 누웠더니 여호와의 천사가 또다시 와서
어루만지며 이르되 일어나 먹으라 네가 갈 길을 다 가지 못할까 하노라
하는지라 왕상 19:5-7

하나님은 엘리야가 가장 절박하고 다급한 순간, 즉 체력이 소진되고
배고프고 목마른 때에 만나주신다. 하나님은 진지한 영적 상담 시간을
갖자고 요구하며 나타나지 않으셨다. 엘리야를 견책하지 않으시고, 실패
자라고 부르지 않으시고, 돌아가 일하라고 재촉하지도 않으셨다. 오히려
엘리야에게 한 번도 아니고 두 번씩이나 잠이라는 선물을 주고 먹을 것
과 마실 것을 공급하셨다.

때로는(항상 그런 것은 아님) 영적 침체를 해소하는 데 있어 그것으로도
충분하다. 우울증이 일차적으로 탈진처럼 신체적 요인과 관련된 경우에
는 그렇다. 우리는 수면이 단순히 '자연적인' 것 이상이라는 점을 상기해
야 한다(음식과 음료도 그렇다). 수면은 하나님의 선물이다(음식과 음료 역시 그
렇다). "여호와께서 그의 사랑하시는 자에게는 잠을 주시는도다"(시 127:2).
이처럼 하나님은 엘리야를 향한 사랑을 가장 단순한 방법으로 보여주셨
다. 이 불쌍한 사람에게 잠을 자게 하셨다.

음식도 빼놓을 수 없다. 고기 조각을 부리에 물고 온 깡마른 까마귀가
아니라, 가난한 이방인 과부가 나눠주는 최소한의 식량이 아니라 이번에
는 천사를 시켜 메뉴를 준비하여 식탁을 차려주셨다(이는 잠시 동안이나마
엘리야가 혼자가 아니었음을 뜻한다). 앞의 경우 엘리야가 순종하던 시기에 하

나님이 그의 필요를 채워주신 방식이라면, 지금은 사역으로부터 도망치는 불순종과 절망의 순간에 하나님은 천사를 보내어 갓 구운 빵과 시원한 생수를 공급하신다. 얼마나 섬세한 손길인가! 하나님은 마치 어머니가 자식을 대하듯 자신의 종을 돌보신다. 엘리야가 감사의 표현을 했다는 기록이 없다는 점이 유감스럽게 생각될 수도 있다. 그는 그저 먹고 마시고 다시 잠들었고, 하나님은 그렇게 하도록 허용하셨다. 그 순간 그것이 그에게 가장 필요한 것이었기 때문이다. 당신의 경우에도 그럴지 모른다. 그렇다면 하나님의 허락을 받고, 그분이 사랑하시는 자에게 주시는 가장 단순한 은혜의 선물인 수면과 음식과 음료를 받아 누려라.

2. 하나님은 그의 믿음과 사명의 근원으로 그를 데려가신다

이에 일어나 먹고 마시고 그 음식물의 힘을 의지하여 사십 주 사십 야를 가서 하나님의 산 호렙에 이르니라 엘리야가 그곳 굴에 들어가 거기서 머물더니 여호와의 말씀이 그에게 임하여 이르시되 엘리야야 네가 어찌하여 여기 있느냐 왕상 19:8-9

잘 자고 잘 먹은 뒤 기력을 회복한 엘리야는 호렙산, 즉 시내산을 향해 떠난다. 이는 더 남쪽을 향해 나아가는 또 다른 긴 여정이었다. 하나님은 왜 그를 시내산으로 데려가셨을까? 하나님이 엘리야에게 용기를 주고 그의 소명을 회복시키기에 매우 적합한 장소였기 때문이다. 출애굽기와 신명기를 통해 그곳의 중요한 특징을 알 수 있다.

시내산은 하나님이 이스라엘 백성에게 큰 권능과 표적으로 자신을 드러내신 장소다. 그곳은 하나님이 "너희는 내 백성이 되고 나는 너희 하나님이 되리라"고 말씀하시면서 아브라함의 자손들과 언약을 세우신 장소다. 그곳은 이스라엘 백성이 모든 민족 중에서 그분의 제사장 나라가 되며 거룩한 백성이 될 것이라는 정체성과 사명을 부여하신 곳이다(출 19:4-6). 그곳은 다른 나라들과 차별되는 표식으로, 하나님이 그분의 백성 가운데 거하실 성막에 대해 지시하신 곳이다. 그곳은 하나님이 이스라엘에게 율법, 즉 구속받은 거룩한 백성으로서 어떻게 살아야 하는지에 대한 지침과 지시 사항을 의미하는 '토라'를 주신 장소다.

어떤 의미에서 시내산은 지상의 모든 민족에게 복을 주시려는 하나님의 궁극적 목적과 관련해 하나님의 선교 사명을 받은, 속량 받은 백성인 이스라엘 민족의 탄생지다. 이런 이유로 시내산은 엘리야가 받은 사명의 출발점이기도 했다. 하나님이 엘리야를 보내신 이유는 이스라엘이 그들의 진정한 정체성을 회복하고 오직 여호와만을 그들의 하나님으로 섬기라는 소명을 회복하게 하시려는 목적 때문이었다. 이스라엘 민족은 시내산의 하나님께로 돌아와야 했다.

엘리야를 시내산으로 부르신 것은 하나님이 다음과 같은 말씀을 하시려는 듯하다. "너는 모든 것을 새로운 눈으로 봐야 한다. 너는 이곳에서 내가 누구인지, 즉 이스라엘의 하나님 여호와, 스스로 있는 자임을 기억해야 한다. 너는 이곳에서 나의 관점에서 너의 민족을 보고 그들을 향한 나의 목적, 그들을 통해 이루고자 하는 열방을 향한 나의 목적을 깨달아야 한다. 이곳에서 너는 수 세기 전에 내 종 선지자 모세를 통해 이뤄진 사건을 기억하며, 나의 선지자로 부름 받은 너의 소명을 이해해야 한다. 모세처럼 너도 이 자리에 나와 함께 서라. 이곳에서 계시된 근본적 진리로 돌아가자. 엘리야야, 기본으로 돌아가자."

때로는 우울하고 상처 입은 그리스도인, 특히 목회와 선교의 최전선으로 부름 받은 이들이 이처럼 해야 한다. 하나님과 함께 돌아가야 한다. 예수님이 승천하신 언덕으로 돌아가 "하늘과 땅의 모든 권세를 내게 주셨으니 가서 … 제자로 삼아"(마 28: 18-19)라고 말씀하시는 그분의 권세 있는 말씀을 다시 들어야 한다. 하나님과 예수님이 제자들에게 "보라 내가 너와 함께 있으리라"고 하신 약속의 말씀으로 돌아가야 한다. 하나님이 우리에게 구체적인 사명을 맡기며 음성을 들려주고 마음속에 비전을 심으셨던 때, 성경 말씀을 통해 마음속에 확신을 주셨던 때, 다른 신자들을 통해 격려를 받았던 그때로 돌아가야 할 수도 있다. 우리는 성경 그 자체로 돌아가야 한다. 하나님의 선교에 대한 위대한 이야기로 돌아가야 한다. 하나님은 그 이야기 안에서 우리에게 역할을 맡기셨다. 우리는 하나님과 함께 돌아가야 한다. 기본으로 돌아가야 한다. 믿음의 기초로, 자신의 신앙의 뿌리로, 시내산보다 영원한 반석 되신 분께 돌아가야 한다.

3. 하나님은 그의 사명에 비추어 그의 행동에 대해 질문하신다

엘리야가 그곳 굴에 들어가 거기서 머물더니 여호와의 말씀이 그에게 임하여 이르시되 엘리야야 네가 어찌하여 여기 있느냐 왕상 19:9

엘리야가 듣고 겉옷으로 얼굴을 가리고 나가 굴 어귀에 서매 소리가 그에게 임하여 이르시되 엘리야야 네가 어찌하여 여기 있느냐 왕상 19:13

엘리야가 시내산에 이르자 하나님은 비로소 본격적인 탐색을 시작하며 그의 우울증을 치료하고 사역으로 회복시키신다. 그리고 하나님은 언제나처럼 놀라운 방법으로 그 일을 이루신다. 우리는 오래전 시내산에서 일어난 사건에 대해, 하나님이 어떻게 하늘과 땅을 덮는 놀라운 장관을 펼치며 그곳에 임하셨는지에 대해 엘리야가 잘 알고 있었으리라고 확신할 수 있다(출 19장을 읽어 보라). 시내산의 하나님은 그분의 명성대로, 오래전 모세가 목격한 장면처럼 바람과 지진과 불을 동원한 멋진 장면을 연출하셨다. 그러나 하나님은 그런 현상 속에 계시지 않았다. 하나님은 엘리야를 겁주면서 일을 시키려는 것이 아니었다. 하나님은 자연현상을 사용하고 그것을 통해 말씀하실 수 있지만 다른 방식으로 말씀하시기도 한다. 시내산의 하나님은 '부드러운 속삭임(a gentle whisper, NIV)'처럼 조용히 말씀하실 수 있다(나는 개인적으로 오래된 번역인 '세미한 소리(a still small voice, KJV)'라는 표현을 더 좋아한다).

그러나 속삭임은 우렁찬 외침만큼이나 우리 마음 깊숙이 파고든다. 질문하는 분이 하나님이실 때 그렇다(하나님은 자주 질문을 던지시는 편인데, 이는 창세기 3장부터 시작된다). 여기서도 그렇다. 하나님의 끈질긴 질문은 엘리야의 상처, 우울, 두려움, 부정적인 자기연민의 생각 속으로 침투한다. 하나님은 엘리야에게 주신 사명에 비추어 자신의 행동을 설명하라고 촉구하신다.

"엘리야야 네가 어찌하여 여기 있느냐"라는 질문에서는 각 단어가 모두 중요하다.

"엘리야야 …"에서 그의 소명을 나타내는 이름 엘리야는 '여호와는 나의 하나님'이라는 뜻이다. 여호와는 "… **네가** 어찌하여 여기 있느냐"라는 질문을 통해 자신에게 주어진 사명으로부터 왜 도망치고 있는지 묻고 계신다. 오바댜('여호와의 종'이란 뜻)는 아합의 궁정에서, 그가 피해 온 왕후 앞에서도 여호와 하나님을 바로 섬기고 있는데 엘리야의 이런 처신은 어찌 된 일인지 묻고 계시는 것이다.

"네가 어찌하여 **여기** 있느냐"는 이 장소가 가진 모든 상징성에 비추어 이곳에 있다는 것이 어떤 의미인지 묻고 계신다. 엘리야가 이 장소와 관련해 하나님과 그분의 백성에 대해 알고 있는 모든 지식에 비추어 그 자신의 행동을 어떻게 바로잡을 수 있겠느냐고 묻고 계신 것이다.

이것은 마음 깊은 곳을 들여다보는 신비로운 질문이다. 책망하는 듯한 암시를 주면서도 엘리야가 자신을 표현하고, 마음의 생각을 구체적으로 말해 보라는 격려에 더 큰 비중을 두는 듯하다. 적어도 엘리야는 그렇게 이해하고 10절에서 자신의 입장을 진술하지만 분위기가 달라진 것 같지는 않다. 그러나 같은 질문이 더 반복되고 엘리야가 재차 불평을 늘어놓지만 이번에는 설득력이 떨어지는 듯하다. 엘리야 스스로 그런 사실을 알아챘을까? 테이프를 반복하듯 같은 말을 하는 것에 질렸을까?

하나님은 때로 우리를 이런 방식으로 대하신다. (마치 유능한 상담자처럼) 때로는 부드러운 꾸짖음과 함께 자유롭게 마음을 털어놓도록 질문을 던지신다. 하나님이 생각을 털어놓게 하실 때 비로소 우리는 남몰래 중얼거리는 내면의 독백을 멈추고 큰 소리로 말하게 된다. 하나님은 이렇게 우리의 반복되는 불평과 부정적 생각의 악순환을 깨뜨리신다. 그러나 하나님은 우리에게 부드러운 속삭임으로 말씀하신다. "내 아이야, 무슨 일이냐? 이런 곳에서, 이런 분위기에서 너는 무엇을 하고 있느냐? 내가 네게 준 임무는 어떻게 되었느냐? 네가 한때 품었던 명료한 비전과 사명은 어디에 있느냐?"

(자기 마음의 울림이나 이해심 많은 친구, 목회자의 신실한 사역을 통해 들려오는) 하나님의 그런 부드러운 질문이 우리 마음을 감동시켜 회개로 이끈다면 그것은 자기연민과 절망의 늪에서 빠져나오는 첫 걸음이 된다. 이것이 하나님의 부드러운 치료 방법일 것이다. 하나님은 상한 갈대를 꺾지 않고 상처 입은 그리스도인을 거친 힘으로 산산조각내지 않으시는 분이다. 그분은 온유하고 지속적이고 피할 수 없는 질문의 과정을 통해 우리를 온전하게 회복시키신다. 하나님의 질문에 대답하는 과정이 회복의 일부분임을 알게 될 것이다.

4. 하나님은 그에게 확신과 함께 사명을 회복시키신다

여호와께서 그에게 이르시되 너는 네 길을 돌이켜 광야를 통하여 다메섹에 가서 이르거든 하사엘에게 기름을 부어 아람의 왕이 되게 하고 너는 또 님시의 아들 예후에게 기름을 부어 이스라엘의 왕이 되게 하고 또 아벨므홀라 사밧의 아들 엘리사에게 기름을 부어 너를 대신하여 선지자가 되게 하라 하사엘의 칼을 피하는 자를 예후가 죽일 것이요 예후의 칼을 피하는 자를 엘리사가 죽이리라 그러나 내가 이스라엘 가운데에 칠천 명을 남기리니 다 바알에게 무릎을 꿇지 아니하고 다 바알에게 입맞추지 아니한 자니라 왕상 19:15-18

하나님은 엘리야가 쓰러지고 실패했다고 그를 내치지 않으셨다. "위협에 맞설 수 없다면 차라리 고향인 디셉으로 돌아가거라"고 말씀하지 않으셨다. 하나님은 엘리야를 회복시키고 다시 일하게 하신다. 처음 맡았던 일보다 훨씬 큰 임무를 그에게 맡기신다(하나님은 종종 이렇게 하신다). 하나님은 엘리야에게 구체적인 세 가지 임무를 맡기신다. 즉 국제 정세와 관련된 것, 이스라엘 역사의 다음 단계, 엘리야의 후계자에 대한 것이었다. 이 세 가지의 기름 부음은 각각 자기 백성을 정결케 하시는 하나님의 계획 가운데 일부였다. 정결케 하시되 전부를 없애지 않으시고 신실한 남은 자를 보존하시려는 하나님의 뜻이 담겨 있었다.

엘리야는 하나님의 유일한 종으로서 혼자 남은 것이 아니었다(최소한 7,000명이 더 남아 있었다). 뿐만 아니라 자신의 사역을 홀로 감당하지 않아도 되었다. 하나님은 그에게 동료이자 후계자로 엘리사를 주셨다(엘리사는 '하나님은 구원자이시다'라는 뜻이다).

엘리야는 새로운 힘을 얻고, 책망도 듣고, 다시 임무를 부여받고, 확신을 얻었다. 그리고 그는 살아계신 하나님을 섬기는 자신의 사명을 향해 먼 길을 되돌아갔다.

엘리야의 사명은 이어지고 있다. 엘리야의 하나님은 우리의 하나님이시다. 수백 년이 지나 하나님은 또 다른 '엘리야' 세례 요한을 보내셔서 다른 '엘리사' 예수('여호와는 구원이시다'로 같은 의미를 담고 있음)의 길을 예비하게 하신다. 하나님은 우리의 모든 약점을 아시고 우리의 연약함 가운데서, 때로는 실패와 패배 가운데서 우리를 만나주신다. 그리고 온유한 손길로 다시 힘을 주시고, 회복시키시고, 확신을 주시고, 그분을 위해 새롭게 일하게 하신다.

02

예레미야: 환멸과 원통함, 자기연민의 치유

크리스토퍼 J.H. 라이트

예레미야 15:10, 15-21

내게 재앙이로다 나의 어머니여 어머니께서 나를 온 세계에 다투는 자
와 싸우는 자를 만날 자로 낳으셨도다 내가 꾸어 주지도 아니하였고
사람이 내게 꾸이지도 아니하였건마는 다 나를 저주하는도다 렘15:10

여호와여 주께서 아시오니 원하건대 주는 나를 기억하시며 돌보시사
나를 박해하는 자에게 보복하시고 주의 오래 참으심으로 말미암아 나
로 멸망하지 아니하게 하옵시며 주를 위하여 내가 부끄러움 당하는 줄
을 아시옵소서 만군의 하나님 여호와시여 나는 주의 이름으로 일컬음
을 받는 자라 내가 주의 말씀을 얻어 먹었사오니 주의 말씀은 내게 기
쁨과 내 마음의 즐거움이오나 내가 기뻐하는 자의 모임 가운데 앉지
아니하며 즐거워하지도 아니하고 주의 손에 붙들려 홀로 앉았사오니
이는 주께서 분노로 내게 채우셨음이니이다 나의 고통이 계속하며 상
처가 중하여 낫지 아니함은 어찌 됨이니이까 주께서는 내게 대하여 물
이 말라서 속이는 시내 같으시리이까 여호와께서 이와 같이 말씀하시

되 네가 만일 돌아오면 내가 너를 다시 이끌어 내 앞에 세울 것이며 네가 만일 헛된 것을 버리고 귀한 것을 말한다면 너는 나의 입이 될 것이라 그들은 네게로 돌아오려니와 너는 그들에게로 돌아가지 말지니라 내가 너로 이 백성 앞에 견고한 놋 성벽이 되게 하리니 그들이 너를 칠지라도 이기지 못할 것은 내가 너와 함께하여 너를 구하여 건짐이라 여호와의 말씀이니라 내가 너를 악한 자의 손에서 건지며 무서운 자의 손에서 구원하리라 렘 15:15-21

이 본문은 예레미야서에서 '예레미야의 고백'이라고 불리는 내용 중 하나다. 그러나 고백보다는 항의와 탄식에 가깝다. 예레미야가 자신이 선지자로서 얼마나 큰 희생을 치렀는지 드러내며 하나님께 마음을 쏟는 매우 개인적인 기도다. 예레미야의 마음속 깊은 감정을 날것 그대로 느껴 보려면 다음 말씀을 묵상해 보라. 이들 말씀은 속 편하게 읽을 수 있는 내용이 아닐 것이다.

여호와여 내가 주와 변론할 때에는 주께서 의로우시니이다 그러나 내가 주께 질문하옵나니 악한 자의 길이 형통하며 반역한 자가 다 평안함은 무슨 까닭이니이까 주께서 그들을 심으시므로 그들이 뿌리가 박히고 장성하여 열매를 맺었거늘 그들의 입은 주께 가까우나 그들의 마음은 머니이다 여호와여 주께서 나를 아시고 나를 보시며 내 마음이 주를 향하여 어떠함을 감찰하시오니 양을 잡으려고 끌어냄과 같이 그들을 끌어내시되 죽일 날을 위하여 그들을 구별하옵소서 렘 12:1-3

여호와께서 이와 같이 말씀하시니라 무릇 사람을 믿으며 육신으로 그의 힘을 삼고 마음이 여호와에게서 떠난 그 사람은 저주를 받을 것이라 그는 사막의 떨기나무 같아서 좋은 일이 오는 것을 보지 못하고 광야 간조한 곳, 건건한 땅, 사람이 살지 않는 땅에 살리라 그러나 무릇 여호와를 의지하며 여호와를 의뢰하는 그 사람은 복을 받을 것이라 그는 물 가에 심어진 나무가 그 뿌리를 강변에 뻗치고 더위가 올지라도 두려워하지 아니하며 그 잎이 청청하며 가무는 해에도 걱정이 없고 결실이 그치지 아니함 같으리라 렘 17:5-8

여호와여 주는 나의 찬송이시오니 나를 고치소서 그리하시면 내가 낫겠나이다 나를 구원하소서 그리하시면 내가 구원을 얻으리이다 보라 그들이 내게 이르기를 여호와의 말씀이 어디 있느냐 이제 임하게 할지어다 하나이다 나는 목자의 직분에서 물러가지 아니하고 주를 따랐사오며 재앙의 날도 내가 원하지 아니하였음을 주께서 아시는 바라 내 입술에서 나온 것이 주의 목전에 있나이다 주는 내게 두려움이 되지 마옵소서 재앙의 날에 주는 나의 피난처시니이다 나를 박해하는 자로 치욕을 당하게 하시고 나로 치욕을 당하게 마옵소서 그들은 놀라게 하시고 나는 놀라게 하지 마시옵소서 재앙의 날을 그들에게 임하게 하시며 배나 되는 멸망으로 그들을 멸하소서 렘 17:14-18

그들이 말하기를 오라 우리가 꾀를 내어 예레미야를 치자 제사장에게서 율법이, 지혜로운 자에게서 책략이, 선지자에게서 말씀이 끊어지지 아니할 것이니 오라 우리가 혀로 그를 치고 그의 어떤 말에도 주의하지 말자 하나이다 여호와여 나를 돌아보사 나와 더불어 다투는 그들의 목소리를 들어 보옵소서 어찌 악으로 선을 갚으리이까마는 그들이 나의 생명을 해하려고 구덩이를 팠나이다 내가 주의 분노를 그들에게서 돌이키려 하고 주의 앞에 서서 그들을 위하여 유익한 말을 한 것을 기여호와여 주께서 나를 권유하시므로 내가 그 권유를 받았사오며 주께서 나보다 강하사 이기셨으므로 내가 조롱거리가 되니 사람마다 종일토록 나를 조롱하나이다 내가 말할 때마다 외치며 파멸과 멸망을 선포하므로 여호와의 말씀으로 말미암아 내가 종일토록 치욕과 모욕거리가 됨이니이다 내가 다시는 여호와를 선포하지 아니하며 그의 이름으로 말하지 아니하리라 하면 나의 마음이 불붙는 것 같아서 골수에 사무치니 답답하여 견딜 수 없나이다 나는 무리의 비방과 사방이 두려워함을 들었나이다 그들이 이르기를 고소하라 우리도 고소하리라 하오며 내 친한 벗도 다 내가 실족하기를 기다리며 그가 혹시 유혹을 받게 되면 우리가 그를 이기어 우리 원수를 갚자 하나이다 그러하오나 여호와는 두려운 용사 같으시며 나와 함께하시므로 나를 박해하는 자들이 넘어지고 이기지 못할 것이오며 그들은 지혜롭게 행하지 못하므로 큰 치욕을 당하오리니 그 치욕은 길이 잊지 못할 것이니이다 의인을 시험하사 그 폐부와 심장을 보시는 만군의 여호와여 나의 사정을 주께 아뢰었사온즉 주께서 그들에게 보복하심을 나에게 보게 하옵소서 여호와께 노래하라 너희는 여호와를 찬양하라 가난한 자의 생명을 행악자의 손에서 구원하셨음이니라 내 생일이 저주를 받았더면, 나의 어머니가 나를 낳던 날이 복이 없었더면, 나의 아버지에게 소식을 전하여 이르기를 당신이 득남하였다 하여 아버지를 즐겁게 하던 자가 저주를 받았더면, 그 사람은 여호와께서 무너뜨리시고 후회하지 아니하신 성읍같이 되었더면, 그가 아침에는 부르짖는 소리, 낮에는 떠드는 소리를 듣게 하였더면, 좋을 뻔하였나니 이는 그가 나를 태에서 죽이지 아니하셨으며 나의 어머니를 내 무덤이 되지 않게 하셨으며 그의 배가 부른 채로 항상 있지 않게 하신 까닭이로다

어찌하여 내가 태에서 나와서 고생과 슬픔을 보며 나의 날을 부끄러움으로 보내는고 하니라 렘 20:7-18

예레미야를 '눈물의 선지자'라고 부를 만도 하다. 그러나 그를 너무 가혹하게 판단하지 않으려면 그의 고백을 읽을 때, 그가 어린 시절부터 중년에 이르는 긴 세월 동안 선지자로서 뚜렷한 성취가 없었음을 염두에 둬야 한다. 그는 성공은커녕 가혹한 배척, 조롱, 증오의 대상이었고 폭행도 당했다. 하나님이 결혼도 금하셨기에 그는 매우 외로웠고, 믿을 만한 친구도 거의 없었다. 그가 전해야 하는 메시지는 사람들에게 끔찍이도 인기가 없었을 뿐 아니라 그를 둘러싼 상황의 압박 때문에 그의 영혼은 종종 피폐해졌고, 심한 환멸과 자기연민, 주어진 임무에 대한 거부감 등에 빠져 허우적거리기도 했다. 놀랍고도 고무적인 사실은 예레미야가 그런 감정을 하나님께 솔직하게 표현했을 뿐 아니라 하나님은 그것이 성경에 기록되어 우리 모두 읽고 교훈을 얻게 하셨다는 점이다.

본문을 분석하면서 여기에 기록된 예레미야의 고뇌 가운데 최소 세 가지 요소에 제목을 붙이려고 한다. 그리고 하나님이 어떻게 응답하시는지를 살펴보려고 한다.

자신의 사역에 대한 환멸 ────────────
- 자신의 힘겨운 상황에 맞서지 못한 데 따른 실패

말씀에 보면 예레미야는 자신이 태어나지 않았더라면 하고 바란다.

내게 재앙이로다 나의 어머니여 어머니께서 나를 온 세계에 다투는 자와 싸우는 자를 만날 자로 낳으셨도다 내가 꾸어 주지도 아니하였고 사람이 내게 꾸이지도 아니하였건마는 다 나를 저주하는도다 렘 15:10

내 생일이 저주를 받았더면, 나의 어머니가 나를 낳던 날이 복이 없었더면, 나의 아버지에게 소식을 전하여 이르기를 당신이 득남하였다 하여 아버지를 즐겁게 하던 자가 저주를 받았더면, 그 사람은 여호와께서 무너뜨리시고 후회하지 아니하신 성읍같이 되었더면, 그가 아침에는 부르짖는 소리, 낮에는 떠드는 소리를 듣게 하였더면, 좋을 뻔하였나니 이는 그가 나를 태에서 죽이지 아니하셨으며 나의 어머니를 내 무덤이 되지 않게 하셨으며 그의 배가 부른 채로 항상 있지 않게 하신 까닭이로다 어찌하여 내가 태에서 나와서 고생과 슬픔을 보며 나의 날을 부끄러움으로 보내는고 하니라 렘 20: 14-18

이 바람을 20장 14-18절에서 더 강하고 직설적으로 표현한다. 그러나 1장 5절을 보면 예레미야는 자신이 태어나기 전부터 하나님이 자기를 선택하고 선지자로 세우셨음을 알았다(하나님이 그렇게 말씀하셨기 때문이다).

내가 너를 모태에 짓기 전에 너를 알았고 네가 배에서 나오기 전에 너를 성별하였고 너를 여러 나라의 선지자로 세웠노라 하시기로 렘 1:5

따라서 태어나지 않았기를 바라는 마음은 실제로 선지자로 부름 받은 소명 그 자체를 거부하는 것과 마찬가지다. 그는 나면서부터 맡겨진 사역에 대해 진저리를 친다. 왜 그랬을까? 그 이유가 10절에 나온다. 그가 얻은 것이라곤 다툼, 싸움, 증오, 저주뿐이라는 것이다. 이는 결코 감당하기 쉬운 일이 아니다. 특히 그런 일이 계속 이어지고, 전적으로 부당하다고 느낀다면 더욱 그렇다. 예레미야는 아무에게도 잘못한 일이 없지만 모두가 그를 싫어한다. 이 얼마나 힘겨운 상황인가!

예레미야가 느끼는 환멸이 더욱 심해지는데, 그 이유가 다음 말씀에 기록되어 있다.

> 만군의 하나님 여호와시여 나는 주의 이름으로 일컬음을 받는 자라 내가 주의 말씀을 얻어 먹었사오니 주의 말씀은 내게 기쁨과 내 마음의 즐거움이오나 렘 15:16

그는 사역 초기의 일을 회상한다. 어린 시절 하나님의 부르심을 받은 것은 다소 벅차게 느껴졌을 테지만 하나님의 말씀을 받은 기쁨과 즐거움이 그에게 있었다. 그는 달콤한 음식을 먹듯 하나님의 말씀을 얻어먹었다. 이전의 수많은 선지자처럼 그는 이스라엘 하나님 여호와의 이름으로 말하는 것에 대해 (올바른 의미에서) 자부심을 느꼈다. 그도 초기에는 커다란 희망과 기대를 품었을 것이다. 하나님이 세우신 '열방의 선지자'가 되다니 이 얼마나 대단한 도전이고 사명인가! 그는 "만군의 하나님 여호와시여 나는 주의 이름으로 일컬음을 받은 자라"고 말했다. 이것은 하나님이 맡기신 사명이자 권한이었다. 이것은 한때 소중한 특권처럼 보였으나 이제는 견딜 수 없는 짐과 날마다 겪는 고문이 되었다.

예레미야는 이처럼 환멸에 빠진다. 그는 상황이 주는 압박에 어떻게 대처해야 할지 알 수가 없었다. 그는 하나님이 부르셔서 이 임무를 맡았고, 자신에게 선택의 여지가 없고 달리 갈 곳이 없다는 것도 안다. 그러나 그것이 싫어 차라리 이런 삶으로 태어나지 않았기를 바란 것이다. 그는 어려서부터 집안사람들처럼 제사장이 될 기대를 가졌는지도 모른다. 그러나 그가 가졌을 법한 모든 꿈은 깨졌다. 그의 인생은 실망과 좌절로 얼룩지고 환멸 속에 가라앉고 말았다.

이런 환멸은 하나님의 종에게 쉽게 찾아온다. 새내기 교역자가 목사 안수를 받고 설레는 마음으로 교회에 부임한다. 그는 자신이 부임할 교회가 생명력과 큰 성장으로 소문난 곳이라고 생각하며 영적이면서 선교 중심적일 거라는 기대를 품는다. 그러나 얼마 지나지 않아 교회의 명성 아래 감춰진 생기 없는 분위기, 역기능, 성격 차이로 인한 다툼, 권력 투쟁, 심지어 부패와 부도덕을 발견한다. 목회에 대해 품었던 그의 열정은 이제 어떻게 될까?

한 젊은 학생이 명문 신학교에 입학한다. 한 차원 높은 경건 생활로 채워진 놀라운 삶을 기대했지만 자신이 직접 화장실 청소를 해야 할 뿐 아니라 온갖 불공정한 관행과 정직성의 결여가 교수진과 행정 담당자들에게 만연해 있음을 발견한다. 그녀는 동료 학생들과 심지어 교수들에게까지 환멸을 느낀다. 그녀가 가졌던 하나님을 향한 소명과 선교 의식은 어떻게 될까?

한 선교사 부부가 외국으로 파송된다. 자신뿐 아니라 파송 교회도 큰 기대와 희망을 품는다. 그러나 충분히 준비되지 않은 상태에서 여러 문화의 장벽에 직면해 어려움을 겪다가 몇 년이 지나지 않아 본국으로 귀환한다. 아마도 이 부부는 실패했다고 느끼고(실패했다는 근거는 없음) 분명 깊은 환멸을 느낄 것이다.

우리는 소위 '복음주의' 진영의 교회와 선교기관의 유명 지도자 몇 명이 돈을 밝히고 겸손, 정직, 섬김에 대한 그리스도의 교훈을 대놓고 무시하는 행동을 보일 때 큰 환멸을 느끼곤 한다. 또한 어떤 교회나 선교기관이 직원과 선교사들을 대하는 모습을 보며 자신도 결국 저런 대우를 당하지 않을까 걱정하며 환멸을 느끼기도 한다.

환멸은 몇 가지 아주 부정적인 증상으로 나타난다. 환멸에 빠진 그리스도인은 모든 것을 부정적인 시각으로 바라본다. 매사에 비판적이고 비관적으로 생각한다. 냉소적이 되어 동료에 대한 어둡고 부정적인 유머를 즐기기도 한다. "나도 한때는 너처럼 뜨거웠지. 하지만 너도 겪어 보면 알게 될 거야"라는 심정으로 다른 사람의 열의와 열정에 찬물을 끼얹기도 한다. "몇 년 전에 이미 해봤어. 그런데 소용없더라고" 하며 좋은 아이디어와 제안을 비웃기도 한다. 여기서 가장 나쁜 점은 환멸에 전염성이 있다는 것이다. 마음에 독을 퍼뜨리고 다른 사람의 희망과 비전에 찬물을 끼얹는다. 부정적 태도는 쉽게 퍼져 나간다.

그렇다면 예레미야의 이 특별한 절박함에 대해 하나님은 어떻게 응답하시는가? 그 응답은 다음 말씀에 등장한다.

여호와께서 이와 같이 말씀하시되 네가 만일 돌아오면 내가 너를 다시 이끌어 내 앞에 세울 것이며 네가 만일 헛된 것을 버리고 귀한 것을 말한다면 너는 나의 입이 될 것이라 그들은 네게로 돌아오려니와 너는 그들에게로 돌아가지 말지니라 렘 15:19

그에 앞서 예레미야가 몇 마디를 덧붙이는데 이것은 잠시 후에 살펴보겠다(11-14절의 이야기가 10절에서 예레미야가 한 말과 어떻게 직접적으로 연결되는지 파악하기는 쉽지 않다). 하나님의 응답에는 두 가지 측면이 있다.

첫 번째, 회개로의 부르심이다. "네가 만일 돌아오면 내가 너를 다시 이끌어 내 앞에 세울 것이며"라고 말씀하시며 하나님은 환멸에 빠진 자신의 종에 대해 확고한 입장을 취하신다. 이것은 막연한 명령이 아니다. 이 구절 하반부를 보면 이것이 예레미야의 말에 대해 구체적으로 언급하신 것임을 알 수 있다. 예레미야는 계속 부정적이고 파괴적인 말, 즉 '헛된 것'을 말한다. 앞서 말한 대로 이것은 환멸에 빠진 사람의 특징이다.

하나님은 예레미야의 이런 점을 지적하며 온유하고도 엄중하게 꾸짖으신다. 흥미로운 것은 하나님이 그의 속마음을 털어놓게 하시지만 그가 한 말의 문제점을 지적하신다는 점이다. 사실 이것은 '성경의 영감'에 대한 의미를 이해하는 데 영향을 준다. 성경에 기록된 예레미야의 모든 말은 그 자체로 직접적 의미에서 '하나님의 말씀'이 아니다. 성경은 예레미야의 부정적 생각과 환멸에서 나온 말이 기록된 내용, 그것에 대해 하나님이 책망하시는 방식을 통해 하나님의 말씀이 우리에게 전달된다. 우리는 하나님 앞에서 솔직해질 수 있지만 동시에 하나님이 어떻게 응답하시는지를 귀담아들어야 한다.

두 번째 특징은 첫 번째 특징에 대해 긍정적인 대척점을 이룬다. 하나님은 예레미야를 선지자로서 마땅히 해야 할 역할로 회복시키신다. "네가 만일 헛된 것을 버리고 귀한 것을 말한다면 너는 나의 입이 될 것이라." 이것은 하나님이 보내신 선지자로서의 부르심과 사명에 대한 핵심이다. 예레미야는 (본인이 원하든 원하지 않든) 그 사역을 계속 이어나갈 것이다. 그러나 이를 위해서는 자신이 무슨 말을 내뱉는지 주의해야 하며, 그의 환멸이 생각과 말을 주장하지 않도록 해야 한다. 예레미야가 자신의 고통을 쏟아낸 다른 구절이 있다는 사실로 볼 때 19절에 기록된 하나님의 책망은 고뇌가 담긴 항의와 탄식의 표현을 금하신 것이 아니라는 점을 분명히 알 수 있다. 예레미야가 인간적 면모를 드러낸 것은 어쩔 수 없는 일이었던 것이다.

다른 사람들에 대한 원통함과 적개심 ─────────
- 저항에 맞서지 못한 데 따른 실패

예레미야는 이미 경고를 받았다. 하나님은 앞서 부름 받을 당시 그가 직면하게 될 저항과 배척에 지지 않으려면 쇠기둥과 같이 되어야 한다고 말씀하셨다.

> 너는 그들 때문에 두려워하지 말라 내가 너와 함께하여 너를 구원하리라 나 여호와의 말이니라 하시고 렘 1:8

> 그러므로 너는 네 허리를 동이고 일어나 내가 네게 명령한 바를 다 그들에게 말하라 그들 때문에 두려워하지 말라 네가 그들 앞에서 두려움을 당하지 않게 하리라 보라 내가 오늘 너를 그 온 땅과 유다 왕들과 그 지도자들과 그 제사장들과 그 땅 백성 앞에 견고한 성읍, 쇠기둥, 놋 성벽이 되게 하였은즉 그들이 너를 치나 너를 이기지 못하리니 이는 내가 너와 함께하여 너를 구원할 것임이니라 여호와의 말이니라 렘 1:17-19

예레미야는 젊은 나이에 사역을 시작했고, 그가 전하는 타협 없는 메시지는 인기가 없었다. 사역을 계속 이어가려면 그는 강인해야 했다. 그런 일을 하며 30년을 버텨야 한다면 누구든 벅찰 것이다. 게다가 이것은 우호적인 학술 토론장에서 정중한 신학적 반론을 제기하는 것과 차원이 달랐음을 기억하라. 사람들은 예레미야의 어깨에 팔을 두르고 "여보게 젊은이, 자네 관점은 이해하지만 아쉽게도 동의할 수 없다네"라고 동정하듯 말하지 않았다. 예레미야는 조롱과 배척을 당하고, 공동체로부터 추방되고, 신변의 위협을 당하고, 얻어맞고, 감금되고, 거짓 혐의로 기소되고, 거의 살해당할 뻔했다. 이런 일이 몇 년이고 계속되었다. 그중에서도 최악의 상황은 친척들마저 그를 배신자와 매국노 취급을 했다는 점이다. 결국 예레미야는 더 이상 참고만 있을 수 없었다. 그의 마음에는 원통함과 적개심이 생겨났고, (그나마 나은 경우) 그의 인생을 비관하게 만들었고, (최악의 경우) 그의 목숨을 앗아가려는 사람들에게 복수해 달라고 하나님을 향해 부르짖었다.

다음의 성경 구절 이면에 숨은 감정을 이해하려면 약간의 상상력이 필요하다.

여호와여 주께서 나를 아시고 나를 보시며 내 마음이 주를 향하여 어떠함을 감찰하시오니 양을 잡으려고 끌어냄과 같이 그들을 끌어내시되 죽일 날을 위하여 그들을 구별하옵소서 렘12:3

나를 박해하는 자로 치욕을 당하게 하시고 나로 치욕을 당하게 마옵소서 그들은 놀라게 하시고 나는 놀라게 하지 마시옵소서 재앙의 날을 그들에게 임하게 하시며 배나 되는 멸망으로 그들을 멸하소서 렘 17:18

여호와여 나를 돌아보사 나와 더불어 다투는 그들의 목소리를 들어 보옵소서 어찌 악으로 선을 갚으리이까마는 그들이 나의 생명을 해하려고 구덩이를 팠나이다 내가 주의 분노를 그들에게서 돌이키려 하고 주의 앞에 서서 그들을 위하여 유익한 말을 한 것을 기억하옵소서 그러하온즉 그들의 자녀를 기근에 내어 주시며 그들을 칼의 세력에 넘기시며 그들의 아내들은 자녀를 잃고 과부가 되며 그 장정은 죽음을 당하며 그 청년은 전장에서 칼을 맞게 하시며 주께서 군대로 갑자기 그들에게 이르게 하사 그들의 집에서 부르짖음이 들리게 하옵소서 이는 그들이 나를 잡으려고 구덩이를 팠고 내 발을 빠뜨리려고 올무를 놓았음이니이다 여호와여 그들이 나를 죽이려 하는 계략을 주께서 다 아시오니 그 악을 사하지 마옵시며 그들의 죄를 주의 목전에서 지우지 마시고 그들을 주 앞에 넘어지게 하시되 주께서 노하시는 때에 이같이 그들에게 행하옵소서 하니라 렘 18:19-23

의인을 시험하사 그 폐부와 심장을 보시는 만군의 여호와여 나의 사정을 주께 아뢰었사온즉 주께서 그들에게 보복하심을 나에게 보게 하옵소서 렘 20:12

이 구절에서 예레미야가 자신의 감정과 갈망을 표현하는 방식은 무서울 정도로 솔직하고 직설적이다. 이런 모습은 몇몇 시편에서도 볼 수 있다. 우리는 예레미야가 독선적이라고 비난하며 손가락질하기 전에 자신의 마음을 들여다볼 필요가 있다. 우리 역시 우리에게 대항하고 적대감을 표시하는 사람들에 대해 비슷한 생각을 품지 않았던가? 차마 입 밖으로 표현하지는 못하더라도 말이다. 그런 감정이 성경에 실제로 기록되어 있다는 것이 놀랍지 않은가?

원통함과 적개심이 위험한 몇 가지 이유가 있다.

첫 번째, 이것은 여러 감정 가운데 가장 유독하고 치명적인 부류에 속한다. 우리가 종종 사용하는 '원통함이 사무친다' '적개심이 불타오른다' 등의 표현은 이런 감정의 실제 작용을 표현한 은유다. 이런 감정은 우리의 심리적·영적·신체적 건강을 해친다. 아이들이 아직 어렸을 때 나와 아내는 극심한 경제적 어려움을 겪은 적이 있다. 우리 마음속에는 그런 상황을 허락하신 하나님을 향한 원통함과 부유하고 편안한 생활을 즐기는 듯 보이는 그리스도인 친구들에 대한 적개심이 생겼다. 당시 우리는 자신의 마음을 솔직하게 들여다보고 하나님 앞에 회개하기 전까지는 그런 파괴적 감정에 속수무책으로 휘둘릴 수밖에 없었다.

두 번째, 원통함과 적개심은 가장 오래 지속되는 감정이다. 사람들은 평생 원망의 마음을 품고 살아가기도 한다. 분노는 수명이 짧은 편이다. 불타오르고 나서 비교적 빨리 소멸된다. 그러나 적개심은 아주 오래 이글거린다. 내가 만난 사람들 가운데 어린 시절에 겪은 일로 생긴 적개심을 노인이 되도록 품고 살면서 영적·정서적 장애를 앓는 사람들이 있었다(이것이 신체의 변형으로 이어진 경우도 있었다). 성경에서 '쓴 뿌리'에 대해 언급한 것은 이상한 일이 아니다.

> 너희는 하나님의 은혜에 이르지 못하는 자가 없도록 하고 또 쓴 뿌리가 나서 괴롭게 하여 많은 사람이 이로 말미암아 더럽게 되지 않게 하며 음행하는 자와 혹 한 그릇 음식을 위하여 장자의 명분을 판 에서와 같이 망령된 자가 없도록 살피라 히 12:15-16

이것은 손을 보기 전까지 깊이 뿌리내리고, 길게 뻗어 나가고, 해를 거듭하며 그 열매를 맺는다.

세 번째, 원통함과 적개심은 온전한 인격과 영적 건강으로 가는 길을 가로막는 가장 견고한 장벽을 세운다. 이것은 다른 사람이 끼친 잘못이나 상처(그것이 사실이든 혼자 상상하는 것이든)를 용서하기를 거부하는 마음이 중심에 자리 잡았기 때문이다. 용서하기를 거부하면 자신도 용서받지 못할 뿐 아니라 더 나아가 씻음과 치유의 흐름이 차단된다. 예수님은 우리에게 이 일에 대해 경고할 때 아주 구체적이고 단호하게 말씀하셨다. 다른 사람을 용서하지 않는 사람은 하나님의 용서도 경험하지 못한다(마 6:14). 용서 없이는 진정한 치유나 회복이 있을 수 없으며, 적개심을 품고 살면 엄청난 대가를 치르게 된다.

하나님은 예레미야의 이 문제, 즉 다른 이들을 향한 원통함과 적개심,

복수하고 싶은 욕구에 대해 어떤 답을 주시는가? 하나님의 답변 가운데 일부를 이 본문에서 볼 수 있지만 완전한 답은 구약의 지평선 너머에서 찾을 수 있다.

구약성경에서는 원수의 공격 등의 이유로 불만이 있을 때 직접 나서서 복수하지 말라는 경계의 말씀이 주어졌다. 사람들은 궁극적으로 모든 복수(잘못된 것을 바로잡고 잘못한 사람에게 벌을 주는 의미에서)와 모든 공의, 일을 바로 세우는 것은 하나님께 속한다는 원칙을 받아들여야 한다. 하나님은 온 땅의 재판장이시며, 즉각적이지 않더라고 공의를 이루신다. 그렇다면 어떤 잘못으로 말미암아 원통함이 생길 만한 정당한 이유가 있을 경우, 뭔가를 바로잡아야 하는 진정한 고충이 있을 경우 이를 하나님께 내어드리고 그분이 문제를 정리하고 바로잡아 주시도록 간구해야 한다. 물론 이것은 인간 능력의 한계 안에서 판사와 법원 등을 통한 적절한 정의 구현의 필요를 없애지 않는다. 하나님은 사회가 정의 실천을 추구하며, 행악자는 처벌하고, 무죄한 사람은 옳다고 인정하기를 원하신다. 그러나 그것이 실현되지 않는다면 어떻게 될까? 재판장이 부패했다면 어떻게 해야 할까? 돈과 권력이 승리한다면 어떻게 해야 할까? 그때는 하나님께 호소해야 한다. 스스로 법의 집행자가 되어 폭력을 동원해 복수해서는 안 된다. 그것은 혈투와 늘어나는 폭력, 사회 붕괴로 가는 길이다.

그러므로 예레미야는 생명의 위협을 포함해 온갖 부당한 상처와 잘못된 대우를 받는 가운데 하나님께 그의 원수를 상대하고 행악자들을 징벌해 달라고 호소한다. 이제 15장 20-21절에서 하나님이 예레미야에게 어떻게 대답하시는지 주의 깊게 살펴보자.

내가 너로 이 백성 앞에 견고한 놋 성벽이 되게 하리니 그들이 너를 칠지라도 이기지 못할 것은 내가 너와 함께하여 너를 구하여 건짐이라 여호

와의 말씀이니라 내가 너를 악한 자의 손에서 건지며 무서운 자의 손에서 구원하리라 렘15:20-21

하나님은 예레미야의 호소를 단순한 피해망상으로 치부하며 무시하지 않으신다. "너를 잡으러 온 사람은 아무도 없어!"라고 말씀하지 않으신다. 반대로 하나님은 예레미야의 말에 동의하신다. 분명히 "악한 자" "무서운 자"가 있어서 예레미야를 해치거나 그의 입을 막으려 하므로 하나님은 그들을 상대하겠다고 하며 "나를 믿어라"고 말씀하신다. 11장 21-23절에서도 똑같이 말씀하신다.

여호와께서 아나돗 사람들에 대하여 이와 같이 말씀하시되 그들이 네 생명을 빼앗으려고 찾아 이르기를 너는 여호와의 이름으로 예언하지 말라 두렵건대 우리 손에 죽을까 하노라 하도다 그러므로 만군의 여호와께서 이와 같이 말씀하시니라 보라 내가 그들을 벌하리니 청년들은 칼에 죽으며 자녀들은 기근에 죽고 남는 자가 없으리라 내가 아나돗 사람에게 재앙을 내리리니 곧 그들을 벌할 해에니라 렘11:21-23

구약성경에서 의인은 원수에 대해 직접 복수하지 않고 하나님께 자신의 사정을 아뢰고 하나님이 대신 정의를 세워주시도록 호소한다. 이것이 여호와의 종이 가져야 할 자세다.

그러나 나는 말하기를 내가 헛되이 수고하였으며 무익하게 공연히 내 힘을 다하였다 하였도다 참으로 나에 대한 판단이 여호와께 있고 나의 보응이 나의 하나님께 있느니라 사49:4

주 여호와께서 나를 도우시므로 내가 부끄러워하지 아니하고 내 얼굴을 부싯돌같이 굳게 하였으므로 내가 수치를 당하지 아니할 줄 아노라 나를 의롭다 하시는 이가 가까이 계시니 나와 다툴 자가 누구냐 나와 함께 설지어다 나의 대적이 누구냐 내게 가까이 나아올지어다 보라 주 여호와께서 나를 도우시리니 나를 정죄할 자 누구냐 보라 그들은 다 옷과 같이 해어지며 좀이 그들을 먹으리라 사 50:7-9

또한 이것은 예수님이 몸소 나타내신 본이었다. 그러므로 그분의 제자 된 우리도 불의한 일을 당할 때 이와 같이 해야 한다.

이를 위하여 너희가 부르심을 받았으니 그리스도도 너희를 위하여 고난을 받으사 너희에게 본을 끼쳐 그 자취를 따라오게 하려 하셨느니라 그는 죄를 범하지 아니하시고 그 입에 거짓도 없으시며 욕을 당하시되 맞대어 욕하지 아니하시고 고난을 당하시되 위협하지 아니하시고 오직 공의로 심판하시는 이에게 부탁하시며 벧전 2:21-23

더 설명하지 않더라도 구약성경의 이 원리는 상대와 맞서 싸우고 받은 만큼 돌려주려는 뿌리 깊은 인간의 본성과 분명한 대조를 이룬다. 안타깝지만 그리스도인도 종종 같은 방식으로 행동한다. 우리는 자신을 방어하거나 다른 사람을 비난하기에 바쁘다. 자신이 속한 모임이나 정당에 맹렬한 충성심을 나타내지만 '적'으로 간주되는 사람들을 끌어내리기 위해서는 비열한 정치적 술수도 서슴지 않는다. 그러나 다른 사람들이 정말로 우리에게 잘못했더라도 예레미야(그리고 예수님과 바울)를 교훈 삼아 자신을 방어하고 복수할 방법을 찾기보다 무고한 이들을 옹호하고 악인을 상대하시는 하나님께 맡겨야 하지 않을까? 예레미야의 기도에 깔린

논조가 우리 마음에 들지 않을지 몰라도 그는 사실 자신의 사정을 하나님께 맡기고 있었다.

물론 신약성경의 가르침은 이보다 더욱 심오하다. 복수하지 말라는 구약의 명령을 반복할 뿐 아니라 복수하고자 하는 마음 대신 사랑을 가지라고 촉구한다. 예수님은 "너희 원수를 사랑하며 너희를 박해하는 자를 위하여 기도하라"고 말씀하신다(마 5:43-48). 원수를 사랑하라고? 그래야 하는 이유가 무엇인가? 그 이유는 하늘에 계신 아버지 하나님이 그렇게 하시기 때문이다. 그러나 우리 인간이 어떻게 그럴 수 있을까? 물론 우리를 미워하고 공격하는 사람들을 사랑하는 것은 불가능하다. 예수님의 위대한 본보기, 그분의 명령, 그분의 성령의 능력이 아니고서는 당연히 불가능한 일이다. 예수님은 인간 역사상 최악의 불의, 이에 뒤따른 끔찍한 고문과 사형을 겪으시면서도 "아버지여 저희를 용서하여 주옵소서"라고 기도하셨다. 또한 바울은 "서로 용서하기를 하나님이 그리스도 안에서 너희를 용서하심과 같이 하라"(엡 4:32)고 오직 예수님의 이름으로 우리에게 권면할 수 있었다. 우리는 용서하라는 명령을 받았다. 이것은 그저 해도 되고 안 해도 되는 제안이 아니다. 오직 용서만이 원통함을 치료할 수 있다.

원통함과 적개심은 일종의 속박이다. 그것은 우리를 노예로 삼고 불구로 만들고 마비시킨다. 그러나 그 속박을 십자가에 달리신 그리스도의 용서하시는 놀라운 사랑 앞에 드러낼 때 그것은 녹아 없어지고, 우리가 용서받은 것처럼 우리도 용서할 수 있는 자유를 얻는다. 이것은 삶의 변화를 가져오는 가장 복된 해방이다. 사람이 원통함의 속박에서 풀려날 때 놀라운 영적·심리적 변화가 일어난다. 개인적으로 용서하고 용서받는 경험을 통해 한 사람의 신체적 모습, 그 사람의 표정 전체가 달라지는 것을 목격했다.

우리도 이런 경험을 할 때가 되지 않았는가? 원통함과 적개심, 다른 사람을 용서하지 못하는 마음 때문에 삶이 억눌리고 뒤틀려 있지 않은가? 만약 자신의 문제가 너무 심각하고 먼 과거로부터 깊게 뿌리내린 것이라면 겸손한 마음으로 현명한 영적 조언과 도움을 구하라. 생명을 갉아먹는 감정을 계속 키우지 마라. 희생을 치러야 할 가치가 없는 감정이다.

자기연민

- 자신의 감정을 대면하지 못한 데 따른 실패

다음 성경 구절은 자기연민의 냄새로 진동한다.

내가 기뻐하는 자의 모임 가운데 앉지 아니하며 즐거워하지도 아니하고 주의 손에 붙들려 홀로 앉았사오니 이는 주께서 분노로 내게 채우셨음이니이다 나의 고통이 계속하며 상처가 중하여 낫지 아니함은 어찌 됨이니이까 주께서는 내게 대하여 물이 말라서 속이는 시내 같으시리이까
렘 15:17-18

예레미야는 자신의 외롭고 상한 마음을 하나님이 알아주시기를 원한다. 16장을 읽으면 그가 그토록 외로워하는 이유를 알게 된다. 하나님은 그에게 결혼을 금하셨을 뿐 아니라(당시 문화 상황에서 남자에게 이런 일은 극히 드문 일이었음) 결혼식이나 장례식 같은 지역 모임조차 참석하지 말라고 지시하셨다. 따라서 예레미야는 동네 사람들이 함께 즐거워하거나 슬퍼할 일이 있을 때 그 자리에 없었다. 그의 이런 행동은 분명 사람들에게

미움 받을 만한 짓이었고 개인적으로도 몹시 고독한 일이었다.

예레미야는 이전에도 많은 눈물을 흘리고 괴로워했다. 그런데 예레미야서 앞부분에서 그가 흘린 눈물은 다른 사람들의 고통을 슬퍼하는 것이었다(렘 8:18-9:1). 여기에 기록된 그가 흘린 눈물의 분명한 초점은 그것이었다. 예레미야는 자기 민족의 끊임없는 죄와 그로 말미암아 예비된 끔찍한 심판이 누적되는 상황에 대해 깊이 슬퍼했다. 그래서 그는 자신의 머리가 물이 되어 자기 백성을 위해 충분히 눈물 흘리기를 원했다. 그러나 지금 그의 감정은 자신을 향하는 듯하다. 자신의 고통에 대해 눈물 흘리면서(그럴 만하다고 쉽게 동의할 수 있음) 자기연민에 빠져 허우적거린다. 나에게는 앞서 그가 다른 사람들을 위해 슬퍼한 내용과 대조되는 이 부분이 그렇게 느껴진다.

자기연민은 사람을 무너뜨리는 또 하나의 해로운 감정이다. 이는 주로 상한 자존감이나 억제된 자만심과 연관된다. 이는 자신이 누려야 한다고 생각하는 것과 실제 경험 사이에서 생겨난 갈등에서 비롯된다. 우리가 어떤 형태로든 하나님의 사역에 연관되어 있다면, (예레미야처럼) 하나님을 위해 자신의 모든 것을 내어놓고도 그런 고난을 당한다는 사실이 부당하게 느껴질 수 있다. "나는 위대한 사역으로 부르심을 받았고 더 큰 일을 하는데, 지금 내가 처한 꼴이라니! 나에게 이럴 수는 없는 거야. 나는 남을 위해 최선을 다하고 있는데 모두 나를 미워해! 그들이 뭔데 나를 이렇게 대하는 거야! 너무 슬퍼!!"

자기연민은 자기중심성이 강하게 작용하는 측면이 있다. 자기연민이 밖으로 표현될 경우 대개 남들이 자기를 측은하게 여겨주고 자기가 처한 상황에 대해 안타까워해주기를 원한다. 이때 원하는 것은 동정과 칭찬이다. 사실 자기연민은 죄의 아주 미묘한 형태일 수 있다. 당사자는 그것을 전혀 죄라고 생각하지 않기 때문이다. 자기연민은 주로 "남들이 나에게 죄를 짓고 있어! 나는 억울한 상황의 피해자야"라고 느끼게 만든다. 따라서 이것은 회개와 온전함에 이르지 못하게 하는 강력한 장애물이 된다.

이 시점에서 예레미야는 자기 자신과 자신의 고통에 얽매인 채 절망과 자기연민의 구덩이에서 허우적거린다. 심지어 그는 하나님이 실패하셨다고 비난한다. 예레미야의 절규를 들어 보라.

주께서는 내게 대하여 물이 말라서 속이는 시내 같으시리이까 렘 15:18 하반절

하나님이 자신은 "생수의 근원"이라고 하신 아름다운 광경과 비교해 보라(렘 2:13).

내 백성이 두 가지 악을 행하였나니 곧 그들이 생수의 근원되는 나를 버린 것과 스스로 웅덩이를 판 것인데 그것은 그 물을 가두지 못할 터진 웅덩이들이니라 렘 2:13

생수의 근원은 끊임없이 사람들을 상쾌하게 해주고 농사에 필요한 물을 공급해준다. 그런데 이제 예레미야는 하나님이 와디처럼 되셨다고, 물이 있을 것 같은데 막상 가 보면 다 말라버린 강줄기와 같다고 말한다. 예레미야는 "하나님은 많은 약속을 하시지만 이뤄지는 것은 하나도 없네요. 하나님은 어디에 계시나요? 도무지 신뢰할 수가 없어요!"라고 말한 것이다.

물론 우리는 예레미야가 그런 말을 입 밖으로 내어 기도하는 것은 고사하고 생각조차 하지 말았어야 했다고 지적할 수 있다. 그러나 그는 그렇게 했다. 자신이 느끼고 생각하는 바를 모두 쏟아내며 하나님 앞에서

놀라운 솔직함으로, 날것 그대로의 감정을 드러냈다. 예레미야가 이토록 꾸밈없는 솔직함으로 담대하게 하나님을 대하는 모습을 보면 그가 하나님을 잘 알았고, 하나님과의 관계에서 강한 확신을 가졌음을 느낀다.

하나님은 직접 "나 여호와는 심장을 살피며 폐부를 시험하고"(렘 17:10)라고 말씀하셨다. 즉 하나님은 우리의 가장 깊은 생각을 아신다. 그렇다면 마음속 깊이 그것을 감추려 하거나 우리 안에 아무 느낌이나 생각이 없는 체하는 것이 무슨 소용이 있겠는가. 나는 그리스도인의 예배(특히 찬양) 가운데서 마음에 없는 감정을 느끼는 것처럼 가장하는 한편 실제 감정은 감추고 있다는 생각을 떨쳐내기가 어렵다. 우리는 타인이나 심지어 자신을 속일 수 있지만 하나님을 속일 수는 없다. 하나님은 우리 마음을 다 아시기에 그분 앞에서 완전히 솔직한 자세로 우리의 느낌과 생각을 있는 그대로 말씀드리는 것이 훨씬 건강하다. 그래야 하나님의 응답을 더 잘 들을 수 있다.

이 본문에서 우리는 예레미야의 솔직한 외침(렘 15:15-18)이 하나님의 책망과 회복, 새로운 약속(렘 15:19-21)으로 이어지는 것을 발견한다. 이를 통해 우리는 자신과 하나님께 대한 솔직함이 치유로 가는 첫 걸음이라는 사실을 깨닫는다. 회개 없는 치유는 없다. 동시에 솔직함 없는 회개도 없다. 그 솔직함 때문에 하나님께 분노하고, 의문을 제기하고, 항의하고, 호소하게 되더라도 솔직함은 꼭 필요하다. 하나님이 우리에게 사용하라고 주신 시편에는 하나님을 향한 솔직함의 사례가 많이 나온다. 하나님은 우리의 삶 가운데 진정으로 함께 계시기 위해 우리도 그분의 면전에서 진정한 모습으로 있기를 원하신다.

내가 목회하던 교회에 출석하던 한 여자 성도를 기억한다. 그녀가 자신의 뿌리 깊은 신경쇠약과 정서적 붕괴 상태에서 빠져나오기 위해 뗀 첫 걸음은 그동안 억눌렀던 하나님에 대한 분노를 30분간 발산하는 것이었다. 그 과정에서 그녀는 하나님을 향해 소리를 지르고 나를 때리다가 방석을 마구 때렸다.

문제는 우리가 자신의 감정을 두려워하고, 다른 사람의 감정을 공유하거나 수용하기를 두려워한다는 점이다. 우리는 그런 감정에 대해 당혹감과 불쾌감을 느끼곤 한다. 그래서 그런 감정을 억제하거나 부인하려고 노력하지만, 하나님이 인간 삶의 여러 차원을 창조하신 것과 마찬가지로 감정도 지으셨음을 떠올려 보면 사실 그런 노력은 부질없는 짓이다. 우리가 자신의 진정한 감정을 틀어막고 다른 사람에게도 그렇게 하길 요구한다면 우리의 인간관계는 깊이가 없고 부서지기 쉽고 하나님과의 관계도 냉담하고 기계적이 될 수밖에 없다. 자신의 감정을 받아들이고 그것을 하나님께 솔직하게 표현할 수 있게 해달라고 기도해야 한다. 우리 생각 가운데 오류나 죄가 있다면 하나님은 예레미야에게 하신 것처럼 우리에게 그것을 보여주실 것이다. 하나님은 우리를 정죄하며 쫓아내지 않고 온전함과 새로운 사역으로 우리를 회복시켜 주실 것이다.

15장 17-18절에서 예레미야가 쏟아낸 자기연민에 대한 하나님의 응답은 15장 19-21절에 기록된 회개와 재임명, 새로운 약속의 말씀으로 나타난다. 또한 이 말씀은 회개하라는 부름으로 시작하는데, 이는 자기연민을 가진 사람이 받아들이기 무척 어려운 말씀이다.

수년 전 나와 아내는 인도에서 사역하기 위해 출국을 앞두고 기독교 의료기관에서 건강검진을 받았다. 나는 몸 어디에도 이상이 없어 의사와의 면담이 수분 만에 끝났다. 그러나 아내는 시간이 아주 오래 걸렸다. 면담을 끝내고 나오는 아내의 얼굴은 창백했고 불안감이 역력했다. 그 순간 아내에게 어떤 문제가 발견되었을까 두려웠다. 사실 몸에는 아무 이상이 없었다. 그러나 사려 깊은 그리스도인 의사는 우리가 해외 사역을 준비하는 여러 해 동안 겪은 곤경과 관련해 아내의 깊은 감정을 캐내는 질문 몇 가지를 던진 것이었다. 귀가하는 차 안에서 아내는 의사가 해준 말(친절한 사실)을 전해주었는데, 자신의 마음속에 자기연민이 가득하다는 것이었다(아내도 이에 동의했다). 이에 대해 의사는 "자기연민에 대해 할 수 있는 단 한 가지 일은 회개뿐입니다"라고 말했다고 한다. 이 말은 받아들이기 무척 어려운 말이었는데, 지금 생각해 봐도 그렇다. 그러나 분명한 것은 그것이 사실이라는 점이다. 사실 자기연민이라는 감정은 자신을 제외한 모든 사람이 회개해야 한다고 생각하게 만든다는 데 문제가 있다. "여기서 나는 희생자이고, 나에게는 아무 잘못도 없다"라고 생각하게 만드는 것이다. 자기연민을 회개하기 어려운 이유는 이것이 거짓된 편안함을 주는 나름 쾌적한 감정이기 때문이다. 잠시 동안 그것에 푹 빠져 즐길 수 있지만 주변 사람들은 비참해진다. 바로 그것이 함정이다. 자기연민은 또 하나의 죄악 된 자기중심성을 낳고, 금방 해로운 결과를 낳는 일종의 속박이 된다. 자기연민의 촉수는 우리를 둘러싸게 되는데, 이때는 구체적 회개만이 벗어날 수 있는 유일한 방법이다.

나 또한 자기연민이라는 정신 상태에 쉽게 빠져든다. 어떤 상황 때문에 계획을 망쳐버리거나 좌절과 스트레스, 고갈, 환멸을 경험할 때면 종종 그렇게 된다. 그때는 그 의사가 아내에게 한 말이 자기연민에 빠진 내 생각을 콕콕 찌른다. "자기연민에 대해 할 수 있는 단 한 가지 일은 회개뿐입니다." 따라서 나는 자기연민 대신 자기반성을 하며 하나님께 솔직하게 말씀드린다. "주님, 제가 어떤 감정인지, 제가 얼마나 낙심하고 좌절하고 있으며 화가 나 있는지 아시지요? 그러나 저는 이런 상황 가운데서 주님의 손길을 알아보지 못하고, 제가 세운 모든 계획이 최선이며 그것이 반드시 이뤄져야 한다고 가정한 것을 회개합니다. 제가 잠시 간과했던 모든 좋은 것에 대해 감사드립니다. 자기연민을 내쫓도록 감사의 마음으로 저를 채워주세요. 제 편의를 위해 되어지기를 기대하던 방식대로 일이 이뤄지지 않을 때도 주님을 섬기는 기쁨을 회복시켜 주세요."

하나님이 예레미야에게 응답하실 때, 그가 생각하고 말하는 것들을 회개하라는 촉구에서 멈추지 않으셨다는 말씀을 읽으며 큰 위로를 받는다. 하나님은 예레미야의 사명을 회복시키셨다. "너를 … 내 앞에 세울 것이며 … 너는 나의 입이 될 것이라." 이것은 실질적으로 예레미야 1장에서 하나님이 예레미야를 처음 선지자로 부를 때 주셨던 사명의 재위임에 해당한다. 하나님은 사명을 새롭게 하실 뿐 아니라 그것과 함께 주신 약속도 새롭게 하신다. "내가 너와 함께하여 너를 구하여 건짐이라 … 내가 너를 … 구하며 … 건지리라." 이 놀라운 말씀은 예레미야와 우리를 위한 말씀이다. 다만 하나님을 향한 예레미야의 절망적 고백이라는 맥락에서 이 말씀을 읽고 있음에 주목하라. 예레미야의 솔직함이 하나님의 치유를 만나도록 한 것이다.

환멸, 원통함과 적개심, 자기연민은 파괴적 감정의 끔찍한 삼종 세트다. 이것은 그리스도인이 하나님을 섬기며 열심히 일하는 가운데서 질병과 어려움을 겪을 때 나타나는 비참한 증상이다. 그러나 우리가 이런 감정을 솔직하게 표현할 때 하나님은 치유의 역사를 일으키신다. 그것은 회개, 사명의 재위임, 그분의 소중한 약속을 새롭게 하심을 통해 이뤄진다.

그런 증상이 우리 삶 가운데, 또 우리가 사랑하는 사람들의 삶 가운데 나타날 때 성령 하나님께서 적절한 진단을 주시기를, 우리가 치료자이신 하나님께로 돌이켜 그분의 책망과 회복과 소망의 온유한 말씀을 들을 수 있도록 도와주시기를 기도한다.

03

베드로: 실패와 죄책감의 치유 –¹

크리스토퍼 J.H. 라이트

마태복음 26:69-75

베드로가 바깥 뜰에 앉았더니 한 여종이 나아와 이르되 너도 갈릴리 사람 예수와 함께 있었도다 하거늘 베드로가 모든 사람 앞에서 부인하여 이르되 나는 네가 무슨 말을 하는지 알지 못하겠노라 하며 앞문까지 나아가니 다른 여종이 그를 보고 거기 있는 사람들에게 말하되 이 사람은 나사렛 예수와 함께 있었도다 하매 베드로가 맹세하고 또 부인하여 이르되 나는 그 사람을 알지 못하노라 하더라 조금 후에 곁에 섰던 사람들이 나아와 베드로에게 이르되 너도 진실로 그 도당이라 네 말소리가 너를 표명한다 하거늘 그가 저주하며 맹세하여 이르되 나는 그 사람을 알지 못하노라 하니 곧 닭이 울더라 이에 베드로가 예수의 말씀에 닭 울기 전에 네가 세 번 나를 부인하리라 하심이 생각나서 밖에 나가서 심히 통곡하니라

나는 스티븐 파일의 《영웅적 실패의 책(The Book of Heroic Failures)》²을 좋아한다. 이 책의 부제는 '대영제국의 대단히 좋지 않은 클럽의 공식 핸드북

(The Official Handbook of the Not Terribly Good Club of Great Britain)'으로, 그 서론은 이렇게 시작한다.

"성공은 과대평가되어 있다.

누구나 성공을 갈망하지만 사람이 타고난 천성은 그 반대를 향하고 있음이 일상을 통해 증명되고 있다. 인간은 무능의 달인이다. 이는 동물과 구별되는 인간만의 특징이다. 따라서 우리는 무능함을 드높이는 법을 배워야 한다. …

나는 나만 무능한 것이 아님을 확신한다. 조금만 살펴보면 다른 사람들도 무능하다는 것을 금방 알 수 있다.

1976년 창립된 '대영제국의 대단히 좋지 않은 클럽'에서 어쩌다 보니 행정 착오로 내가 회장이 되었다.

이 클럽의 회원 자격을 얻으려면 무슨 일(예를 들어 낚시, 잡담, 천 염색 등)이든 서툴러야 하고, 모임에 참석해 자신이 무엇을 못하는지에 대해 서로 이야기하거나 공개 시연을 해야 한다.

1976년 9월, 여러 무능한 분야에서 엄선된 20명 회원이 창립 만찬을 위해 런던의 어느 허름한 식당에 모였다 …?"

이런 내용의 서론에 이어 이 책은 역사적으로 밝혀진 가장 어이없는 실패 사례, 예를 들어 가장 낭패스러운 짓을 한 은행 강도, 최악의 버스 서비스, 가장 크게 실패한 불꽃놀이, 최악의 맥베스 공연, 최단 시간에 패배한 전쟁 등에 대해 이야기한다. 상당히 유쾌한 내용을 담은 책이다.

물론 실제 삶에서 겪는 실패는 사소한 실수를 회상하는 경우를 제외하고는 대체로 우스꽝스러움과는 거리가 멀다. 실패는 비극이며, 심히 비통하기조차 하다. 예를 들어 결혼의 실패나 중요한 시험에 낙방한 경우 등이 그렇다. 대담한 구출 작전이 비극적으로 실패하거나 사람들이 중요한 약속을 깨뜨린 경우도 있다. 정치인들이 선거 공약을 지키지 못해도 이제는 놀랍지도 않다. 실패는 실망스럽고, 잔인하고, 비극적이며, 안타깝게도 때로는 예측 가능하기까지 하다.

마태복음 26장 69-75절은 베드로가 겪은 커다란 실패의 이야기를 말씀하고 있다. 이 이야기는 복음서 네 권에 모두 기록된 몇 안 되는 사건 중 하나일 만큼 중요한 의미를 가진다. 사복음서 모두 예수님이 베드로의 실패를 예견하신 것과 실제로 베드로가 실패한 이야기를 기록하고 있다.[3] 예수님의 고난과 죽음의 이야기 한복판에 유다의 배신과 베드로가 주님을 부인한 이야기가 적혀 있어 이 비극적 이야기는 더욱 고통스럽게 느껴진다. 온 세상의 대속이라는 가장 위대한 이야기 가운데 비열한 인간의 배신이 불쑥 끼어든 셈이다.

베드로의 실패는 참으로 비극적이다. 그러면서도 어느 정도 이해는 간다. 우리 모두 그 점에 동의하리라 믿는다. 우리도 베드로의 입장이라면 그랬을 것이다. 우리 가운데 가장 뻔뻔한 사람만이 베드로가 무너진 상황에서 자기라면 굳게 버텼을 거라고 주장할 것이다.

이 이야기 속으로 함께 들어가 보자. 당시 상황을 상상하며 그 자리에 자신을 대입시켜 보라. 마태복음의 기록은 이렇게 전개된다(마 26:69-75).

베드로는 바깥 뜰에 앉아 있었다. 그때 한 여종이 다가와서 그에게 "당신은 갈릴리 예수와 함께 있었어요"라고 말했다.

그러자 그는 모든 사람 앞에서 "나는 네가 무슨 말을 하는지 모르겠다"라고 하며 여종의 말을 부인했다.

이어 베드로가 문 앞까지 나아가자 또 다른 여종이 그를 보고 사람들에게 "이 사람은 나사렛 예수와 함께 있었어요"라고 말했다.

베드로는 맹세하면서 "나는 그 사람을 모른다고!"하며 재차 부인했다.

잠시 후 곁에 섰던 사람들이 나아와 베드로에게 "당신은 틀림없이 그들과 한패요. 당신 말씨를 보니 알겠소"라고 말했다.

그때 베드로는 저주하며 맹세하여 "나는 그 사람을 모른다니까!"라고 부인했다.

그 순간 닭이 울었다. 베드로는 "닭이 울기 전에 네가 나를 세 번 부인할 것이다"라고 하신 예수의 말씀이 생각나 바깥으로 나가서 몹시 울었다.

마태가 기록한 이야기에는 역설과 충격이 가득하다. 마태복음 26장 전체 맥락에서 베드로의 사건이 보여주는 대조적인 모습에 주목하라.

- 한편에는 예수님이 계신다. 그분의 목숨은 위태롭지만 자신을 위협하는 그 땅의 최고 권력자 앞에 당당히 서 계신다. 또 한편에는 베드로가 있다. 그가 직면한 위험은 고작해야 망신을 당하거나 얻어맞는 정도일 것이다. 그러나 그는 여종들의 위협 앞에 무너지고 만다.

- 한편에는 하나님께 맹세하고 자신에 대해 진실을 말하라는 요구에 예수님은 진실을 말씀하신다. 또 한편에는 베드로가 맹세하며 자기 자신과 예수님에 대한 진실을 부인한다.

- 한편에는 예수님이 하나님을 모독했다는 거짓 고소를 당한다(하나님의 아들이 하나님을 모독한다는 것은 말도 안 된다). 또 한편에는 베드로가 주님 앞에서 실제로 그분의 신성을 모독하는 죄를 범한다. 사실 본문에 따르면 베드로는 거짓 맹세(거짓말을 하기 위해 하나님의 이름을 헛되이 부르는 것)를 한 것뿐 아니라 저주까지 했다. 다른 복음서에는 그가 자신에게 저주를 불렀다고 되어 있지만 마태는 그냥 저주했다고 기록했

다. 그가 "나는 하나님께 맹세코 그를 모릅니다. 그를 저주합니다" 라고 말하며 예수님을 저주했다고 볼 여지는 충분하다.

- 여종이 베드로를 알아보고 위협했을 때 그는 저주와 맹세로 그 상황을 모면하려고 했다. 그러나 (누가의 기록에 따르면) 예수님이 그를 바라보실 때 베드로는 예수님의 말씀을 기억나게 한 닭의 울음소리를 들으며 어둠 속으로 뛰쳐나갈 수밖에 없었다.

이 이야기의 주인공답지 않은 베드로의 모습을 보라.

- 한 무리의 군인을 상대하며 어둠 속에서 칼을 휘두른 베드로였지만 몇 시간 지나지 않아서 모닥불 곁 여종 앞에서 맥없이 무너졌다.
- 물고기로 가득한 어망을 거뜬히 끌어당길 수 있는 그였지만 몇 안 되는 의심의 질문 앞에서 두려움으로 녹아내렸다.
- 예수님을 위해 죽겠다고 맹세한 그였지만 얼마 뒤에는 그를 알지도 못한다고 거짓 맹세를 했다.
- 용기와 선의로 충만한 그였지만 몇 시간 만에 그에게는 수치, 쓰라림, 좌절, 눈물이 넘쳐났다.
- 예수께 '반석'이라는 칭호를 받았지만 이제 그는 흔들리는 젤리처럼 울고 있다.

요컨대 베드로는 실패했다. 베드로는 갑자기, 놀랍게, 산산조각이 나듯 실패했다.

마태복음은 이 이야기를 여기서 끝낸다. 물론 다른 복음서를 통해 베드로의 이후 모습에 대해 알 수 있지만 마태복음은 이야기를 여기서 마무리하고, 베드로는 다시 등장하지 않는다. 마태복음이 보여주는 베드로의 마지막은 어둠 속에서 통곡하는 모습이었다.

이것은 우리에게 무엇을 말해주는가? 이 이야기는 베드로에 대해 말하는 것으로 끝나지 않고 우리에게도 말하고 있는데, 우리는 이에 대해 어떻게 반응해야 하는가? 마태는 왜 이것을 기록했을까? 왜 모든 복음서에서 이 이야기를 전하고 있는 것일까? 베드로가 크게 실패한 이야기는 적어도 세 가지를 알려준다고 생각한다. 그 첫 번째를 간결하게 표현하면 다음과 같다.

1. 실패는 사실이다 ─────────────────────

실패는 성경에 기록된 사실이다. 한번 생각해 보자. 우선 머릿속으로 성경 전체를 훑어보라. 아담과 하와는 완벽한 환경에서 살았지만 실패했다. 아브라함도 실패했다. 그는 자기 아내에 대해 속였으며 하갈을 학대했다. 사무엘은 엘리 제사장이 자녀교육에 실패한 것을 책망하며 자신의 사역을 시작했으면서도 정작 자기 아들들이 올바른 행실을 갖추도록 가르치지 못했다. 기드온은 미디안 사람들을 크게 무찌른 뒤 자신은 왕이 되지 않겠다고 말해 놓고도 왕처럼 행동하고 우상을 만듦으로써 실패했다. 모세는 광야에서 실패하고 크게 후회했다. 다윗은 어이없게도 간음과 고의적 살인을 저질렀을 뿐 아니라 그의 생애 동안 가족을 다스리는 데도 실패했다. 이스라엘의 모든 왕은 다양한 방식으로 실패했다. 구약성경에서 이스라엘 민족은 하나님의 언약 백성이자 하나님이 속량하신 민족이었지만 자자손손 실패를 이어갔다. 실패는 낡은 실처럼 구약성경을 관통하고 있는 것이다.

신약성경 또한 실패자들의 모습을 여기저기서 보여준다. 이 이야기도 그렇지만, 사실 마태복음은 모든 제자가 예수님을 버리고 도망했다고 기록했는데, 왜 우리는 유독 예수님을 부인한 베드로의 흠을 지적하는 것일까? 이 가엾은 베드로는 예수님을 실제로 부인할 수 있는 위치에 있던 유일한(곧 언급하겠지만 거의 유일한) 인물이었다. 다른 제자들은 이미 도망가서 그 자리에 없었으므로 예수님을 부인할 기회조차 없었던 것이다. 마태는 26장 35절에서 조심스럽게 다른 제자들도 베드로와 같이 "예수님을 버리거나 부인하지 않겠다"고 말했다고 적었다. 그러나 위급한 상황이 되자 베드로와 곧 살펴보게 될 또 한 제자를 제외하고 모두 뿔뿔이 흩어졌다. 그들 모두는 실패자였다.

성경은 처음부터 끝까지 인간의 실패와 관련된 이야기가 주를 이룬다(주 예수 그리스도만이 유일한 예외다). 앞서 언급한 스티븐 파일의 《영웅적 실패의 책》이라는 타이틀은 성경책 제목으로도 잘 어울릴 듯하다(등장인물 대부분이 별로 영웅적이지는 못하지만). 이 책의 부제를 '인류의 대단히 좋지 않은 클럽의 공식 핸드북'으로 단어 하나만 바꾸면 성경에 잘 어울린다. 다만 성경은 우리가 '대단히 좋지 않은' 정도가 아니라 우리에게 근본적으로 끔찍한 결함이 있다고 말한다. 죄는 인간 본성 깊숙이 파고들어 악한 영향을 끼쳤다. 사실 단순한 실패는 인간이 직면한 가장 작은 문제 중 하나에 불과하다. 창세기를 보면 "사람의 죄악이 세상에 가득함과 그의 마음으로 생각하는 모든 계획이 항상 악할 뿐임을"(창 6:5) 하나님이 보셨다고 말씀한다. 예레미야는 자기 자신에 대한 정직한 이해를 근거로 "만물보다 거짓되고 심히 부패한 것은 마음이라 누가 능히 이를 알리요마는"(렘 17:9)이라고 적었다. 바울은 선한 유대인이든 악한 이방인이든 차이 없이 "모든 사람이 죄를 범하였으매 하나님의 영광에 이르지 못하더니"(롬 3:23)라고 말한다. 또한 요한은 "만일 우리가 죄가 없다고 말하면 스스로 속이고 또 진리가 우리 속에 있지 아니할 것이요"(요일 1:8)라고 말한다.

그러므로 절대 실패한 적이 없다고 생각하고 싶은 유혹이 든다면 현실을 직시하라! 실패에 대해 인정하지 않는 것은 스스로를 기만하는 행위일 뿐이다. 실패는 사실이다. 성경은 실패를 분명한 사실이라고 말씀한다.

실패는 경험적 사실이다. 우리 대부분은 기독교회 역사의 위대한 이야기들을 어느 정도 알고 있다. 우리는 복음이 나라에서 나라로, 한 대륙에서 또 다른 대륙으로 전파되었음을 안다. 위대한 선교운동이 어떻게 시작되고 성장해 나가고 있는지 알고 있다. 몇몇 선교사의 전기를 읽고 지난 수 세기에 걸쳐 그 담대한 인물들이 하나님을 위해 이룬 위업에 감탄하기도 한다. 우리는 지난 2,000년 동안 일어난 위대한 사건들이 하나님의 능력과 은혜와 주권으로 이뤄진 복음적 성공의 증거라고 말할 수도 있다.

그러나 다른 각도에서 보면 교회의 역사는 실패의 역사이기도 하다. 일부는 매우 끔찍한 실패라고 말할 수 있다. 구약성경의 이야기처럼 우리는 때로 하나님이 사용하신 사람들의 놀라운 성취 **때문**이 아니라 그들의 연약함과 실패에도 **불구하고** 하나님이 이루신 일들에 대해 놀라움을 금할 수가 없다. (성경과 달리) 선교사들의 전기는 그들의 실망스러운 실패의 순간을 생략한 채 지나간다.

'영웅적 실패'를 다룬 또 다른 책이 있는데, 이 책은 스티븐 파일의 소책자보다 훨씬 크고 두껍다. 이 책의 제목은 《잃기엔 너무나 소중한: 선교사들이 중도 탈락하는 이유와 그 해결책을 찾아서(Too Valuable to Lose: Exploring the Causes and Cures of Missionary Attrition)》다._4_ '중도 탈락'은 사실 점잖은 표현이다. 이는 어떤 이유에서 원래 계획과 의도보다 일찍 본국으로 귀환하는 선교사에게 적용된 표현이다. 이 책은 중도 탈락의 이유를 연구, 분석하고 그 대응책을 찾는 내용을 담았다. 이 책은 수년 전 선교사들의 실패(또는 실패로 보이는 상황)에 따른 문제의 현실 파악을 위해 이뤄진 광범위한 연구 프로젝트와 뒤이어 열린 올네이션스 크리스천 칼리지에서의 콘퍼런스의 결과물이다.

선교사들이라고? 우리가 생각하기에 그들은 최고의 동기와 소명의식을 가진 이들로, 기독교 선교를 통해 하나님을 섬기겠다는 온갖 선한 의도를 가진 사람들이다. 그중에는 집중 훈련을 받은 사람들도 있다. 그들 대부분은 다른 사람들의 강력한 후원과 기도를 받고 있다. 그럼에도 그들 가운데 일부는 여러 모양으로 실패한다. 상심하고 환멸에 빠져 귀국하기도 한다. 추잡한 관계에 빠진 사람도 있고, 질병에 걸린 사람도 있다. 또 어떤 사람들은 그냥 포기해 버린다. 각자의 사정은 다양한데, 그렇다고 해서 모두가 비난받아야 하는 것은 아니다.

실패는 사실이다. 큰 비극이 있다면 우리는 이 사실을 받아들이지 않는다는 것, 받아들이기를 애써 거부한다는 것이다. 솔직히 말해 우리는 다른 그리스도인이 자신의 실패담을 털어놓기 시작하면 우리 실패담도 꺼내야 하는 부담 때문에 적잖게 당혹감을 느낀다. 우리는 자신의 부끄러운 이야기를 감춘 채 '승리하는 그리스도인의 삶' '성령 충만한 그리스도인의 생활' 등 유행하는 문구에 어울리는 연기를 이어가는 편을 선호한다.

우리는 온갖 책을 섭렵하고 다양한 집회에 참석한다. 전면에 나서기도 하고, 뒤로 빠져 있기도 한다. 성공적인 그리스도인이 되기 위한 노력의 일환으로 할 수 있는 것이면 뭐든 안 해 본 것이 없다. 심지어 티셔츠도 구입했다.

이렇게 애써 왔기에 여전히 헤매는 중이라고 인정하는 것이 어렵다. 여전히 같은 죄에 얽매여 지낸다고 차마 고백할 수가 없다. 이 험한 세상에서 그리스도인임을 너무 드러내며 살고 싶지 않다는 속내를 차마 꺼낼 수 없는 것이다. 우리는 그리스도를 안다는 것을 실제로 부인했다고 말하지는 않는다. 그냥 그분에 대한 이야기하지 않을 뿐이다. 주변에 듣는 사람이 없을 때 우리가 어떤 말을 하고 무슨 생각을 하는지, 혼자 있을 때 무엇을 보는지, 가까운 사람들과 가족을 어떤 식으로 대하는지 솔직하게 밝힐 준비가 되어 있지 않다.

요컨대 우리는 여전히 실패를 차마 인정하지 못한다.

그러나 사실 우리는 실패한다. 그리고 우리는 그런 사실을 너무나 잘 알고 있다.

몇몇 교회나 기독교 공동체에 가식문화가 만연한 모습을 볼 때면 마음이 아프다. 그들은 연일 찬란한 성공담('간증')을 즐기는 한편 실패의 현실은 부인한다. 나는 그런 상황에 대해 목회적으로 재앙이며, 복음의 진리를 부인하는 것과 거의 마찬가지라고 생각한다. 나는 집회 시간 내내 죄의 고백이 단 한 번도 이뤄지지 않은 예배에 참석한 적이 있다. 그곳에는 승리의 찬양과 간증만 있고 '성공'과 '믿음' '승리'의 설교만 있었다.

일부 그리스도인 모임에서 벌어지는 이런 기묘한 역설에 대해 생각해 본 적이 있는가? 그리스도인이 **되기 위해 가장 먼저** 해야 하는 일은 자신이 실패했음을 인정하는 것인데, 어찌 된 일인지 일단 그리스도인이 **되고 나면** 자신의 실패를 **결코 인정해선 안 된다**고 여긴다. 교회에 들어오려면 자신이 죄인임을 받아들여야 하는데 교회 안에서 신뢰감을 유지하는 유일한 방법이 성공을 연기하는 것이라니 분명 무언가 잘못되고 있다. 우리는 신앙을 받아들이는 순간뿐 아니라 이후 여정의 모든 발걸음마다 지속되는 은혜의 실재를 망각하고 있는 것은 아닐까?

베드로의 이야기로 돌아가 보자. 이 이야기가 성경에 (네 번) 기록된 분명한 이유가 있을 텐데, 그중 하나는 우리가 실패의 현실을 인정하고 받아들이도록 하기 위해서다. 실패의 현실을 인정하면 큰 해방감을 맛볼 수 있다. 예수님의 첫 제자들 가운데 가장 대표적 인물인 베드로마저도 실패했다. 나도, 당신도 실패한다. 지구상 모든 그리스도인이 실패한다. 이 얼마나 위안이 되는 이야기인가! 이 이야기가 우리에게 전해주는 또 다른 진정한 자유의 소식은 실패가 사실일 뿐 아니라 예견된 일이라는 점이다.

2. 실패는 예견되었다

마태복음 26장의 서술 가운데 충격적 내용은 예수님이 유다가 배신하고 베드로가 부인할 것을 미리 알고 계셨다는 점이다.

예수님은 이렇게 말씀하신다. "내가 진실로 너희에게 이르노니 너희 중의 한 사람이 나를 팔리라"(21절). 이에 대해 제자들은 질겁하며 말한다. "저는 아니지요? 저요? 아니에요! 제가 그럴 리 없어요!" 예수님의 예언은 제자들에게 매우 당혹스러운 일이었을 것이다. 이 단계에서도 유다를 의심하는 제자는 없었던 것으로 보인다.

이어 예수님은 말씀하신다. "오늘 밤에 너희가 다 나를 버리리라"(31절). 이 또한 큰 충격이었다. 제자들은 모두 대답했다. "아닙니다. 아니에요. 우리가 그럴 리 없어요!" 특히 베드로는 "모두 주를 버릴지라도 나는 결코 버리지 않겠습니다. 저를 잘 아시지요? 필요하다면 주를 위해 죽겠습니다"라고 반발했다. 이에 예수님은 말씀하셨다. "오늘 밤 닭 울기 전에 네가 세 번 나를 부인하리라"(요 13:38).

예수님은 (물론 다른 제자들의 실패도 포함해) 유다와 베드로의 실패를 미리 내다보셨다. 비극적이게도 유다에게는 그것이 아무런 차이가 없었다. 그러나 개인적으로 베드로의 경우 예수님의 예견이 그를 살리지 않았을까 하는 생각이 든다. 어둠 속에서 슬피 울 때 그는 '예수님은 내가 이럴 줄 아셨어!'라고 생각했을 것이다. 그 때문에 그의 눈물은 더욱 쓰라렸을 것이다. 게다가 예수님의 눈길을 통해 기억이 났을 것이다(눅 22:61). 베드로는 자신이 방금 무슨 짓을 했는지 예수님이 아셨음을 깨달았다. 그러나 예수님은 그전부터 알고 계셨다. 예수님은 성경을 인용하시면서(마 26:31) 베드로의 부인과 모든 제자의 도망이 성경의 예언을 성취하는 신비로운 방식임을 보여주셨다. 따라서 이 모든 장면은 어떤 의미에서 통제 아래 있었다고 볼 수 있다. 예수님은 이 상황을 두루 다스리고 계셨다.

우리에게 익숙한 찬송가 가사 가운데 "우리 약함 아시오니"라는 구절이 있다.[5] 이것은 우리를 얕잡아보시는 표현이나 은근한 위협이 아니라 위로의 말씀이다. 예수님이 그것을 아신다면 그 문제를 해결하실 수 있기 때문이다. 거기에 소망이 있다. 긴 터널 끝에 빛이 있다. 실패는 예견되었다. 우리의 실패는 분명 주님의 마음을 **슬프게** 만들지만 그분을 **놀라게** 하지는 못한다. 그분은 우리 안에 무엇이 있는지 아신다. 우리가 어떤 일을 저지를 수 있는지 아신다.

베드로가 주님을 부인할 것이라는 예언에 대해 요한복음은 어떻게 서술했는가? 나는 그 내용이 매우 특별하다고 생각한다. 요한복음 13장을 보라. 이 이야기는 긴장감이 넘친다. 예수님이 제자들의 발을 씻기실 때 고통스러운 당혹감, 누군가가 배신한다는 예언이 주는 충격, 예수님이 모두를 떠나신다는 이해하기 어려운 말씀, 결국 베드로가 예수님을 부인할 것이라는 충격적 예언이 이어진다. 베드로는 항변하지만 예수님은 재차 말씀하신다. "네가 나를 위하여 네 목숨을 버리겠느냐 내가 진실로 진실로 네게 이르노니 닭 울기 전에 네가 세 번 나를 부인하리라"(요 13:38).

요한의 기록 원문에는 장절 구분이 없다. 우리가 보는 성경에서처럼 '제14장 예수께서 제자들을 위로하시다' 등의 제목이 붙어 있지도 않다.

장절 구분과 제목은 많은 시간이 흐른 뒤에 우리의 성경 이해를 돕기 위해 추가된 것이다. 아쉽게도 이런 구분은 현재 14장이라고 부르는 본문 첫 머리를 읽을 때 방금 13장에서 읽은 내용이 무관하다는 인상을 준다. 그러나 요한복음이 원래 기록될 때는 13장 끝부분의 논의에서 "너희는 마음에 근심하지 말라"(요 14:1)는 말씀으로 곧바로 이어졌다. **뭐라고?** 방금 일어난 상황에 이어 어떻게 이런 말씀을 하실 수 있단 말인가?

"너희 중 한 사람이 나를 배신하리라. 나는 너희를 위해 죽을 것이다. 그리고 너희 중 한 명이 나를 부인할 것이다. 하지만 잘 들어라. 너희 마음에 근심하지 말라. 염려하지 말고 겁내지 말라. 나를 믿어라. 하나님을 믿으니 또 나를 믿어라. 나는 내가 무슨 일을 하는지 알고, 내가 어디로 가는지 안다. 너희의 배신과 부인도 내가 너희와 세상을 위해 이제 하려는 일을 파괴시키거나 좌초시키지 못한다. 나는 앞으로 어떤 일이 일어날지 모두 알고 있다. 그러니 너희 마음에 근심하지 말라."

실패는 예견되었다. 그리고 그 실패의 한가운데서도 예수님을 신뢰할 수 있다.

이제 베드로가 발견한 세 번째이자 마지막 진리로 이어진다(마태복음에서는 더 이상 베드로의 이야기가 나오지 않지만 다른 복음서에서는 다행스러운 결말을 알려준다). 베드로는 실패가 사실이고 예견되었을 뿐 아니라 용서받는다는 것을 발견한다.

3. 실패는 용서받는다

베드로의 눈물은 의심할 여지없이 회한의 눈물이었다. 또한 그것은 궁극적으로 그를 회복으로 이끈 회개의 눈물이었으리라. 그렇다면 어떻게 그런 일이 일어났을까? 누가와 요한이 그 답을 알려준다. 누가는 예수님이 베드로의 믿음을 위해 기도하셨다고 알려주며, 요한은 예수님이 어떻게 베드로의 사랑을 확인하셨는지 알려준다. 이런 요소가 베드로를 회복으로 이끌어주었다.

예수님은 베드로의 믿음을 위해 기도하셨다(눅 22:31-32). 누가는 베드로가 세 번 부인할 것을 경고하시기 직전 예수님은 그에게 "시몬아, 시몬아, 보라 사탄이 너희를 밀 까부르듯 하려고 요구하였으나 그러나 내가 너를 위하여 네 믿음이 떨어지지 않기를 기도하였노니 너는 돌이킨 후에 네 형제를 굳게 하라"고 말씀하셨다고 기록했다. 예수님의 이 기도는 확실히 응답되었다.

물론 베드로의 담력은 무너졌다. 그의 용기도 무너졌다. 그런데 어쩐 일인지 그의 믿음은 무너지지 않았다. 나는 어떻게 그럴 수 있었는지 알지 못한다. 베드로 자신도 몰랐을 것이다. 그러나 끔찍한 파탄을 겪는 가운데서도 베드로는 마음 한구석에서 예수님을 향한 신뢰를 놓지 않았다. 베드로의 믿음이 무너지지 않은 이유는 예수님이 그의 믿음이 떨어지지 않기를 기도하셨기 때문이다. 베드로가 어둠 속으로 뛰쳐나갈 때 고뇌하는 그의 귀에는 사람들의 조롱뿐 아니라 몇 시간 전 예수님이 하신 말씀이 메아리치지 않았을까 싶다. "하나님을 믿으니 또 나를 믿으라. 베드로야, 나를 신뢰하라. 너가 처음 나를 따르기 시작한 바로 그날에 그랬던 것처럼 계속 나를 신뢰하라. 나를 믿어라. 나를 믿어라."

당신도 예수님의 기대를 저버린 적이 있는가?

물론 그랬을 것이다. 가장 최근 예수님의 기대를 저버린 때가 언제인지 묻는 것이 더 적절한 질문일 수 있겠다. 그러나 중요한 질문은 당신은 여전히 예수님을 신뢰하느냐 하는 것이다.

당신은 예수님을 재차 실망시켰는가?

물론 그랬을 것이다. 물론 나도 그랬다. 하지만 당신은 여전히 그분을 신뢰하는가?

당신은 그 실패로 말미암아 크게 부끄러워했는가? 당혹감을 체험했는가? 그 일 때문에 다시 기도로 예수님을 대할 면목이 없다고 느꼈는가? 거듭 실패한다는 사실이 수치스러웠는가? 물론 그랬을 것이다. 하지만 당신은 여전히 그분을 신뢰하는가?

우리는 처음 예수님을 믿기로 결심했을 때, 그분을 온전히 신뢰하기로 결심했을 때 그리스도인으로서의 삶을 시작했다. 모든 실패와 죄악을 그분이 십자가에서 모두 감당하실 것을 믿었는데, 이제 와서 최근 겪게 된 실패로 그분에 대한 신뢰를 멈출 이유가 무엇인가?

나는 나이가 들수록, 그리스도인으로 살아온 지 오래될수록, 주로 나만 알고 때로는 남들도 아는 내 개인적 실패를 겪으면 겪을수록 나 자신을 신뢰하지 않는 것이 얼마나 중요한지 그리고 지속적으로 "주님, 저는 **주님을** 신뢰합니다"라고 거듭 고백하는 것이 얼마나 중요한지를 배워 가고 있다. 베드로는 자기 자신을 믿을 수 있다고 생각했던 것으로 보인다. **자기는** 결코 예수님을 배반하지 않겠다고 당당하게 주장한 걸 보면 말이다. 감옥에도 가고 목숨이라도 버리겠다고 했다. 예수님을 부인하는 일은 절대 없을 거라고 생각했던 것이다! 베드로는 자신의 용기, 자신의 힘을 신뢰했다. 하지만 그는 정면으로 넘어져 큰 망신을 당했다. 그렇다면 그 상황에서 어떻게 해야 할까? 당신을 위해 기도하시고, 당신의 믿음이 떨어지지 않기를 기도하시는 예수께로 돌아가야 한다. 베드로는 예수님을 여전히 신뢰할 수 있음을 알았다. 그것이 무슨 의미인지 미리 깨닫거나 상상할 수도 없었지만 말이다. 베드로의 회복은 그의 지속적인 믿음에 달려 있었고, 그 믿음은 예수님의 기도를 들으시는 하나님의 확실한 응답에 달려 있었다.

예수님은 베드로의 사랑을 확인하셨다. 예수님은 베드로의 믿음을 위해 기도하실 뿐 아니라 베드로의 사랑을 묻고 확인하셨다. 요한복음 끝 부분에 이 이야기가 나온다(요 21:15-19). 익숙한 내용이라서 모두 잘 알 것이다. 예수님은 새벽 낚시를 나간 제자들이 엄청나게 많은 물고기를 잡는 또 한 번의 기적을 경험하게 하신 뒤 그들을 위해 아침식사를 차려 주신다. 그들이 식사를 마치고 나서 아마도 호수를 떠나 걸어가기 시작 할 때 예수님은 베드로에게 세 번 질문하신다. "요한의 아들 시몬아 네가 나를 사랑하느냐"라는 질문을 세 차례 반복해 던지셨다.

"베드로가 돌이켜 예수께서 사랑하시는 그 제자가 따르는 것을 보 니"(요 21:20)라고 기록된 것으로 보아 내 생각에는 그들이 걸으면서 사적 인 대화를 나눈 듯하다. 즉 예수님과 베드로가 나란히 걷고 요한은 그 뒤 를 따라간 듯싶다. 아마도 요한만이 두 사람의 대화를 들을 수 있었으리 라. 물론 확실히 알 수는 없다. "나를 따르라"는 (거듭된) 말씀 이전의 대화 가 모든 제자가 듣는 가운데 이뤄졌을 수도 있다.

이 상황이 어떻게 전개되었든 왜 요한만이 베드로의 회복 이야기를 전해주었을까 궁금하지 않은가? 왜 요한이었을까? 그 답은 요한이 베드 로의 실패를 직접 목격한 유일한 사람(물론 예수님을 제외하고)이었기 때문 이라고 확신한다.

요한복음 18장을 보면 예수님이 동산에서 군인들에게 잡혀 결박당하 신 뒤 유대인들의 고등재판소로 끌려가시는 장면이 나온다.

시몬 베드로와 또 한 제자가 예수님을 뒤따라갔다. 이 제자는 대제사 장과 아는 사이여서 대제사장의 집 뜰 안까지 예수님을 따라 들어갈 수 있었지만 베드로는 문 밖에서 기다려야 했다. 대제사장과 아는 사이였던 이 제자가 다시 나와 문 지키는 여종에게 부탁해 베드로를 뜰 안으로 데 리고 들어간다. 그곳에서는 예수님이 안나스와 대제사장 가야바 앞에서 재판을 받고 계셨다.

그곳에 요한이 있었다.

요한은 베드로가 예수님을 저주하며 부인하는 장면을 보고 들었다. 직접 베드로가 예수님을 거듭 부인하는 것을 목격했던 것이다. 요한은 베드로가 예수님을 알지도 못한다고 말하는 것을 들었다. 베드로와 요한 모두 예수님을 사랑했고, 3년 전 예수님을 위해 모든 것을 버렸다. 베드로와 야고보, 요한은 제자들 가운데서도 최측근이었다는 것을 알고 있는가? 그들은 예수님과 함께 걷고 대화하고 식사하지 않았던가? 예수님이 베드로의 집을 방문하고 그의 장모가 앓고 있던 병을 고치지 않으셨던가? 예수님이 하나님의 아들 메시야이심을 진지하게 고백한 사람도 베드로가 아니었던가? 그는 예수님과 함께 변화산에 오르지 않았던가? 불과 몇 시간 전 예수님이 바닥에 꿇어 앉아 베드로의 발을 씻기지 않으셨던가? 그런데 지금 표가 확 나는 갈릴리 말투로 자신은 예수님을 알지 못한다고 거듭 맹세하고 저주하는 베드로의 모습을 요한은 망연자실한 표정으로 바라보고 있다.

바로 그 자리에 요한이 있었던 것이다!

그 일이 있고 나서 베드로와 요한이 어떻게 얼굴을 마주했을지 상상해 본다. 예수님이 십자가에 달리신 다음 날인 토요일, 이 두 사람은 고통스러운 시간을 보냈을 것이다. 베드로가 요한에게 다른 제자들에게는 말하지 말아 달라고 간청했을까? 요한이 가까이서 듣고 있는데 베드로는 어떻게 예수님을 사랑한다고 말할 수 있었을까? 그러나 그 일은 실제로 일어났고, 그 일을 전해준 이가 바로 요한이었다. 이것은 베드로가 주도해서 일어난 일이 아니다. 예수님이 "베드로야, 네가 나를 사랑하느냐? 네가 이 사람들보다 나를 더 사랑하느냐? 베드로야, 네가 나를 사랑하느냐"라는 예리한 확인 질문을 던지셨기에 일어난 일이었다. 예수님은 베드로가 자신을 부인한 횟수만큼 세 번 물으셨다. 그 연관성은 분명했다.

예수님도 아셨고 베드로도 알았고 요한은 듣고 있었다.

그러나 보라. 누가 베드로에게 질문을 던지고 있는가? 요한복음 21장에서 베드로에게 질문을 던진 분은 **부활한** 예수님이시다. 그분은 이미 십자가에 달리셨고 무덤에도 계셨다. 또한 베드로의 모든 가책과 실패, 불명예, 치욕, 죄를 스스로 담당하신 분이다. 예수님은 베드로의 모든 부끄러움을 십자가에 지고 가셨다. 당신의 모든 부끄러움도, 나의 모든 부끄러움도 그분이 지고 가셨다.

모든 수치를 당하고 대신 저주 받으사
내 죄 속해 주셨네 할렐루야 구주 예수

예수님이 질문하신다. "베드로야, 네가 나를 사랑하느냐?" 이에 베드로가 답한다. "주여, 주께서 아시나이다. 당신이 아십니다. 내가 당신을 사랑하는 줄을 당신이 아십니다. 나는 언제나 당신을 사랑했고 지금도 사랑합니다. 내가 당신을 부인할 때도 당신을 사랑했습니다. 그 일이 나와 당신의 마음을 상하게 했습니다. 나는 나 자신을 미워했지만 당신은 사랑했습니다. 그리고 지금 나는 당신을 사랑합니다. 주님, 주님을 사랑합니다."

그때 예수님이 듣기 원하신 말은 이것이 전부였다. 그를 위해 죽겠다는 맹세도 아니었고(결국은 그렇게 했지만), "나는 당신을 결코 부인하지 않겠습니다"라는 당당한 외침도 아니었다. 예수님이 듣기 원하신 것은 "주님, 내가 주님을 사랑하는 줄을 주님이 아십니다"가 전부였다.

이것이 요한이 들어야 하는 전부이기도 했다. 만약 예수님이 베드로를 용서하셨다면 요한도 베드로를 용서해야 했기 때문이다. 요한과 베드로 모두 예수님을 사랑했기에 요한은 다시 베드로를 사랑할 수 있었다.

이것이 요한이 우리 모두를 위해 이 이야기를 기록한 이유다.

실패한 베드로는 용서받은 베드로가 되었다. 당신은 이런 경험을 한 적이 있는가? 나는 있다. 나는 몸소 겪은 경험을 통해 이 느낌을 안다. 주님을 비열하게 저버린 어떤 사건 이후 나는 문자 그대로 얼굴을 바닥에 대고 납작 엎드려 주 예수 그리스도 앞에 눈물을 쏟으며 "주여, 주님을 사랑합니다. 주여, 나에게 은혜를 베푸소서. 주여, 용서하소서. 허락하신 다면 계속 주님을 섬기기 원합니다. 주여, 용서하소서. 주여, 나를 회복시키소서"라고 기도하고 또 기도하면서 시편 32편과 51편을 붙잡았다. 그 일을 통해 나는 깊이 회개하고 깊이 혼나고 나서 기도가 응답되었음을 느끼며, 그리스도의 피로 죄를 용서받고 정결케 되는 따뜻한 위안을 누렸다.

이것이 베드로가 주님을 부인한 이야기의 전체 내용이다. 충격적인 이야기지만 결국 **안전한** 이야기였다. 이것이 '안전한' 이야기인 이유는 십자가의 이야기 안에 담겼기 때문이다. 맞다. 베드로의 실패는 당신과 나, 우리의 경우처럼 부인할 수 없는 사실이다. 베드로의 실패는 당신과 나의 실패처럼 예수님이 예견하신 것이다. 무엇보다 중요한 것은 베드로의 실패가 용서받았다는 점이다. 당신과 나의 실패도 용서받을 수 있다. 그것은 속죄하시고 치유하시고 정결케 하시는 십자가의 보혈 덕분이다.

이것이 주님을 부인한 베드로의 이야기가 복음서에 기록된 이유다. 복된 소식이기 때문이다.

결론

하나님의 성령께서 말씀을 통해 청중과 설교자를 포함한 우리 모두의 마음에 감동을 주셨음을 나는 믿습니다. 우리 마음과 양심에 주신 성령님의 감동에 대해 이제 어떻게 해야 할까요? 우리 모두는 이런저런 방식으로, 크고 작은 일에서 예수님을 거듭 배반하고 부인하고 실망시켰습니다. 우리 가운데 어떤 이들은 예수님을 심각하고 중대하게 배반한 뒤 이에 대해 깊이 부끄러워하고 있는지도 모릅니다. 그것에 대해 흘려야 할 눈물이 있는지도 모릅니다. 하지만 이제 괜찮습니다. 이곳은 안전한 장소이며, 우리는 친구들과 함께 있습니다. 우리는 대제사장의 뜰에 있지 않습니다. 우리는 조롱당하거나 재판을 받고 있지 않습니다. 우리는 이곳, 하나님과 성령님의 임재 앞에 있습니다. 자신의 마음속에 있는 무엇이든 주님 앞에 내어드리십시오. 주님은 다 아십니다. 주님은 다 알고 계십니다. 더 이상 감추지 마십시오. 예수님의 질문에 귀를 기울이십시오. "너는 나를 사랑하느냐? 너는 나를 믿느냐?" 십자가와 주 예수 그리스도의 피로 나아가 용서를 구하십시오. 요한이 말한 대로 우리에게 죄가 없다고 말하면 스스로를 속이는 것이고, 또 진리가 우리 속에 있지 아니할 것입니다. 요한은 또 말합니다. 만일 우리가 우리 죄를 자백하면 그분은 미쁘시고 의로우사 우리 죄를 사하시며 우리를 모든 불의에서 깨끗하게 하실 것입니다. 이것이 복음의 약속입니다. 이 약속으로 돌아와 이것을 받아들이십시오. 주 예수 그리스도께서 말씀하시는 용서의 말씀에 다시 귀 기울이십시오.

제2부

■

선교사의 환멸과 낙심, 우울증

04
사례 연구: 절망과 낙심, 환멸, 낙담, 실망의 어둠 속에서 길 찾기

루스 L. 맥스웰

나는 정신건강 전문가가 아니며, 이 사례 연구에서 진단 가능한 정신건강 문제를 다루려는 것도 아니다. 다만 수년간 멤버케어와 리더케어를 직접 수행한 경험이 있다. 이 사례 연구는 여러 해 동안 내가 보아 온 것, 즉 훌륭한 사역자들이 힘들어하다가 결국 사역의 위기로 치닫는 모습을 지켜본 관점에서 썼다. 이들 사역자는 절망, 낙심, 환멸, 낙담, 실망의 어둠 속에서 길을 잃었다. 이 사례 연구는 그런 사역자들의 이야기를 과장 없이 엮어 편집한 것이다.

여기 나온 모든 이름은 가명이다.

대부분의 사역자는 언젠가 어둠과 마주하게 된다. 그때 여럿이 우울증에 빠지기도 하는데, 어떤 이들은 어려움을 극복하고 더 강한 모습으로 성장한다. 회복력이 강해지고 하나님의 사랑과 은혜를 더 깊이 깨닫게 되는 것이다. 그렇다면 이렇게 회복되는 사람의 수를 더 늘리는 방법은 무엇일까?

통계는 상황의 심각성을 보여준다. 사리타 하르츠에 따르면 "선교사의 80%는 탈진하여 그 임기를 끝내지 못한다. 선교사의 46%는 심리 문제로 진단을 받았는데, 그중 87%가 우울증 진단을 받았다."-1

나는 데비 허커 박사에게 의견을 구했다. 1997년 해외 구호활동가들에 대한 초기 연구를 진행한 그녀는 자신의 연구 자료를 인용하면서 이렇게 답했다. "구호활동가 가운데 50%는 해외 체류 중 또는 귀국한 뒤 우울증이나 기타 심리적 어려움을 겪습니다(Lovell, 1997; Paton & Purvis, 1995; Paton, 1992). 30% 정도는 심각한 외상 후 스트레스 장애 증상을 보이곤 합니다(Eriksson et al., 2001). 디브리핑이 이뤄지지 않을 경우 귀국하고 나서 18개월이 지난 뒤에도 25%는 여전히 심각한 외상 후 스트레스 장애 증상을 보입니다. 디브리핑이 적절히 이뤄질 경우 이 숫자는 7%로 줄어들 수 있습니다(Lovell, 1999b)." 그리고 허커 박사는 덧붙였다. "가장 최근 통계가 제게는 없군요. … 제 경험에 비춰볼 때 그 숫자는 여전히 높을 겁니다."[2]

사례 연구

파송 전

프랭크와 앰버 부부는 하나님이 그들을 타문화 사역으로 부르신다는 것을 깨달았다. 그래서 이들은 창의적 접근 지역, 미전도 종족, 안정된 선교기관, 해당 국가에서 활동하기 위한 사역 접근 방법 등을 기도하는 가운데 선택했다.

프랭크와 앰버는 단독 사역 대신 팀 사역을 할 예정이었는데, 그들 가족에게 해외 이주는 하나의 모험처럼 여겨졌다. 열 살을 갓 넘긴 딸 조이와 십대인 아들 저스틴이 사역의 중요한 일부를 담당할 계획이었다.

사람들을 그리스도께 인도해 독실한 신앙인으로 양육한다는 상상만으로 이들의 기분은 고조되었다. 이들은 하나님이 이 일을 계획하셨음을 믿었고, 비자가 발급되자 목표 달성을 위한 확실한 토대가 마련되었다고 생각했다.

이들의 모교회에서는 교인들 가운데 한 가정이 타문화권 선교를 나가게 된 것을 기뻐했다. 교인들은 머잖아 단기선교팀을 보내고, 선교비 후원을 하며, 이들을 위해 중보기도를 하리라는 기대감을 가졌다. 조만간 맺게 될 열매를 상상하면서 교회는 이들을 전적으로 신뢰했다.

선교기관은 이들에게 필요한 물류와 사역 지원을 제공하기로 했다. 사역에 대한 철저한 적합성 심사 결과 이들은 우수한 성적으로 합격했고, 선교기관도 이들을 전적으로 신뢰했다.

필수인 언어 훈련이 끝나면 프랭크와 앰버는 사업체를 설립할 예정이었다. 이들은 다양한 방법으로 사람들과 접촉하기를 원했다. 하나님이 다양한 관계를 허락하셔서 지역 대학에서는 전문가로서 관계를 맺고, 이웃과 동료 학생과는 개인적 친분을 맺기를 원했다. 그리고 하나님을 찾는 사람들과 영적 관계를 맺어 그중 몇 명을 믿음으로 인도하게 되기를 소망했다. 전임자도 그렇게 했고, 팀원들은 프랭크와 앰버 가족이 그렇게 할 수 있으리라고 믿었다. 팀원들도 이들을 신뢰했다.

프랭크와 앰버가 자신들의 이야기를 나눌수록 지지와 격려가 계속 이어졌다. 다른 사람들도 두 사람을 믿었다. 격려를 받을수록 더욱 신이 난 부부는 자기 자신을 믿기 시작했다.

재정을 위해 저축하고 후원자를 모집하면서 자신들도 아직 잘 모르는 내용에 대해 발표하는 일이 무척 부담스러웠다. 생활 규모를 줄이는 과정도 하나의 도전이었다. 머나먼 이국땅에서 살아갈 삶을 상상하며 타문화권에서의 생활, 다문화 출신 팀원들과의 활동, 수업과 과제 등에 대해 어떤 기대를 가져야 할지 생각해 보았다. 열대 지역에서 비싼 전기를 사용하고, 홈스쿨링에 적응하고, 새 친구를 사귀고, 음식 종류가 제한적이고 편의 시설이 거의 없는 환경에서 살아가는 가족의 모습은 어떨까? 모든 사람의 신뢰를 받고 있었기에 이들은 자신들이 해낼 수 있다고 믿어야 했다. 또한 모든 증거가 일관되게 하나님도 이들을 신뢰하신다고 생각하도록 만들었다. 그 민족에게 다가가는 일에 하나님이 이들 가족의 동참을 기대하고 계신다고 여기도록 만들었다.

불안감과 걱정, 고민, 의심이 고개를 들 때마다 자신의 계획, 흥분, 기대와 어울리지 않는다고 생각하며 억눌렀다. 그것은 이들을 낙심시키려는 영적 공격일 것이라고 단정지었다. 이런 부정적 이야기를 꺼낸다면 누가 이해해줄까 싶은 생각도 있었다. 목사님은 이들이 정말 부르심을 받았는지 의심하고, 선교기관에서는 이들이 사역에 적합한지 확인하려고 하지 않을까 걱정스럽기도 했다. 또한 자기들이 출발을 늦추거나 포기한다면 복음을 듣지 못하게 될 사람들은 어떻게 해야 할지 고민스러웠다. 고작 모금 활동에 스트레스를 받는다면 앞으로 일어날 일은 오죽할까 싶었고, 팀 동료들의 우려를 사지 않을까 조심스러웠다. 무엇보다 사람들을 실망시킬 수 없다는 생각이 들어 이 상황에서 올바른 대응은 하나님을 신뢰하고 전진하는 것뿐이라고 여겼다. 길은 이미 정해졌으므로 이런 고민과 감정은 알아서 대처할 수밖에 없었다. 사역지에 정착하고 나면 이런 생각과 걱정이 사라질 거라고 믿었다. 당장은 시간이 좀 더 필요할 뿐이라고 말이다.

생활에 적응하기: 새로운 곳에서의 정착

이들 가족이 사역지에 도착하고 몇 주가 흘렀다. 그간의 흥분과 신기함, 호기심, 경이로움, 도전 등이 멀리 흐릿하게 보이는 듯하다. 정착 과정은 매끄럽게 진행됐다. 계획보다 시간과 비용이 더 들긴 했지만 그것도 하나의 모험이었고, 하나님은 이들의 필요를 채워주셨다. 무엇보다 이들은 다른 팀 멤버들의 분주한 모습에 놀랐다. 시간을 낼 수 있는 사람은 팀장뿐인 듯했다. 앨런과 카르멘은 이 멋진 곳에서의 생활에 대해, 낯선 환경에 적응하는 요령에 대해 많은 정보를 제공해주었다. 은행, 쇼핑, 음식 주문, 교통, 물 찾기와 청구 내역 지불 등 프랭크와 앰버는 모든 것을 새로 배워야 하는 어린아이 그 자체였다. 정착하기 위해 남에게 전적으로 의존해야 했기 때문이다. 앨런과 카르멘이 모든 일을 능숙하게 처리하는 모습에 프랭크와 앰버는 자신들이 이곳 환경에 익숙해지기까지 얼마나 걸릴까 궁금했다. '진짜 사역'을 하려면 아직 한참 멀었다는 생각이 들었다.

생활에 적응하기: 첫 임기의 초반과 중반 기간

모든 것이 변화의 연속이었다. 아무도 이런 상황을 미리 일러주지 않았다. 정부의 새로운 규정으로 비자를 발급 받으려면 출국을 해야 했다. 새로 사귄 친구들은 머지않아 다른 임지로 떠나고, 음식 보관 선반은 텅텅 비기 일쑤였다. 겉보기에 프랭크와 앰버는 멀쩡해 보이고 모든 일이 순조로워 보였기에 주변 사람들은 이들이 잘 적응하고 있다고 생각했다.

조이는 곧바로 친구를 사귀었지만 저스틴은 방황하는 듯했다. 홈스쿨링은 기대만큼 멋지지 않았고 실제로 해 보니 무척 어려웠다. 언어 수업과 숙제는 많은 시간을 투자해야 했다. 그러다 보니 가족이 함께하는 시간이 부족했다. 가르치기 바빠서 부모 노릇을 할 겨를도 없었다. 그 나라의 부실한 기반 시설도 골머리를 썩였다. 오늘은 수돗물이 나올까? 전기는 언제 들어오고, 언제 또 끊길까? 치안에 대한 경고와 정부의 단속 소식이 날마다 들려왔다. 교회와 그리스도인에 대한 공격이 증가하고 있었기 때문이다. 일부 급진적 조직에 의한 공격의 위험이 묘하게도 일상처럼 느껴졌다. 그럴수록 스트레스는 더욱 고조되었다. 이웃, 동료 학생들과 친분 맺기는 더욱 어려워졌다. 이 문화권에서는 일상에서 신뢰라는 것을 찾아보기가 어려웠다. 이런 환경에서 신뢰 구축은 과연 어떻게 이뤄지는 것일까? 누구를 신뢰할 수 있을까?

자고 일어나면 이런 상황에서 벗어나고 싶다는 욕망이 솟구쳤다. 가족 휴가라도 가면 이런 갈등이 누그러질까? 하지만 휴가는 비용이 들고, 그들에게는 돈이 없었다. 대신 건전하지 않은 대안이 고개를 내밀었다. 그것은 인터넷으로 도피하여 영혼, 결혼, 관점, 기쁨, 하나님의 음성을 듣는 능력을 파괴하는 내용에 빠지는 것이었다.

선교 보고 임무에 대한 염려

프랭크와 앰버가 본국에 돌아가 첫 선교 보고를 해야 했을 때 마침 가정에 위기가 닥쳤다. 앰버는 언어에 놀라운 진척을 보인 반면 프랭크는 과연 그가 사람들과 진솔한 소통이 가능할지 의심스러울 정도였다. 저스틴은 수업을 따라가지 못하고 있었다. 그나마 조이는 잘해내고 있었으며 친구관계도 원만했다. 그러나 두 아이는 따분해하고 자주 말다툼을 벌였다. 이들이 기대하던 모험은 펼쳐지지 않았다.

동시에 팀에도 위기가 찾아왔다. 암에 대한 우려, 차 사고, 열매를 맺지 못하는 데 따른 낙심 등으로 팀원 전체가 힘들어했다. 무엇이 문제였을까? 사역이 이어지려면 누군가 잠시 본국에 돌아가 보고 임무를 수행해야 했다. 프랭크와 앰버가 이 일에 자원했다는 소식에 조이는 시큰둥한 반면 저스틴은 당장이라도 떠나고 싶어 했다. 그러나 그새 자신들이 얼마나 변했는지, 자신들이 떠난 이후 교인들이 얼마나 달라졌는지 아무도 알지 못했다.

후원자들과 교회에 뭐라고 말할 것인가? 솔직하게 이야기해도 될까? 만약 그렇게 한다면 교인들이 실망하지 않을까 걱정스러웠다.

사람들은 무엇을 기대할까? 여러 차례의 만남, 한 사람씩 인사하기,

찬란한 선교 보고, 많은 열매, 믿음으로 역경을 이긴 성공담, 교회 성장의 간증, 사자를 물리치고 골리앗을 쓰러뜨린 이야기 등등. 본국에서 보내는 이메일만 봐도 어떤 기대를 하고 있는지 명백했다.

교회에서 보고하기 전에 친척들과 별도의 개인 시간을 가질 수 있을까? 충분한 수면과 휴식, 묵상, 반성 등 재충전 시간을 가질 수 있을까? 이런 시간을 요청한다면 게으르고 영적으로 나약한 모습으로 비춰질까? 원래 사역자들에게는 휴가가 주어지지 않는 걸까? 뭔가 잘못되었을 때 갖는 것이 휴식이니 말이다. 게다가 교인들이 재정적 희생을 치르면서 후원해주고 있는데, 그 희생이 과연 가치가 있다고 생각할까? 이번 임기 동안 제대로 사역하기는 했던가? 이런저런 생각이 들자 프랭크와 앰버는 자신들이 완전히 쓸모없는 존재처럼 느껴졌다.

그렇다면 하나님 보시기에는 어땠을까? 스스로 보기에도 쓸모없는 존재로 느껴지는데, 실상이 드러났을 때 하나님과 파송 교회, 후원자, 선교단체도 이처럼 생각한다면 프랭크와 앰버는 모든 것을 재고해야 한다. 어쩌면 다른 직업을 찾아봐야 하는 때인지도 모른다는 생각마저 들었다. 스스로 실패작이라는 느낌이 드는 걸 보니 정말 실패한 것이 아닐까 걱정되었다. 과연 '실패작'이 하나님을 섬길 수 있을까 하는 생각도 들었다. 지금 '하나님의 인도를 따라' 방향을 바꿔 다시 교육을 받거나 새로운 사역 기회를 모색하거나 자녀를 위해 더 나은 교육 대안을 찾아야 하는 때임에 틀림없었다. 프랭크와 앰버는 선교 보고를 위해 떠날 준비를 하면서 앨런에게 다시 돌아올지 확신할 수 없지만 기도해보겠다고 말했다.

선교 보고 경험

여하튼 이들은 선교 보고의 임무를 완수했다. 미소를 지어 가며 보고를 끝냈고 사람들은 매료되었다. 언어 훈련과 새로운 문화 적응의 어려움에 대해 나눌 때도 시종 미소를 유지했다. 기도 모임은 조금 더 진지했다. 복음에 대한 반응이 더디다는 이야기와 신실한 사역자가 필요하다는 내용을 나눴다. 자신과 자신들의 미래를 위해 조용히 기도했다. 우울증으로 사역을 중단해야 했던 팀 동료의 이야기를 전했을 때 교인들은 "그 사람이 정말 그리스도인 맞아요?"라는 반응을 보였다. 이 반응에 두 사람은 큰 충격을 받았다. 우울증으로 고생하는 동료의 구원 여부를 변호해야 하는 상황이 오리라고 예상하지 못했던 것이다. 자신들의 이야기를 모두 밝히지 않은 게 다행이라는 생각이 들었다. 만약 그랬다면 교회에서 뭐라고 생각했을까? 프랭크와 앰버는 미소를 유지하기가 점점 더 어려웠다.

프랭크와 앰버가 무엇을 말하지 않았는지 눈치 챈 사람은 없었다. 이들의 영혼이 평안한지, 무엇이 이들의 기쁨을 앗아가거나 북돋아주는지 궁금해하는 사람도 없었다. 그리고 그런 질문을 했더라면 프랭크와 앰버는 사역 중에 항상 기뻐하지 못했음에 죄책감을 느끼며 대답할 수밖에 없었을 것이다. 사실 이들은 자신의 부족함 가운데 하나님의 부르심을 신뢰하며 따르는 현실을 배우는 중이었다. 그 현실은 힘 주시는 하나님의 능력을 체험하고 그 안에 안식하기, 자신의 부족함 가운데 하나님의 임재 구하기, 경외감을 갖고 그분 앞에 서기를 말한다. 이들은 자신들이 겪은 어둠, 패배감, 부족 등을 표현할 방법을 찾지 못했다. 그리고 "이 어둠 속에서 하나님은 어디 계시는가?"라는 질문에 대한 답을 찾지도 못했다.

흥미롭게도 프랭크와 앰버는 다른 사역자들이 참석한 콘퍼런스에서는 마음 편하게 자신의 연약함을 드러낼 수 있었다. 자신의 문화를 공유하는 사람들 사이에서 마치 고향에 온 것 같은 느낌을 받았다. 자신의 불완전함마저 더 깊이 이해해주고 용납해준다는 느낌을 받았다. 이 공동체는 기대와 현실 사이에 생긴 틈 가운데 살아가는 사람들의 모임이었다. 즉 인간으로서 신성한 임무를 믿음으로 수행하는 도전 가운데 있는 사람들이었다. 이들은 "어떻게 실패작이 하나님을 섬길 수 있는가"라는 믿음에 도전하는 물음에 대해 부담을 느끼며 한 걸음씩 나아갔다. 이 공동체에서 성공의 척도는 '열매'가 아니라 하나님께 가까이 나아감에 있었다. 쓸모 있음의 척도는 자신을 얼마나 내어드리느냐로 결정되었고, 그 영향력과 결과는 하나님께 맡겨야 했다.

본국에 남기보다 사역지로 다시 돌아가는 것이 더 나을 것 같았다. 프랭크와 앰버, 저스틴, 조이는 생각보다 더 많이 변해 있었다. "집에 가자"라는 말은 이제 사역지로 돌아간다는 뜻이 되었다.

저스틴과 조이는 기꺼이 돌아갈 마음의 준비가 되었다. 이들이 성장한 문화에서 오히려 이질감을 느끼면서 파송지가 고향처럼 친숙하게 느껴지기 시작했다. 이들은 달라졌고, 그 변화가 긍정적으로 다가왔다. 다시 돌아가도 좋을 것 같았다.

다음 임기

여전히 기대와 현실 사이의 삶은 도전의 연속이었다. 흔히 그렇듯 두 번째 임기에 들어서면 '숙련자' 대우를 받는다. 단기 사역자와 새로 부임한 이들을 보살피는 임무가 프랭크와 앰버의 역할에 추가됐다. 사업에 대한 연구와 동시에 현지 언어 공부를 계속해 나갔다. 가정 일에도 관심을 가져야 했다. 저스틴은 대학 진학을 앞둔 상태였다. 한편 조이는 친구가 다른 곳으로 이사 가게 되어 그 지역의 외국인 사역자 공동체에서는 또래 친구가 한 명도 없는 상황이었다. 더 많은 친구들과 동료들이 떠나갔다. 프랭크와 앰버는 마음이 울적해졌다. 그러자 프랭크는 외국어 공부에 매달렸고, 앰버는 혼자 남겨진 듯한 외로움에 절망감을 느꼈다. 두 번째 임기라고 해서 첫 번째 임기보다 나아진 것은 없었다. 오히려 더 지치는 느낌이었다. 감염, 감기, 두통, 피부병, 천식, 알레르기 등 만성질환이 이들을 괴롭혔다. 원인이 뭔지 도무지 알 수 없어 답답하기만 했다.

'숙련자'로서 프랭크와 앰버는 파송 교회와 기관에 보고서를 보내야 했다. 이들이 답해야 하는 질문은 여간 골치 아픈 게 아니었다. 본국의 기대와 선교 현장의 사이에 상당한 괴리감이 생겼다. 회심자는 몇 명이나 되는지? 오늘 누군가를 전도했는지? 향후 5~10년의 전략 계획은? 교회 개척 소식은 아직인지? 프랭크와 앰버는 언어 습득이 여전히 버거웠다 (어쩌자고 이렇게 어려운 언어를 골랐을까 싶었다). 그런데 이들의 기도 제목에 대해서는 왜 묻지 않는지? 기도가 정말 중요하지 않다고 생각하는 것인지? 숫자에만 관심이 있는 건 아닌지? 그리고 전략 계획이라고? 오히려 생존 계획을 물어보는 게 더 유용했을 텐데 말이다! 교회 개척? 그건 하나님이 하시는 일이지 않나? 도대체 무슨 근거로 이런 기대를 하는 걸까? 문득 프랭크와 앰버는 자신이 종업원처럼 느껴졌다. 선교 현장에서의 '성공'이 다른 사람들의 기대를 만족시키는 일인가 하는 의문이 들 정도였다. 교인들에게 있어 하나님 나라에 '동참'한다는 대리 만족을 주는 수단으로 자신들이 전락한 것일까? 쌍방 간의 나눔은 오간 데 없고 사역자들에게만 상황 보고 책임이 떠맡겨진 듯했다.

그때 앰버의 아버지가 병원에 입원했다는 소식이 전해졌다. 우선은 경과를 지켜보기로 했다. 저스틴과 조이는 당장이라도 돌아가고 싶어 했지만 허락되지 않았다. 사역지와 본국 사이에 놓인 바다가 그토록 넓게 느껴진 적은 없었다.

다만 무척 마음에 드는 현지인 동료 사역자가 있다는 것이 한 가지 위안이 되었다. 현지인 조나단은 열심히 일했고, 제자 훈련을 받고 싶어 했으며, 서로의 문화적 차이를 이해하고 자신의 문화에 대해 가르쳐주었다. 그토록 원했던 믿을 만한 친구가 생긴 것이다. 선교 보고서에 조나단에 대해서도 썼다. 몇몇 동료는 너무 쉽게 사람을 믿지 말라고 조언했다. 그런데 얼마 지나지 않아 조나단이 돌변했다. 말수가 적어지고 소극적으로 변하더니 선교사 부부에게 불평하는 일이 잦아졌다. 몇 가지 다른 변화도 있었다. 회계 장부가 맞지 않았고 물건이 없어졌다. 한때 즐거운 우정이 있던 자리에 불신이 들어와 앉았다. 언제부터 이렇게 된 것일까? 조나단과의 관계가 이 지경이 된 데 자신들의 잘못이 있는 걸까? 이 문제를 문화적으로 해결하는 데 적합한 방법은 뭘까? 성경적인 해결책은 뭘까? 조심성이 부족했다고, 사람을 너무 쉽게 믿었다고 부부를 나무라는 동료들도 있었다. 그렇다면 사람을 믿은 것이 정말 잘못일까? 혹시 사탄의 영적 공격이 아닐까?

알고 보면 모든 게 영적인 공격이었을까? 그게 아니라면 당면한 문제를 바라보는 올바른 관점은 뭘까? 받는 고난을 즐거워해야 하는 걸까? 이것을 공격으로 여겨 '극복하리라'고 마음 먹어야 하는 걸까? 자신들이 좋아했던 사람이 시험에 들었다는 사실이 슬펐다. 자신들 또한 시험에 들었다는 생각에 마음이 무거웠다. 과거 어려운 순간에 무엇이 도움이 되었는지 생각해 보기도 했다. 누구와 상담하면 좋을까? 잠자코 조용히 있는 것이 최선인지도 모른다. 그러나 자신들이 방어적으로 보이기를 원치 않았다. 누군가 자신들과 동행해준다면 어떤 느낌일까 궁금했다. 자신들이 새로 온 사람들과 동행했듯이 말이다. 그런데 자신들이 겪은 어려움들을 돌이켜볼 때 과연 새로 온 사람들과 동행할 자격이 되는지 의문이었다.

프랭크가 자신에게 이런 질문을 하고 있다는 것을 아무도 몰랐다. 만약 그가 이런 질문을 입 밖으로 냈다면 사람들은 경악했을 것이다. 남들보기에 프랭크는 잘해내고 있었으며, 프랭크와 앰버가 없는 팀 사역은 상상조차 하기 어려웠다. 그러나 프랭크는 느끼지 못했다. 만약 그렇게 느꼈다고 해도 '내가 뭘 해도 달라지는 건 없어' '내가 떠나도 문제가 되지 않을 거야'라고 생각하게 만드는 고뇌를 해소하지는 못했을 것이다. 겉으로는 열심히, 바쁘게 일했지만 속으로는 죽어갔다. 그는 자신을 둘러싼 온갖 기대, 즉 사역 결과에 대해 자신이 거는 기대, 주변 사람들의 기대, 파송 교회와 기관의 기대가 너무나 버거웠다. 그래서 사랑받을 만한 존재라는 단순한 이유만으로 사람들이 자기를 소중히 여겨줄 때 느낄수 있는 생동감이 사라지고 말았다.

새로운 각성

무너져 내리는 순간이 눈앞에 어른거렸다. 이런 조짐을 앰버가 먼저 발견했다. 침묵, 일상적인 일을 기계적으로 처리하는 프랭크의 모습, 아이들에게 무관심하고 아내에게는 조급한 프랭크의 태도. 앰버는 질문을 던지기 시작했다. 이에 대한 즉각적인 해답은 없었지만 가족이 함께 답을 찾아야 한다는 걸 알았다. 누구에게 도움을 청할 수 있을까? 앰버는 다시 한 번 외로움을 느꼈다.

이때 그녀는 새로운 시도를 해보았다.

앰버는 하나님을 향해 자신들이 겪은 모든 것을 기도로 낱낱이 아뢰었다. 애통해하며 하나님 앞에 마음을 쏟아냈다. 자신이 느낀 대로 실패를 언급하고, 엄습해 오는 어둠을 언급했다. 하나님의 영광을 가리고 가족과 후원자, 파송 교회, 기관을 욕되게 하는 것에 대해 솔직하게 여쭤봤다. 마음속 두려움을 아뢰고, 이 어려운 상황에서 하나님과 동행할 때

가족이 더욱 잘 되기 원한다고 간절한 마음으로 고백했다. 쉬운 길을 보여 달라고 구하지 않고, 대신 하나님의 은혜를 깊이 체험할 수 있기를 기도했다. 기도하면서 이 모든 상황 가운데 하나님이 어디 계신지 궁금했다. 실패와 어둠이 하나님의 계획 가운데 있는지도 궁금했다. 사역에 대한 하나님의 계획하심과 별도로 가족 개개인을 향한 하나님의 계획이 무엇인지, 자신들의 책임이 무엇인지를 안다면 확실하게 행동으로 옮길 수 있을 것 같았다. 이 모든 상황을 어떻게 이해해야 올바른지, 이 어둠이 걷히지 않거나 다른 사람들처럼 수고의 열매를 보지 못한다면 어떻게 해야 하는지? 하나님도 열매를 원하시지 않을까? 다른 사람들도 이런 식으로 느꼈을까, 아니면 자신들만 그런 걸까? 자신들은 결국 하나의 실패 사례로 남겨질 운명인 걸까? (그녀는 이런 생각으로 몸서리쳤다!)

앰버 마음속에서 무언가가 움직였다. 이 깨지고 부서진 공간에 가까이 기대어 하나님과 만나고 싶다는 소망을 품게 되었다. 아무리 애쓴다고 한들 자신은 완벽하지 않으며 완벽해질 수도 없었다. 더 이상 노력에 기대지 않고 이제 하나님께 더욱 의지할 때라고 여겼다.

앰버는 성경을 들고 천천히 페이지를 훑었다. 그녀가 보기에 자신들은 일도 제대로 하지 못했고 기쁨도 느끼지 못했다. 하나님도 자신들을 '또 한 건의 실패' 정도로 여기실 게 분명했다. (감사하게도 하나님은 인자하신 분이셨다!) 그런데 정말 하나님의 생각이 어떠신지 여쭤 봤던가, 아니면 자기 멋대로 넘겨짚은 생각인가? 혼자 단정 지었던 생각은 하나님이 정말 어떻게 생각하시는지 꼭 알고 싶다는 강렬한 욕구로 변했다. 다른 사람에게 전해줄 만한 가치 있는 무언가를 얻고 싶다는 소망을 갖게 되었다. 다만 그것이 무엇인지 짐작할 수 없었다. 그러나 그것이 뭔지 모른다는 사실도 그녀가 마음에 품은 소망과 하나님이 자신을 사랑하심을 아는 마음을 빼앗지 못했다. 이 새로운 희망을 어떻게 프랭크에게 전할 수 있을까? 이 힘겨운 과정 가운데서 부부가 함께 하나님을 경험하고 하나님의 사랑이 자신들을 붙잡아주시리라는 것, 다른 이들에게 심어줄 생명의 메시지를 발견하게 되리라는 희망을…. 과연 동료들과 파송 교회, 기관의 지도자들, 후원자들이 이해해줄까? 아니, 그들의 이해 여부가 상관이 있을까?

앰버는 매일 저녁 찬송을 함께 불렀더니 가정의 분위기가 달라졌다는 어느 부부의 이야기가 기억났다. 어쩌면 이것이 자기 가족에게도 새로운 전환점이 될 수 있겠다는 생각이 들었다. 비록 처음에는 말다툼이 있더라도 말이다. 앰버는 마음속에 싹트는 새로운 소망에 흥분을 느꼈다. 그소망은 기대감으로 커져 갔다. 자신들이 타문화권 사역으로 부르심을 받으면서 겪게 된 이 힘겨운 상황 가운데 하나님의 역사하심을 보게 되리라는 기대감으로 말이다.

"절망과 낙심, 환멸, 낙담, 실망의 어둠 속에서 길 찾기"에 대한 논평

.

.

홍경화

루스 맥스웰 박사는 한 선교사 가족의 여정에 대해 생생하고 현실적인 그림을 그려 보여주었다. 그녀의 사례 연구는 타문화 상황에서 살아가는 많은 선교사가 무슨 일을 겪는지 들여다보게 해준다. 그녀의 상세한 설명은 특히 많은 유익을 준다. 선교사 가족이 파송 전 단계부터 현지 문화에서 제2기 사역을 이어가는 과정 등 선교 사역의 여러 국면을 통과하며 직면하게 되는 여러 어려움을 묘사해 놓았기 때문이다.

맥스웰 박사의 예리한 지적처럼 대부분의 선교사는 '어둠'을 만난다. 그런 가운데 어떤 사람들은 상황 속에 갇히고 만다. 또 다른 사람들은 맥스웰 박사의 언급대로 이 어려움을 극복하고 더 강한 모습으로 성장하게 되는데, 회복력이 강해지고 하나님의 사랑과 은혜를 더 깊이 깨닫게 되는 것이다. 이에 대해 맥스웰 박사는 정곡을 찌르는 질문을 던진다. "이런 사람을 늘릴 수 있는 방법은 무엇일까?" 나는 이 질문이 이번 포럼 전체를 아우르는 질문이라고 생각한다.

이에 대한 응답으로 나는 타문화 선교사들의 적응 과정을 복잡하게 만드는 일반적 난관에 대해 설명하려고 한다. 이어서 사례 속 가족이 각 단계에서 직면하게 된 정서적 문제를 요약하고, 마지막으로 선교사들이 "어둠 속에서 길을 찾는" 데 도움이 될 두 가지 방안을 제시하려고 한다.

타문화 사역을 더욱 어렵게 만드는 난관 ──────────

타문화 상황에서 선교사 가정이 거쳐야 하는 어려운 난관이 여럿 있
는데, 그중 대표적인 어려움은 새로운 선교 현장에 맞춰 가는 과정에서
겪는 문화 적응(acculturation) 문제다. 언어와 음식이 다를 뿐 아니라 사회
적 교류에 쓰이는 익숙한 기호와 상징이 더 이상 통하지 않는다.[3] 때로
는 자기가 가진 상식은 더 이상 상식이 아니게 된다. 따라서 가정과 사역
의 책임을 균형 있게 감당하는 동시에 다른 문화에 맞춰 살아가는 일이
벅찰 수 있다.

문화 적응과 연관해 선교사 자녀의 문화적 정체성도 문제다. 자신이
누구인지 아는 것은 모든 청소년이 겪는 발달상의 과제다. 그러나 선교
사 자녀는 그에 덧붙여 둘 이상의 문화에 살면서 자신의 문화적 정체성
을 확립해야 하는 과제를 떠안는다.[4]

또 하나의 도전은 선교사가 가진 일의 속성에 대한 것이다. 다른 직업
과 달리 선교사의 사역은 가정과 개인 생활을 포함한 삶의 모든 측면을
포괄한다.[5] 때로 공적 업무와 개인 생활의 경계가 모호해지곤 한다. 이
런 상황이 일주일 내내 쉴 틈 없이 지속되면 감정 소모가 커진다. 게다가
맥스웰 박사가 설명하듯 선교사가 휴가를 갖는 것이 '잘못되었다'고 오
해하는 경우가 많아서 선교사들은 필요할 때 휴식 시간을 갖기가 어렵
다. 그러나 경계선, 한계, 휴식 등이 존중되지 않는다면 선교사는 탈진할
수밖에 없다.

이처럼 계속 늘어나는 변수들이 동시에 들이닥칠 경우 스트레스에 대
한 저항력이 떨어져 정신건강을 해치는 결과를 가져온다.

여기서 맥스웰 박사의 사례에 등장하는 가족이 경험한 여러 도전과 감정을 되짚어 보자.

파송 전과 초임 단계

이 가족은 흥분과 호기심, 도전하는 느낌으로 여정을 시작한다. 대체로 문화 적응의 초기 단계에서 이런 느낌을 가지는데, 이를 밀월 단계라고 부른다. 이 단계에서 사람들은 의욕적이며, 새로운 문화에 아무 문제 없이 적응할 거라고 생각한다.

문화 적응 단계에서 불안감이나 의심 등 부정적 생각이 들 때마다 이를 무시한다. 그러나 이 단계에서 예상되는 일들을 가족에게 일러주고, 자신들이 간과한 부정적 감정을 어떻게 다뤄야 하는지를 가르쳐주는 것이 적응에 도움이 된다.

가족이 선교지에 도착하면 맥스웰 박사가 정확히 묘사한 대로 "모든 것을 새로 배워야 하는 어린아이 같은 느낌"이 들고, 그들은 전적으로 다른 사람에게 의존할 수밖에 없다. 이런 느낌이 정상이며 문화 적응 과정의 일부임을 선교사에게 미리 알려주는 것이 바람직하다. 이 단계에서 '진짜 사역'은 아직 요원하다는 느낌이 드는 것도 이해가 간다. 그러나 '진짜 사역'이 무엇을 의미하는지 다시 생각해 보고, 적응 과정도 이것의 일부임을 인정하는 것이 유익하다.

1차 사역기 초기에서 중기 단계

이 시기의 적응 과정에서 생활필수품, 정부 규제, 보안, 정서적 지지 체계 등이 계속 요동치는 것을 경험하면서 불확실함과 불안감이 스며들고, 언어 학습과 홈스쿨링으로 말미암은 스트레스가 더해진다.

저스틴보다 조이가 친구를 잘 사귀고 프랭크보다 앰버가 언어를 빨리 습득하는 상황에서 알 수 있듯, 가족 구성원 간 적응 수준의 차이도 또 하나의 잠재적 문제다. 집안의 가장으로서 프랭크는 압박감을 가장 많이 받고 좌절감도 가장 민감하게 느낄 수 있다. 이런 분위기는 다른 가족 구성원들에게 빠르게 전파된다. 이 모든 문제는 스트레스 수준을 높이고, 정서적·신체적 건강을 해치는 결과를 가져온다. 가장 우려되는 점은 맥스웰 박사가 묘사하듯 "인터넷 속으로 도피"하고 그 외 "위험한 습관"에 빠지는 것이다. 여기에는 다양한 형태의 중독 증상이 있다.

본국에서의 과제와 차기 사역 단계

이 가족은 서로 다른 두 세계의 틈바구니에서 살아간다는 느낌을 받는다. 기대와 현실 사이에 나타나는 괴리, 자신이 떠나온 본국의 문화와 그들이 받아들인 선교지 문화 사이에 나타나는 괴리, 인간적 삶과 신성한 과업을 수행하는 믿음의 삶과의 괴리가 그것이다. 기대와 현실 사이에 나타나는 괴리가 크게 느껴질수록 좌절감과 분노는 더욱 심해진다. 게다가 친구, 동료들과의 연속된 이별, '베테랑' 선교사로서 늘어난 책임 등으로 가족들은 비애와 고독, 피로감을 겪는다.

더 나아가 믿었던 현지인 친구의 배신은 그들을 황폐하게 만들고 혼란에 빠뜨린다. 그러다 보니 마음속 고민을 털어놓기보다 아무 말도 하지 않는 쪽으로 기울어진다. 맥스웰 박사는 프랭크가 느끼는 자책감과 소외감과 '안으로 죽어가는 느낌'을 아무도 알지 못한다고 지적한다. 이런 감정적 피해는 진지한 대화의 주제로 다뤄지지 못하고 신체 증상이라는 무난한 방식으로 드러난다.

'베테랑 사역자' 역시 체계적인 정서적 지지를 필요로 한다는 것이 맥스웰 박사의 설명을 통해 명백해졌다. 그들도 자신의 혼란과 격정을 표현할 수 있는 공간이 필요하다. 또한 맥스웰 박사는 선교사들도 "사랑받을 만한 존재라는 단순한 이유만으로 소중하게 여겨져야 할" 인간임을 교회와 선교기관이 너무나 쉽게 잊어버린다고 강조한다.

재각성의 단계

프랭크는 탈진 증세를 보인다. 감사하게도 앰버가 자신의 실패와 두려움을 하나님 앞에 구체적으로 표현하고 말씀드릴 때 전환의 계기가 마련되었다. 그녀는 하나님을 찾고, 자신들을 향한 하나님의 계획(개인적으로 그리고 선교사로서)이 무엇인지 묻는다. 앰버의 모습을 통해 마음에 소망이 생기고 그녀를 향한 하나님의 사랑이 인식되었음을 알 수 있다. 맥스웰 박사는 어둠을 직시하고 인정하며, 자신의 무지를 솔직하게 고백하고, 도움을 구하는 것을 통해 치유가 시작되는 과정을 묘사한다. 또한 맥스웰 박사는 그들이 '열매' 맺는 선교사이기 때문만이 아니라 소중한 존재로서 사랑받는다는 점을 지적하면서 하나님의 변함없는 사랑을 기억하는 것이 중요하다고 강조한다. 물론 소망을 품는 것에 대한 중요성도 빼놓지 않는다.

몇 가지 제안

맥스웰 박사의 질문으로 돌아가 어둠을 빠져나오는 선교사의 수를 늘리고, 그들이 더 강해지고 하나님께 가까이 가도록 돕는 방법은 무엇일까? 모든 경우에 들어맞는 간단한 해답은 없다. 여러 도전은 다층적이고 다면적이다. 여기서 부분적이나마 해결책이 될 두 가지를 제안하고자 한다. 인식의 변화와 선교사 가족을 위한 체계적 지원이 그것이다.

인식의 변화

선교기관과 교회는 성공에 대한 인식과 성공의 기준을 바꿀 필요가 있다. 선교사들이 타문화 상황에서 생활하고 이를 견뎌냈다는 사실 자체가 사역임을 인정해야 한다. 선교사들을 목표 달성을 위한 도구나 로봇이 아니라 사람으로서 소중히 여겨야 한다. 맥스웰 박사는 이 점을 잘 표현하고 있다. 성공의 척도는 하나님께 가까이 가는 것이지 얼마나 많은 열매를 맺느냐가 아니다. 쓸모 있음의 척도는 자신을 내어드림에 두고 "그 영향력과 결과는 하나님께 맡겨야" 한다. 이런 기준에 따라 우리는 선교 보고의 내용과 선교사의 의사소통 체계를 바꾸어 존재론적 보고 방식을 반영하는 대안을 심각하게 고려해야 한다. 즉 회심자가 몇 명이고 개척한 교회가 몇 곳인지 보고하는 수준을 벗어나야 한다.

체계적 지원

많은 선교기관은 선교 사역 전과 후에 멤버케어를 제공한다. 그러나 본 사례 연구는 선교지에서 활동 중인 선교사들을 위한 멤버케어를 체계화해야 할 필요성을 제기한다. 현지에서 활동 중인 선교사 가족을 위한 영적·정서적 지원은 일관성과 지속성이 있어야 한다. 문상철 등[6]과 이은하[7]는 현지 선교사 가족을 방문하는 사역팀 운영 방안을 제시한다. 이은하는 디브리핑, 상담, 심리 테스트 등 다양한 영적·정서적 지원을 제공하는 방안을 제시하고 있다.[8]

또 다른 문제는 누가 디브리핑을 실시하느냐 하는 것이다. 문상철 등은 참여한 선교사들 가운데 과반수가 선교기관이 디브리핑을 실시해주기를 원하는 한편, 가족 디브리핑은 전문 상담사가 진행해주기를 원한다는 것을 알게 되었다.[9] 최근 상담팀을 꾸리는 선교기관이 증가하고 있다. 이것은 매우 긍정적이고 고무적이지만 이에 따른 어려움도 있다. 예를 들어 상담팀이 선교기관 소속이면 비밀 유지와 이중관계 문제가 발생할 수 있다. 이 문제는 선교기관 내에서 상담팀의 역할을 명백히 하고, 개인 문제와 가족 디브리핑의 경우 선교사들을 전문 상담팀 같은 제3자에게 보내는 방법을 통해 해결할 수 있다.

맥스웰 박사는 어둠을 통과하고 나서 회복과 성장으로 얼마든지 나아갈 수 있다는 아름다운 소망을 제시해줬다. 나는 하나님과 그분의 나라를 위해 자신의 안전지대를 벗어나 미지의 세상으로 나아가는 용감한 선교사 가족들에게 깊은 감사를 표한다. 또한 깊은 통찰력으로 실제적인 사례 연구를 발표한 맥스웰 박사에게도 감사한다.

05
한국인 선교사의 정신건강을 위한 여정

김도봉

이 글은 어느 목회자의 이야기로, 그의 이름을 '설악산'이라고 부르겠다. 그는 P국에서 12년 동안 선교사로서 현지인 사역을 하며 26개의 교회 개척과 교회 건축 사역을 했다. 현지인 사역자를 양육하는 신학연장교육(TEE) 프로그램을 지원하면서 참여했고, 약 2년 동안 P국의 U신학대학원에서 교수 사역으로 목회자를 양성했다. 그는 현지 교회와 지도자들에게 좋은 평판을 얻었고, 동료 선교사들과 공동 사역으로 효율적인 사역을 이루었다.

현지 사역의 지속적 발전과 자신을 위한 계속 교육을 병행하려고 쉼과 충전 시간 없는 슈퍼맨으로 살았다. 수면 부족과 소화기 계통의 불편으로 일과 중에도 졸음이 쏟아지곤 했다. 1998년 6월에는 졸음운전으로 자신과 상대방의 차량이 크게 파손되었다. 그리고 약 6개월간 교통사고 후유증(PTSD로 추정)으로 운전할 수 없었다. 그는 믿음으로 그 역경을 이겨내야 한다는 신앙관을 가지고 있었다. 주변에서 그를 부르는 '불사조'라는 별명이 그의 처방이자 고난을 견디게 만드는 약이 되어주었다.

설악산은 P국에서 사역하던 첫 번째 임기 때도 치질로 오래 고통을 당하다가 1993년 한국에서 전문 외과 수술을 받게 되어 3일의 입원과 7일의 안정기를 가진 경험이 있다.

선교 사역을 마치고 그는 캐나다의 한 도시에서 한국인 이민 교회를 담임했다. 그러던 중 2007년 1월 50세 때 담낭에 여러 개 돌이 있다는 진단을 받았다. 간단한 복강경 수술 후 잠시 회복하는 시간을 가지고 나서 오후에 퇴원해 집에서 3~4일 휴식을 취하기로 했다. 그러나 퇴원하고 3일 지난 뒤 설악산은 생명의 위협을 당하는 중환자가 되어 재수술에 들어갔고, 10일 정도 병원에서 생명을 유지하기 위해 힘겨운 싸움을 벌여야 했다. 퇴원한 뒤 장이 정상적으로 회복되는 데 수년의 시간이 걸렸다. 복강경 수술 과정에서 혈관 손상을 입어 내출혈이 생겼고, 장을 비우지 않은 채 급하게 수술이 시행되어 누적된 노폐물이 부패하여 과민성 장으로 발전되었다. 오전에만 화장실을 15번 정도 가야 했을 정도였는데, 이로 말미암아 몸은 허약해졌고 삶의 질이 떨어졌다. 결국 교회 사역을 중단하고, 대학병원에서 하던 임상목회교육도 멈춰야 했다. 미래의 계획이 다 무너지고 말았다는 절망이 그에게는 더 큰 장벽이었다.

2007년 10월 한국으로 돌아온 설악산은 선교 현장에서 못다 이룬 꿈을 실현할 제2의 선교 현장이 병원이라고 생각했다. 캐나다에서 했던 임상목회교육이 병원 선교의 전문성을 뒷받침해줬다. 그는 그곳을 선교사들의 후방 기지 역할을 하는, 의료와 정신건강을 지원할 수 있는 전문 공동체로 이해했다. 그는 선교사로서의 경험을 바탕으로 전문가 집단과 함께 선교사 후보생과 재교육을 받는 선교사들에게 자기 돌봄과 문화 적응을 위한 소통과 관계에 대해 공유하기를 원했다. 이 사역은 8년 정도 진행되었는데, 1000여 명의 면담 자료를 바탕으로 자신을 포함해 많은 선교 헌신자의 사역을 이해하는 믿음 체계가 영웅 신화로 옷 입혀졌다는 것과 그것이 가족에게 갈등의 폭탄이었음을 알게 되었다.

한국 선교사 문화 속 성과주의의 영향 ───────

설악산 선교사의 모태인 한국 교회의 사람과 사회에 대한 특징은 압축 성장과 계층 갈등이라고 할 수 있다. 한국 교회는 한국 사회처럼 짧은 시간에 폭발적 성장을 경험했다. 압축 성장에 대해 일부 교회는 초대교회에서 나타나는 성령의 역사라고 해석하는 견해와 성공주의 신화에 가까운 기형적 성장이라는 견해가 있다. 한국 교회가 사람과 사회를 이해하는 방식은 기독교 영성과 분리된 것이다. 자신과 하나님은 순수하고 영적인 것이며, 타인이나 사회의 소통과 관계는 세속적인 것이라고 나눈다. 그런데 이상한 것은 남에게 보여주고 인정받으려는 욕구가 강해서 물량주의, 성공주의를 하나님이 주시는 축복이라고 여긴다. Showing과 Doing에 많은 힘을 쏟지만 Being과 Reflecting에는 취약하다. 예수께서 명령하신 "가서 모든 민족을 제자로 삼아"(마 28:18-20)라는 지상명령에 초점을 두면서 가장 큰 계명인 "새 계명을 너희에게 주노니 서로 사랑하라 내가 너희를 사랑한 것같이 너희도 서로 사랑하라 너희가 서로 사랑하면 이로써 모든 사람이 너희가 내 제자인 줄 알리라"(요 13:34-35)는 예수의 말씀을 배제하는 현상이 나타난다.

설악산 선교사도 자기이해는 왜곡하고, 보이는 실적으로 자신의 능력과 신앙을 평가하려고 했다. 설악산 선교사는 오직 믿음과 열정의 깃발을 든 요소와 성과주의 요소가 섞인 한국산 신앙관을 가졌다고 볼 수 있다. 열정은 감성의 일부로 합리성에 근거한 것이 아니기 때문에 자신의 의견이 토의되거나 비판의 대상이 되면 자기 자신을 거부하는 것이라고 과민반응을 보였다. 자신이 거절당한다고 느끼면 화를 내거나 침묵하며 상황을 회피하려고 했다. 자신에 대한 성찰이나 타인의 의도를 파악하는 대화를 계속해 나가는 것이 어려웠다. 오히려 제3자에게 자신의 마음을 털어놓고 자신의 당위성을 주장하거나 평가받으려고 했다. 또한 자신의 내면을 성찰하려는 자세, 소통과 관계를 개선하려는 자세를 연습하기보다는 기도라는 동굴로 들어가 하나님과 해결하려는 태도를 보였다.

성과주의가 선교사의 건강에 미치는 다양한 영향 ─────────

이런 배경을 가진 설악산 선교사는 자문화에서 타문화로 분리되는 과정에서 병리적 현상과 발달적 현상이 나타날 수 있다. 자문화의 병폐를 인식하지 못하고 선교지에 전염시키는 것은 병리적 현상이라고 할 수 있다. 한편 자문화의 분명한 인식과 건강하게 분화하는 것, 새로운 선교지와 건강한 관계를 맺는 것은 발달적 현상이라고 할 수 있다. 압축 성장과 물질주의의 병리 현상은 조급함에서 비롯된다. 조급함은 원인-과정-결과를 기다리기가 쉽지 않다. 기다림과 게으름을 구별하기가 어렵다. 현지인들에게 맞는 사역보다는 후원 교회와 소속단체에 실적을 보여주어야 한다는 강박을 느낄 수 있다. 아벨의 삶을 통해 성경적 목표(Biblical Tower)를 세워야 하는데, 세속적 목표(Babel Tower)로 향해 가는 위험이 있다. 교회 건물이나 학교를 세우는 외형적 성취가 선교사의 유능함으로 인식된다. 그러다 보니 짧은 시간에 가시적인 프로젝트를 시행하며 물질이나 권위의 힘을 오용하기가 쉽다. 존 볼비(John Bowlby)의 연구에 따르면 사람이 성장 과정에서 원 대상에 대한 애착관계를 강조하면서도 변화에 따라 분리와 상실을 겪으며 건강한 분화를 통해 성숙한 단계로 가는 경로와 퇴행하는 단계로 가는 경로를 구분했다. 그는 분리와 상실을 겪는 과정에서 애도의 과정이 필요하다고 했다.[1]

설악산 선교사의 겉모습은 한국 사회와 교회의 역기능으로 무장되어 있었고, 그는 자신의 내면에 역기능 가정에서 성장하며 감춰진 염려와 수치, 분노가 잠재되어 있음을 자각하지 못했다. 성장 과정에서 슬픔과 상실에 대해 충분한 애도의 과정을 경험한 적도 없었다. 그 모든 기억이 예수님을 영접함으로써 일시에 해결되었다고 여겨 원가족과 최소한으로 연락하며 지냈고, 사명과 사역에 관련된 사람들과의 교제가 대부분이었다. 안타깝게도 설악산 선교사의 병리적 애도는 악마 연인 콤플렉스(demon lover complex, 타인에게 연인과 악마 두 가지 감정을 느끼는 정서적 분열 상태를 말함)로 나타나며 결국 일 중독, 목표 중독과 같은 중독(bad object addiction)으로 발전하고 있었다. 이런 사역자는 "자신에게 의존하는 사람들을 사로잡고, 공격하고, 강간하고, 버리는 자로 나타나는 도식"에 대한 문제의식이 희박하다.[2] 설악산 선교사는 선교지에서 자신의 내면 문제를 내려놓고 겸손과 진실로써 외면과 내면의 일체화를 이루는 것을 어떤 사역의 성과보다 큰 상급으로 삼을 기회를 얻지 못했다. 하나님은 설악산 선교사가 선교지에서 발달적 애도로 전환하여 그대로 견디는 것, 항복하는 것, 떠나보내는 행동을 통해 자문화(또는 원가족으로부터 형성된 기억)에서 분리되고 선교지 문화와의 접촉을 통해 동화되어 현지의 삶과 환경을 배우는 광야의 영성이 형성되기를 원하셨을 것이다. 이는 설악산 선교사뿐 아니라 다수의 한국 선교사에게 정신건강과 전문가의 도움이 필요하다는 진단의 예라고 할 수 있다. 정신건강은 현상적·신체적·사회적 요소와 비가시적인 종교적·문화적 요소 사이의 중간점에 있다.

그는 한국으로 돌아온 뒤 MCN이라는 선교사 돌봄 사역과 연결되었다. 다행히 한국 교회와 교단, 선교단체는 정신건강에 대해 관심이 있었다. 2000년대에는 선교사 멤버케어에 대한 세미나와 자료가 많이 나왔다. 선교사 돌봄의 필요성을 확대하기 위해 책 번역 작업도 활발히 진행되었다. 그 책의 번역자들은 임상상담가, 목회상담가, 선교사 경험자, 의사 등 다양한 분야의 전문가들로, 이들이 협력하여 이룬 흔적이 선교사 돌봄에 대한 국내 저술인《땅 끝의 아침》에 담겼다. '선교사를 위한 11가지 마음의 선물'이라는 부제가 붙은 이 책은 선교사와 심리사, 의사, 정신건강의학과 의사 등이 신체적 돌봄, 목회적 돌봄, 심리적 돌봄, 정신 건강적 돌봄에 대해 협동하여 저술한 책이다. 대부분 전문가들이 현장 사역자를 실제로 면담한 사례를 중심으로 요약 정리했다는 데 큰 의미가 있다. 이 책에는 설악산 선교사가 내면으로 겪었던 것과 유사한 사례가 담겨 있다.

한국 선교사들이 가진 문제의 심각성을 지적하며 자성시키고자 한 이 책은 동료와의 갈등을 지적했다. 절대 경쟁 금지, 독신 선교사 존중, 동역의 원칙 설정, 서로에 대한 삶의 경계 존중하기, 자기 원칙에 집착하지 말기, 특별대우 포기하기, 어떤 상황이든 심각하게 받아들이지 않기, 목적에 따라 살기 등이다(140-161쪽). 선교사는 하나님이 선교지로 부르셨다는 것 외에는 다른 사람들과 다를 것이 없다. 이것을 인정하고 받아들이는 것이 정신건강을 위해 매우 중요하다(71쪽). 재능과 능력에 맞는 사역을 수행하고, 남과 비교하지 말고, 사람의 불완전성을 인정하고, 선교사도 타인과 다르지 않음을 인정해야 한다(72-74쪽). 선교사의 삶과 사역에는 하나님을 향한 열정 가운데서 활발하게 활동하는 낮의 시기가 있고, 때로는 신체적·심리적·사회적·영적 이유 등으로 그 사역을 멈춰야 하는 밤의 시기도 있다. 문제는 이 밤의 시기를 단지 고통 가득한 활동 정지기로 보낼 것이 아니라 성장기로 만들어야 한다는 것이다(11쪽).[3]

설악산 선교사는 P국 선교지에서 동료들과 좋은 관계를 유지하며 좋은 사례를 남겼지만, 캐나다 이민 교회 목회 현장에서는 갈등을 노출시켰다. 이민 교회를 운영하며 원칙적 행정과 돌봄이 잘 관리되었는데, 어느 시점에 이르러 교회 임원들과의 사이에서 의견 대립이 일어났던 것이다. 설악산의 내면에서는 고집스러운 저항과 대립이 정의인 것처럼 강화되기 시작했다. 이 갈등이 커지면서 설악산 선교사는 담낭절제술을 받았고, 몇 달 뒤 전문성도 목양도 모두 내려놓고 캐나다를 떠나야 했다.

심리사들과 정신건강의학 전문가들은 다음 내용을 강조한다. "선교사 훈련생들이 인성 검사를 통해 개인적 정보, 성장 배경, 훈련 과정, 가정생활, 인생 경험 등과 자신이 어려워하는 문제들을 파악하고 이것이 사역에 어떤 영향을 미칠 수 있는지 생각해 보아야 한다고 했다. 선교사들은 선교지의 고립된 환경에서 수많은 인간관계 문제, 부부 문제, 자녀 문제, 성격 문제, 습관의 문제, 어린 시절의 부정적인 경험과 관련한 문제 등에 부딪힌다. 심각한 부부 문제를 가지고 있는 경우, 중요한 관계가 깨어져 상처와 쓴 뿌리가 많은 경우, 회복해야 할 습관이나 중독의 문제를 가지고 있는 경우 선교지로 나가는 것을 잠시 보류하는 것이 좋다."[4]

설악산 선교사는 자신의 어리석은 경험과 다수 한국 선교사의 유형을 분석하고 정리한 것을 토대로 선교사 정신건강을 위한 여정 지도를 만들었는데 종합적 관리, 체계적 라이프사이클 관리, 사전 예방적 관리와 같은 다양한 요소가 포함되었다. 이 모델에서 정신적 돌봄은 보이는 신체적·사회적 요소와 보이지 않는 종교적·문화적 요소 사이의 중간이라는 점, 영적 돌봄이 보편적 규범임을 확인시켜 주었다. 선교의 추세가 다면적 사역으로 바뀌었다.

정신건강과 기타 건강 영역의 유기적 관계

설악산 선교사는 자신의 경험과 다른 선교사를 돕는 가운데 관찰한 내용을 다양한 책과 논문을 통해 분석 정리하여 선교사의 정신건강을 위한 여정 지도를 만들었다([표 5.1]). 오랜 경력을 가진 선교사들은 사역을 마치고 나서 창조적 자원(upcycling being)이 되기를 바라는 마음을 갖고 있

다. 가로는 관계 영역(Domain)으로, 개인적-관계적-전문적-영적 영역을
나타낸다. 영적 영역은 다시 신앙적 부분과 문화적 부분으로 나뉜다. 선
교 사역은 타문화에서 이루어지며 현지인의 지도력을 강화하여 그들의
자문화 신학을 통해 현지에 복음이 포괄적으로 전파되는 것을 목표로 한
다. 이 시기에 가져야 할 질문은 나는 누구인가(self-identity), 나는 얼마나
가치 있는 존재인가(self-esteem), 나는 무엇을 할 수 있는가(self-efficacy) 하는
것이다. 이 도메인 과정을 가는 동안 타인에 대한 존중과 협력을 통해 공
동체적 성장을 경험할 필요가 있다. 자문화에서의 건강한 경험이 타문
화에서 이런 가치관과 신앙관, 세계관이 자연스럽게 전달되기 때문이다.
자문화에서 분리될 때 타문화의 다양성은 하나님의 나라를 이루는 초월
의 씨앗이 된다. 우리는 모두 하늘에 뿌리를 둔 하나님의 백성이 되는 것
이다.

시간대에 따른 정신건강 분석

정신건강 돌봄 매트릭스의 세로는 시간대 배열(Stage)이다. 가로와 세
로가 교차하면서 생기는 목록은 선교사들의 긍정적, 중립적, 부정적 행
동에 해당된다. 이들 목록은 빈번하게 발생하거나 오류를 범하기 쉬운
정신건강의 신호등이다. 이 목록을 통해 선교 현장에서 사건이 발생할
때 사건 해결 중심이 아니라 연루된 선교사와 가족을 치유하고 재활하도
록 도움으로써 선교 자원의 유실을 최소화하고, 이를 교훈 삼아 예방으
로 전환해야 한다. 일부 부정적 주제는 선발, 훈련, 배치 과정에서 선교사
를 엄선했다고 해도 현장에서 일어나는 다양한 변수에 반응하다 보면 피
할 수 없이 나타나는 현상이다.

단계를 지나면서 선교사가 획득한 정보와 자원이 현지인에게 관심의

〔표 5.1〕 선교사 정신건강 돌봄의 여정 지도

단계	세부단계	개인적 돌봄		관계적 돌봄		전문적 돌봄		영적 돌봄	
		원가족	본인 이해	결혼가족	사역동료	심사회적	다학제적	신앙적	문화적
준비	모집단계	·	소명	가족 동의 (기대, 염려)	추천서	사역지 관심 (지역 연구/방문)	정보	체험적	경험적
	지원/선발	개인정체성 (애착 유형)	성격 유형				현지 필요 제도	개인 경건훈련	다문화 이해 경험
	훈련과정		소통 훈련	훈련 참여	동료 평가	자기평가 도구	언어/문화	공동체 훈련	배움
	배치/파송		관계 훈련	지지/자녀교육	지원	인성검사	건강검진	가족단위	습득 훈련
현지	현장 적응	관계 유지	분노/염려/두려움 (언어/문화 이해) 가족 문제	애착/중독 미해결 과제 성인아이	성과 중심/경쟁 소통과 갈등 권력 남용 지도력 역기능	코칭/멘토링	현장 방문 돌봄 위기관리 응대 디브리핑	가치관/신앙관/세계관 훈련과 갈등 *회피형·문화적 신앙	
	독립 사역		영역 설정	직면병/안정 욕구 자녀와의 갈등 *갱년기		소진 예방			
	사역활동				갈등과 협력에 대한 전문성	트라우마 PTSD			
	사역공유		스트레스 관리			회복탄력성 공동성 강화 (케이스트하우스) 자료 정리			
입국	안식 업무	방문/마음		재정적 존중감 상대적 박탈감 부정적 감정 갱년기 합병증 *오춘기	대화 부재/대안 부재	상실과 애도/고독	디브리핑 역기능 가족 돌봄 애기휼용 부재 복지의 부재	안식년 디브리핑/죄책감 재멤국어 부작용 문제 (부정적 비판, 그림과 소외) *깊이의 영성	
	본국 사역	주거/관계 (가족 갈등)							
	영구 귀국	역기능 가족							
	자료 정리								
은퇴	사역 만료	거주 지역 이동수단	거절감/무능력 무가치/자기비하	대화 부재/대안 부재			은퇴촌 지속돌봄 (Recycling/Up-cycling) 의료적 돌봄 (신체적·정신적) 포함	의미 상실/무기력/불신/부작용/이질 홀로됨/질병이나 고난의 문제 버킷리스트 작성 완화의료 호스피스(사전연명치료의향서) *깊이교회	
	후배 양성								
	전문 사역								
	은퇴 준비	슬픔/상실/애도							

대상이 되어야 하고(Power), 선교사의 축적된 경험과 동료, 현지인과 동역이 활성화되면서 합리적으로 협력관계를 맺어 가며(Principle), 결국 선교사나 현지의 구성원들이 전인적으로 성숙할 수 있는 사역이 되도록 해야 한다(Person). 선교사의 정신건강은 신앙적 모델과 의료적 모델의 극단에 빠지는 것이 아니라 균형을 유지할 필요가 있다. 의료적 모델은 다음과 같다. 첫째, 각 전문 분야 협력팀이 함께 일하기 위해 근거 중심의 합리성에 기초한다. 둘째, 치료와 재활, 예방으로 나뉘며 예방의학에 관심을 둔다. 셋째, 환자와 가족 중심 서비스로 전환한다. 넷째, 과학적 요소와 신비적 요소를 갖춘 전인적/통합적 치료를 지향한다.

설악산 선교사의 아내는 타문화(P국)에서는 선교사 가족으로 보람과 기쁨을 느끼며 사역했지만, 다문화(캐나다) 상황에서는 무척 힘든 시간을 보냈다. 캐나다에 머무는 동안 빈혈과 부정맥 증세로 여러 차례 진료와 처방을 받았고, 빈혈의 원인으로 추정되는 자궁근종을 갖고 있었다. 이때 전문의를 통해 갑상선항진증을 진단받고 1년 넘게 약물 치료를 했지만 결국 자궁적출 수술을 해야 했다. 그 후 빈혈 치수는 조금 나아졌지만, 의욕 부진과 예민함이 계속되었다. 한국에 들어오고 나서 그녀의 증세는 더 악화되었고, 결국 정신건강의학과의 도움을 받아 마음의 안정을 찾을 수 있었다. 문제는 무기력증에 시달리며 돌봄이 필요한 동시에 치매를 앓는 노모를 모시는 역할이 중첩되면서 오래 누적된 내면의 갈등이 폭발한 것이었다. 이 과정에서 면역 체계, 자율신경, 내분비계, 심인성 질환이 모두 연결되어 있다는 것을 알게 되었다.

현대 전인간호에서는 환자를 대할 때 총체적 관점의 인간으로 이해하도록 요구하고 있다. 즉 인간은 마음과 신체, 사회, 문화, 영적 영역이 있는데, 각 영역의 욕구가 충족되기를 원한다. 영적 안녕을 종교적 안녕과 실존적 안녕으로 구분했을 때 종교적 안녕의 경우 갱년기 증상의 모든 세부 영역에서 유의적 상관관계를 보이지 않지만, 실존적 안녕의 경우 정신적·물리적 증상, 신체적 증상, 심리적 증상 등 세 영역 모두에서 부정적인 상관관계를 가지고 있다. … 이 연구는 처음에 종교적 안녕과 실존적 안녕이 높을수록 갱년기 증상에 대한 호소가 적을 거라는 기대를 가졌다. 실존적 안녕은 처음 기대와 일치되고 있지만, 종교적 안녕은 처음 기대와 다르게 나타났다.[5]

설악산 선교사의 아내도 이런 전인적 돌봄을 통한 치유가 필요했다. 설악산 선교사의 개인적 위기가 아내와 가족들에게 확대되어 역기능의 세대 전승 위기에 직면하게 되었던 것이다. 이제 설악산 선교사의 가정은 사역의 적절성과 가족의 결속력이 균형을 가져야 한다는 것을 재인식하게 되었다. 설악산 선교사 부부를 비롯해 자녀와 며느리, 손녀 모두 힘들게 재활의 노력을 기울이고 있다.

결론

선교 현장에서 '나약함의 선교(Vulnerable Mission)'를 통해 하나님의 임재를 호소하고 동행하는 것이 필요하다. 하나님은 이런 조각을 통해 모자이크를 만들어 가신다고 믿는다. 이것은 방치된 실수의 조각이 아니라 하나님의 지혜와 정교함의 기술을 가진 전문가들의 도움을 통해 하나님의 것이 되는 과정이다. 자문화, 타문화, 다문화, 초문화의 경험을 통해 선교사에 대한 정신건강의 돌봄 지도가 만들어졌다. 선교사는 부르심을 받고 훈련을 받아 선교지에 파송된 완벽한 존재가 아니라 항상 되어가는 존재(a becoming being)라고 할 수 있다. 장소와 상관없이 선교사적 삶을 살아가는 존재(a living being)이며 배우는 존재(a learning being)다.

숙고를 위한 질문

1. 한국 교회의 단일 문화 배경에서 형성된 설악산 선교사의 영웅주의 신화를 어떻게 해야 해소할 수 있을까?

2. 한국 선교사가 사역에 집중하는 것(일 중심)에 대해 정신건강의 입장에서 어떤 평가와 조언이 적합할지 지혜를 구한다.

3. 선교사들의 정신건강 증진을 위해 사역 현장에서 배우고 치유하는 공동체를 어떻게 해야 만들 수 있을까?

4. 사역을 마친 선교사들이 본국으로 돌아가 그들의 경험을 창조적으로 활용할 수 있는 선교사적 삶에 대해 토의해 보자.

"한국인 선교사의 정신건강을 위한 여정"에 대한 논평:
선교 경험에 있어 힘이 되는 취약성

∎
∎

토머스 켐퍼

너희는 늑대 무리 속의 양과 같구나 눅 10:3 하반절, 《메시지성경》

김도봉 박사는 "한국 선교사의 정신건강을 위한 여정"이라는 논문을 통해 심리학이 기독교 선교 사역에 주는 여러 시사점에 대해 생각할 기회를 제공하고 있다. '설악산' 목사의 사례는 한국 교회뿐 아니라 전 세계 선교 공동체, 특히 이 사례에 분명하게 반영된 개신교 선교 공동체에 시사하는 바가 많다. 자신의 사회적·신학적 맥락을 배경으로 선교에 있어 슈퍼맨(선교 영웅)이 되어야 한다는 설악산 목사의 기본 전제는 개신교 역사와 사고방식에 만연해 있다. 이것은 근본적으로 힘의 원천과 사용에 대한 질문에 해당한다.

많은 문헌을 통해 '선교 영웅' 신화가 역사적으로 널리 퍼져 있음을 확인할 수 있다. 내가 소속된 연합감리교회 총회세계선교부와 한국 개신교의 전승에 따르면, 선교 영웅의 이미지는 18세기 중반 영국과 미국의 복음 전도 활동에 그 뿌리를 두고 있다. 미국에서는 부흥사 조나단 에드워즈가 18세기 중반에 쓴 《데이비드 브레이너드의 생애와 일기》에서 그 기원을 찾을 수 있다. 허약한 체질의 청년 브레이너드는 질병으로 쓰러질 때까지 3년간 아메리카 원주민 선교사로 일했다. 그는 생애 마지막 몇 년을 조나단 에드워즈의 집에서 지냈다.

이 책을 통해 브레이너드는 대중이 칭송하는 영웅이 되었다. 그의 이야기는 전 세계의 선교 영웅, 즉 수백 명에 달하는 선교적 믿음의 거인(실제 모습보다 과장된 남녀)에 대한 이야기의 원형이 된 것이다. 주로 주일학교 교재와 선교회 출판물을 통해 이런 이야기가 보급되었는데, 어린이들과 청소년들을 대상으로 기부금을 이끌어내는 일이 자주 있었다. 선교 영웅담을 모은 책들은 1900년대에도 일반 출판 시장에서 명맥을 이어갔다. 나는 83쪽짜리 책이었던 《모든 소년 소녀가 알아야 할 50명의 선교 영웅들(Fifty Missionary Heroes Every Boy and Girl Should Know)》(1912년 간)이 최근 인터넷에서 재출간된 것을 보았다.[6] 선교사들에 대한 대중의 이미지와 개별 선교사의 개인적 자아상은 아마도 이런 위인전에서 많은 영향을 받았을 것이다.

물론 선교 영웅 신화에 대한 반발은 과거에도 있었다. 그리고 선교운동에 따라서는 선교사를 보통 사람으로 보는 경우도 있다. 서방 주류 교회에서는 선교사들을 영웅시하는 경향이 상당히 약해졌다. 나와 아내가 25년 전 연합감리교회 선교사로 독일에서 브라질로 파송되었을 때, 이 문제로 시비를 걸거나 비판하는 사람은 없었다. 선교사 영웅 신화는 대체로 복음주의 계열 교회에서 명맥을 이어가고 있는데, 이에 대해 의문을 제기하는 경우가 종종 있다. 2015년 9월 〈크리스채니티투데이〉는 복음주의적 '선교 영웅에 대한 작별'에 대한 기사를 실었다. 기사를 쓴 에이미 피터슨은 선교사들의 삶을 지나치게 낭만적으로 그린다면 그들이 현실에서 직면하는 믿음의 싸움을 제대로 이해하지 못하고, 선교를 통해 하나님을 섬기라는 부름에 응답하는 것의 의미를 곡해하게 된다고 주장했다.[7]

과거의 영웅적 환상이 주는 부작용으로부터 우리를 보호하는 동시에 하나님의 선교(미시오 데이)에 참여하는 이들의 선교적 소명을 존중하는 최선의 방법은 무엇일까? (물론 '영웅적'이라는 단어를 하나님과 이웃을 사랑하라는 명령에 대한 담대한 헌신의 뜻으로 이해한다면 나는 하나님의 선교에 동참하는 것이 영웅적인 일이라고 생각한다.)

이와 관련된 답은 김도봉 박사가 논문 끝 부분에서 설악산 목사를 통해 보여주는 통찰에 상당 부분 담겨 있다고 생각한다. 그는 "하나님의 종은 모든 선교 현장에서 '나약함의 선교(Vulnerable Mission)'를 통해 하나님의 임재를 호소하고 동행하는 것이 필요하다"라고 말했다. 이어서 선교사들은 '완벽한' 영웅이 아니라 "되어가는 존재(a becoming being)이자 배우는 존재(a learning being)이며 살아가는 존재다(a living being)"라고 했다. 살아가는 존재가 된다는 것, 즉 어떤 과업을 위해 하나님의 보내심을 입은 사람이 된다는 것은 잠재적 위협 앞에 자신의 연약함을 드러냄을 뜻한다. 십자가에서 죽으신, 하나님이신 예수님의 경험과 모범 안에서 능력을 발견하라는 뜻이다.

예수님도 누가복음 10장에 기록된 70명의 첫 파송 선교사가 가진 인간의 연약함을 이해하셨다. 널리 알려진 그 본문에서 예수님은 "어린 양을 이리 가운데로"(눅 10:3) 보내듯 70명을 둘씩 보내면서 전대나 배낭이나 신발을 가지지 말라고 하셨다. 낯선 사람들이 먹여주고 재워줘야 하고, 그들의 집에 머물러야 하고, 좋든 싫든 주는 대로 먹어야 하는 것보다 더 나약한 입장이 될 수 있을까? 누가복음 10장 1-11절을 생각해 보면 김도봉 박사의 글에서 진정성이 느껴진다. "하나님의 모든 종은 나약함의 선교(Vulnerable Mission)를 통해 하나님의 임재를 호소하고 동행할 필요가 있다." 김도봉 박사의 주장처럼 그 70명은 "되어가는 존재이자 배우는 존재이며 살아가는 존재"였다. 그들은 영웅이 아니었고 예수님도 그 점을 아셨다. 마지막 구절에서는 그들이 실패하고, 환영받지 못하고, 배척

당한 채 발에 묻은 먼지를 떨어버리는 상황을 예견하셨다.

독일의 신학자 필리프 하우엔슈타인은 누가복음 10장에 기록된 낯설음, 이질성, 연약함은 선교사들에게는 일종의 카리스마요 선물이자 축복이라고 주장했다. 이것은 자신과 섬기는 대상, 동역자들이 스스로를 타인의 관점에서 볼 수 있도록 돕는다. 이를 통해 사람들에게 힘을 행사하는 슈퍼 영웅 선교사가 되어야 한다는 압박감을 해소하고, 그 대신 실제 인간의 삶과 공동체에 사랑의 복음 능력이 역사하는 길을 준비하는 것이다._8

연약함(진정한 인간성)이 진정한 선교사의 삶과 능력을 나타내는 특징임을 뒷받침하는 구절은 신약성경 누가복음 10장에만 있는 것이 아니다. 선교적 소명이 지니는 연약하고 솔직하고 소박한 현실은 신약 최고의 선교사인 사도 바울의 서신서에 자주 등장하는 주제다. 바울은 언제나 연약한 사람으로서 되어가는 존재, 배우는 존재, 살아가는 존재였다. 바울의 편지에는 자신이 받은 계시와 견뎌낸 고난 때문에 자신에게 영웅적 지위, 권력의 지위가 주어졌다고 생각하게 만드는 유혹을 받곤 했다는 사실이 분명히 나타나 있다. 고린도후서에는 주목할 만한 예가 나오는데, 유진 피터슨의 의역본《메시지 성경》에는 그 점이 평이한 언어로 강조되어 있다.

그리스도 안에 있는 하나님의 사랑의 빛에 대해 바울은 다음과 같이 썼다(고후 4:7-12).

여러분이 우리만 본다면, 여러분은 그 밝은 빛을 놓치고 말 것입니다. 우리는 이 귀중한 메시지를 우리 일상의 삶이라는 수수한 질그릇에 담아 가지고 다니기 때문입니다. 그것은 어느 누구도 비할 데 없는 하나님의 능력을 우리의 능력으로 혼동하지 않게 하려는 것입니다. 사실,

그럴 가능성이 많지 않을 것입니다. 여러분도 알다시피, 우리는 볼품 없는 사람들이니까요. 우리가 고난에 둘러싸여 난타를 당했지만, 사기를 잃지 않았습니다. 우리가 어찌할 바를 몰라도, 우리가 알기로, 하나님은 어찌해야 하는지 알고 계십니다. 우리가 영적으로 위협을 받았지만, 하나님은 우리 곁을 떠나지 않으셨습니다. 우리가 넘어뜨림을 당했지만, 꺾이지 않았습니다. 사람들은 예수님께 한 일(재판과 고문, 조롱과 살해)을 우리에게도 그대로 하고 있습니다. 그러나 예수님께서는 그들 가운데서 행하신 일을 우리 안에서도 행하고 계십니다. 그분은 살아계십니다! 우리의 삶은 예수님을 위해 끊임없이 위험을 무릅쓰고 있습니다. 그것은 예수님의 생명이 우리 안에서 보다 분명히 드러나게 하려는 것입니다.

고린도후서 12장 7-10절은 하나님의 메시지를 위해 특별히 선택받았음에 대해 바울이 어떻게 느끼는지에 초점을 맞춘다. 피터슨의 의역으로 읽어 보자.

받은 계시들이 엄청나고 또 내가 우쭐거려서는 안 되겠기에, 주님께서는 나에게 장애를 선물로 주셔서, 늘 나의 한계들을 절감하도록 하셨습니다. … 처음에 나는 장애를 선물로 여기지 못하고, 그것을 없애 달라고 하나님께 간구했습니다. 세 번이나 그렇게 했는데, 그분께서 이렇게 말씀하셨습니다. '내 은혜가 네게 족하다. 네게 필요한 것은 그것이 전부다. 내 능력은 네 약함 속에서 진가를 드러낸다.'

바울은 자신의 한계와 연약함에도 불구하고 하나님이 그분의 목적을 그분의 선한 방법으로 이루실 것이라는 소망 안에서 살았다. 그는 로마서 8장 24절에서 이렇게 썼다.

> 우리는 이 소망으로 구원을 얻었습니다.-⁹

우리가 선교사로서 하나님께 소망을 둘 때 우리는 영웅 신화로부터 구출되고 하나님의 은혜와 능력을 담은 질그릇이 된다.

바울이 잘 알고 있던 것처럼 복음의 능력과 선교사들에게 활력을 주는 믿음의 권능은 십자가 위에서 다스리시는, 상처 입고 죽어가는 하나님의 이미지에 연결되어 있다. 이것은 1세기 로마가 지배하던 세상 사람들의 관점에서는 총체적 스캔들이자 부조리한 일이었다. 오늘날에도 여전히 그렇다. 너무나 연약하고, 너무나 현실적이다. 그러나 연약함은 무능함이 아니다. 연약함은 시대를 대표하는 어떤 영웅의 힘보다 더 크신 능력에 호소해야 한다는 것을 뜻한다. 그리스도를 닮은 연약함은 하나님의 능력의 역사를 초청한다.

영국의 감리교 신학자이자 언론인이며, 잠비아에서 오랜 기간 선교사로 섬긴 콜린 모리스는 다음과 같이 말했다.

> "만약 사람들을 지배하고 강제하는 것, 즉 사람들 위에서 권력을 휘두르는 것이 목적이라면 로마의 체계는 권력이고 십자가는 무력함을 의미할 것이다. 그러나 인간의 의지를 꺾지 않으면서 그들의 마음을 변화시키는 것이 목적이라면, 즉 사람들을 통해 능력이 역사하게 되기를 원한다면 십자가는 구원에 이르는 하나님의 능력임이 입증된 것이다."-¹⁰

06
한국 문화의 관점에서 본 선교사의 분노

조나단 S. 강

　당신에게 분노가 있는가? 분노는 본능적 반응이자 인간의 자연스러운 감정이다. 분노는 일차적으로 위험과 위협으로부터 자신을 안전하게 보호하기 위해 설계됐다. 대부분의 사람이 하루에도 여러 차례 화를 내는 것은 전혀 이상한 일이 아니다.

　우리는 분노를 가급적 억제해야 할까? 분노는 작게는 가벼운 성가심이나 불만족에서, 심하면 극단적 격분과 격노에 이르기까지 그 정도가 다양하다. 사람들은 분노가 폭력으로 이어지거나, 충동에 휩쓸려 절제가 안 되는 행동을 할까 봐 분노를 위험하게 여긴다. 실제로 극단적 격노는 건강과 심리적 안녕, 대인관계에 부정적 영향을 끼친다. 다스려지지 않은 분노는 욱신거리는 두통에서 시작해 불면증, 심한 우울과 불안, 심장질환, 심지어 약물 남용 등 더 심각한 문제를 일으킬 수 있다. 분노 조절을 하지 못하면 그 모습을 지켜보는 사람, 특히 사랑하는 이들에게 두려움과 불안을 안겨줄 수 있다. 이런 해로운 신체적·심리사회적 영향 때문에 어떻게 해서든 분노를 다스리고 억제해야 한다고 사람들이 주장하는 것도 놀라운 일은 아니다.

　그러나 분노는 인간의 삶에 긍정적 효과를 가져올 수 있는 강력한 감정이기도 하다. 분노는 우리를 위험으로부터 지키고 보호한다. 또한 현상태나 상황에 어떤 문제가 있음을 알려주는 신호가 되기도 한다. 인간의 생존 메커니즘에서 분노는 중요한 역할을 한다(즉 투쟁·도주 반응에 해당한다). 분노는 내적 또는 외적 요구와 위협을 포함해 어떤 긴박한 문제가 발생했을 때 그것이 느낌이든 실제든 간에 이에 대처하도록 우리를 충동질한다. 요컨대 분노는 우리가 바람직한 결과를 향해 움직이도록 자극하는 촉매 역할을 한다. 그러나 그 과정에서 분노가 수호자의 역할을 중단하면 파괴를 불러올 잠재력을 가지고 있다.

상황과 연관된 문화 요소, 특정 환경을 지배하는 관습(에토스), 관련된 사람들의 성격 등을 고려하면 분노가 작동하는 역동성은 더욱 복잡해진다. 한국인 선교사들이 분노를 느끼고 표현할 때 그들 고유의 문화적 특징이 어떤 역할을 하는지가 이 연구의 주제다.

분노한 선교사 요나

바가바드기타-1는 심리학 문헌은 아니지만 욕망이 분노의 뿌리라고 예리한 지적을 했다. 좌절된 욕망은 분노를 일으키며, 분노는 사람들의 눈을 멀게 해 불합리한 생각을 하게 만들고, 심지어 파멸로 이끈다. 분노는 충족되지 못한 기대로 인한 실망과 좌절이다. 요나의 경우가 그랬다.

요나의 문화적 맥락, 사역 환경, 개인 성격 등에서 어떤 요인이 작용한 것인지 특정하기는 어렵지만 분노가 그를 사로잡았다는 사실은 분명하다. 이 선교사는 세 가지, 즉 자신을 파송한 하나님, 그의 사역 대상이 된 사람들(즉 선교 현장), 그림자를 제공했던 박 넝쿨이 말라 죽고 난 후 겪은 불편함에 대해 분노했다(욘 4:1-5). 옳은 이유든 그릇된 이유든(우리는 그 이유가 정당하지 않다는 것을 알고 있음) 자신이 원하고 기대한 방향대로 사건이 전개되지 않았기에 화가 났던 것이다. 분명 요나는 앗수르인을 싫어했는데, 그에게는 그만한 이유가 있었다. 선교지로 파송 명령이 떨어졌을 때 요나가 도망친 이유는 무엇이었을까? 나훔서에 상세히 기록된 역사를 통해 고대 히브리인이 겪은 트라우마와 마음 깊이 자리 잡은 증오의 원인을 엿볼 수 있다. 이것을 보면 요나가 의도적으로 불순종하고 현장에서 도망친 것이 정당화되는 듯하다. 앗수르인의 만행은 고대에 있었던 가장 잔인하고 악독한 잔학 행위로 기록에 남아 있고, 그들은 이스라엘 백성을 계속해서 괴롭혔다.[2] 그래서 요나는 하나님이 자신을 이런 원수의 중심부로 파송하신 것에 대해 분노했다.

요나는 앗수르인과 상종하고 싶지 않았다. 그들이 하나님의 심판과 진노로부터 구원받는 모습을 보는 것은 더더욱 싫었다. 그가 더욱 분노한 것은 하나님이 자비의 하나님이시고, 그 원수들이 악한 길에서 회개하면 그들을 구원할 분이심을 알고 있었기 때문이다. 요나는 국수주의적 민족중심주의로부터 치밀어 오르는 감정에 눈이 멀었던 것이다. 증오와 불타는 분노에 휩싸인 그는 이스라엘 백성에게 만행을 저지른 원수들을 향해 다가가라는 하나님의 명령을 따를 마음이 없었다.

한국인의 고유한 심리문화적 특징

한국은 15년 가까이 OECD 국가 중 자살률이 가장 높다는 불명예를 안고 있다. 극적인 경제 성장을 배경으로 우울과 불안증의 유병률도 높다. 한국은 세계적인 선진기술 국가로 통신, 가전, 반도체, 디지털 정보기술, 자동차, 선박 등에서 상위 생산국이다. 지난 10여 년간 한국 경제는 세계 13위를 차지했고, 올림픽에 나간 국가대표 선수단은 세계 10위권을 지켜 왔다. 한국의 대중문화 또한 세계적 돌풍을 일으켰다. 한국 드라마는 자막과 함께 전 세계 시청자들에게 기쁨과 눈물을 선사하고 있으며, 케이팝과 아이돌 연예인은 전 세계 청소년을 비롯해 많은 사람의 마음을 훔치고 있다. 한국 음식과 화장품은 세계 시장에서 전례 없이 큰 주목을 받고 있다.

이런 나라를 어디서 찾아볼 수 있을까? 2차 세계대전과 한국전쟁의 잿더미에서 시작된 '한강의 기적'과 민주화운동은 전쟁으로 초토화된 빈궁한 나라를 불과 한 세대가 지나기 전에 가장 부유한 국가 중 하나로 변모시켰다. 이처럼 한국의 경제적·정치적 성공은 기적이라고 부르기에 손색이 없을 정도다. 한국은 여러 개발도상국으로부터 급속한 경제 성장과 민주화 발전의 모범으로 여겨진다.

이런 찬사와 업적, 생활수준의 급격한 개선에도 한국인의 행복지수가 OECD 국가 중 최하위권인 이유는 무엇인가? 자살, 이혼, 음주, 교통사고, 성형 수술 등에서 상위권을 차지하는 이유는 무엇인가? 시중에 갖가지 자기계발서와 건강보조식품이 넘쳐나는 이유는 무엇인가? 한국인은 비탄에 잠겨 신음하며 상처받고 있으며, 실제와 가상의 신체적·정신적 질환으로부터 벗어나고 싶어 한다. 안타깝게도 스트레스와 피로, 무기력, 우울, 불안, 분노 등은 한국인의 일상생활에서 심리학적 키워드로 자리 잡았다. 한국인의 정신세계의 바탕이 되는 한국인 특유의 묘한 심리적·사회적·문화적 특징을 통해 한국인 선교사들의 마음 안에 분노가 자리 잡은 이유를 설명하려고 한다.

1. 정

정(情)은 사람과 사람 사이를 잇는 여러 감정이 복합된 것으로 깊은 애착과 뿌리 깊은 유대감의 일종이며 애정, 관심, 이해, 충성, 따뜻함, 정서적 연결 등의 느낌으로 표현된다. 정을 느끼는 대상에는 가족, 친구, 애인, 친척, 동료, 동급생, 낯선 사람, 반려동물 등을 비롯해 자신이 살았던 집, 고향, 승용차, 가구 등 장소나 사물도 포함된다. 정을 설명하기가 어려운데 정은 설명되기보다는 그저 느끼는 것이다. 그것은 "경험해 보면 안다"라고 말할 수 있는 감정이며, 서로에게 끌리는 친밀감, '우리'라는 지우기 힘든 느낌이다. 정은 말로 표현할 수 없지만 강력한 행동을 통해 전달되곤 하는데, 한국인은 이것을 통해 집단주의적 문화 또는 혈연관계의 느낌을 공유한다.

정에는 부정적 측면도 있다. "정에 살고 정에 죽는다"라는 표현처럼 한국인은 충성심으로 결속된, 정으로 얽인 틀 안에 소속되는 것을 중요하게 여긴다. 그러지 못하면 집단주의적 사회에서 소외되고 이방인 취급을 받는다. 정 때문에 생기는 대표적 곤경은 정으로 연결된 이들 사이에서 경계가 불분명해지는 것이다. 때로는 정이 작동하는 방식에 따라 개인을 옭아매는 상황이 발생하고, 정 때문에 명백한 조종과 강압에 굴복하거나, 수고와 희생을 당연한 것으로 여기거나, 이용당하거나, 비싼 대가를 치르기도 한다. 정에 호소하면서 너무 과하거나 위험을 동반하는 호의를 일방적으로 요구하는 경우가 계속되면 이런 관계는 한쪽에게 상처를 주고 배신감과 모멸, 증오, 분노를 갖게 만든다.

분노는 보편적 감정이며, 그만한 이유가 있어 생긴다. 간혹 화를 내는 사람이 정당한 이유 없이 그러는 것처럼 보일 때도 있지만 주관적으로는 다 이유가 있어 화를 내는 것이다. 대체로 개인의 경계를 침범당하면 화를 낸다. 즉 적절한 것과 부적절한 것, 공평한 것과 불공평한 것, 옳은 것과 그른 것 사이에서 넘지 말아야 할 선을 넘었거나 규칙을 어겼을 경우 그렇다. 다른 사람에게는 그런 규칙이 없거나 적용되지 않을 경우 그 규칙을 가진 사람은 불안해지고 취약해지며, 이에 대한 자연스러운 반응으로 화를 내게 된다. 무턱대고 정을 내세우며 개인의 방어 경계선을 침범해 불합리한 요구를 할 경우 당하는 입장에서는 가책과 압박을 느끼는데, 호의를 요구하는 일방적 부탁은 관습상 거절하기가 어렵다.

이처럼 경계선과 연관된 스트레스 요인이 있을 때 증가하는 긴장을 인식하지 못할 수 있지만, 그래도 분노는 마음속에 점차 뿌리를 내린다. 주로 전통적 일처리에 익숙한 1세대 지도자들이 이끄는 기독교 공동체 내에서 이런 일이 빈번하게 발생한다. 한국 문화는 각자의 건강한 경계를 지키도록 허용하는 패러다임의 변화를 아직 따라잡지 못하고 있다. 게다가 사회 통념상 사람들은 개인의 경계가 침범당해 생긴 부정적 감정이나 화를 마음대로 표출하지 못한다. 그것은 정에 근거한 관습을 어기는 것이기 때문이다. 노인, 상급자, 권력자가 연관된 경우에는 더욱 그렇다. 따라서 젊은 선교사들은 줄곧 자기감정을 다룰 때 분노를 억제하곤 한다. 하나님과 기름 부음 받은 리더와 기관 앞에서 분노나 불쾌감을 드러내는 것은 용납되지 않는 행동으로 여겨진다. 그러나 표현하지 못하고 묻어놓은 분노를 참고 억제하는 데 한계가 있다. 내가 만난 많은 선교사는 분노를 해소하거나, 더 이상 견디기 어려운 '불'을 꺼뜨릴 방법을 절박한 마음으로 찾고 있었다. 그들은 자신의 감정이 양쪽에서 타들어가는 촛불 같다고 표현했다.

2. 한

한(恨)은 "자신이 겪은 불의에 대해 풀지 못한 원통함, 승산이 없어 꼼짝없이 당했다는 무력감, 온몸을 쥐어짜게 만드는, 배와 장에서 느껴지는 극심한 통증, 복수하고 싶고 잘못된 것을 바로잡고 싶은 굳은 충동 등을 모두 합친 것"으로 설명된다.[3]

한은 한국 역사의 흐름과 함께 발전했다는 이론과 추측이 있다. 그 근원은 (1390년대부터 1910년대에 이르는) 조선 왕조로 거슬러 올라간다. 당시는 크게 양반, 중인, 상민, 천민으로 이뤄진 계층적 신분사회였다. 특권을 누리는 양반계급이 사회를 지배했고 농민(천민과 노예, 대부분의 상민)은 단지 낮은 사회적 지위를 타고났다는 이유로 제약과 압제를 당하고, 재물을 빼앗기고, 학대를 당하는 등 힘겹게 생계를 꾸려가야 했다.

어떤 역사학자의 계산에 따르면 한국은 5,000년 역사에서 중국, 몽골, 일본 등으로부터 1,000건 이상의 침략과 영토 침범을 당했다고 한다.-4 특히 36년에 걸친(1910~1945년) 일본의 한국 점령은 한국인의 정신과 영혼 가운데 한이 형성되는 데 큰 영향을 끼쳤다. 한국을 식민지화하며 한국인을 탄압하고 박해한 일본인을 향한 적개심과 원한을 간직한 한의 깊은 감정은 요나가 앗수르인을 향해 느꼈던 감정과 비슷하다. 뒤이어 일어난 한국전쟁의 비극 가운데서 민족적 쓰라림과 비통함은 더욱 깊어졌다.

시간이 지나 많은 일이 잊히고 용서되었고, 솔직히 60대 초반 이하의 세대는 한에 대해 그다지 강한 반응을 보이지 않는 편이다. 그들은 앞선 세대 사람들이 "우리는 한 맺힌 민족이다"라는 말을 해도 무슨 뜻인지 잘 모를 수 있다. 그러나 기억할 것은 한은 만질 수 있거나 겉으로 드러나지 않는다는 점이다. 잔잔한 수면처럼 보여도 한국인의 평범한 일상생활 깊숙한 곳에 한이 자리 잡고 있다.

한이 드러나는 양상은 사람마다 다르다. 많은 한국인은 내세울 것 없는 출생 신분과 연관해 여전히 마음 깊숙이 한을 간직하며 살아간다. 예를 들어 서자로 태어났거나, 사투리로 표가 나는 특정 지방 출신이라는 점도 그렇다. 학력이 낮거나 가난한 집 출신이라는 이유로 피해의식 속에서 불만과 해소되지 않는 한을 품고 평생을 살아가기도 한다. 또 어떤 사람들은 자신의 한으로 동기부여가 되어 자식들이 자신과 같은 어려움을 겪지 않도록 고된 노동과 수고로 자신을 희생함으로써 가난하고 배우지 못한 악순환의 고리를 끊기도 한다.

한을 한국 역사 발전의 배경으로 본다면 한국인이 왜 급하고, 성격이 불같고, 감정적이고, 열정적이고, 쉽게 화를 내고, 앞뒤 안 가리고 더 낫고 더 큰 것을 추구하는지 이해할 수 있다. 한은 하층계급에 속한 천민과 가난하고 배우지 못한 사람들, 오랜 세월 이어진 외세 침략과 지역 분쟁에 따른 희생자들의 혼과 생각 속에서 발달하고 각인된 집단 감정이라고 할 수 있다. 현대사에서도 빈번한 전쟁과 정치사회적 소요는 대다수 한국인에게 일상이었다. 오늘날 노인 세대는 사는 동안 파괴와 고난, 개인적 상실, 장기간에 걸친 견디기 어려운 고통을 겪었다. 한을 억누르며 수면 밑에서 오래 끓도록 둔다면 겉보기에 순하고 순종적이고 수동적인 사람도 폭발할 수 있다. 화산이 터지듯 해소되지 않은 감정이 솟아올랐다가 다시 가라앉게 된다. 한국어에 "울화가 치밀어 오른다"라는 표현이 있다. 안타깝게도 '한과 연관된 상처'를 치료하지 않고 오래 방치할수록 억압된(무의식 가운데) 질병이 잠복하고 있다가 악화된다. 그 상처는 곪아 더욱 파괴적 힘으로 변하며, 화병을 일으키는 원인이 된다. 한국인에게 흔한 심인성 증후군인 화병은 마치 스펀지가 물을 빨아들이듯 해소되지 않은 한을 먹고 자란다. 한과 연관된 감정이 풀리지 않고 누적되면 반드시 독이 되어 결국 우리의 의식과 무의식은 자신의 욕구와 생각을 부인하고, 잊어버리고, 강제로 억누르기 위해 더 많은 에너지를 소모하게 만든다. 이런 과정은 더 많은 한을 겹겹이 쌓아, 결국 주체할 수 없는 격노의 분출로 이어지거나 화병으로 내면화되는 결과를 가져온다.

3. 화병

화병(火病)은 문자 그대로 불의 병이다. 울화병으로도 불리는데, 마음 속으로 참아 침체되고 무거운 감정인 '울'과 불('화')이 가슴이나 몸 안에 있다는 뜻이다. 이것은 한국인 특유의 정서장애로(이것이 문화 고유 장애로 분류되어야 하는지에 대해서는 논란의 여지가 있음[5]), 여러 신체 요소를 포함해 억제된 분노와 우울증 또는 스트레스에서 유래된 것으로 본다.

화병은 한의 심리학을 떠나서는 이해하기가 어렵다. 이 두 개념은 서로 분리될 수 없다. 한은 특정 문화에 속한(culture-specific) 억압된 분노와 좌절의 집합적 감정 상태인 한편, (울)화병은 억압된 분노나 좌절감에서 유래된 문화 관련(culture-related) 또는 문화 고유적인(culture-bound) 심인성 질환이다. 쉽게 말해 표현되지 않고 누적된 한은 화병을 일으키는 주요 원인 중 하나다. 한국 문화에서 긍정적이든 부정적이든 감정(특히 분노)을 드러내거나 즉흥적으로 해소하는 행동은 미성숙하고 무식하며 교양 없는 모습으로 비춰져 사람들의 눈살을 찌푸리게 만들었다. 이런 행동을 유교의 이상인 가족과 사회관계의 조화와 어긋나는 것으로 보았다.

한국인은 오랜 기간 열등감 콤플렉스에 시달렸는데, 나는 이것이 화병의 큰 원인 중 하나라고 생각한다. 군사력이 약한 작은(게다가 70년 넘게 절반으로 잘려 더 작아진) 국가이다 보니 한국은 오랜 기간 빈번하게 열강의 탐욕의 희생물이 되었다. 그럼에도 한국은 꿋꿋이 견디며 본 모습을 되찾아 단일민족국가로 버텨 왔다. 한국인에게 이것은 국가적 자부심과 긍지의 원천이다. 한편으로는 한국의 역사적 정체성이 나약하다는 것을 불만스럽게 생각하지만 말이다. 그러나 이런 생존의 부작용이 적지 않았다. 그중 하나는 심리적 방어 기제의 형성이다. 한국인은 회복력이 뛰어나고 재주가 많으며 끈기가 있다고 알려져 있지만, 문화적 기질의 이면에서 작동하는 심리적 방어 기제는 과도하고 끼어들기 좋아하며 맞붙으려 하고 지나치게 경쟁적인 열정적 감정으로 표출된다. 이런 것은 자신을 위협으로부터 보호하고 지켜내기 위한 것이다.[6]

자신이 열등하고 불안정하다는 의식은 한국 문화와 역사에 깊숙이 스며들어 있다. 이것은 한과 화병 관련 문제의 공통분모에 해당한다. "사촌이 땅을 사면 배가 아프다"[7]는 속담처럼 많은 한국인은 다른 사람의 성공에 마음의 불편함을 느낀다고 인정한다. 배가 아프다는 것은 부러운 감정이 심인성 증상으로 나타난 현상이다. 열등감 콤플렉스를 가진 이들은 다른 사람들이 성공하거나, 행운을 유리하게 활용하는 모습을 보면 화가 나거나 몸이 아플 수 있다. 이것은 한국인에게서 흔히 나타나는 화병의 증상이다.

4. 체면

체면(體面)은 문자 그대로 '몸과 얼굴'을 뜻한다. 이 단어는 '체면을 세우다'라는 표현에 사용되는데, 이것은 집단주의적인 한국 문화 내의 공적·사회적 관계에서 빼놓을 수 없는 행동이다. 사회 집단의 역동성에서 조화와 상호성의 역할과 마찬가지로 한 사람의 존엄성과 명예, 존경, 평판은 체면을 통해 보호받고 유지된다. 그러나 체면 유지 행동이 사회적 통념을 넘어서면(그런 경우가 자주 일어나지만) 가식적이 되고, 과시의 기회가 된다. 심지어 체면은 개인이 자신의 진정한 자아와 현실에 반하는 행동을 하도록 만들기도 한다. 체면에 상응하는 개념 가운데 '체통'이 있다. 문자 그대로는 '몸을 관리한다'라는 뜻인데, 개인의 사회적 지위와 평판에 어울리는 행동 기준에 맞춘다는 맥락에서 사용되는 단어다. 어떤 사람은 체면 유지 행동이 지나친 나머지 외식적이 되기도 한다. 예를 들어 어떤 부부가 자신의 사회적 지위를 남들에게 납득시키기 위해(또는 체면을 세우기 위해) 형편에 맞지 않게 사치를 부리는 경우가 그렇다(빚을 내어 근사한 차를 타거나 호화로운 주택에 살거나 자녀를 위해 화려한 결혼식을 열거나 식대를 내기 위해 서로 다투는 경우가 그런 예에 해당한다).

5. 눈치문화

눈치를 문자 그대로 옮기면 '눈의 치수'라는 뜻이다._8 눈치는 '눈으로 측정하는 것', 즉 주어진 순간이나 상황을 둘러싼 분위기를 감지해 어떤 것을 읽어내고 판단하고 알아차리는 능력이다. 구체적으로 눈치에는 여러 특성과 능력이 포함되는데, 그중 재치 발휘하기, 타인의 감정 감지하기, 신속하게 이해하기, 직감하기, 비언어적 신호와 신체 언어 읽어내기 등이 포함된다. 마찬가지로 눈치가 없다는 것은 단서를 파악하지 못하고 둔하고 재치가 부족한 것을 뜻한다. 한국의 고맥락 문화[9]에서 효과적으로 의사소통을 하기 위해 필수 기술로 간주되는 눈치는 이 위계사회에서 약자나 하급자의 생존 전술이기도 하다. 어떤 사람은 조선시대에 사회계급이 형성되는 과정에서 약자 또는 '하위 계급'에 속한 이들이 상위 계급 사람들의 생각을 읽어내기 위해 눈치에 크게 의존하면서 이를 발달시켰을 것으로 추측하기도 한다. 그래야 살아남고 생계를 유지할 수 있었을 테니 말이다. 오늘날에도 교회와 선교기관 등 한국인이 속해 있는 조직에서 눈치는 중요한 역할을 한다. 사회적·직업적 관계가 위계적으로 이뤄진 이 사회에서 부하직원이 상사와 고위직의 의중을 파악하는 능력은 생존에 필수 요소다.

선교사들이 분노하는 이유는 무엇인가? ───────────

직업의 에토스

한국인 선교사들은 업무 중심적이고 과업 지향적이다. 그들의 정체성은 '하는 일'과 그 구체적 성과에 의존한다. 개인으로서 '나는 누구인가'는 덜 중요하게 여긴다. 그들은 '존재(to be)'와 '활동(to do)' 사이에서, '바른 교리(orthodoxy)'와 '바른 실천(orthopraxy)' 사이에서 끝나지 않는 줄다리기를 하는 자신의 모습을 자주 발견한다. 일과 휴식 사이에서 균형을 찾는 일도 어려운 도전으로 다가온다. 어떤 사람은 이것에 대해 '똑똑하게 일하는 것' 자체보다 유교의 덕목인 근면과 대의명분에 대한 충성을 더 소중하게 여기기 때문이라고 말한다.

한국의 선교기관은 비즈니스 또는 사회적 기관과 마찬가지로 매우 위계적이다. 그 안에서 잘 지내려면 눈치가 빨라야 하고, 상급자의 기분을 포함한 상황을 신속하게 파악하고 적절한 행동을 취할 수 있어야 한다. 과거 대부분의 국내 선교기관은 조직 운영 지침(달성 목표, 목적 정책, 절차 등)이 미비했다. 그래서 많은 초임 선교사는 하나님 나라의 대의명분을 위해 삶을 헌신하도록 요청받았지만 '선교사를 위한 기본 도구'의 혜택은 받지 못했다. 열의에 불타는 몇몇 선배 선교사의 눈에는 그런 지침을 사용하는 것이 '세속적'으로 보였고 '믿음으로' 하지 않는 것처럼 느껴졌다. 그런 방식은 믿음과 성령의 역사를 의지하지 않는 사람들에게나 필요하다고 생각했다. 따라서 '분위기를 파악하고' '질문하지 않고 답을 알아차리고' '알아서 처리하는' 직관적이고 가르치기 어렵고 문화적으로 습득된 능력, 즉 눈치는 하위 직급자에게 꼭 필요하고 대체 불가능한 기술이다. 그러나 아무리 눈치가 중요하다고 해도 진정한 지혜 또는 성령의 인도함을 받은 믿음의 행위와 같을 수는 없다.

항상 눈치를 살피는 행동에는 대가가 따른다. 그런 사람은 최선을 다하는 대신 간교하게 행동하는 등 '눈치 백단'이라서 살아남는다는 인상을 주기 십상이다. 눈치에 의존함으로써 치르는 심리사회적 비용은 더 많다. 효과적으로 눈치를 발휘하려면 복잡하게 생각해야 하므로 정신적 에너지 소모가 크다. 게다가 문제를 해결하는 데 있어 주로 눈치를 사용하는 사람은 자신감이 없고 소심하고 불안감이 높거나 과잉 각성 상태일 수 있다. 이런 사람은 간접적이고 암묵적인 수단과 전략을 구사하는 경향이 있어 남을 조종하는 사람, 특히 높은 자리에 있는 사람들에게 잘 보이려는 사람으로 손가락질당할 수 있다. 그리고 그만큼 노력했음에도 뜻대로 되지 않을 때 화가 나기 마련이다.

일하는 방식

'빨리 빨리', 즉 신속한 일처리는 한국인의 일문화를 대표하는 특징이다. 근래에는 이것이 '빨리 많이'로 바뀌었다. 신속한 일처리만으로 충분하지 않다고 여겨 이제는 '신속하게, 많은 일을 처리'해야 한다고 생각하는 것이다. '빨리 빨리'는 치열하고 압박이 심한 한국 문화에서 생활과 생존 방식으로 자리 잡았다. 이런 사고방식은 직장뿐 아니라 한국 사회 전반에 스며들어 있다.

어떤 사람은 한국인이 조급한 이유를 과거 농부들이 계절 변화에 맞춰 열심히, 빠르게 일해야만 살아남을 수 있었기 때문이라고 설명한다. 한국은 천연자원이 희소해서 기적적인 산업화를 이루기 전에는 전통적으로 농사가 주업이었다. 서두르는 경향은 한국이 경험한 급속한 도시화, 경제 개발과 밀접한 관계가 있다고도 본다. 너무나 커다란 변화가 단기간에 일어났기 때문이다. 이 변화 과정에서 서두름에 대한 집착은 한국의 직장문화에 불길처럼 번져 나갔다. 또한 개인 업무의 질은 그 일이 빨리 완결되었을 때만 인정받는다는 인식이 퍼져 있다. 모든 일에서 '속도'는 한국인에게 제2의 본성이 되었는데, 심지어 신앙 공동체에서도 그렇다("주여, 저에게 인내하는 법을 가르쳐주소서. 지금 당장!"). 개인의 능력은 일을 처리하는 과정의 질이 아니라 얼마나 신속하게, 생산적으로, 결과를 내느냐로 판단받는 경우가 빈번하다. 목적지에 어떻게 도달하느냐가 아니라 빨리, 남보다 먼저 도달하는 것을 중요하게 여긴다. 이것은 선교사에게도 적용된다. 선교 사역에서의 과정은 간과되고 저평가된다. 그래서 선교사들은 과업 지향, 결과 중심적이고 겉모습을 중시하는 선교 사역 문화 때문에 탈진한다. 선교사들과 마찬가지로 교회와 선교기관은 사역을 구체적이고, 겉으로 드러난 성공의 잣대를 가지고 평가한다. 이것은 "믿음은 바라는 것들의 실상이요 보이지 않는 것들의 증거니"(히 11:1)라는 성경 말씀과 반대된다. 어떤 대가를 치르든 간에 결과와 성취를 통해 자신감을 얻는 것은 한국인, 특히 선교사들에게 원동력이 되었다.

안타깝게도 너무나 많은 한국인 선교사가 이런 생활 방식에 따른 대가를 크게 치르고 있다. '성급함' 장애에 따른 고에너지 불안증은 무례, 무관심, 심지어 폭력 등 사회부적응 행동을 유발한다. 여기에 분노는 말할 것도 없고 신체적·심리적 질환도 따른다.

대인관계 방식: 정-체면-눈치가 작동하다

지킬 박사와 하이드 간의 역동성은 한국인이 어떻게 매우 과업 중심인 동시에 매우 관계 중심일 수 있는지 보여주는 예다. 어떻게 서로 대조되는 특징이 공존할 수 있는가? 앞서 언급한 것처럼 한국인은 결과와 성과를 강조하지만 일을 해내기 위해 대인관계에 깊이 의존한다. 그들은 사회질서를 강조한 유교의 영향으로 매우 사회적이면서 위계적이다. 이것은 한국인의 경어체에서 두드러지는데, 상대방과 상황에 따라 달라지는 여러 단계의 격식과 비격식 화법이 있다. 바람직한 행동과 사회적 예의범절을 규정하는 유교적 위계질서의 요구는 뚜렷하고 다양한 모습으로 일상에서 실천된다. 나이, 재력, 학력, 사회적 지위, 성별 등의 다양한 변수에 따라 복잡한 위계적 사회 구조 안에서 자신의 위치가 결정된다.

그러나 모든 문화는 시대와 함께 발전하기 마련이다. 한국도 오랫동안 소중하게 여기며 사회적으로 강화시킨 사회적 이상과 규범에 대한 집착을 내려놓기 시작했다. 특히 포스트모던화되고 서구화된 세대는 더욱 그렇다.[10] 그럼에도 위계질서가 강한 일문화는 오늘날까지 이어지고 있다. 위계 중심의 사회 규범이 요구하는 존중, 충성심, 겸손에 익숙한 상급자는 부하로부터 복종과 순종을 기대한다. 반면 조직 내 상급자는 체면과 정에 따라 젊은 구성원을 보살필 의무를 진다. 예를 들어 일터에서 그들을 지원하며 일이 끝나면 근사한 식사나 술을 사주고, 정 중심의 집단주의 문화에서 생존과 승진에 필수인 인맥을 소개시켜 주기도 한다.

정과 인맥 중심의 일문화에서 근무 성적 평가는 인맥, 관계, 체면 등이 작용하는 등 임의적 측면이 있다. 그런 문화적 요소와 대인관계적 요소는 개인 업무에서 객관적 질보다 중시되기도 하는데, 그런 일이 종종 일어난다. 게다가 일을 제대로 해내는 방법에 대한 공식 규약이나 지침보다 눈치를 중시하는 문화에서는 객관적 평가가 오히려 문제를 일으킬 수 있다.

명분

'중요한 가치를 정당화하거나 고수한다'는 뜻의 명분은 체면 유지에서 중요한 요소다. 자신을 정당화하지 못할 경우 부끄러움과 책망을 당하기 마련인데, 상급자나 하급자 모두 그런 거북하고 어색한 상황을 어떻게 다뤄야 할지도 모르고, 또 그런 상황을 가급적 피하고 싶어 한다. 따라서 사람들은 대체로 문제가 있어도 이를 지적하거나 드러내지 않는 편을 택한다. 진심을 감추게 되면 속으로 곪고, 쓰라린 원망의 뿌리가 되며, 결국 부적절한 분노 표출의 원인이 된다.

젊은 선교사는 실적이 저조하거나 무능한 리더와 함께 일해야만 할 때 딜레마에 빠지게 된다. 후배 선교사가 선배 선교사의 도덕적·윤리적 실책을 알게 된 경우도 마찬가지다. 손아래에 있는 선교사의 스트레스는 깊어지고, 당면한 상황을 어떻게 다룰지 몰라 늪에 빠진 느낌을 갖게 된다. 선배 선교사의 체면을 지켜줘야 하고, 어쩌면 더 중요할 수 있는 관계적 위계질서의 규범을 깨지 말아야 하기 때문이다. 적절한지 또는 신앙적인 행동인지 여부와 무관하게 선교사들은 이런 상황에서 문제 해결을 위해 경건한 분별력을 발휘하기보다 눈치 기술을 발휘하도록 강요당한다. 대체로 그들은 문제가 저절로 해결될 때까지 덮어버리거나 못 본 척하거나 완전히 묵살해버리곤 하는데, 이 경우 나중에 심각한 상황을 불러올 수 있다.

결론

한국인의 문화적 유산과 그것이 선교 사역에 끼친 영향을 이해한 한국인 선교 공동체는 자신의 사역을 위해 성경적 기초와 기반으로 돌아오기 시작했다. 구태의연한 결과 지향적 선교 패러다임이 그들을 과도하게 압박하고 신체적·심리사회적·영적 문제를 일으켰기 때문에 그들은 이를 바로잡기 위해 애쓰기 시작했다. 그러나 유의미한 변화를 가져오려면 우선 선교사를 상품 취급하는 교회문화부터 바뀌어야 한다. 한국 교회와 선교기관의 지도자들은 그들의 갑질[11]을 멈춰야 하며, 선교사의 생산성이 떨어지는 현실에서 무턱대고 높은 목표를 추구하는 행동을 중단해야 한다. 또한 젊은 선교사들을 마치 개인의 행복과 안녕을 추구할 권리가 없는 조직의 기계 부품처럼 여기는 것을 멈춰야 한다.

분노는 위협과 위해로부터 개인을 보호하기 위해 설계된 인간의 필수 감정일 뿐 아니라 자아를 위협하는 두려움, 수치, 불안감 등 1차 감정을 통해 촉발되는 2차 감정의 측면이 강하다. 그 경우 우리는 분노를 방어막으로 삼아 자신을 취약하게 만드는 감정을 감추고 조절하고 다스린다. 선교사들의 감정 상태는 선교 사역에 대한 우려로 무겁게 짓눌려 있을 뿐 아니라 후원과 생활비를 위해 의존할 수밖에 없는 신앙 공동체를 향한 불안감으로 더욱 가라앉아 있다. 그들의 정체성과 안녕은 이런 관계에 의존한다. 그러나 한국의 전통적 문화와 '신앙 공동체' 문화는 그들의 두려움과 분노를 억누를 것을 종용한다. 타오르는 분노와 격노에 앞서 일어나는 강한 감정이 뒤섞여 커져 가는 한을 직면하면서도 누구 하나 자기 목소리를 내지 않는다. 문화에서 비롯된 이런 심리학적 방어 체계는 기저의 불안감과 이에 따른 감정과 욕구를 다스리려는 바람직하고 건설적인 시도를 방해하기도 한다.

상한 감정에서 비롯된 한은 화로 둘러싸여 있다. 그 기저에는 열등감, 부당한 대우를 받은 느낌, 부끄러움, 가책, 무효화된 느낌, 거부당하고 하찮게 여겨지는 느낌에서 시작해 깊은 상실감, 패배감, 무력감에 이르기까지 광범위한 감정이 깔려 있다. 선교사들이 상황과 맞지 않게 습관적으로 분노를 표출하는 경우를 종종 보는데, 이는 분노 표출을 통해 참기어려운 감정을 해소하는 경험이 중독성이 있기 때문이다. 그러나 이런 원초적 감정과 욕구를 분출하는 것은 위험을 동반한다!

변화의 한복판에 서 있는 세대는 그들 특유의 문화적 어려움을 견뎌야 한다. 모든 문화는 시간에 따라 변한다. 비록 느리지만 선교문화도 변했다. 다만 패러다임이 극적으로 변할 것이라고 기대한다면 실망하게 될

것이다. 기존 선교 공동체의 구성 요소를 부분적으로 바꿔 선교문화를
바꿔 보려는 시도가 있어 왔지만, 그것이 아무리 신중한 것이더라도 변
화를 위한 제안은 많은 저항에 부딪힐 수밖에 없다. '글로컬'-12 문화의 변
화는 독립적으로 일어나지 않는다. 문화는 다수의 상호의존적 요소로 구
성되어 있으며, 글로벌 문화가 변화하기 위해 국지적 문화의 변화가 요
구되는 경우도 있다. 선교 공동체의 경제성(꼭 재정적 의미만은 아님)이 변하
면서 그 외의 선교문화도 이에 상응하여 바뀐다. 이때 큰 거부와 저항이
따르게 되는데, 변화에 대한 두려움이 그 이유의 전부는 아니다. 어떤 방
식이 오래 유지된 이유는 그것이 정답이라고 많은 사람이 진심으로 믿기
때문이다. 현 세대의 선교사들은 "고장이 안 났는데 왜 고치는가?"라는
사고방식을 거부한다. 문화의 변화는 복잡하며, 그 원인과 영향, 결과는
매우 다양하다. 다만 선교사들이 좌절한 나머지 세상의 '소금과 빛'이 되
라는 부르심을 반영하는 하위문화라도 만들어 보려는 거룩한 시도를 포
기하지 않기를 바랄 뿐이다.

그렇다면 분노는 어떻게 할 것인가? 분노는 보편적 감정이지만 문화
에서 큰 영향을 받기도 한다. 한국인 선교사들이 개인적으로 다른 사람
과의 관계에서 어려움을 겪는 주된 이유는 분노 자체라기보다는 분노를
표출하는(또는 분노를 표출하지 못하는) 행동 때문이다. 문화적 요구와 선교
기관, 후원 교회, 개인 후원자로부터 오는 압박이 때로 견딜 수 없을 정도
로 크게 느껴지기도 하는데, 이때 선교사들은 이런 압박을 거의 또는 전
혀 통제하지 못한다.

그러나 선교사들이 심리적·영적 자원으로 무장된다면 자신의 가치를
입증할 수 있고, 개인적 어려움과 대인관계상의 실수와 약점을 다루고
해결할 힘을 얻을 수 있다. 그들은 심리적 탄약을 새롭게 채움으로써 안
과 밖의 문화적 위협을 견디고 해결할 수 있다.

선교사들이 직면해야 하는 도전은 성령의 열매인 절제를 충분히 발휘하면서 자기효능감과 자기관리를 실천하는 것이다. 성경은 우리에게 "화를 내더라도, 죄를 짓는 데까지 이르지 않도록 하십시오. 해가 지도록 노여움을 품고 있지 마십시오"-13라고 권면한다. 이 말씀은 선교사들에게 다스릴 수 있는 것은 다스리라고 권면한 것이다. 즉 상황에 맞게, 그리스도인으로서 적절하게 분노를 표현하라는 것이다. 자신이 무엇을 통제할 수 있고 무엇을 통제할 수 없는지 알았던 짐 엘리엇의 명언을 인용하는 것으로 글을 마무리하고자 한다. "영원한 것을 얻기 위해 영원하지 않는 것을 버리는 자는 절대 어리석은 자가 아니다."-14

"한국 문화의 관점에서 본 선교사의 분노"에 대한 논평:
억제와 폭발 사이에서

■

■

바버라 휴프너-켐퍼

한국인 선교사들의 분노에 대해 훌륭한 고찰을 제공한 조나단 강 박사에게 고마움을 전한다. 우리는 이 논문을 통해 한국인 특유의 복잡한 심리문화적 맥락에 대해 소중한 통찰을 얻었다.

한국 문화에서는 분노를 대체로 부정적으로 인식하는 듯하다. "하나님과 그분이 세운 리더와 기관 앞에서 분노나 불쾌감을 드러내는 것은 용납되지 않는 행동으로 여겨진다."

나는 간단한 자기평가 활동 후에 고찰을 이어가고자 한다.

- '분노'라는 단어를 들을 때 떠오르는 단어 10개를 종이에 적어 보라.
- 연상된 단어들은 대체로 긍정적인가, 부정적인가?

조나단 강 박사는 그의 논문에서 분노에 대한 부정적 전제와 긍정적 전제를 구분한다. '통제 불능'의 행동과 폭력은 분명히 부정적이다. 그러나 생명을 보호하는 행동은 긍정적으로 본다.

내가 앞서 언급한 자기평가 활동을 문화적 배경이 다양한 고객들과 시도할 때마다 그들 대부분은 분노를 부정적 감정으로 본다. 이런 이해는 우리가 자신의 분노를 다룰 때, 분노를 표출하는 어른과 청소년,

2~3세 어린 아이들을 상대하거나 코칭할 때 분명히 큰 영향을 미칠 것이다.

조나단 강 박사는 그의 연구에서 사람들이 화가 날 때 어떻게 억제와 분출 사이에서 이러지도 저러지도 못하게 되는지를 묘사한다. 나는 대단히 신체 지향적인 한국어가 감정을 그토록 정확하고 생생하게 묘사한 것이 특별히 인상적이었다. 다음 예를 보라.

"우리는 한 맺힌 민족이다"라고 하면서 한을 '풀지 못한 원통함, 꼼짝없이 당한다는 무력감, 온몸을 쥐어짜게 만드는 배와 장에서 느껴지는 극심한 통증'으로 묘사한다.

억제된 분노는 마음속에서 감정의 교란으로 이어지는데 이를 화병(불의 병)이라고 한다.

"겉보기에는 순하고 순종적이고 수동적인 사람도 폭탄처럼 터질 수 있다. 화산이 터지듯이 말이다."

나의 고객 대다수에게 분노의 감정은 장에서 불처럼 시작해 지속적으로 끓어오른다. 그들 내면의 불편한 정신 상태를 묘사할 때 즐겨 쓰는 표현이 '압력솥'과 '화산'이다. 또한 억제와 분출 양극단으로 몸이 잡아당겨지는 것처럼 무력감을 느끼는 경우도 빈번하다. 억제는 우울로 이어지고, 분출은 공동체 안에서 체면 손상으로 이어진다.

삶을 변화시키는 분노에 대한 두 가지 반응의 예 ──────────

예수님

마가복음 3장 1-6절에서 예수님은 안식일에 한쪽 손 마른 사람을 고치신다. 예수님은 모든 사람 앞에서 그에게 일어서라고 하신 뒤 그의 손을 치료해 그가 다시 공동체의 일원이 되게 하시고, 자신의 삶을 꾸려 나갈 수 있는 능력을 회복시키셨다. 그런데 이 행동에 대해 안식일에 일한 것이라는 비난이 일었다.

예수님은 물으신다. "안식일에 선을 행하는 것과 악을 행하는 것, 생명을 구하는 것과 죽이는 것, 어느 것이 옳으냐?" 그분은 듣는 이들에게 선과 악을 구분하도록, 생명을 살리는 에너지로서의 분노와 파괴적 에너지로서의 분노를 구분하도록 촉구하신다.

사람들은 처음에 분노를 억누르며 잠잠히 있었지만 나중에는 분노를 터뜨리며 그분을 죽이려고 했다.

한편 예수님은 우리에게 분노를 억누르지 않는 좋은 예를 보여주신다. 그는 마음이 완악한 사람들을 둘러보며 화가 나셨지만 그 북받치는 감정-15을 통제된 방식으로 표현하셨다.

예수님은 그분의 분노를 건설적 방식으로 사용하신다. 충동적으로 표출(acting out)하지 않고 어떤 목적을 위해 행동으로 옮기신다(act for). 속수무책으로 고난을 당하는 것이 아니라 능동적으로 고난을 받아들이신다. 그분은 화난 에너지를 생명과 치유를 위해 사용하신다.

비폭력 대화

비폭력 대화를 개발한 마셜 B. 로젠버그 박사는 분노가 가진 긍정적 함의에 대한 통찰을 제공한다.-16 그는 분노와 갈등을 충족되지 않은 욕구에 대한 비극적 표현으로 본다. 그는 "비폭력 대화는 자신이 분노한 것에 대한 책임을 다른 사람에게 결부시키지 않는 것이다"라고 말한다.

로젠버그 박사의 다섯 단계 프로그램에서 분노는 욕구 충족을 위한 감정으로 변화된다. 여기서 나는 내면의 과정을 설명하는 처음 세 단계에 집중하려고 한다. 우리는 아무 소리를 내지 않고도 자신의 분노를 다루는 데 성공할 수 있다. 이 접근 방식은 한국과 같은 고맥락 문화에서 유용하며, 행간을 읽으며 말로 직설적 표현을 하지 않는 능력, 즉 눈치를 감안한 방식이다.

로젠버그의 첫 단계에서 우리는 분노의 원인이 무엇인지를 파악해야 한다. 이것을 해석 또는 평가와 혼동해선 안 된다. 어떤 사람이 누군가에 대해 불평하는 예를 들어 보자. "나는 화가 난다. 그가 내 이메일에 답장을 하지 않아서인데, 그는 나를 우습게 여기는 게 분명하다." 이 사람은 '이메일에 답변이 없다'는 관찰에서 비약해, 그가 자신을 우습게 여긴다고 단정 짓는 결론을 내렸다. 다른 사람의 동기에 대해 자기 멋대로 단정 지은 것이 이 사람이 화난 원인이다.

두 번째 단계에서는 어떤 생각과 가설이 분노를 촉발하는지 파악한다. "내가 화나는 이유는 내가 (이러저러하게) 생각하고, 판단하고, 평가하고, 가정하기 때문이다"라고 말이다. 자신에게 "내가 나에게 어떤 이야기를 해주기에 화가 나는 걸까?"라고 자문해 보라. 그 질문을 통해 우리는 그 판단의 배경이 되는 욕구를 파악할 수 있다.

그리하여 우리의 분노를 변화시키는 세 번째 단계에서는 충족되지 않은 자신의 욕구를 탐색한다.[17] 자신의 욕구를 이해하기 시작하면 우리의 분노는 비애, 좌절, 고통 등 보다 통제 가능한 감정으로 옮겨 가게 된다. 이런 과정은 우리를 더욱 평화롭게 만들고, 생명을 변화시키는 행동을 향한 다음 단계로 나아가게 한다.

예수님의 모범을 따라 분노를 지혜롭고 솔직하게 표현해야 한다. 자신과 다른 사람, 하나님의 나라를 위해 분노를 비폭력적으로 바꾸고, 단정 짓지 않는 태도를 가져야 한다.

숙고를 위한 질문

1. 우리의 분노에 대한 치유 방법은 있는가?

2. 예수님이 보여주신 분노를 다루는 본을 우리는 어떻게 따라야 하는가? 분노에 대해 억제하거나 분출 반응을 보이는 대신 분노를 생명 살리는 에너지로 변화시키려면 어떻게 해야 하는가?

3. 분노의 지배나 통제를 받지 않기 위해 우리 자신과 우리의 화난 감정 사이에 어떻게 해야 바람직한 거리를 유지할 수 있는가?

07
국제선교의 도전을 항해하며

김수현

에피소드 ─────────────────────────────

2007년 한국인 선교사 한 명을 만났는데, 그녀는 국제 선교단체에서 몇 차례의 단기선교 경험을 쌓은 뒤 곧 장기 사역으로 파송될 예정이었다. 그녀는 국제 선교단체와는 다시 일하지 않을 작정이라면서 내게도 국제 선교단체 가입을 말렸다. 그녀가 그런 생각을 하게 된 배경이 궁금했지만 당시에 바로 물어보지 못했다. 뭔가 말하기 어려운 사정이 있어 보였기 때문이다. 시간이 지나 이 문제를 다시 이야기할 기회가 생겼다. 그녀는 내 질문을 듣고 잠시 침묵했다. 자기 대답이 내게 선입견을 심어 줄 수 있다는 생각에 주저하는 듯했다.

마침내 그녀는 긴 한숨을 쉬더니 "인종 문제 때문이죠. 한국인은 리더 자리에 올라가지 못해요. 부부의 경우 그중 한 명이 한국인이면 선교 현장에 아무리 오래 있어도 리더가 못 돼요. 서양에서 새로 온 사람이 요직을 다 차지해 버리니까요"라고 대답했다.

그녀의 표정에는 좌절감이 역력히 드러나 있었다.

앞선 에피소드는 이미 10년도 넘은 것이라서 그녀가 경험한 국제 선교단체의 상황은 지금과 많이 다를 것이다. 그러나 나는 선교지에서 계속 사역하지만 국제 선교단체와의 동역을 중단한 한국인 선교사들을 만날 때가 있다. 그들은 국제 선교단체에 실망감을 느끼고 있었다. 그리고 국제 선교단체에 속한 한국인 선교사들 가운데 '인종차별'을 당한다고 느끼며 고뇌하는 사람도 여전히 있다. 그들이 선교단체에서 경험하는 소외를 설명하는 가장 손쉬운 방법이 인종 코드이기 때문에 그렇다.

잠시 생각해 볼 문제

앞에서 말한 상황이 선교 현장의 현실이라면 한국인 선교사들은 다음 질문을 유심히 살펴봐야 한다.

- 국제 선교단체에서 한국인 선교사의 이탈과 소외를 일으키는 원인은 무엇인가? 정말 인종 문제가 핵심인가?
- 한국인 선교사가 국제 선교단체에서 계속 일해야 하는 이유가 무엇인가? 그만큼의 시간과 노력을 투자할 만한 가치가 있는가? 한국인에게 다문화 팀 사역이 주는 장점은 무엇인가?
- 한국인 선교사가 다문화 팀 사역으로 부르심을 받았다면 국제 선교단체에서 잘 지내기 위해 어떻게 해야 하는가?

한 가지 사례 연구를 고찰한 다음 이 세 가지 문제를 다루고자 한다.

J는 10년 전 국제 선교단체의 일원이 되었다. 사역 초기에는 선교단체에 한국인이 거의 없었지만 그 안에서 다양한 만남을 즐겼다. 선교사가 되기 전 영어로 의사소통하는 데 어려움이 없는 덕분에 괜찮은 관계를 유지할 수 있었다. 그녀는 서양인 동료들의 미소와 부드러운 매너가 마음에 들었다. 한국인 선교사들에 비해 그들은 더 즐거워 보이고 만족스러워 보였다. 그들의 쾌활한 모습과 온화한 태도가 J에게 좋은 인상을 남겼던 것이다.

시간이 지나면서 J와 그녀의 동료들은 소모임을 열어 미전도 종족에게 다양한 실용 기술을 가르치는 수업을 시작했다. 그런데 일터에서 J는 동료들의 불친절한 태도에 아연실색하는 일이 자주 일어났다. 우선은 그들의 직설적인 거절 의사 표시에 충격을 받았다. J는 "미안하지만 나는 못해요" "나는 그렇게 생각하지 않아요" 등의 표현을 들을 때마다 당혹스러웠다. J는 익숙한 영역 밖으로 한 발자국도 내디딜 생각이 없는 그들의 모습에 실망했고, 아무도 나서지 않는 일을 자신이 도맡아 하는 경우가 많아졌다. 또한 그녀는 그들이 거침없이 자기주장을 펼칠 때 당황스러웠다. 그들은 자기 홍보에 능숙해 보였는데, 겸손함은 어디에 두었는지 찾아보기 어려웠다. 그녀는 좀 더 자기와 비슷하게 행동하는 동료가 생기기를 고대했다.

몇 년 후 J는 사소한 일에도 쉽게 좌절하기 시작했다. 그녀는 자신이 자원해 떠맡은 책임이 부담스럽게 느껴졌다. 자신이 겪는 어려움을 정기적인 팀 회의에서 나눴지만 그들은 귀담아듣지 않는 듯했다. 자신의 어려움을 아무리 호소해도 모든 회의가 정시에 시작하고 정시에 끝나자 좌절감까지 느꼈다. 자신의 속마음을 나누면 다른 사람들이 도와주리라는 기대감에 그녀는 더 자주 자신의 어려움을 호소했다. 심지어 여러 사교 모임에서도 그렇게 했다. 누군가 자신의 말에 공감해주기를 필사적으로 기대했다. 사교 모임에서 놀이 활동을 하며 모두 웃고 즐기는 가운데 오직 자기만 그러지 못하고 있음을 깨달았다. 어떤 사람은 긴장을 풀려고 이 자리에 왔는데 J 때문에 마음 놓고 즐기지도 못한다고 대놓고 불평을 늘어놓았다. 그 말을 들은 J는 깊은 소외감과 배신감을 느꼈다. 그래서 꼭 참석해야 하는 팀 회의를 제외하고는 사교 모임에 더 이상 나가지 않게 되었다.

그러다 보니 J는 선교단체 동료들 가운데 누구도 신뢰할 수 없었다. 더 나아가 자기 자신도 믿을 수 없게 되었다. 그녀는 모든 일에 최선을 다했지만 다른 사람들의 마음을 얻는 데 실패했다는 생각이 들었다. 고립되고 소외된 그녀는 '우리'라고 부를 수 있는 사람이 그리웠다. 그동안 주변의 한국인들과 친밀하게 지내지 못했던 것을 후회했다. '서양화된 한국인'인 양 행동한 것에 대한 벌을 받는다고 여겼다.

사례 검토

사회학적 관점

일반적으로 볼 때 다양성을 유지하려는 팀 안에서 잘 지내기란 쉽지 않은 일이다. 사회학 이론은 이 과업이 얼마나 어려운지를 보여준다. 싱과 윌리엄스, 뉴버그 등의 《유형화와 편견에 대한 진화론적 접근》을 보면 타인에 대한 고정관념과 편견은 인류가 생존하고 효율적으로 번성하기 위해 필요한 인간 본래의 성향이라고 주장한다.[2] 이 책에서는 다음과 같이 말한다. "우리가 고정관념을 사용하는 이유는 타인에게서 오는 기회와 위협을 어느 정도 정확성을 갖고 신속하고 손쉽게 예측할 수 있어야 하기 때문이다."[3] 이 이론에 따르면 다양한 하위 집단으로 구성된 공동체의 경우, 서로의 편견을 극복하고 하나 됨을 유지하기 위해 의식적인 노력을 하지 않는다면 빠른 속도로 와해될 것이라고 한다. 레이놀즈와 수바식, 바탈랴, 존스 등의 《사회적 정체성 관점》을 보면 이런 편견을 해소하여 상호작용을 두려워하지 않게 될 때 그 결과로 이 같은 사회 변화가 일어난다고 한다.[4] 이 같은 상호작용이 모든 구성원에게 더 나은 환경을 약속하는 사회적 변화를 가져오는 유일한 방법이라는 것이다.

문화 간 연구의 관점

문화 간 연구(Intercultural Studies)는 J가 겪은 단절을 효과적으로 이해하는 도구를 제공해준다. 우리는 다음과 같은 가치충돌 때문에 J가 겪은 혼란이 더 심해졌다고 본다.

범주적 사고(Categorical Thinking) 대 통합적 사고(Holistic Thinking)

J는 서양인의 대인관계에서 일을 위한 시간과 사교를 위한 시간이 구분된다는 점을 알지 못했다. "서양인은 일하는 시간과 개인 시간을 구분하는 경향이 있다."[5]

죄책감 대 수치심

J는 말로 표현하지 않아도 많은 정보가 전달되는 고맥락 사회에서 자랐기 때문에 단호하고 구체적인 언어 소통에 익숙하지 않았다. "제2세계와 제3세계에 사는 많은 사람은 통합적으로 사고한다. 따라서 생각에 대한 비판과 사람에 대한 비판을 구분하지 않는다. 나의 생각을 비판하는

것은 나를 비판하는 것과 같고, 그것 때문에 나는 부끄러움을 느끼거나 체면을 구겼다고 여긴다."-6

시간 대 사건

이런저런 어려움을 아무리 호소해도 모든 회의가 정시에 시작해 정시에 끝났기 때문에 J는 사람들이 자신의 이야기를 귀담아듣지 않는다고 생각했다.

개인주의 대 집단주의

J의 개인으로서의 정체성은 특정 집단의 구성원으로서의 정체성보다 약했다. 그녀는 여러 면에서 자신과 비슷한 사람과 함께 있기를 원했다. "이 세상의 많은 지역에서는 사람들이 개인주의적으로 생각하기보다 자신을 집단의 일원, 전체 가운데 한 부분으로 여긴다. 집단주의적인 사람들은 중요한 결정을 독단적으로 내리지 않는다."-7

J의 사례를 이해하려면 나는 문화 간 연구가 출발점이 되어야 한다고 믿는다. 그러나 J가 겪은 단절을 큰 그림에서 이해하려면 다른 도구도 필요하다. 아쉽게도 문화 간 연구 논문들 가운데 대다수는 서양 문화에 속한 사람이 다른 문화에 적응하는 경우에 대해 쓴 것이었다. 그도 그럴 것이 이런 논문 대부분을 서양인들이 썼기 때문이다. 또한 대부분의 논문은 그 연구 설계의 접근 방식이 개인주의적이기 때문에 집단의 문화 적응 과정이 아니라 개인의 문화 적응 과정을 다룬다. 따라서 나는 현재 문화 간 연구의 두 가지 큰 약점을 다루려고 한다. 첫째, 기존 연구는 서양 문화와 다른 문화 간 힘의 격차에 심각한 관심을 기울이지 않았다는 점이다. 둘째, 그 출발점이 **우리가 다른 사람들과 어떻게 연결될 수 있을까**

하는 것이 아니라 내가 다른 사람들과 어떻게 연결될 수 있을까 하는 점이다. 나는 다음에 서술하는 사회학과 심리학의 관점이 우리가 J에 대해 공감하도록 도움을 주리라고 믿는다.

소수자 정체성 발달 모델

소수자 정체성 발달 모델은 앳킨슨과 몰튼, 수 등이 미국 내 소수민족을 연구하는 과정에서 개발되었다.[8] 그들은 소수민족이 자신들의 집단과 우위 집단을 편안하게 여기는 상태에 이르려면 5단계를 거친다고 했다. 어떤 여성이 외국으로 이주한다고 해 보자. 그곳에서 그녀와 같은 문화적 배경을 가진 사람은 소수민족에 해당한다. **순응 단계**에서 그녀는 자신의 문화보다 우위 문화를 더 선호한다. **불협 단계**에서는 자신의 신념을 흔드는 경험을 통해 순응 단계에서 가졌던 신념에 의문을 갖게 된다. **반항과 몰입 단계**에서는 자기 집단의 가치에 깊이 빠져드는 한편 우위 집단의 구성원을 배척한다. **성찰 단계**에서는 반항과 몰입 단계의 한계를 깨닫기 시작한다. **통합적 의식 단계**에서는 모든 문화에는 수용 가능한 측면과 용납할 수 없는 측면이 있음을 인정하게 되는데, 이로써 자신의 문화와도 연결되고 우위 집단의 문화와도 연결된다.

이 모델을 통해 우리는 한국인 선교사가 왜 국제 선교단체를 떠나기로 결정했는지에 대해 깊은 통찰을 얻을 수 있다. 즉 한국인이 국제 선교단체에 남기를 원한다면 자신의 업무를 수행하는 동시에 소수자 정체성 발달 과업까지 수행해야 한다. 서양 선교사는 이런 중대한 도전에 직면하지 않는 듯하다. 서양인도 새로운 문화에 접할 때 이런 발달 과업을 통과해야 한다고 주장할 수 있겠지만 나는 그 주장에 동의하지 않는다. 나는 서양인이 소수자 집단이 되는 경험은 한국인이 국제 선교단체 안에서 직면하는 정체성 위기와 쉽게 비교될 수 없다고 생각한다. 예를 들어 한 명의 한국인 주위에 열 명의 미국인이 있다면 그 한국인은 영어를 배우기 시작할 것이다. 그러나 한 명의 미국인 주위에 열 명의 한국인이 있다면 그 미국인은 영어를 가르치기 시작할 것이다. 이 미국인은 글자 그대로 소수자이지만 문화적 영향력 측면에서는 우위에 속한다. 이것은 서양 문화와 다른 문화 사이에 존재하는 권력 불균형 때문이다.

소수자 정체성 발달 모델에 따르면 J는 저항과 몰입 단계에 도달한 것으로 보인다. 그녀는 처음에 서양인들의 분위기를 동경했지만 결국 우위 문화를 얕보게 되었다. 많은 한국인 선교사는 이 단계에서 소수자 정체성 발달의 과업을 완수하기 위해 앞으로 나아가는 대신 국제 선교단체를 떠나는 선택을 한다. 어떤 사람들은 선교단체에 남기는 하되 소수자 정체성 발달 과정에 지친 나머지 한국인끼리 동역하며 외딴 섬처럼 분리되는 선택을 한다.

'우리'에서 '나'로의 변화

한국인은 국제 선교단체에서 다른 한국인 없이 혼자서 살아남을 수 있을까? 그 대답은 "그렇다"이다. 이 대답에 나는 "그런데 그 사람이 혼자서도 편안하게 지내려면 시간이 필요할 것이다"라고 덧붙이고 싶다. 혼자 지낼 수 있는 능력은 의식적 노력 없이는 생겨나지 않는다. 그러나 아쉽게도 서양인은 이런 노력을 간과한다. 이것은 국제 선교단체에 남기 위해 한국인이 수행해야 하는 또 하나의 과업이다.

혼자 지낸다는 것은 문자 그대로 혼자 지낸다는 뜻이 아니라 **다른 사람과 공유하는 정체성 없이 지낸다**는 뜻이다. 혼자서 편안하게 지낸다는 것은 **그 사람이 기존의 공동체 정체성**(우리는 누구인가)**를 유지하는 대신 개**

인 정체성(나는 누구인가)을 확립한다는 뜻이다. 더 나아가 혼자 지내는 법을 배웠다는 것은 그가 기존의 친밀한 관계로부터 고통스러운 단절을 겪고 나서 새로운 형태의 애착을 형성했음을 뜻한다. 정서 중심 치료를 개발한 수 존슨은 깊은 연결 욕구가 친밀한 관계 내에서 충족되지 않을 때 사람이 얼마나 공격적이 되고 우울 증세를 보이게 되는지 지적한다.-[9] 나는 한국인 선교사들이 겪는 단절감은 이런 종류의 관계 불화보다 훨씬 더 극심한 고통을 안겨준다고 믿는다. 왜냐하면 그들은 '우리'라는 정체성을 가진 공동체로서 성장해 왔기 때문이다. 약간 과장하면 이 과정은 경계를 지우고 사람들을 재배치하는 것과 유사하다. 즉 어떤 사람이 자기 가족에 대해 강한 소속감을 갖지 못하도록 가족과 다른 이들 사이에 존재하는 뚜렷한 경계를 지우고 가족 구성원들과 다른 사람들의 위치를 임의로 재배치하는 것에 해당한다.

주류 발달심리학이 공동체 정체성의 발달에 많은 주의를 기울이지 않는다는 점이 흥미롭다. 서양 연구자들은 공동체 정체성을 '함께' 그리고 '동시에' 발달시키는 집단의 존재를 생각조차 하지 않는 듯하다. 그러나 마침 서양 학자들은 인간발달학에서 생물학적 요인보다 대인관계에 더 많은 관심을 갖고 있다. 예를 들어 거겐은 흔한 심리학적 근거에 의문을 제기하며 다음과 같이 말한다. "일반적으로 우리는 생각과 감정, 동기, 자존감 등의 용어를 한 개인 내부의 상태나 실체를 지칭하는 것처럼 사용한다."-[10] 이어 그는 "여러 자아가 모여 관계를 형성한 것이 아니라 관계적 과정 안에서 심리적 자아라는 개념이 발현된다고 봐야 한다"고 주장했다.-[11] 바레시와 마틴은 "만약 자아의 통합 이론을 세울 수 있다면 자아의 세 가지 주요 차원, 즉 경험적 차원, 존재론적 차원, 사회적 차원을 고려해야 한다고 본다"라고 주장했다.-[12] 대인관계 두뇌 발달이라는 표현을 만든 정신과 의사 다니엘 시겔은 "관계적 자아는 우리 자신을 이루는 근본적 측면 중 하나다"라고 했다. 그리고 "과학은 우리 몸 안에 통합된 사회적 마음과 신경학적 마음이 있음을 밝혀주고 있다"라고 했다.-13 오늘날의 연구 패러다임은 집단주의에 근거한 발달 연구를 지향하기 때문에 나는 그 방면으로의 진척이 있으리라고 기대한다.

앞에서 긴 단락을 쓴 이유는 '우리'에서 '나'로의 정체성 변화 과정을 설명하는 확립된 이론이 없다는 점을 강조하기 위해서다. 공동체 정체성 발달에 대한 이론이 없는데 어떻게 그것의 변화에 대한 이론이 존재할 수 있겠는가? 집단 내 관계와 집단과 집단 사이의 관계 등 서로 다른 관계에 대한 사회학적 연구가 있지만 이들 연구는 대인 애착이나 이와 연관된 정체성 발달을 깊이 있게 다루지 않는다.-14, 15 나는 서양인 선교사들이 이 과정과 연관된 한국인 선교사들이 겪는 고뇌를 간과하는 경향에 대해 아쉽게 생각한다. 그렇게 된 것은 한국인 선교사가 겪는 어려운 과업을 인식하고 이해할 수 있는 이론적 관점의 부재 때문이다.

국제 선교단체 사역의 장점

지금까지 나는 한국인 선교사가 국제 선교단체 내에서 왜 더 쉽게 상처받는지 그 이유를 설명했다. 이제는 이런 여러 어려움 가운데서도 우리가 국제 선교단체에 시간과 노력을 투자할 가치가 여전히 있는지를 살펴볼 차례다. 나는 다문화 팀 사역이 주는 큰 유익 두 가지를 제시하고자 한다.

다문화 팀은 한국인 선교사들이 복음 전도의 책임을 완수하는 데 도움을 준다. 리앤 로엠케는 이런 관점에서 다문화 팀의 장점에 대해 썼다.-16 첫째, 다문화 팀은 비그리스도인과 새 신자에게 그리스도의 몸을 포괄적으로 나타낸다.-17 비그리스도인과 새 신자는 다양한 그리스도인을 쉽게 접할 수 있어 어느 특정 종류의 영성을 다른 것보다 낮게 여기는 오해를 피할 수 있다. 둘째, 다문화 팀은 비그리스도인과 새 신자에게 효과적으로 복음을 전달할 다양한 자원을 갖추고 있다.[18] 각 팀원의 나라에서 가져온 다양한 방법이 새로운 상황에 잘 통할 수도 있고 안 통할 수도 있기에 그들은 새로운 문화적 맥락에서 가장 좋은 소통 방법을 찾는 시도를 할 수 있다. 셋째, 다문화 팀은 전달자의 문화적 특색이 덧입혀진 메시지가 아니라 보다 '순수한' 복음을 비그리스도인과 새 신자에게 전할 수 있다.[19] 전하는 복음이 순수할수록 비그리스도인과 새 신자가 복음에 더 잘 반응한다는 것은 명백하다. 다문화 선교팀 멤버들이 함께 사역할 때 그들도 순수한 복음을 더 잘 볼 수 있다. 사람마다 자신의 문화적 특색이 있기 마련이지만, 각기 다른 문화에서 온 사람들이 함께 어울릴 때 자신의 문화가 복음을 어떻게 왜곡했는지 다른 문화를 통해 발견할 수 있다.

더 나아가 다문화 팀은 한국인 선교사가 사회적 실천 책임을 완수하도록 도와준다. 존 스토트는 선한 사마리아인과 탕자의 비유를 들면서 복음 전도와 사회적 실천을 함께하는 것이 중요하다는 점을 지적했다.[20] 탕자의 비유에서 집을 떠난 아들은 자기 죄(개인의 죄)의 피해자인데, 그는 잃어버린 아들에게 손을 내밀어(복음 전도) 사랑을 나타내 보여주는 아버지에게 구원을 받는다. 선한 사마리아인의 비유에서 강도 만난 사람은 그에게 범죄를 저지른 사람들의 피해자인데(사회적 죄), 편견을 극복하고 자비를 베푼 사마리아인을 통해 구원을 받는다(사회적 실천). 사회적 실천으로의 부르심은 성경 전체에 분명하게 나타나지만 모든 한국인 선교사가 이에 대해 열의를 갖고 있지는 않다. 아마도 이것은 우리가 서로 비슷한 형편을 겪어 보지 못한 경우 억압받는 소수자들에게 전적으로 공감하지 못하기 때문이다. 따라서 한국인 선교사가 국제선교팀 내에서 인종적 소수자의 입장이 되어 봄으로써 사회적 소수자에 대해 보다 동정적이 될 수 있고, 더 많은 사회적 실천을 이끌어낼 것이라고 믿는다.

국제 선교단체에 소속된 한국인을 위한 실천 지침 ─────────

마지막으로 한국인 선교사가 국제 선교단체에서 보람을 느끼며 활동하는 데 도움이 될 실천 지침 여섯 가지를 제안하고자 한다. 리앤 로엠케는 다문화 팀 내에서 타문화 사역자들의 상호 적응을 방해하는 세 가지 요인으로 **무지와 개인적으로 변화하지 못함, 변화하기를 원치 않는 태도**를 언급했다.[21] 국제 선교단체에 잘 적응하지 못하는 한국인 선교사들 가운데 성장 과정에서 겪은 불안감으로 심리적 어려움을 가진 사람이 있을 수도 있다. 다문회 팀 안에서 제 역할을 하지 못하는 한국인도 더러 있다. 그러나 적응하지 못하거나 적응을 거부하는 이들보다 국제 선교단체에서 사역하려는 유능하고 의욕을 가진 한국인 선교사가 더 많다고 본다. 이런 배경에서 나는 한국인이 국제 선교단체에 적응하는 것을 방해하는 가장 중요한 요인은 무지라고 믿는다. 따라서 한국인 선교사에게 주는 첫 번째 지침은 **다문화 팀에서 사역하는 것의 중요성을 기억하라**는 것이다. 국제 선교단체에서 일하는 것은 복음 전도와 사회적 실천을 효율적으로 이뤄내는 데 있어 중요한 부르심 중 하나다.

두 번째 지침은 **한국인의 느린 적응 속도를 다른 이들과 비교하지 말라**는 것이다. 사회학 연구와 문화 간 연구에 따르면 타문화 상황에서 다문화 팀으로 일하는 것은 모든 선교사에게 상당한 도전임이 밝혀졌다. 이런 사실에 덧붙여 사회학과 심리학 관점에서 볼 때 이 과정에서 한국인 선교사는 여러 이유에서 더욱 취약하다는 것이 입증되었다. 따라서 한국인 선교사는 진척이 더디다거나 자신의 적응 능력이 의심된다고 자책할 필요가 없다.

세 번째 지침은 **적절한 소속감이 형성되기 전에는 국제 선교단체를 떠나지 말라**는 것이다. 초기의 밀월 기간이 지나면 그 기간이 얼마나 오래 갈지에 상관없이 외로움을 느끼는 시기가 오기 마련이다. 그러나 이 외로운 시기는 다양한 배경을 가진 사람들과 다양한 형태의 대인관계를 수립하는 방법을 배우기에 가장 좋은 때다. 어린아이는 배가 고프면 익숙하지 않은 새로운 것도 먹는다. 만약 아이가 익숙한 것만 먹겠다고 이웃집을 기웃거린다면 어떻게 새로운 음식을 즐기는 법을 배우겠는가?

네 번째 지침은 **리더 역할을 자원하라**는 것이다. 다양한 리더 역할을 해 보지 않으면 국제 선교단체의 여러 부분을 볼 수가 없다. 국제 선교단체는 대체로 정책 중심으로 운영되기 때문에 조직의 운영 방식에 대한 정보는 특정 역할을 맡은 사람에게만 전달되는 경우가 많다. 더 많은 책임을 자원해 맡을수록 조직의 운영 방식을 더 잘 이해하게 된다.

다섯 번째 지침은 **해가 갈수록 꾸준히 영어 실력을 키워야 한다**는 것이다. 처음 몇 년간 영어를 배우고 나서 중단하지 말아야 한다. 영어의 힘은 우리가 생각하는 것보다 훨씬 크다. 사람의 생각하는 범위는 자신이 사용하는 언어에 영향을 받는다. 그러므로 영어에 숙달될수록 영어로 표현되는 생각을 보다 정확하게 이해할 수 있게 된다. 이 말이 어느 정도까지 사실인지에 대해서는 논란이 있다(우리의 언어가 우리의 생각에 얼마나 영향을 끼치는가). 예를 들어 언어결정론을 지지하는 언어학자는 "언어 구조가 생각과 문화적 규범을 통제한다. 우리 각자는 전 세계의 한가운데서 살아가는 게 아니라 우리의 언어가 허용하는 세계의 한 부분에서만 살아간다"라고 말한다.[22] 언어상대론을 지지하는 학자들은 "문화는 언어를 통해 제어되고, 문화 역시 언어를 제어한다. … 언어는 화자의 인식이 부호화되고 저장되는 방식에 영향을 끼치는 개념적 범주를 제공한다. … 언어와 언어 사이의 차이는 무엇을 말할 수 있느냐가 아니라 무엇을 상대적으로 말하기 쉬운가에 있다는 것이 언어상대론의 기반이다"[23]라고 말한다. 그러나 이런 논란에도 다른 사상을 이해하고 싶다면 그 사상을 만들어낸 언어를 배워야 한다는 점에 대해서는 모든 언어학자가 동의한다.

마지막으로, 우리는 **다문화적 사람이 되는 것에서 오는 개인적 축복을 자주 상기해야 한다.** 하나님은 비그리스도인과 새 신자를 향한 소명을 완수하기 위해 선교 현장에 다문화 팀을 세우도록 한국인 선교사를 부르신 것이다. 그러나 나는 하나님이 이 과업을 수행하도록 명령하시는 것은 우리를 위한 것이라고 믿는다. 예를 들어 우리가 두 단체에 대한 충성을 유지하고, 이중 언어로 소통하고, 두 가지 문화적 정체성을 동시에 관리할 때 유익한 심리적 결과를 얻을 수 있다고 말하는 학자들도 있다.[24] 어느 학자는 한국 문화를 벗어나는 과정에서 우리가 한국 문화라는 렌즈만을 통해 복음을 보지 않게 됨으로써 복음을 더 깊이 이해할 수 있다고 말한다.[25] 타인과 맺는 관계가 우리와 하나님 사이의 관계에 긴밀하게 연결될수록 우리는 하나님과 더욱 가까워질 수 있다. 다른 사람들과 연결될수록 우리는 주님과 더욱 가까워질 수 있다. 다문화적 사람이 됨으로써 얻을 수 있는 또 다른 개인적 축복은 무엇일까? 우리 자신을 위해 예비된 그 축복을 발견하는 것은 우리의 몫이다.

"국제선교의 도전을 항해하며"에 대한 논평

■

■

퍼트리샤 루실 톨런드

당면한 현실

J의 사례와 관련해 다양한 측면을 다방면으로 분석한 김수현 박사에게 찬사를 보낸다. 그녀의 말대로 지난 10년간 선교단체들은 큰 변화를 겪었고 다양성이 더욱 증가했다. 오늘날 대부분의 국제 단체는 비서양권 사람들을 전적으로 수용한다. 특정 문화가 우위를 점하는 조직에 처음 가입하는 소수자들은 개척자로서 많은 어려움을 겪는다. 그러나 더 많은 국적의 사람들이 가입하면서 다양한 생각과 가치가 통합되어 그 조직의 하위문화는 서서히 변화되고, 구성원 사이에 공유되는 기본 전제를 새롭게 다져 나가고 있다.

오늘날 서구에 뿌리를 둔 국제 선교단체 가운데 다민족 간 통합과 상호 이해를 강조하는 곳에서는 한국인과 다른 소수민족 출신이 리더 역할을 맡고 있다. 이것은 선교단체 내에서 그리스도의 능력이 역사하심을 나타내는 놀라운 증거다.

다행히 선교단체 내에 많은 한국인이 활동하고 있으므로 조만간 선교학 분야에서 한국인들을 통한 보완 연구가 늘어날 거라고 생각한다. 특히 정체성 상실과 전환에 대한 연구가 늘어날 것으로 전망된다. 서양 사람들은 공동체 정체성에서 개인 정체성으로의 전환에 대한 글을 쓸 수가 없다. 그런 경험이 없기 때문이다. 그러나 서양 사람들은 개인 정체성에서 공동체 정체성으로의 전환을 경험한 적이 있다. 몇몇 선교사의 자서전은 이런 어려움에 대해 구체적으로 언급했다. 나 자신도 개인적 사고를 벗어나 공동체적 사고에 적응해야 했던 경험이 있다. 그것은 오랜 시간이 걸리는, 시시때때로 좌절하고 지치게 만드는 과정이었다.

집단

서양인은 집단에 근거한 정체성을 쉽게 이해하지 못한다. 그 이유는 서양적 사고방식에서 '자아'는 사회적 관계나 기대를 통해 정의되지 않기 때문이다.[26] 그러므로 서양인은 기대를 지켜내거나 기대를 저버릴 때 느끼는 자부심이나 수치심을 이해하지 못한다. 서양인이 집단성을 이해하는 데 도움이 될 만한 특징에는 순응, 보호, 소속, 연대, 지지, 수용, 지위, 의미, 가치, 존엄, 하나 됨, 공유된 가치, 일관된 규범과 구조, 호혜성, 공유된 자부심과 수치, 공유된 정체성, 무언의 기대 등 다양한 개념이 있다. 선교팀에서 이런 특징을 강조한다면 한국인이 팀 내에서 소속감을 느끼는 데 도움이 될 것이다.

덧붙여 팀 내에 어떤 암묵적 기대가 있는지 한국인과 서양인이 이해한다면 서로를 인정하는 결과를 가져오고 끈끈한 결속력을 가질 수 있을 것이다. 국적이 다른 사람들이 모여 있을 때 자신이 존중받고 이해받는다고 느낌으로써 긴밀히 결속된 팀은 서로의 국적에 상관없이 존중하고 소중히 여기는 마음으로 서로를 기쁘게 하기 위해 노력할 것이다.[27]

만약 기대를 저버릴 경우 다른 사람의 기대를 충족시키지 못한 구성원은 수치심과 함께 집단 내에서 불편함, 소외감, 격리감, 위축감 등을 느낄 것이다.[28] 대부분 서양인으로 구성된 팀에서 J가 경험한 것과는 대조

186

적으로, 대부분 한국인으로 구성된 팀을 가진 국제단체에서는 그 반대의 경우가 발생한다. 그들의 불만은 J와 유사하지만 한국인이 아닌 사람들이 소외감을 느끼며 팀을 떠나게 된다. 그런 식으로 우리는 인간 본성의 현실, 우리와 다른 사람들과의 결합에 데 따른 어려움을 마주하게 된다.

적응

김수현 박사가 자세히 설명한 소수자 정체성 모델은 문화충격의 단계와 유사하다. 거절 단계에서 선교지를 떠나는 것은 J가 어려움을 겪은 '저항과 몰입' 단계에 상응한다. 국적에 상관없이 누구나 같은 방식으로 반응한다. 즉 현지 문화에 자신을 적응시키려고 노력하는 과정에서 세계관과 관계 맺는 양상이 자신과 비슷한 사람들과 함께 시간을 보내고 싶어 하는 것 말이다. 같은 생각을 가진 동료들은 새로운 가치와 신념을 받아들이기 위해 애쓰는 데서 오는 스트레스로부터 벗어날 수 있는 피난처를 제공해준다.

다문화 팀에서 일하려면 멀리 내다보는 안목이 필요하다. 집단 지향성을 줄이고 보다 개인주의적이 되기 위한 단계적 절차 따위는 없다. 그 반대의 경우도 마찬가지다. 문화 적응(acculturation)은 시행착오를 통해 배우는 것이며, 좌절과 성취가 반복되는 과정이다. 이런 전환을 대하는 최선의 방법 가운데 하나는 대화 내용이나 억양에 대해 조언을 구하고, 그 의미를 해석해 달라고 부탁할 수 있으며, 적절한 반응 방법에 대해 알려줄 수 있는 '문화적 평화의 친구'를 만드는 것이다.

어느 한국인 선교사가 나에게 그녀가 사역하는 어느 아시아 문화는 너무나 집단 지향적이어서 한국인 자신이 오히려 개인주의적으로 느껴질 정도라고 말한 적이 있다. 이 사례는 상황에 따라 변화의 깊이가 다름을 보여준다. 나의 또 다른 한국인 동료는 10년 넘게 해외 다문

화 팀 소속으로 일했는데, 팀 안에 다른 한국인이 없을 때 훨씬 빨리 적
응할 수 있었다고 말했다. 그런 상황에서는 사역에서 보람을 찾기 위해
빨리 동화하는 것 외에 다른 방법이 없기 때문이다. 많은 한국인 동료
가 적응이 가능함을 보여줬다. 그러나 시간과 의식적 노력이 필요한 것
이 사실이다.

정체성

한국인은 문화의 경계를 넘는 상황에서 한국인 공동체와 멀어지면 깊
은 정체성 상실을 겪는다. 서양인도 정체성 상실을 겪지만 그 이유는 고
향에서는 사람들이 자신을 알아줬는데 이제는 아무도 알아주지 않기 때
문이다. 한편 한국인은 다양성이 큰 문화에서 왔다는 장점을 누릴 수 없
기 때문에 그들에게 다문화 팀은 생소하고 때로는 감당하기 어렵게 느껴
진다. 온전히 팀의 일원이 되고 싶은 나머지 자신의 정체성 상실을 증폭
시키는 조건을 만날 수도 있다. 그러나 모든 선교사는 새로운 문화에 통
합되는 과정에서 기존의 행동 방식, 사고방식, 이해 방식을 버려야 한다.
이것은 다른 문화(여기서는 다문화)의 일원이 되는 데 따르는 불가피한 과
정이다.

개인주의적 공동체에 적응하려는 한국인에게 정체성 재형성은 여러
해가 걸릴 수도 있다. 집단 지향적 공동체에 적응하려는 서양인도 마찬
가지다. 어느 쪽이든 개인의 정체성을 재형성하려면 '우리'보다 '나'로
또는 '나' 대신 '우리'로 자신을 파악해야 한다. 이를 통해 상호 이해가 싹
틀 수 있다. 서양인과 한국인의 적응 과정과 상실을 나란히 비교해 보면
한국인이 새로운 정체성을 발전시킬 때 무엇이 일어나고 있으며, 무엇을
기대해야 하는지 이해하는 데 도움이 되는 단계를 파악할 수 있다. 그리
스도 안에서 하나님의 자녀 된 정체성을 주신 하나님을 찬양해야 한다.

이 정체성은 우리가 외로울 때 견딜 수 있는 힘을 준다.

애착

한국인은 새로운 집단에서 결속감이 형성되는 기간 중 생기는 정체성의 '공백 상태'를 어떻게 채울 수 있을까? 자신의 성장 과정 중 애착 상실을 경험한 사람들은 이후의 삶에 적응하기가 더 어려울 수 있음을 유념해야 한다.[29] 그러나 누구나 새로운 애착을 형성할 수 있다.[30] 예를 들어 선교지에 있는 선교사들은 그들이 이전의 삶에서 애착이 깨어지는 경우를 겪었다면 새로 소속된 팀에 적응하기가 한층 더 어려울 수 있다. 따라서 적응 과정에서 한국인 선교사를 도울 때 일차적 애착과 달리 과도기적 애착이 중요할 수 있다. 그것은 '대가족, 교사, 친구, 동료, 애인, 반려동물'과도 애착 형성이 가능하기 때문이다.[31] 팀의 문화적 다양성이 확대될수록 다른 언어를 사용하는 학생들, 공동체적 정체성을 공유하는 팀 멤버들과 애착을 형성할 수 있는 기회는 더욱 늘어난다.

멤버케어

한국인들이 문화적 과도기를 지나는 동안 멤버케어를 제공하는 것은 매우 중요하다. 성공적 전환은 전환에 대한 당사자의 반응에 어느 정도 영향을 받는다.[32] 돌봄을 구성하는 요소에는 여섯 가지 차원이 서로 연결되어 있다. 이들 각 차원은 선교사가 너무 일찍 선교지를 떠나게 되는 문제를 방지할 대책을 제시해준다.[33] 덧붙여 돌봄에는 다섯 층위(마스터, 자신, 파송자, 전문가, 네트워크)가 있어 건강하고 풍성한 삶을 유지하도록 여러 원천으로부터 돌봄을 제공해야 한다.[34] 적절한 돌봄은 선교사에게 자원, 상담, 격려, 교제, 영적 강화, 소명의 재확인 등을 제공하며, 타문화 적응 과정을 이해하도록 돕는다. 새로운 문화에 적응한다는 것은 하나의 여정으로, 개인적으로나 사역 측면에서 선교지에서의 고군분투에서 시작해 보람 있고 풍성한 삶으로 가는 과정이다. 그리고 모든 국적의 선교사들이 이 과정을 겪는다. 적절한 멤버케어는 한국인 선교사가 정체성 상실을 겪는 기간 중 그를 도와줌으로써 풍성한 삶을 영위하고 회복력을 갖도록 해줄 것이다. 다만 한 가지 주의할 점이 있다. 가까이 사는 한국인이 돌봄을 제공할 경우 배타적이 되고, 타문화 적응에 도움이 되기는커녕 한국인끼리 결속을 강화하는 데 그쳐 전환 과정에 오히려 방해가 될 수 있다. 따라서 온라인으로 이뤄지는 원격 멤버케어가 더 효과적일 수 있다.

제안

다문화 팀 사역이 이뤄지려면 구성원들이 서로의 특징, 세계관, 권력의 근거, 기본 전제 등을 이해해야만 한다. 다음은 이런 상호 이해에 도움이 되는 제안이다.

1. 문화적 유사점과 차이점에 대해 구체적으로 가르치는 훈련 과정을 제공하라. 이 과정에는 다음 내용이 포함되어야 한다. 리더십 스타일, 의사결정, 문제를 대면하는 방식과 대응 방식, 권력 거리, 위계에 대한 기대, 돌봄의 표현 방식, 업무에서의 대인관계와 친구 사이의 기대차 비교, 개인적 기대와 집단적 기대의 차이 비교, 장기와 단기 전망, 사역과 상호 존중하는 관계 사이에서 팀 가치의 균형 유지하기 등.

2. 다른 멤버들이 사물을 어떻게 이해하고, 왜 그런 식으로 반응하는지를 이해하는 데 도움이 되는 팀 빌딩 활동에 멤버들을 참여시키도

록 하라.

3. 팀 전체 차원에서 다양한 직간접적 의사소통 전략을 배우고 연습함으로써 새롭게 민감도를 갖추도록 하라.

4. 멤버들이 집단주의적 특징을 활용하는 연습을 할 수 있는 팀 행사를 열어라. 그다음에는 개인주의적 특징을 활용하는 행사를 열어라.

5. 다른 사람의 고충을 이해하고 공감할 수 있는 분위기를 적극적으로 만들어라.

6. 비서양인이 리더를 맡고 있는 단체에 가입하라.

7. 대화 내용을 해석해주고 반응 방식의 여러 사례를 설명하고 제시해줄 수 있는 '평화의 사람'이 누구인지 파악하라.

8. 과도기적 애착 형성 기회를 제공하기 위해 인터넷 화상 채팅과 문자 메시지 기능을 이용하라.

9. 경험이 많은 한국인들로부터 멤버케어를 받아라.

제3부
■

선교사의 관계 역동성과 갈등

08
한국인 선교사의 부부관계에 대한 사례 연구

이현숙

들어가며

한국의 이혼율은 아시아 국가 가운데 가장 높으며, 이혼은 한국 사회의 중요한 이슈 가운데 하나가 되었다.[1] 부부 갈등은 불신자에게만 국한된 문제가 아니라 기독교 가정도 불신자 가정 못지않게 심각한 부부 갈등 문제에 직면해 있고, 선교사 가정도 예외는 아니다. 따라서 한국 선교사의 부부 갈등은 멤버케어 사역자가 주목해야 할 매우 중요한 영역이다. 이는 부부만의 문제로 끝나지 않고 사역과 그들의 자녀에게도 큰 영향을 미치기 때문이다. 이런 관점에서 한국인 선교사 부부관계의 실상은 어떠하며, 한국인 선교사의 부부 갈등 요인은 무엇인지 몇 가지 구체적 사례를 통해 살펴보고자 한다.[2] 더불어 한국인 선교사 부부관계 개선을 위해 몇 가지 제안하고자 한다.

한 조사 연구에 따르면 정서적으로 한국인 선교사 가정의 상태는 '화목하게 지내나 때때로 가족 내 해결 가능한 갈등이 있다'라는 대답이 절반(49.4%)에 이를 정도로 가장 많다. 그다음으로는 '화목하고 행복하게 지낸다' 37.1%, '가족 간에 불화로 어려움을 겪으나 일시적인(자녀의 사춘기 등) 현상으로 해결이 가능하다' 5.3%, '갈등과 불화로 어려워 도움이 필요한 상태다' 1.2%, '기타' 7%로 나타났다. 이런 응답은 대체적으로 긍정적 관점에서 가족 갈등 상황을 해석한 것으로 보인다. 그러나 이 연구의 심층 인터뷰에서 20명의 연구 참여자 가운데 여성 선교사 7명은 부부 갈등이 그들이 경험한 가장 고통스러운 일 중 하나였다고 토로했다.[3]

선교사 지원 그룹과 부부 상담을 통해 만난 한국인 선교사 부부들의 사례를 바탕으로 정리한 선교사 부부 갈등의 요인은 다음과 같다.

첫째, 타문화권에서의 문화적 충격과 적응
둘째, 가정보다는 사역에 우선순위를 두는 가치관
셋째, 선교지에서 불가피한 부부간의 높은 의존성
넷째, 한국의 가부장적 유교문화
다섯째, 원가족의 문제가 사역지에서도 지속되는 것
여섯째, 의사소통(공감) 능력의 부족

사례 1

A선교사 부부는 한국인 선교사가 드물고 외진 무슬림권 사역지에서 7년간 학교 사역을 했다. 사랑하는 부모, 형제, 친지들과 멀리 떨어져 지내는 데서 오는 외로움, 어려움이 생겨도 마음을 나눌 사람이 없는 데서

오는 정신적·정서적 고립감, 일상적인 강도와 테러의 위협 등으로 늘 힘든 상황이었다. 이들은 우선 먹고 자는 일상부터 모든 것이 자신들이 익숙한 문화와 달라서 어려움을 겪었다. 게다가 실제로 집에 강도가 들어 학교 건축을 위해 모아 놓은 돈을 다 빼앗겼다. 심지어 부인이 강간당할 뻔한 사건도 있었다. 이 사건 이후 부인은 두려움에 휩싸여 공황장애와 탈진 증상을 겪다가 7년 만에 귀국하게 되었다.

선교지에 가기 전 남편은 어느 교회의 부목사로 사역했고, 부인은 가정주부로 지냈다. 남편은 어린 시절 할머니의 손에 자랐고, 중학교 시절부터는 혼자 살았다. 그래서 어머니와의 애착관계를 형성하지 못한 채 성장했다. 그런 성장 환경에서 그는 다른 사람들의 인정을 받는 모범생이 되려고 애썼다. 성인이 되어서는 열심히 일했고, 주위 사람들로부터 인정받는 사람이 되었다. 그러나 아내와는 늘 어려움이 있었다. 그는 아내도 힘들게 지내고 있다는 사실을 알면서도 문화적인 스트레스로 종종 아내에게 짜증을 내어 부부 갈등이 심했다.

사례 2

B선교사 부부는 40대로 창의적 접근 지역에서 사역했다. 남편은 막내로, 부인은 맏이로 성장했다. 이들은 선교지에 들어가기 전 해외에서 수년간 선교 훈련을 받았고, 사역지에 들어가 사역하던 중 아내에게 갑상선암이 발견되어 한국에 돌아와 수술을 받았다. 그 후 이들은 바로 사역지로 복귀했고 아내는 어린 두 자녀의 육아를 감당하느라 스트레스가 심했다. 한편 남편은 사역을 우선으로 생각했기 때문에 현지 언어를 배우기 위해 학교에 다니느라 바빴다. 장녀로 자란 아내는 자녀들이 커 가면서 사역지의 특수성에 맞게 여성을 대상으로 자신의 재능을 발휘하여 비즈니스 선교를 했다. 그러다가 최근 온 가족이 사역지에서 갑자기 추방

되어 귀국하는 과정에서 트라우마를 겪었다.

남편은 한국에서 전도의 열정을 가지고 전도를 많이 했지만 사역지에서는 마음 놓고 전도를 못 하는 상황이 되자 무력감에 빠져 있었다. 남편은 아내에게 인정받지 못하고 부부 사이에 친밀감도 별로 없어 무력감으로 말미암아 포르노그래피와 게임 중독에 빠졌다. 더군다나 남편은 자녀들에게 통제적이어서 자녀양육 문제로 부부싸움이 잦았다. 특히 부모의 잦은 싸움으로 무력감을 느끼며 힘들어하는 첫째 딸 문제로 부부 갈등이 시작되는 경우가 많았다.

사례 3

C선교사 부부는 비교적 자유로운 곳에서 18년째 사역하고 있는 중년 부부다. 남편은 몇 년 전 사역지에서 구호 사역 중 탈진된 상태로 귀국했다. 그러나 안식년을 가질 생각도 하지 못한 채 겨우 3개월 쉬다가 사역지로 복귀했다. 남편은 어린 시절부터 어른에게 늘 예의 바른 모범생으로 살아왔다. 그런데 자신보다 세 살이나 어린 아내가 자신에게 반말을 하고 자기 의견을 강하게 주장하면 자신을 무시한다는 생각이 들어 많이 힘들어했다. 남편은 선교사로서 열심히 사역했기 때문에 다른 사역자들로부터 인정을 받았다. 그래서 집에 오면 쉬고 싶고 아내에게도 대우받고 인정받고 싶어 했다. 남편은 어린 시절 남자는 부엌에 들어가면 안 된다는 말을 듣고 자라서 집안일을 하지 않았고, 아내와 아이들에게도 소홀했다. 아내는 남편의 이런 점에 대해 불만이 많았다.

앞서 언급한 한국인 선교사 부부의 갈등 요인 여섯 가지 가운데서 한국 문화와 사회에 가장 밀접하게 관련된 세 가지 요인을 살펴보려고 한다.

문화와 연관된 세 가지 갈등 요인 ──────────

1. 일 중심의 삶

한국인 선교사들은 대체로 가족보다 사역에 우선순위를 두는 등 일 중심적 사고를 지니고 있다. 이런 가치관은 부부 갈등을 악화시키는 요인이 된다. 가정 문제를 부인에게 맡겨놓고 남편 선교사는 사역에 전념하는 것이 한국인 선교사들의 보편적 모습이다.[4] 선교사로서의 보람을 전적으로 사역의 열매에서 찾다 보니 일에 몰두하게 되고, 안식년이나 휴가처럼 제도적으로 보장된 쉼조차 누리지 못해 과로로 지치는 예가 많다.[5] 가족 돌보는 것을 공적 사역이 아닌 사적 영역으로 간주하는 한국의 전통적 목회자 가정의 모습이 선교지에서도 그대로 투영되다 보니 부부관계가 점차 소원해질 수밖에 없다.

"아내가 암 수술 후에 회복도 하지 못한 채 선교지로 다시 들어갔는데, 저는 빨리 언어를 배우고 사역을 해야 한다는 생각으로 아내가 겪고 있는 어려움에 관심이 없었어요. 그러다 보니 점점 부부 갈등이 커졌지요. 나중에 보니 아내가 혼자 두 자녀를 양육하느라 정말 힘들었나 봐요. 결국 우리 부부는 처음 언어 배울 때 이미 갈등이 깊어져 모두 탈진하고 말았어요."   / 사례 2

"선교지에서 구호 사역을 하다 탈진했는데, 저는 자신이 탈진되었는지도 몰랐어요. 논문을 쓰려고 도서관에 앉았는데 책이 눈에 들어오지 않고 글이 써지지도 않고 몸이 너무 힘든 거예요. 그러나 빨리 논문을 써서 지금까지 한 일을 정리해 다음에 비슷한 재난이 발생했을 때 어떻게 대처할 것인지 도움을 주기 위해 그저 붙들고 있었죠. 그러다 집에 오면 지쳐 집안일을 도와줄 수 없어 아내 혼자서 많이 힘들어했어요."   / 사례 3

사례에서 보듯 한국인 선교사들은 자신의 가족을 돌보고 쉬는 것을 사적인 일로 보는 가치관을 가진 경우가 많다.[6] 부인 선교사들은 우울 수치가 높을수록, 부부관계에서 갈등이 심각할수록, 자녀수가 많을수록 가족들 사이에 불안이 높아지는 것으로 나타났다. 반면 엄마와 자녀 사이에 갈등이 적을수록, 해외 사역 연수가 높을수록 불안이 낮아지는 것으로 나타났다. 이은주에 따르면 대체로 부인 선교사들이 남편들보다 더 우울하며 부부관계에서 좌절감도 더 큰 것으로 나타났다.[7] 남편들이 사역에 몰두하여 집안일을 돕지 않고 아내, 자녀들과의 관계를 돈독히 하는 것을 소홀히 하여 가족 간에 화목하지 않은 경우가 많았다.

결국 사역을 우선시하는 일 중심적 사고는 선교사라는 '역할'에 치중한 나머지 부부가 각자 선교사의 역할에서 벗어나 있는 그대로의 '나다움'으로 상호관계를 맺지 못하게 한다. 그 결과 다른 스트레스 요인이 많은 낯선 문화에서 사역하는 동안 부부 사이에 갈등이 커지는 것이다.[8]

이처럼 사역 중심적 가치관은 선교사들과 그 가족들의 정서에 대단히 부정적 영향을 미친다. 선교사들은 얼마나 열심히 사역하느냐(doing) 하는 것보다 하나님의 선교에 어떤 참여자가 되는지(being)가 더 중요함을 인식해야 한다.[9]

2. 유교문화 – 가부장적 사고

한국인은 전통적으로 다른 어떤 것보다 유교문화의 영향을 받으며 성장한다. 선교사들도 이런 유교문화에서 성장해 대부분 장유유서, 위계질서, 체면 중시, 남성 중심의 가치관을 갖고 있다. 이런 가치관은 가족관계와 행동 규범에 영향을 주고 부부관계에도 갈등을 일으키는 중요한 요인으로 작용한다.

앞서 나온 C선교사 부부를 통해 알 수 있듯, 아내는 남편을 섬기고 우러러봐야 한다는 가부장적 사고는 부부관계에서 갈등을 일으키는 요인이다. 이는 부부 사이에 친밀한 관계 형성을 저해하는 중요한 요인이기도 하다. 부부간 친밀감이 낮을수록 정서적 교감은 부족하고, 그 결과 아내는 남편에 비해 우울감을 더 크게 느낀다.[10] 이는 한국인 선교사 가정에서도 흔히 나타나는 현상이다.

3. 원가족 문제의 지속

선교사들의 대인관계 스트레스와 부부 갈등은 원가족의 문제가 선교지에서 분출되어 일어나는 경우가 많은 것으로 밝혀졌다.[11] 이유경도 한국인 선교사의 부부 갈등의 중요한 요인은 원가족 문제가 부부관계에 지속되기 때문이라고 언급했다.[12]

"장녀로 태어났는데 아빠가 일찍 돌아가셨어요. 그래서 친정어머니는 저에게 많이 의지하셨고, 어려서부터 집안의 모든 일을 제가 알아서 해결하고 어머니를 보호해야 했어요. 그러다 보니 제 주장이 강하고 혼자 헤쳐 나가는 사람이 되었지요. 창의적 접근 지역인 사역지에서는 선교사라는 신분을 감춘 채 일해야 되는데, 그곳 여자들을 대상으로 비누공예를 해서 전도의 수단으로 삼았고 보람도 있었어요. 반면 막내로 자란 남편은 한국에서 노방전도를 열심히 했던 사람인데 사역지에서는 어떻게 해야 할지 몰라 많이 위축되고 소극적으로 변했어요. 그런 상황에서 저도 남편의 의견을 존중하지 않고 조금 무시했던 것 같아요."   / 사례 2

원가족에서 아내는 아버지가 없는 가정의 장녀로 '가족 영웅(hero)'의 역할을 했고, 남편은 막내로서 별로 존재감 없는 '잃어버린 아이(lost child)'의 역할을 해온 것이 부부관계에서도 지속되어 이들의 부부 갈등은 더욱 커졌다. 아내는 어디를 가든지 자기 의견을 피력하면서 적극적으로 사역하는 데 반해 남편은 자신이 원하는 것을 표현하는 데 익숙하지 않아서 대인관계에서도 늘 소극적이었다. 부부관계에서도 남편은 자기 의견을 별로 주장하지 않았기 때문에 자연스럽게 아내는 남편의 생각을 묻지 않고 일을 해 나가는 경우가 많았다. 그러자 남편은 가장으로서 무시당하는 것 같아서 화가 나고, 그 결과 부부 갈등이 심화되었다.

그 외에도 원가족의 미해결 문제가 결국 결혼생활에까지 심각한 영향을 미치며 부부 갈등을 악화시키는 사례를 많이 볼 수 있다. 특히 가족에 대한 구타와 인터넷 중독을 비롯한 여러 가지 중독 현상은 원가족에게 인정받지 못하고 부모로부터 어린 시절에 따뜻한 돌봄을 받지 못하고 외상을 경험했을 때 많이 나타났다. 또한 영적 회의 상태에 빠지거나 친구 관계를 잘 맺지 못하는 양상으로 나타나며, 심한 경우 자살로 나타나기도 했다. 이런 극단적 상황이 발생하지 않도록 하려면 예방적 조치가 대단히 중요하다.

한국인 선교사의 부부관계 개선을 위한 제안 ─────────

지금까지 한국 선교는 주로 선교사들의 '성공적 사역'을 강조해 온 측면이 있다. 선교사가 사역하면서 '개인의 성장과 성숙'을 이루도록 하는 것에는 별로 관심이 없었다고 하겠다. 이는 부분적으로 선교사들은 '영적 거장'이어야 한다는 생각에서 비롯된다. 이런 생각이 옳지 않다는 것을 알면서도 선교사들을 그렇게 대하는 경우가 많다. 따라서 무엇보다도 개인과 가족 상담, 상담교육, 선교사 지원 그룹과 같은 다양한 멤버케어 사역을 통해 선교사들이 외상과 같은 부부 갈등의 고통을 겪은 뒤 '외상 후 성장'(post-traumatic)-[13]을 경험하여 더 큰 회복탄력성을 갖도록 도와줄 필요가 있다.

한국인 선교사들은 안타깝게도 문화적 특성으로 말미암아 감정적 문제나 고통스러운 스트레스가 발생했을 때 도움을 구하기보다는 그냥 참고 견뎌야 하는 일상적 문제로 받아들이는 경향이 있다.-[14] 또한 한국인 선교사들은 유교적 가치관으로 말미암아 내면의 어려움을 드러내는 것을 수치스럽게 생각해 자신들의 약한 모습을 타인에게 드러내놓고 상담하는 등 도움을 요청하는 일을 어려워한다. 이런 경향으로 각 개인이 겪는 문제를 제때 해결하지 못해 더 심각하게 만드는 경우가 많다.

선교사들이 건강한 부부관계를 유지하여 개인적 성장과 성숙을 이루고, 사역에서도 바람직한 결과를 얻으려면 어떤 조치가 필요할까? 한국 선교의 실상을 고려해 다음과 같은 제안을 하고자 한다.

1. 신중한 선발

선교사들의 선발 과정에서 성장기에 겪은 과도한 심리적·정서적 결핍으로 어려움을 겪고 있는 사람들을 걸러내는 것이 중요하다. 앞서 살펴보았듯 본국에서는 별 어려움이 없던 사람들도 사역지에서는 과도한 스트레스를 유발하는 여러 요인으로 말미암아 잠재되었던 문제들이 표출될 수 있다. 가드너는 선교사 선발 과정에서 영적·관계적·신체적 건강 외에도 정서적 활력과 회복탄력성에 대한 평가가 필요하다고 했다. 바람직한 선별 방법으로는 평가 도구, 생애 인터뷰, 공동체 생활 관찰하기 등이 있다.-[15] 스트레스에 지나치게 취약한 사람들을 선발하지 않도록 하고, 선발한 사람들 가운데서도 필요한 경우 치료를 받도록 돕는 것이 선교사와 선교단체, 파송 교회를 위해서도 최선의 길이다.

2. 충분한 자기성찰과 이해

선교사가 해외 사역지로 나가기 전 훈련 과정이나 안식년 기간에 자신에 대해 충분히 이해하고 성찰하도록 돕는 것은 매우 중요한 일이다. 특히 유교문화에서 유래된 가부장적 사고의 개선을 위해 선교사 지원 그룹-16이나 집단 상담 등 프로그램에서 강의와 다른 선교사들의 이야기를 통해 자신의 왜곡된 사고를 개선하도록 도울 필요가 있다.-17 또한 경우에 따라 부부 상담이나 개인 상담을 통해 자신에 대한 성찰과 이해를 갖고 사역지에 나가도록 한다면 불필요한 부부 갈등을 줄일 수 있다. 선교지에서 여러 해가 지나면 체면 때문에 프로그램에 참석하는 것조차 힘들어하는 선교사가 많다. 그러나 오래된 상처로 말미암아 건강한 관계를 맺지 못하는 것을 방지하고 해결과 치유의 길로 나아가기 위해 적절한 도움을 받는 것은 부르심에 합당한 선교사가 되기 위해 마땅히 해야 할 일이라고 생각한다. 이는 그들 자신의 정신건강과 가족, 사역을 위해 꼭 필요한 일이다.

3. 의사소통 기술과 화해 기술 훈련

행복한 결혼생활을 영위하려면 관계 형성 기술을 습득하여 부부의 성장을 도모해야 한다. 또한 선교사는 의사소통과 화해를 위한 기술 습득이 필요하다는 것은 더 강조하지 않아도 될 것이다. 의사소통과 화해를 위한 세미나 또는 실습 훈련 과정에 참여하도록 하여 적절한 준비를 하도록 해야 한다. 이런 과정을 통해 상호 불신과 증오의 감정을 용서와 화해로 바꿔 보다 건강한 부부관계를 갖도록 도울 수 있다. 이를 통해 효과적인 의사소통 방법과 상대방의 감정을 존중하고 교감하는 방법을 습득할 수 있기 때문이다. 많은 한국인 선교사는 자신의 배우자가 느끼는 감정에 공감하면서도 스스로를 표현하는 것에 서툴다. 그래서 화해와 용서의 필요를 느끼고 있음에도 이를 위한 적절한 소통을 하지 못한다. 이런 일이 되풀이되면 부부가 좌절감을 느끼고 적절한 용서와 화해를 이루지 못하여 부정적 감정이 쌓이게 된다. 결과적으로 한 지붕 아래 같이 살기는 하지만 정서적 이혼 상태로 지내는 부부가 많아지게 된다. 따라서 한국인들의 독특한 대인관계와 부부관계 형태를 고려한 의사소통 훈련 프로그램의 개발이 시급하다고 하겠다.

4. 선교지와 본국과의 상담 시스템 구축과 활성화

선교사들은 사역하는 동안 부부 갈등이나 가족 간의 문제로 어려움을 겪으면서도 어떻게 도움을 받을 수 있는지 모르는 경우가 많다. 멤버케어 사역을 통해 도움을 받을 수 있는 경로도 잘 모른다. 이런 경우를 최소화하기 위해 직접 만나거나 온라인으로 부부 갈등을 중재하고 상담해주는 시스템 구축이 필요하다. 이미 터닝포인트와 같은 많은 멤버케어 기관이 이런 도움을 주기 위한 준비를 갖추고 있다. 어려움에 처한 모든 선교사를 일일이 방문할 수는 없겠지만 인터넷 화상 통화나 이메일 등을 이용한 지원도 가능하다.

5. 안전한 공동체에서의 수용 경험

탈진 또는 정서적 어려움을 겪는 한국인 선교사 부부들이 제대로 회복하기 위해서는 공동체를 통한 수용 경험이 매우 중요하다. 연구에 따르면 많은 선교사가 선교사라는 '역할의 굴레' 때문에 '나다움'을 잃어버려 하나님 형상으로 지음 받은 존재로서의 정체성(being)을 갖고 살기보다 '선교사는 이래야 한다'는 역할(doing)로의 삶을 살아가고 있다.[18] 한 연구에서 따르면 선교사들이 회복을 위한 집단 상담 프로그램에 참여하면서 그들 모두 선교사로서의 역할에 초점을 맞추기보다 하나님의 자녀로서 자기 본래의 모습으로 살아가기 시작했다고 한다. 이들은 부부관계와 가족관계, 배우자, 자녀, 더 나아가서는 동료와의 관계도 개선되었다.[19] 이런 성장은 부분적으로 안전한 공동체가 자신들을 있는 그대로 드러내어 자아성찰을 할 수 있도록 환경을 제공해주었기 때문에 가능했다. 이런 안전한 공동체 안에서 참여자들은 각자의 연약한 점을 드러내고 서로 무조건적으로 받아줄 때 회복에 이를 수 있었다. 한국 교회와 선교단체는 선교사들이 본국에서나 선교지에서 이런 영적·정서적·육체적으로 안전한 공동체에서의 수용 경험을 할 수 있도록 적극적 지원과 관심을 가져야 한다.

6. 기타 제안

부부관계에서 상처를 받고 고통을 겪으면 부부 모두 우울하고 불안해 사역을 기쁘게 감당하기 어렵고 효과적으로 사역의 열매를 맺기도 어렵다. 따라서 선교사 가정이 지속적으로 건강한 부부관계 가운데 사역하도록 격려하고 지원하는 것이 선교단체와 한국 교회, 멤버케어 단체가 감당해야 할 중요한 일이다. 이를 위해 선교단체와 교회는 선교사들이 영적·신체적·정신적·정서적으로 건강하게 사역하도록 즉흥적이고 일시적인 대응이 아니라 지속적이고 체계적인 시스템을 갖추기 위해 계속 노력해야 한다. 이를 위해 다음과 같은 일이 선행되어야 한다. 첫째, 적절한 멤버케어 시스템을 갖추기 위해 파송 선교단체, 교회, 멤버케어 단체의 도움과 협력이 필요하다. 둘째, 선교사의 적절한 휴가와 쉼에 대한 제도적 지원이 필요하다. 셋째, 상담 전문가와 전문 인력의 양성, 멤버케어에 대한 인식 제고가 시급하다.[20]

"한국인 선교사의 부부관계에 대한 사례 연구"에 대한 논평: 견고한 기초 놓기

∎

∎

벤 토레이

터가 무너지면 의인이 무엇을 하랴 시11:3

이현숙 박사는 한국인 선교사 부부가 직면하는 여러 문제를 명확하게 짚어내고 있다. 그리고 추가적으로 몇 가지 소중한 제안을 하고 있다. 나는 그중 다섯 번째 제안인 '공동체의 수용'에 주목하고자 한다. 개인적으로 이것이 가장 중요하게 생각되기 때문이다. 하나님은 사람을 혼자 있도록 창조하지 않으셨다. 그분은 우리를 가족의 일원으로 두시고, 가족을 공동체의 일원이 되게 하셨다. 우리의 생물학적 가정을 넘어선 근본적인 공동체는 그리스도의 몸이자 하나님의 백성인 교회다. 로마서 12장, 고린도전서 12장과 13장, 에베소서 4장은 공동체와 우리 사이의 관계가 얼마나 중요한지를 강조한 말씀이다. 고립은 그야말로 치명적이다. 우리는 서로를 필요로 한다. 전도서는 이 점을 다음과 같이 간략하게 표현했다. "또 두 사람이 함께 누우면 따뜻하거니와 한 사람이면 어찌 따뜻하랴 한 사람이면 패하겠거니와 두 사람이면 맞설 수 있나니 세 겹 줄은 쉽게 끊어지지 아니하느니라"(전 4:11-12).

예수님은 제자들을 전도 사역으로 내보낼 때 둘씩 짝지어 보내셨다. 여기서 둘씩 짝지어졌다는 것은 남편과 아내를 말하는 것이 아니다. 남편과 아내는 한 몸이므로(창 2:24) 부부는 하나로 간주한다. 따라서 '둘씩'이라는 것은 두 부부를 한 팀으로 묶은 것이다. 바울은 언제나 팀으로 일했다. 오늘날 선교사 부부가 단독으로 사역하는 것은 성경적 근거가 없다고 하겠다.

나는 선교와 선교사들의 건강에 공동체가 대단히 중요한 역할을 할 수 있다고 믿는다. 따라서 이현숙 박사의 다섯 번째 제안을 강력하게 지지한다. 그녀의 제안 모두가 중요하지만 우리가 도움을 받을 수 있는 기반은 공동체에 있다.

이현숙 박사의 제안에서 더 나아가 보다 근본적 문제를 고찰하려고 한다. 말하자면 가정과 부부관계에 대한 하나님의 의도 같은 것이다. 터가 무너지면 하나님의 백성(의인)이 할 수 있는 일이 별로 없다. 불안정하거나 파괴된 기초 위에 세워진 것은 아무리 잘 설계되어 있더라도 오래 버티지 못한다.

선교사 케어의 기초가 무엇인지를 어디서 배울 수 있을까? 복음주의 선교사 대부분은 그 해답을 성경에서 찾을 수 있다는 데 동의하리라고 믿는다. 그러므로 이 문제에 대한 성경의 가르침을 살펴보고 이를 진지하게 받아들여야 하겠다.

나는 창세기 1장의 창조 이야기부터 시작하고 싶다. 우선 우리는 1-3절에서 삼위일체 하나님을 본다. 요한복음 1장 1-3절을 통해 우리는 "하나님이 가라사대"라고 쓰인 창조의 말씀은 바로 삼위 가운데서 말씀이 육신이 되신, 하나님의 아들이심을 알 수 있다. 26-28절로 넘어가서 남자와 여자를 만드신 부분("하나님이 이르시되 우리의 형상을 따라 우리의 모양대로 우리가 사람을 만들고")에서 인간은 삼위일체 하나님의 형상을 따라 창조되었음을 알 수 있다. 이어 하나님은 인간을 향해 첫 명령("생육하고 번성하여 땅에 충만하라")을 내리신다. 하나님의 형상으로 세상을 충만하게 하라는 명령이다. 각기 종류대로 생육하도록 창조된 다른 피조물과 달리 남자와 여자는 하나님의 형상을 따라 생육하도록 되어 있다. 이 말씀에서 가족이야말로 하나님 형상의 온전한 표현임을 알 수 있다. 창세기 2장 24절에서 또 하나의 핵심 구절("이러므로 남자가 부모를 떠나 그의 아내와 합하여 둘이 한 몸을 이룰지로다")을 본다. 이 구절을 예수님이 인용하셨고(마 5:9-6; 막 10:8), 바울도 두 서신서(고전 6:16; 엡 5:31)에서 인용했다. 반복은 중요성을 나타낸다. 남자가 부모를 떠나 그의 아내와 합하여 한 몸을 이루는 원리를 예수님과 바울이 매우 중요하게 여겼음을 알 수 있다.

이현숙 박사는 한국인 선교사 부부가 겪는 여러 문제의 근본적 원인이 유교문화와 그 기대에 있다고 지적한다. 창세기 2장 24절에 언급된 원리는 유교적 전제와 세계관의 기반 자체를 부정한다. 유교 윤리에서는 남편의 가족을 섬기는 것을 여성의 주된 역할로 본다. 이런 전제는 언어 가운데 스며들어 있다. 여자가 결혼하는 것을 '시집 간다'고 표현하는데, 이는 여자가 시어머니의 집으로 들어가 시어머니의 도우미 또는 종이 된다는 뜻이다. 이런 맥락에서 여자는 시부모의 권위 아래 머무는 남편을 돌보는 의무를 진다. 우리는 이런 원리가 특히 여자의 기대뿐 아니라 남자의 기대 가운데도 작동한다는 것을 이현숙 박사의 글을 통해 보았다.

그러나 성경의 원리는 남자가 그 부모를 떠나 자신과 동등한 지위를 가진 아내와 합하는 것이다. 하와가 아담의 옆구리 갈비뼈로부터 지음 받은 것은 이런 뜻을 지닌다. 이를 근거로 아내는 하나님 앞에서 동등한 자격을 가지고 남편 옆에 설 수 있고, 새로운 가족을 이뤄 자녀를 양육하며 하나님의 형상을 퍼트릴 수 있다. 남편과 아내는 어느 한쪽이 상대 위에 군림하는 것이 아니라 조화롭게 협력하도록 되어 있다. 그러나 알다시피 죄가 이것을 바꿔버렸다. 타락 이후(창 3:16-19) 여자와 남자는 서로 다투기 시작했고, 삶의 모든 측면과 투쟁하게 되었다. 그리스도의 십자가와 그분의 부활을 통해 타락으로부터 구속된 우리는 이런 투쟁과 군림의 양상에서 벗어나 하나님이 본래 의도하신 모습으로 변화되어야 하지 않겠는가!

창조에 대한 하나님의 계획은 가족의 중요성과 성스러움을 분명하게 드러내며, 가족을 돌보고 지키고 세우는 것이 얼마나 중요한지 깨닫게 해주신다. 이 가족은 각자의 가족뿐 아니라 그리스도의 몸을 이루는 모든 사람으로 이뤄진 믿음의 권속을 포함한다. 가족이 지닌 성스러운 중요성, 가족이 하나님의 형상을 온전히 드러낸다는 사실을 생각해 보면 사탄이 왜 그토록 가족을 증오하는지 알 수 있다. 사탄이 일차적으로 증오하는 대상은 삼위일체 하나님이며, 그다음으로 성삼위 하나님의 형상인 인간의 가족을 증오한다. 그래서 사탄은 모든 방법을 동원해 가족을 무너뜨리려고 한다. 에덴동산에서 공격을 개시한 사탄은 여자를 유혹하고, 이어 그녀를 통해 남자를 유혹하여 하나님께 불순종하도록 만들었다. 그들이 하나님의 형상을 따라 창조되었는데도 말이다. 가족을 향한 이런 공격은 여러 가지 모습으로 전개된다. 성적 죄악, (하나님의 형상을 직접적으로 파괴하는) 낙태뿐 아니라 선교와 사역을 핑계로 배우자와 자녀를 소홀히 하거나 학대하는 것, 즉 하나님께서 요구하시지 않는 종교적 이상을 위해 가족을 희생시키는 것이 여기에 포함된다. 혹독하고 심한 표현처럼 들릴 수 있지만 이것은 자녀를 불 가운데로 지나가게 하는 거짓 숭배와 비슷하다. 하나님은 결코 이것을 명령하지 않으셨고 "마음에 생각하지도 아니한"(렘 7:31) 일이다. 하나님을 위한다는 핑계로 자녀와 아내를 희생하는 것은 하나님이 생각조차 하지 않으신 일이다.

다음 말씀에서도 가족에 대한 성경의 관점을 볼 수 있다. "사람이 새로이 아내를 맞이하였으면 그를 군대로 내보내지 말 것이요 아무 직무도 그에게 맡기지 말 것이며 그는 일 년 동안 한가하게 집에 있으면서 그가 맞이한 아내를 즐겁게 할지니라"(신 24:5). 이 말씀은 사랑의 보살핌으로 아내를 기쁘게 하여 신혼 가정을 튼튼한 기초 위에 세우는 것이 얼마나 중요한지를 보여준다. 다음 말씀에서도 가족에 대한 성경의 관점을 볼 수 있다. "보라 자식들은 여호와의 기업이요 태의 열매는 그의 상급이로다 젊은 자의 자식은 장사의 수중의 화살 같으니 이것이 그의 화살통에 가득한 자는 복되도다 그들이 성문에서 그들의 원수와 담판할 때에 수치를 당하지 아니하리로다"(시 127:3-5). 자녀는 부담스러운 짐이 아니라 하나님이 주신 축복이자 선물이다.

불행하게도 선교사 부부는 가혹한 교회 체계에 갇혀 있는 경우가 많다. 젊은 부교역자로서 엄청난 업무량과 희생에 대한 기대감 아래 힘겹게 일하느라 가정을 세워야 하는 결정적 시기에 아내와 자녀를 소홀히 할 수밖에 없는 경우가 종종 있다. 이런 체계에서는 담임목사의 아내가 셋째 아이를 임신한 부목사의 아내에게 "참 이기적이네요"라고 핀잔하는 일이 벌어지기도 한다(내 친구에게 실제로 일어난 일이다). 이런 사례는 심심찮게 볼 수 있다. 유교적 세계관을 가진 한국 가정에서 사역자의 아내는 남편의 종이자 그리스도인에게는 시어머니 격인 교회와 선교 사역의 종으로 간주된다. 그러나 하나님은 그들이 거룩한 삼위일체처럼 하나 되어 가족과 선교를 향한 하나님의 뜻을 분별하기 위해 동역하기를 원하신다.

아내에 대한 남편의 의무에 대해서는 그리스도께서 교회를 사랑하심 같이 남자가 자기 아내를 사랑하라는 성경 말씀에 유념해야 한다(엡 5:25-33).

가족 구조에 대한 성경적 세계관은 유교적 통념과는 정반대 입장이다. 또한 유교적 관점은 가족을 위태롭게 할 정도로 일과 성공의 가치를 끌어올려 놓았다. 이런 배경에서 우리는 가족과 사역에 대한 패러다임의 진정한 변화가 한국 교회 안에서 일어나야 함을 알 수 있다. 어떻게 그런 변화를 일으킬 것인지는 우리에게 주어진 과제다. 파송 교회와 선교기관에서 이뤄지는 신중한 선별, 대인관계 커뮤니케이션 훈련, 상담 등 제반 파송 준비 절차에도 불구하고 기본 전제, 사고방식, 세계관과 같은 가장 근본적 문제는 극복하기가 매우 어렵다. 변화가 필요하다.

　이 변화는 문제를 직시하고, 그것에 대해 이야기하고, 모든 측면을 검토하는 것으로 시작된다. 선교기관이 이런 원리를 기초로 삼아 선교사들을 훈련시키는 것도 바람직한 일이다. 그러나 무엇보다 선교사를 모집하고 파송하는 교회 체계의 구조가 먼저 변화되어야 한다. 교회는 성경적 가족문화를 포용하고 전파해야 한다. 이것이야말로 진정한 도전이다. 이것이 하나의 운동으로 자리 잡아야 한다. 한국 가족의 세대 간 화해와 치유를 가져온 위업으로 유명한 아버지학교와 비슷한 성격의 운동이 될 수도 있다. 예를 들어 '가족학교'라는 이름의 운동이 시작될 수도 있다. 나는 하나님이 이 도전을 지혜롭고 효과적으로 감당할 지도자들을 세워주시기를 기도한다.

09
신경발달장애와 선교사 자녀의 정신건강

───

낸시 A. 크로퍼드

"안타깝지만 당신의 자녀가 진단받은 ○○을 치료하기 위한 적절한 자원은 제가 아는 한 이곳 동아프리카에서는 찾을 수가 없습니다."(빈 칸에 지적장애, 소통장애, 자폐스펙트럼장애, 주의력결핍과잉행동장애, 특정학습장애, 운동장애 등 여섯 가지 신경발달장애 분류 가운데 하나를 넣어 보라.) 나는 아프리카 주재 선교사 자녀의 심리교육 평가를 마친 뒤 이런 말을 해야 하는 순간이 두려웠다.

나는 케냐의 투마이니상담센터에서 임상심리사로 일하면서 학교 수업에 어려움을 겪는 선교사 자녀 100명 이상을 평가해야 했다. 정확한 진단을 통해 아이들의 학업과 심리사회적 잠재력이 충분히 발휘될 수 있는 적절한 대응책을 선택할 수 있을 거라고 기대했다. 부모나 선교사 학교가 심리교육 평가를 요청한 주된 이유는 대체로 학습의 어려움 때문이었지만, 동시에 아이의 정신건강에 대한 우려 때문이기도 했다. 왜냐하면 아이에게 신경발달장애가 있을 경우 심각한 심리적 고통과 전반적인 정신건강상의 위험(특히 우울증)이 존재하기 때문이다.

지금까지 선교사 자녀에게게 진단된 가장 흔한 신경발달장애는 주의력결핍과잉행동장애(ADHD)와 특정학습장애(SLD)였다. 이어지는 사례 연구는 내가 직접 경험한 세 가지 경우를 종합하여 재구성한 것이다. 첫째, 선교사 가족과 그들이 속한 기관이 아이에게 도움을 준 경우다. 둘째, 선교사 가족과 기관이 아이에게 도움을 주지 못한 경우다. 셋째, 선교사 가족의 형편상 정확한 진단을 받기 어려워 자녀의 치료가 제때 이뤄지지 못한 경우다. 조기 개입을 통해 크게 호전을 보이는 경우가 종종 있다 보니 ADHD와 SLD 치료가 지연되면 특히 안타까운 생각이 든다.

주의력결핍과잉행동장애(ADHD): 설명과 치료, 선교 현실

설명

로버트(15세)-[1]는 길게 6시간 동안 비디오 게임을 하는데, 자신이 좋아하는 게임에 매우 능숙하다. 반면에 숙제는 항상 막바지까지 미룬다. 예를 들면 "이 과제물을 완성하지 않으면 낙제야" 같은 급박한 상황이 아니면 도무지 숙제를 시작할 수 없는 듯했다. 비디오 게임에는 집중할 수 있지만 관심이 없으면 제대로 집중할 수 없어 같은 문장을 여러 번 다시 읽어야 겨우 이해할 정도였다. 로버트는 특히 3,000단어를 써야 하는 작문 숙제를 싫어한다. 학창 시절 내내 지능은 높지만 노력이 부족하다는 평가를 받았으며, 수업을 방해하는 행동을 하지 않지만 언제나 공상에 잠기고 집중하지 않는 듯했다. 성적은 떨어지고, 한때 사교적이었지만 지금은 혼자 지내며 비디오 게임에 빠져 있다. 로버트는 입을 열면 자신과 다른 사람들에 대한 비판적인 말을 자주 한다.

나는 ADHD를 묘사하는 예로 로버트를 선택했다. 로버트는 주로 주의집중 결여로 나타나는 ADHD 유형인데, 이런 유형은 간과하기 쉬워 청소년 또는 성인이 될 때까지 알아차리지 못하는 경우가 많다. 지능이 높은 아이들은 여러 해 동안 자신의 증상을 감출 수 있다. ADHD의 다른 유형, 주로 과잉행동/충동 유형의 아이들(가만히 있지 못하고, 수업 중에 자리를 이탈하고, 잡담을 지나치게 많이 하고, 아무 때나 뛰거나 기어오르는 등의 행동을 보임)처럼 부모나 교사의 눈에 쉽게 띄지 않기 때문이다. 로버트와 같은 아이들은 유년 시절 집중력 결핍 증상(할 일과 자료 정리, 집중과 노력 지속, 좌절감 조절, 작업 기억력 활용, 자기행동조절 등에 어려움이 있음)을 보이지만, 청소년기나 성인기가 되기 전까지 크게 표가 나지 않는 경우도 있다.

치료

1990년대 중반에 이뤄진 미국 국립정신건강연구소(NIMH)의 획기적인 복합 치료 연구에 기반을 둔 ADHD의 주된 치료법은 여전히 약물 치료에 의존한다. 신중한 관찰 아래 이뤄지는 약물 치료는 학생과 부모에 대한 심리교육, 행동 치료, 심리 요법과 병행된다. 자녀의 ADHD 판정을 알게 된 선교사 부모들의 몇 가지 반응을 아래와 같이 예시해 두었다. 각 반응에 이어 최신 연구에 근거한 심리교육 사례도 기록했다. ADHD에 대한 심리교육은 부모나 단체, 학생 스스로가 어찌할 수 없는 일에 대해 학생 자신을 탓하지 않도록 돕는 데 매우 중요한 역할을 한다.

"저는 로버트가 ADHD라고 생각하지 않아요. 그저 게으를 뿐이에요. 치료는 필요 없어요. 스스로 조금만 노력하면 해결될 일이에요." 심리교육: 55편의 fMRI 연구를 다룬 2012년 메타 분석 논문에 따르면 ADHD 판정을 받은 아이들과 그렇지 않은 아이들의 신경계에 몇 가지 차이가 존재한다는 사실이 입증되었다. 이런 신경계의 특성상 로버트의 두뇌는 자신의 작업을 정리하고, 우선순위를 정하고, 뭔가 시작하는 능력을 비롯해 여러 주의력 기능에 지장을 받는다.[2]

"저는 아이에게 약, 특히 각성제를 먹이고 싶지 않아요. 크면서 저절로 괜찮아질 거예요." 심리교육: 영상 연구에 따르면 각성제는 ADHD

환자의 과제 수행 능력을 개선하고, 과제 수행 중 산만함을 최소화시켜 준다고 알려져 있다.[3] 아이들의 ADHD 증상이 최소 20대 나이까지 이어지는 경우가 50% 이상이다. 유년기에 ADHD 판정을 받은 남자 아이들을 10년간 추적 조사한 연구에 따르면 그들이 20대 초반이 되었을 때 35%가 ADHD에 대한 DSM 진단 기준을 완전히 충족했고, 22%는 진단 기준의 최소 절반을 충족하며 중대한 장애를 가지고 있었다.[4]

"우리는 사역지를 떠날 수가 없어요. 게다가 아프리카 사람들은 로버트를 무척 좋아해서 우리가 떠나는 이유를 이해하지 못할 거예요. 로버트는 학교를 떠나 집에 가면 괜찮아질 거예요." 심리교육: ADHD 환자 가운데 일부에게서 불안장애, 주요 우울장애, 약물남용장애 등이 발생하며 일반인보다 로버트 같은 아이들에게서 더 자주 발생한다. 또한 ADHD 환자가 치료를 받지 않으면 실업, 대인관계 갈등, 신체 상해, 교통사고, 비만 등의 문제를 겪게 될 확률이 더 높다.[5]

"로버트를 도울 수 있는 일이라면 뭐든 하고 싶은데, 우리는 어떤 일을 할 수 있을까요?" ADHD 치료는 심리교육, 약물 치료, 행동/환경 관리 등 세 가지 요소로 구성된다. ADHD에 대해 더 깊이 이해하고 싶다면 양질의 웹사이트(예를 들면 www.chadd.org)와 책들이 있다. 더 잘 이해할수록 더 깊이 공감할 수 있고, 실질적인 관리 방법도 배울 수 있다. 약물 치료는 치료 초기 몇 주간 면밀히 관찰하면서 투여량과 투여 시점을 환자의 신체 조건에 맞춰 조절해야 한다. 로버트를 도우려면 적절한 의료 지원을 제공할 수 있는 의사 가까이에서 당분간 살아야 할 수도 있다. 또한 로버트의 독특한 교육적 필요를 충족시키려면 홈스쿨링 대신 통학하는 학교에 보내거나 통학하는 일반 학교에서 홈스쿨링으로 바꿔야 할 수도 있다(상황에 따라서는 기숙학교에 넣거나 기숙학교에서 빼내야 할 수 있다). 대인관계와 자존감, 양육, 스트레스, 불안 조절 등의 문제를 다루기 위해 심리 치료가 필요할 수도 있다.

로버트처럼 ADHD를 가진 선교사 자녀도 정확한 판정, 적절한 치료와 관리를 통해 성공적이고 풍성한 삶을 영위할 수 있다. ADHD 증상을 무시하고 치료를 등한시한다면 로버트는 현재와 미래에 정신건강상 심각한 어려움을 겪을 수 있다. 선교사 가정이 확실하게 ADHD 치료를 받으려면 많은 경우 선교단체의 지원이 필요하다. 특히 약물 치료의 관리, 학교 전학, 심리 치료 등이 요구되는 경우에 그렇다.

선교사의 현실

선교사의 삶에서 일어나는 여러 요인 때문에 확실하게 ADHD 진단을 내리기 어려운 경우도 있다. 홈스쿨링을 하는 가정이나 학생 수가 적은 교사의 경우 ADHD 검사가 필요하다는 사실을 인식하지 못할 수 있다. 비교 기준이 될 만한 다른 아이들이 없으면 아이들이 잘 지내는 것처럼 보이기 때문이다. 이런 상황에서는 소집단에서의 정상이 대집단에서의 정상과 큰 차이가 나기도 한다. 소집단에서는 "로버트는 원래 저래요"라고 하면서 ADHD 증상을 무시하기가 쉽다. 만약 강한 유전적 요인으로 ADHD 증상이 나타난 거라면 비슷한 증상을 보이는 부모 때문에 우려할 만한 증상이 간과되거나 악화될 수 있다. 심지어 선교사 가족이 ADHD 진단의 필요성을 인식할 수 있도록 선교단체가 도와줘야 하는 경우도 있다.

ADHD의 정확한 진단을 어렵게 만드는 또 다른 요인은 트라우마와 환경 변화다. 트라우마는 ADHD와 유사한 증상을 보인다. 예를 들면 집중력장애의 경우 자신이 겪은 힘든 사건에 온통 마음을 뺏기면 집중하기가 어렵다. 또한 난폭한 행동의 경우 아이들은 자신이 느끼는 슬픔이나 공포, 분노를 자신과 남을 향한 거친 언행으로 표현하곤 한다. 이사 등을 통해 생활환경이 자주 바뀐 경우에도 아이들은 ADHD와 비슷한 증상을 보인다. 자신이 겪는 변화에 대한 우려, 친숙했던 사람들과 장소, 반려동물 등과 작별해야 하는 슬픔이 마음에 가득하기 때문이다.

이런 선교 현실을 고려할 때 선교사 자녀들이 다음에 열거한 두뇌의 실행 기능에 지속적인 어려움을 겪는다면(파괴적 행동을 보이든 보이지 않든 간에), 그들의 현재와 장래의 정신건강을 위해 종합적인 심리교육 평가를 반드시 받아야 한다.

- 활성화: 과제 수행과 자료 정리가 어렵고 시간을 예측하는 데 문제가 있어 보인다. 일을 시작하는 것을 어려워한다.
- 집중: 뭔가 듣거나 계획하려고 할 때 초점을 잃고, 내적/외적 자극에 쉽게 집중력이 흐트러지며, 읽은 것을 곧장 잊어버려 다시 읽어야 한다. 상황에 따라 집중 정도가 달라진다. 즉 집중이 잘 되는 특정 활동이나 상황이 있다.
- 노력: 수면과 기민성을 조절하기가 어렵다. 시간 안에 과제를 완료하는 것이 어렵다. 특히 글쓰기에서 그렇다.
- 감정: 좌절감을 다스리고 감정을 조절하기가 어렵다.
- 기억: 필요할 때 어떤 내용을 기억해 내기가 어렵다. 저장된 기억을 활성화시키고 이를 현재의 정보와 통합하여 생각과 행동에 참조하기 위한 '검색 엔진'이 제대로 작동하지 않는 듯하다.
- 행동: 자기 행동을 감독하고 규제하기가 어렵다. 또한 자신을 차분하게 가라앉히거나 자신의 업무에 필요한 만큼 속도를 높이는 것이 어렵다.[6]

특정학습장애(SLD): 설명과 치료, 선교 현실 ─────────

설명

레베카(10세)-7는 자주 학교에 가기 싫다고 말한다. 이 아이는 글을 읽을 때 속도가 느리고 무척 어려워한다. 방금 읽은 내용에 대해 물어 보면 대답하지 못할 때가 많다. 소리 내어 읽어 보라고 하면 배가 아프다고 하면서 교실 밖으로 나가버린다. 소리 내어 읽는 경우에도 발음이 명확하지 않고, 어린이들이 알아야 하는 기초 단어(예를 들면 call, come, could, day, down 등과 같이 영어 문장을 이루는 단어의 50%에 해당되는, Fry가 선별한 100개 단어에 등장하는 기초 단어)도 대충 넘겨짚어 읽는다.-8 더 어렸을 때 레베카는 남이 책을 읽어주는 것을 좋아하지만 스스로 읽는 것에는 관심을 보이지 않았다. 레베카는 학습 내용을 귀로 들을 때 가장 잘 배웠고, 그림을 그리거나 새의 이름 맞추기를 할 때 가장 행복해했다. 실제로 레베카는 대부분의 새 이름을 울음소리만 듣고도 알아맞혔고, 새 이름을 한 번만 듣고도 곧잘 기억했다. 이 아이는 성적이 부진하자 자신을 바보라고 부르기 시작했다. 자신의 저조한 성적이 너무 걱정스러워 밤에 잠들기 어려워진 지 6개월이나 되었다.

읽기에 어려움을 가진 특정학습장애(난독증이라고도 함)를 설명하기 위해 레베카를 예로 들었다.-9 지시 사항을 글로 읽고, 자신이 배운 것을 글로 표현하도록 하는 교육 체계 아래서 아이들에게 이런 유형의 특정학습장애는 심각한 문제다. 대부분의 교과목(예를 들어 수학, 과학, 역사 등)은 문장을 통해 기본 개념을 전달한다. 또한 대부분의 교과목은 독서를 요구하는 필기시험으로 학생들의 숙달도를 평가한다. 초등학생 시절부터 읽기를 버거워하는 레베카 같은 학생들 대부분은 학교 성적이 저조하며, 또래 아이들보다 뒤떨어진다는 느낌은 곧 낙심과 염려로 이어진다.

치료

난독증을 일으키는 두뇌 구조와 신경 전달 과정을 교정할 수 있는 방법은 아직 발견되지 않았다. 이런 문제는 평생 이어진다. 그러나 이런 장애를 일찍 발견하고, 특정 교육 방식과 기법을 통해 조기에 개입할 경우 레베카와 또래아이들 사이의 격차를 줄일 수 있다. 학생의 숙달도가 올라가면 이런 개입을 멈출 수도 있다. 다음에는 자녀의 특정학습장애 판정 소식을 들었을 때 선교사 부모들이 보인 반응을 예시해 두었다. 각 반응 뒤에는 최신 연구에 근거한 심리교육 내용을 적었다. ADHD와 마찬가지로 특정학습장애에 대한 심리교육은 부모와 단체, 학생이 어찌할 수 없는 일에 대해 아이가 자신을 탓하지 않도록 돕는 데 매우 중요한 역할을 한다.

"저는 레베카에게 특정학습장애나 난독증이 있다고 생각하지 않아요. 읽기를 좀 더 연습해야 할 뿐이에요." 심리교육: www.mayoclinic.org에 따르면 난독증은 유전되는 경향이 있다고 한다. 즉 난독증은 환경적 위험 요소와 함께 두뇌의 읽기, 언어 처리에 영향을 주는 특정 유전자와 연관이 있다고 본다. 관련 위험 요소에는 난독증 관련 가족력, 조산과 저체중 출산, 임신 중 영양 부족, 약물, 음주, 감염에 노출된 경우 등이 있다. 선교사 가정에 입양된 현지인 자녀에 대해서는 출생 전 위험 요인을 고려할 필요가 있다.

"우리는 고립된 환경에 살고 있어서 각종 치료에 필요한 시간이나 돈을 마련하기가 어렵습니다. 게다가 귀국한다고 한들 취업하기 어려워 아프리카를 떠날 수도 없어요. 레베카는 똑똑한 아이니까 자라면서 괜찮아질 거예요." 심리교육: 난독증 치료는 비용이 많이 들기보다는 오랜 시간이 걸리는 특징이 있다. 온라인을 비롯한 여러 곳에서 좋은 자료를 구할 수 있다. 레베카가 읽기를 잘 배우려면 의도적이고 개별화된 개

입 치료가 필요하다. 레베카의 난독증이 치료되지 않는다면 학업성취도
가 낮아지는 데 이어 실업이나 불완전한 고용 상황을 맞이할 수 있다. 학
교를 중퇴하고 동시에 우울증 증세가 생긴다면 정신건강이 악화될 우려
도 있다. 반면 주변에서 사회적·정서적 지지를 충분히 제공한다면 정신
건강 상태가 좋아질 수 있다.

"레베카를 위해 뭐든 해주고 싶어요. 어떻게 하면 되나요?" 심리교육: 난
독증의 주요 치료법은 해독(디코딩), 읽기에 대한 유창성, 단어 읽기의
정확도, 독해력 등 여러 영역 가운데서 학생이 어려움을 겪는 부분에
초점을 맞추는 개별화된 개입 방식으로 이뤄진다. 독서전문가의 종
합 검사를 거쳐야 레베카를 도울 구체적인 전략 수립이 가능하다. 몇
몇 선교단체와 선교사 자녀 학교에서는 이런 검사를 제공하는 특수교
사들과 제휴관계를 맺고 있다. 미국인 선교사 자녀에게 해당되는 이야
기지만, 미국의 학교는 특정학습장애 판정을 받은 학생들의 학습 지원
조치를 취해야 할 법적 의무가 있다. 때로는 가족들이 이런 검사와 구
체적 치료 계획을 얻기 위해 본래의 학군으로 돌아가야 하는 경우도
있다. 레베카가 홈스쿨링을 하고 있는 경우라면 교육 문제 해결을 위
해 기숙학교나 일반 학교를 고려해야 할 수도 있다. 이미 학교를 다니
고 있는 경우라면 추가적이고 개별적인 지원이 가능하도록 홈스쿨링
을 고려해 볼 수도 있다.

레베카처럼 읽기나 수학, 문장 영역에서 특정학습장애를 가진 선교사
자녀들도 정확한 진단과 적절한 치료, 지원을 통해 정상적인 삶을 영위
하고 크게 성장할 수 있다. 특정학습장애 증상을 무시하고 치료를 등한
시한다면 레베카는 장래에 심각한 정신건강 문제를 겪을 수 있다. 선교
사 가족은 이런 특정학습장애를 치료하는 과정에서 선교단체의 지원이

필요로 할 수도 있다. 특히 학교를 옮겨야 할 경우에는 더욱 지원이 필요하다.

선교사의 현실

선교사 가족뿐 아니라 모든 가족에게 해당되는 일이지만, 특정학습장애 판정에 따른 복잡한 문제 가운데 하나는 대체로 다른 신경발달장애(예를 들면 ADHD)나 기타 정신장애(예를 들면 불안과 우울증)가 함께 발생한다는 점이다. 때때로 학생의 트라우마나 불안, 우울증이 해결되면 학습 역량이 개선되어 학습 부진을 극복하는 경우도 있다. 따라서 특정학습장애가 학생이 겪는 교육상의 어려움을 불러온 근본 원인인지, 다른 정신장애의 증상인지를 분간하기 위해 종합적인 심리 검사를 거쳐야 한다.

마찬가지로 때때로 특정학습장애처럼 보이지만 실제로는 학과교육상의 누락과 공백이 원인인 경우도 있다. 선교사 자녀들은 선교 사역에 수반되는 빈번한 이동과 전학 때문에 학과교육이 부분적으로 누락되기 쉽다. 특히 미국식 교육 과정, 유럽식 교육 과정인 국제 바칼로레아(IB), 영국식 교육 과정인 케임브리지 국제 중등교육 일반 자격(IGCSE) 등 교과 체제 간에 전학이 이뤄지는 학생은 학과 누락의 위험이 높다. 국가별 교육 과정 간에 그 범위와 순서에 대한 접근 방식이 다른 읽기와 수학 관련 교과목에서 교육 공백이 발생할 가능성도 높다. 예를 들어 수학에 대한 특정학습장애를 검사할 때 미국과 케임브리지 IGCSE 교육 과정을 둘 다 거친 학생의 경우 분수에 대한 학습이 이뤄졌는지, 언제 이뤄졌는지 파악하는 것이 중요하다.

마지막으로 학생에게 정말로 특정학습장애가 있는지, 아니면 학과교육이 제대로 이뤄지지 않았는지를 분간하기가 매우 어렵다. 홈스쿨링을 하는 선교사 가족은 '학교'가 명사일 뿐 아니라 동사라는 것을 잊어버리기도 한다. 홈스쿨링을 하는 선교사 가정의 경우 교육에 대한 대외 보고 책임이 없으므로 사역에 대한 부담, 대인관계와 개인 문제 등으로 벅찬 나머지 자녀들의 교육을 소홀히 할 수도 있다. 따라서 홈스쿨링을 하는 선교사 자녀의 학습 진도 감독은 꼭 필요하다.

기타 신경발달장애 네 가지 ───────────────

이 사례 연구에서 나는 ADHD와 특정학습장애를 집중적으로 다뤘다. 그 이유는 직접 검사한 선교사 자녀들 가운데서 가장 빈번하게 진단된 신경발달장애가 이 두 가지였기 때문이다. 동아프리카에서 소통장애, 자폐스펙트럼장애, 운동장애, 지적장애를 가진 선교사 자녀들도 있었지만 이 네 가지 신경발달장애에 대해서는 저자가 충분히 경험하지 못했기에 간략하고 일반적인 내용만 설명한다는 점을 미리 밝혀 둔다.

소통장애
아이들에게 소통장애(예를 들면 언어장애, 말더듬, 발음장애, 사회적 소통장애)가 있는 경우 언어치료사의 조기 개입과 적극적 치료가 필요하다. 이런 개입 치료를 통해 교육적으로나 직업적으로 발전할 수 있는 가능성이 높아진다. 동아프리카에서는 이런 서비스를 받기 어렵다.

자폐스펙트럼장애
사회적 소통과 상호작용의 결핍 상태가 지속되고 한정적이고 반복적인 행동 양상을 보이는 자폐스펙트럼장애를 가진 아이들은 행동 치료, 심리 치료, 교육 치료, 기술 습득 등을 제공할 정신건강 전문가팀의 집중 치료와 조기 개입이 필요하다. 이런 개입 치료가 없으면 자폐스펙트럼장애를 가진 아이들은 성인이 되었을 때 심리적·사회적 기능이 떨어져 독립적인 생활과 취업이 어렵다. 동아프리카에서는 이런 치료 서비스를 받을 수 있는 기회가 거의 없다.

운동장애

운동장애에는 발달성 협응장애, 정형적 동작장애, 틱장애 등 다양한 유형이 있어 치료와 예후를 일반화하기가 어렵다. 공통점이 있다면 이런 장애로 말미암아 사회와 학업 기능이 방해를 받는다는 점, 동아프리카에서는 적절한 치료를 받기가 거의 불가능하다는 점이다.

지적장애

다른 신경발달장애와 달리 지적장애를 가진 아이가 성인이 되어 독립적인 생활을 할 수 있는 가능성은 거의 없다. 지적장애 정도에 따라 개입 치료를 통해 적응 기능을 어느 정도 향상시킬 수는 있다. 일단 지적장애 진단이 내려지면 전문가가 아니라 일반인을 통해 적응 기능 향상을 위한 개입 치료가 실행될 수 있다. (선교단체와 지역 사람들의 도움을 포함한) 적절한 공동체적 지원이 제공된다면 지적장애를 가진 선교사 자녀들은 본국에서와 마찬가지로 타문화권에서도 잘 성장할 수 있다.

결론

이 사례 연구의 서두에 선교사 가족들에게 하기 가장 어려웠던 말이 무엇인지 적었다. 이 글을 마무리하면서 자녀들의 ADHD 또는 특정학습장애 판정 소식을 들었을 때 선교사 가족들로부터 가장 듣고 싶었던 말이 무엇이었는지 적고자 한다. 어린 시절의 장애를 치료하지 못하고 성인이 되는 이들이 겪을 정신건강과 기능적 어려움을 고려해 볼 때 저자가 가장 듣고 싶었던 말은 이것이다. **"아이에게 도움이 되는 일이라면 무엇이든 하고 싶어요. 우리 아프리카의 교회나 선교단체, 후원자들이 어떤 반응을 보일지에 대해서는 하나님께 맡기겠어요. 우리가 무엇을 하면 될까요?"**

"신경발달장애와 선교사 자녀의 정신건강"에 대한 논평:
한국의 문화적 맥락과 한국인 선교사 자녀들이 겪는 어려움

∎
∎

제니 H. 박

개인적으로 낸시 크로퍼드의 사려 깊은 논문 "신경발달장애와 선교사 자녀의 정신건강"에 대해 논평을 할 수 있어 기쁘다. 주의력결핍과잉행동장애(ADHD)와 특정학습장애(SLD)는 그녀가 선교사 자녀를 섬기면서 가장 빈번하게 마주친 신경발달장애다. 여러 사례를 조합한 두 가지 경우를 통해 그녀는 우려되는 점과 치료 관련 문제, 선교적 맥락에서 유의미한 요소들에 대해 요약했다. 나도 전문 임상상담가로서 다년간 선교사 가족들과 자녀들을 상담실과 선교사 멤버케어, 목회적 상황에서 섬겨 왔기에 서두에서 크로퍼드가 자녀의 진단 결과를 부모에게 전해야 할 때 마음이 무겁다고 한 말에 공감이 간다. 물론 선교지에서 치료에 필요한 자원을 찾을 수 없을 때 상황은 더 나빠진다. 안타깝게도 한국인 선교사 자녀들의 상황도 이와 비슷하거나 더 심각하다. 나는 크로퍼드의 논문에 답변하기 위해 다방면으로 한국에서 연구된 선교사 자녀들에 대한 ADHD/LD 연구들을 찾아보았지만 너무 제한적이었다. 그래서 한국에서 ADHD와 LD에 관련해 출판된 일반 연구들을 참조하여 한국인 선교사 부모들과 자녀들이 겪는 신경발달장애에 대해 설명하려고 한다.

   과연 문화적 영향은 ADHD의 진단과 치료에 크게 작용하는가? ADHD는 아동과 청소년기의 가장 보편적인 장애 중 하나다. 전문가들은 각 문화마다 ADHD를 가진 아이들이 있다고 말한다.[10] Polanczyk 등은 종합적이고 체계적인 문헌 검토를 통해 전 세계 ADHD 유병률이 약 5.2%라고 보고했다.[11] 그러나 국가별 유병률은 1%에서 20%까지 넓게 분포하고 있어 ADHD 진단이 서양의 문화적 산물이 아닐까 하는 의문을 불러일으켰다.[12, 13] 그러나 병인학, 증상 표현, 치료 결과 등의 공통점에서 드러난 증거에 따르면 ADHD 진단은 범문화적 타당성이 있음을 지지하며, 국가별로 분포가 다르게 나타난 이유는 진단 방식, 의료 체계, 학교 정책, 문화적 태도, ADHD를 위한 서비스에 대한 접근성 등의 차이에서 기인하는 것으로 본다.[14]

   1979년 서울대학교 병원 내에 소아정신과클리닉이 개원하면서 한국의 소아정신과가 시작되었다. 1986년에는 대한소아청소년정신의학회가 설립되어, 이후 20년간 한국의 소아 정신건강 서비스 발전에 크게 기여했다. 최근 실시된 대규모 역학 조사에 따르면 한국 소아의 ADHD 유병률은 중형 도시 거주자의 경우 8.5%로 보고되었다.[15] 서울 거주 소아에 대한 이전 연구에서는 5.9%[16]에서 9.0%[17] 사이의 유병률이 보고되었다. 전국 건강보험 데이터베이스 분석에 따르면 ADHD 유병률이 높은 것으로 조사되었지만 한국 내 6~18세 ADHD 진단과 약물 치료가 이뤄진 비율은 0.357%에 불과하며, 2008~2011년에는 0.248%였다.[18] 즉 한국에서 ADHD를 가진 아이들 가운데 진단과 치료를 받은 아이들은 5분의 1에도 미치지 못한다. 따라서 이 분야에 대한 더 많은 노력이 요구된다고 하겠다.

2004년 이후 ADHD에 대한 의식을 고취하려는 전국적인 교육 캠페인에도 불구하고 ADHD에 대한 일반인의 이해는 여전히 미흡하며, 어린 시절에 심리 또는 신경발달 관련 진단을 받는 것에 대한 부정적 인식이 높은 것으로 나타났다. 한국 보건복지부는 2008년까지 발달장애, 학습장애, ADHD 등을 장애로 인정하지 않았다.[19] 이런 이유에서 한국의 학교는 ADHD를 비롯한 신경발달장애를 가진 아이들을 지원할 자원을 충분히 갖추지 못하고 있다. 또한 교사들도 이에 대한 진단이나 치료 방법에 대해 잘 모르고 있다. 한 연구에 따르면 한국의 교사들은 ADHD와 정서 불안을 포함한 기타 장애를 잘 구분하지 못하는 것으로 보고되었다.[20]

마찬가지로 대부분의 한국인 부모는 신경발달장애, 이와 주로 연관된 정서와 행동 문제, 즉 우울, 불안, 낮은 자존감, 따돌림과 괴롭힘, 반항, 행동장애 등에 대해 거의 또는 전혀 이해하지 못하고 있는 상태다. 교사와 학부모를 비롯해 아이들이 보다 성공적인 치료를 받도록 연결해주고, 한국 문화에 깊이 뿌리 내린 부정적 인식(예를 들어 개인의 정신질환이나 장애를 집안의 수치로 여기는 것)을 극복하려면 공동체의 정신건강에 대한 보다 효과적인 연결망, 적극적인 상담 서비스, 예방적 교육 서비스 등이 필요하다. 최근 한국 보건복지부 보고에 따르면 한국인의 정신질환 평생 유병률은 27.6%다(즉 성인 열 명 가운데 세 명은 사는 동안 한 차례 이상의 정신장애를 겪는다). 정신건강 서비스를 증진시키고 개선하기 위해 국가적 차원의 보다 포괄적이고 의식적인 노력이 요구된다.[21]

한국의 학습장애

한국에서 특수교육이 일찍이 발달할 수 있었던 것은 19세기에 미국과 유럽에서 온 기독교 선교사들의 도움이 컸다고 할 수 있다. 그들은 주로 시각과 청각장애 아동을 돌봤다. 1977년 특수교육진흥법(SEPA)이 제정되어 무상 특수교육과 관련 서비스(장애 아동을 위한 물리 치료, 언어 치료, 의료 서비스 등)가 의무화된 이후, 특히 지난 25년간 한국 내 특수교육은 큰 발전을 이뤘다.[22] 1994년 특수교육진흥법이 전면 개정되어 일반 교육 과정에서 장애를 가진 학생이 통합교육을 받도록 했다. 2008년에는 특수교육진흥법이 장애인 등에 대한 특수교육법으로 대체되어 학습장애에 대한 정의(듣기, 말하기, 주의집중, 지각, 기억, 문제 해결 등의 학습 기능이나 읽기, 쓰기, 수학 등 학업 성취 영역에서 뚜렷하게 나타나는 어려움)를 수정하고, 위험 학생에 대한 진단과 평가를 각 학교가 아닌 지역 학군이 시행하도록 했다.[23] 국립특수교육원의 노력 덕분에 신속한 발전이 이뤄졌음에도 학습장애의 정의와 학습장애 학생을 선정하기 위한 최선의 진단 기준 등에 대한 합의는 미진한 상태다. 게다가 추천 절차의 복잡함, 학습장애를 가진 학생에 대한 교사와 학부모의 전반적 무지, 학교에서 학습장애 지원 서비스를 받기 위한 절차의 불명료함 등의 문제로 학습장애가 보고된 학생 수는 최근 들어 오히려 감소하고 있다(2011년 6.8%, 2013년 4.7%, 2016년 2.7%).[24]

낮은 학습 성취도는 그 원인이 매우 복잡하고, 장애를 대하는 태도는 문화마다 다르다.[25] 한국에서 장애인에 대한 대중의 인식은 대체로 부정적이며, 안 좋은 것으로 낙인을 찍는 경향이 있다. 수백 년간 교육은 유교 사회에서 신분 상승의 수단이었다. 그 결과 학문적 성공은 과대평가되고 중시되었다.[26] 심지어 비장애인 학생의 부모는 교육 수준과 학생의 성취도 저하를 우려하여 일반 교실에서의 통합교육을 반대하기도 했다.[27] 원칙적으로 통합교육을 지지하는 일반 교육 교사들마저 준비 부족을 이유로 들어 자기 학급에 장애 학생이 포함되는 것을 기피했다. 한국에서 학습장애의 심사, 추천 절차, 중재 프로그램 등을 개선하기 위해 학교와 정부는 일반 교사와 특수교사 모두에게 더 많은 행정 지원과 훈련을 제공해야 한다. 학습장애에 대해 교육하고 이에 대한 인식도를 높이려면 지역 교회와 선교기관이 협력하며 노력해야 할 것이다.

한국의 선교적 맥락 ————————————————

해외 파송 한국인 선교사는 1970년대 이후 급속하게 증가했다(1979년 93명, 1990년 1,645명, 2002년 1만 422명, 2013년 이후 2만 명 이상).[28] 지난 20년간 놀라운 성장과 함께 전 세계 한국인 선교사의 자녀수도 2014년 현재 1만 7,675명 이상으로 증가했다. 그중 35%는 선교지에 있는 지역 학교에 다니고, 38%는 선교사 학교나 국제학교, 9%는 홈스쿨링, 18%는 한국에 있는 학교에 다니거나 기타로 분류되어 있다.[29] 한국인 선교사 자녀는 선교사 학교나 국제학교에서 큰 비율을 차지하고 있는데, 한국인 선교사 자녀의 문화적 차이와 그들이 비영어권 출신이라는 점은 서양식 교육제도와 커리큘럼을 사용하고 영어를 사용하는 교직원을 채용하는 선교사 학교와 국제학교에게 하나의 도전이 되고 있다.

많은 한국인 선교사 부모는 자녀교육을 어떻게 해야 할지 갈피를 못 잡고 있다. 또한 자녀가 겪는 문화 간 적응과 과도기, 언어 장벽, 여러 종류의 상실감, 뿌리를 잃은 느낌, 소속감의 결여, 문화적 정체성 문제 등을 어떻게 극복하도록 도울 수 있는지에 대해서도 미처 준비되지 못한 상태라고 느낀다. 선교지 적응과 학습의 어려움이 가장 큰 어려움 두 가지로 손꼽힌다. 한국인 선교사 자녀의 약 10%가 학교 적응에 심각한 어려움을 겪고, 6%가 전문 상담이 필요한 정신건강 문제를 보이는 것으로 조사됐다.[30] 거듭되는 이사와 이별은 대부분의 선교사 자녀가 겪는 어려움이다. 그런데 예를 들어 ADHD로 대인관계 구축과 유지가 어렵다면 아이들은 선교적 맥락에서 외로움, 소속감 결여, 심지어 우울감에 더 취약할 수밖에 없다. 연구에 따르면 ADHD 증상과 우울증 사이에 유의미한 연관성이 있다고 한다. 이것은 ADHD에 따른 장애와 환경적으로 부정적인 사건들이 누적됨으로써 적응 과정에서 겪는 다양한 어려움이 반영된 것일 수 있다.[31]

결론

   종합적으로 볼 때 한국은 신경발달장애를 더 깊이 포용하고 인식하려면 갈 길이 멀다. 아이들에게 미치는 영향을 연구하기 위한 자원이 제한된 상황에서, 특히 선교사 자녀들에 대한 이 논문이 본 주제에 대해 더 많은 논의가 이뤄지는 계기가 되기를 희망한다. 향후 정책과 연구는 교육 체계를 주안점으로 다뤄야 한다. 더 나은 대학 입학과 취업에 대한 경쟁이 극심한 한국에서 대부분의 선교사 부모는 자녀교육에 대한 기대치가 높다. 부모는 자녀교육이 자신들의 가장 중요한 의무라고 느끼는 한편, 자녀들은 학문적 성취에 대해 엄청난 압박을 받는다. ADHD와 학습장애를 가진 학생들은 학습 성과와 성취도에 어려움을 겪으면서 낮은 자존감으로 힘들어하고 자신을 과소평가하게 된다. 특히 그들은 미래(대학, 취업, 대인관계)에 대해 큰 불안감을 느낀다. 신경발달장애에 대한 적절한 평가, 진단, 교육과 함께 개인 또는 집단 치료, 학습 전략 지도(시간 관리 기술 등), 학교 내 지원 시설과 자원 제공을 지지하는 활동도 학생들에게 도움이 될 것이다. 선교기관은 학교와 정신건강 서비스 기관과 협력하여 오리엔테이션과 재입국 프로그램, 선교 콘퍼런스, 선교사 자녀 수련회 등의 기회를 통해 한국인 선교사 부모와 자녀를 대상으로 ADHD와 학습장애에 대한 교육, 선별, 자원 제공 등의 활동을 해야 한다. 장애가 있든 없든 간에 모든 선교사 자녀는 자신의 잠재력을 발휘해 성공적이고 보람을 느끼는 삶을 영위할 수 있어야 한다. 한국 교회와 선교기관은 ADHD와 학습장애를 가진 선교사 자녀들에게 보다 나은 지원을 제공하기 위해 신경발달장애를 둘러싼 부끄러움과 부정적 낙인을 극복하도록 적극적으로 나서야 한다.

10
성중독

리처드 윈터

성의 아름다움과 파탄 ─────────────────

성은 하나님이 우주를 창조하실 때 우리에게 주신 가장 아름답고 고귀한 선물 중 하나다. 우리는 다른 사람과의 친밀함을 기뻐하고 이를 욕망할 수 있는 능력을 지니도록 만들어졌다. 우리의 신체와 두뇌는 이를 위해 설계되었다. 아담은 하와가 다른 동물과 다르다는 점을 알고 "이는 내 뼈 중의 뼈요 살 중의 살이라"(창 2:23)고 말했다(또는 노래했다). 이 말은 그녀가 몸과 영혼의 가장 깊은 곳에서 자신을 만나도록 설계된 존재라는 뜻이다. 하나님은 우리를 만드실 때 다른 사람을 보고 신체적 아름다움에 놀라움을 느끼며, 그의 인격적 매력에 사로잡힐 수 있는 능력을 주셨다. 아가서는 낭만적 사랑의 끌림, 관능적 상상력과 즐거움을 시적으로 묘사하고 긍정한다. 하나님은 우리를 만드실 때 대단히 민감한 신경 말단을 가진 성기와 사람의 접촉을 통해 배출되어 서로를 결합시키는 호르몬, 친밀함, 함께 있고 싶어 하는 깊은 갈망을 주셨다. 그리고 이것만으로 충분하지 않다는 듯 성은 새로운 생명과 인격을 탄생시키는 놀라운 기적을 만들어낸다. 그렇게 결혼은 가족과 사회의 기초 단위가 된다. 마지막으로 성적 친밀함은 우리와 하나님과의 관계를 생생하게 나타내는 상징이다. 성경 처음부터 끝까지 성은 하나님과 그분의 백성(이스라엘과 교회) 사이의 친밀함을 표현하고 있다. 그리고 그것의 궁극적 비전과 소망은 가장 심오하고 비밀스러운 그리스도와 교회의 하나 됨을 가리킨다(엡 5:31-32).

따라서 원수가 성을 주된 표적으로 삼는 것은 그리 놀라운 일도 아니다. 남자와 여자 사이, 우리와 자비하신 하나님 사이의 친밀함과 관계성의 영역만큼 파괴적 피해를 가져올 만한 것이 달리 있겠는가? 이곳은 전쟁터다. 크리스토퍼 웨스트는 이 점을 다음과 같이 잘 표현했다. "세상에서 가장 거룩한 것이 무엇인지 알고 싶다면, 가장 파괴적으로 훼손되고 있는 것이 무엇인지를 살펴보면 된다."[1] 하나님이 주신 바람직한 성의 아름다움과 영광은 세상 어디를 가도 산산이 부서졌고 성 노예, 매춘, 성적 학대, 위협과 강간, 성병, 낙태, 불륜, 혼전 성관계, 포르노그래피, 수간, 기계나 로봇과의 성행위, 성중독 등의 형태로 파탄과 비애를 해일처럼 불러일으키고 있다. 창조주의 지시에 아랑곳하지 않은 채 멋대로 돌아가고 있다.

안타깝게도 교회도 지난 수백 년간 큰 도움이 되지 못했다. 초대교회의 가르침은 영지주의의 영향으로 신체와 몸의 쾌락을 영적이지 못하고 육적인 것으로 간주하는 경향이 있었다. 반면 영은 경건하고 신령한 것으로 간주했다. 성중독과 씨름했던 아우구스티누스는 성에 무슨 선함이 있겠는가 하며 의심을 품었지만 인생 말년에 자신의 관점을 수정했다. 주후 350년 제롬은 다음과 같이 적었다. "자기 아내에게 지나치게 열정적인 애인이 되는 남자는 스스로 간통을 범하는 것이다."[2] 다른 말로 하면 자녀를 낳기 위해 성관계를 가지는 것은 괜찮지만 그걸 너무 즐기지는 말라는 이야기다. 최근까지 많은 교회에서는 성에 대해 너무 많은 이야기를 하지 않으려 했고, 아가서를 영적으로 해석해 실제 연인 사이에 존재하는 낭만적 사랑의 관계가 아니라 우리를 향한 그리스도의 사랑의 비유라고 설명했다. 많은 부모가 유혹의 위험에 초점을 맞춘 채 "…하지 말라"는 지도에 집중했다. 또한 무지함과 멋쩍음, 침묵을 통해 그들은 성에 대한 거리낌의 감정을 다음 세대에게 전수했다. 그러다 보니 우리는 성에 대해 수치스럽고 더럽고 혼란스러운 것이라는 생각을 갖게 됐다. 현대 문화에서 모든 사람이 성에 대해 이야기하지만, 교회는 최근까지 침묵을 유지하고 있다.

인류가 일단 창조주의 설계 의도를 거부하고 그분과 무관하게 살기 시작하면 창조주의 좋은 선물인 음식과 관능, 관계, 성에 대한 탐닉을 쾌락의 궁극적 원천으로 삼게 된다. 선물이 그 선물을 주신 분의 자리를 차지하고, 우리 마음속의 우상이 된다. 인간을 복잡한 동물과 시간, 우연이 합쳐진 결과물로 보는 관점은 상대주의적 성윤리를 발생시킨다. 그리고 우리는 창조주를 거부하고, 인간의 번성을 위해 주신 그분의 설계를 외면했기 때문에 생겨난 심각한 결과를 부정하려고 한다.[3]

중독의 속성

여기서 중독이 시작된다. 만약 우리가 알고 있는 최고의 쾌락을 주는 경험 중 하나가 성이라면, 그 쾌락을 자주 그리고 강렬하게 얻으려고 하지 않겠는가? 강렬한 쾌락의 경험은 권태, 고독, 불안, 우울, 분노, 공포, 좌절, 고통 등 인생의 다른 문제를 잊게 만드는 최고의 방법이다. 이런 목적으로 마약을 사용하는데, 성도 마약처럼 될 수 있다. 신체 작용의 결과 성은 마약에 취한 듯한 화학적 효과를 낼 수 있다. 오르가슴과 함께 도파

민을 비롯한 쾌락 호르몬이 분출되기 때문이다. 그러나 그 쾌락은 오래 지속되지 않는다. 우리 뇌는 반복된 쾌락의 경험에 쉽게 길들여지도록 설계되어 있어서 그런 쾌락을 다시 불러일으킬 방법을 찾는 데 몰두하게 된다. 마약 중독처럼 더 자주, 더 많이, 더 자극적인 것을 요구한다. 그리고 그것을 많이 사용할수록 이에 해당하는 두뇌 신경망이 더 깊이 생성되어 그것을 중단하기가 더욱 어려워진다. 그것이 우리의 뇌와 신체를 장악하게 된다. 건강한 친밀함과 신체의 쾌락 메커니즘은 결국 우리의 몸와 영혼을 파괴할 포르노그래피나 난잡한 성이 주는 패스트푸드 같은 대체품에 의해 장악된다. 수백만 명이 그런 원치 않는 행동의 마수에 걸려들어 잡혀 있다. 윌리엄 스트러너스는 《남자의 뇌(Wired for Intimacy)》에서 이런 두뇌 변화에 대해 설명한다.[4]

그러나 성이나 마약의 중독성만으로 중독이 일어나는 것은 아니다. 베트남전쟁에 참전했다가 귀국한 군인들 가운데 다수는 헤로인 중독이었지만 그들 중 95%가 마약을 끊었다. 전쟁의 공포로부터 벗어나자 더 이상 마약이 필요하지 않았던 것이다. 정신과 의사인 가보르 마테 박사는 "정서적 고립과 무력감, 스트레스는 중독적 신경생물학적 반응을 촉진하는 조건에 해당한다"[5]라고 말했다. 성중독 전문가이자 치료사인 제이 스트링어는 우리가 고통에 대해 자기치료를 한다는 점을 인정하면서 자기경멸, 수치심, 비판 등 불가피한 감정에 중독되는 경우도 있다고 말한다. 그리고 우리는 "애당초 환영받는 존재가 아니었음을 확인시켜 주는 성장기에 겪은 트라우마, 학대, 수치심에 대한 이야기"를 반복적으로 재연한다고 했다.[6]

성 산업, 특히 포르노그래피 비즈니스의 규모는 거대하다. 미국인의 3~5%(900~1,600만 명)가 성에 중독된 것으로 추정된다.[7] 그런데 이것은 중독을 어떻게 정의하느냐에 따라 달라진다. 왜냐하면 13~24세 미국인의 64%가 매주 최소 1회 의도적으로 포르노그래피를 보기 때문이다. 그 정도의 노출 빈도는 중독에 해당하지 않을지도 모르지만, 언제든 악화될 수 있는 고질적 습관임에 틀림없다. 한번 미끄러지면 끝없는 나락으로 떨어질 수 있는 위태로운 상황인 것이다. 제이 스트링어는 일부 통계 자료를 다음과 같이 요약한다.

- 인터넷에서 내려 받는 자료 가운데 약 35%는 포르노그래피와 연관되어 있다.
- 포르노 사이트 월간 접속 횟수는 넷플릭스, 아마존, 트위터 접속 횟수를 합친 것보다 많다.
- 포르노 산업은 970억 달러 규모에 이르며, 그중 120억 달러는 미국이 차지한다.
- 목회자의 57%, 청소년 지도 목회자의 64%가 포르노그래피와 현재 씨름하고 있거나 과거에 그런 경험이 있다.[8]
- 포르노 사이트 방문자의 70%는 남성, 30%는 여성으로 추정된다. 18~30세 남성 가운데 63%, 18~30세 여성의 21%가 매주 여러 차례 포르노그래피를 보는 것으로 조사됐다.[9] 여성의 성중독은 증가 추세에 있다. 아이들은 평균 9~11세에 처음 포르노를 접하는데, 휴대전화 사용으로 그 연령이 점차 낮아지고 있다. 젊은 사람들 가운데 포르노그래피가 해롭지 않다고 믿는 경향이 증가하고 있다.

우리는 모두 선한 청지기로서 하나님이 우리에게 주신 정신, 마음, 신체를 잘 관리하려고 노력해야 한다. 사실 우리는 음식, 술, 니코틴, 일, 진통제, 관계, 다양한 성적 행동 등 몇 가지 쾌락에 대한 유혹을 받으며 중독의 가장자리에서 아슬아슬한 줄타기를 하고 있다. 해로운 습관에서 시작해 강박적 행동으로, 다시 모든 통제력을 상실하는 명백한 중독에 이르는 과정은 뚜렷한 경계 없이 연속선상에 놓여 있다.

뿌리 이해하기

그렇다면 우리는 왜 그것의 정체를 있는 그대로 부르지 않는가? 음욕, 반역, 죄라고 말이다. 그냥 회개하고 끊어라. 육신의 죄를 죽여라. 마음을 새롭게 하라. 기도하라. 성경을 연구하고 순종하라. 날마다 누군가에게 자신의 삶을 검증받으라. 이런 접근 방식이 어떤 사람에게는 효과가 있겠지만, 대다수 사람에게는 임시방편일 뿐이고 반복되는 전투에서 단기적으로 승리한 것에 불과하다. 우리는 복잡한 피조물이어서 진정한 변화와 자유를 찾으려면 자신이 어떤 행동을 하는 이유가 무엇인지 이해하는 것이 중요하다. 성적 행동은 충족되지 않은 깊은 갈망이나 영혼의 상처, 수치심 등이 작용해 일어나는 경우가 많으며, 엉뚱한 욕구와 행동으로 나타나곤 한다. 다른 사람들이 우리에게 지은 죄, 특히 그것이 어린 시절에 일어난 경우에는 성숙한 관계를 형성하고 건강한 성적 표현을 할 수 있는 능력에 심각하고 해로운 영향을 미치게 된다. 3,800명의 남녀를 대상으로 한 연구 결과에 따르면 제이 스트링어는 "원치 않는 성적 행동을 일으키는 어린 시절에 만들어진 다섯 가지 요소로 경직되고 무관심한 가족 체계, 유기, 자녀들과 감정적으로 얽힌 부모, 트라우마의 이력, (명백한 또는 미묘한 형태의) 성적 학대"를 꼽았다.-[10]

목회자와 상담자는 성 정체성의 선함과 영광에 대해, 그것의 파탄에 대해 말할 수 있어야 한다. 즉 성의 황홀과 고뇌 모두 다룰 수 있어야 한다. 가장 신성한 것이 가장 더럽혀져 우리는 전쟁을 치르고 있다. 이때 치유와 희망을 가져오려면 성과 신체에 대해 말하는 것에 익숙해져야 한다. 동시에 우리를 매우 슬프게 하고, 화나게 하고, 혼란스럽게 만드는 이야기에 적극적 관심과 동정심, 자비로운 마음을 가지고 경청하는 데 익숙해져야 한다. 더 나아가 우리는 신체와 마음의 이야기를 탐구하면서 낭만적 사랑의 환상, 중독적 행동, 왜곡된 관계, 수치심 등에 영향을 준 것이 무엇인지에 대한 단서를 찾아야 한다. 이를 통해 우리는 십자가 밑에 나아감으로써 우리를 은혜로 품어주고 치유하시는 하나님 아버지의 품에 안길 수 있을 것이다.

사례 연구 ─────────────────────────────

샘의 슬픈 이야기

성중독에 빠진 경로는 사람마다 다르고 남자와 여자도 각기 다르지만, 그들의 이야기에는 어떤 공통점이 존재한다. 샘은 열 살 때 할아버지의 컴퓨터로 게임을 하다가 포르노를 접하게 됐다. 묘한 흥분과 호기심을 느낀 그는 자기 집에서 아무도 지켜보지 않는 틈을 타서 컴퓨터로 음란물을 찾아보기 시작했다. 고등학생이 되자 그것은 매일 밤 집착하는 습관이 되었다. 포르노그래피를 발견한 그는 전혀 다른 세상에 발을 들여놓았고, 오늘날의 많은 젊은 남녀처럼 포르노그래피를 성과 관계에 대한 지식의 주된 원천으로 삼았다. 그는 더 많은 시간을 컴퓨터 앞에서 보내면서 자신을 흥분시킬 더욱 야한 영상을 찾아다녔다. 그런 영상 중 다수는 여성을 굴욕적으로 묘사하고 비하했다. 그는 결국 집단 성행위와 수간도 보게 되었다. 처음에는 역겹고 부끄럽게 여겼지만, 그의 양심은 점차 무뎌졌다. 그는 여성들과 채팅을 하기 시작했고, 그것은 가끔 매춘부를 만나는 데까지 이어졌다. 그러면서 삶이 나뉘는 이중생활을 해야 했다. 자신의 성적 환상, 충동, 행위를 자제하려는 노력은 지속되지 못했다. 자신에게 해롭다는 것을 알았지만 멈출 수가 없었다. 수치와 죄책감, 절망이 느껴질 때마다 또다시 그것에 빠지는 것으로 자신의 고통을 무마시켰다.

샘은 결혼하면서 이 문제가 해결되지 않을까 기대했다. 그러나 아내에게 자신의 상황에 대해 말하지는 않았다. 한동안 결혼생활이 도움이 되긴 했지만 직장에서 스트레스를 받자 과거의 습관이 일부 되살아났고, 아내를 속이는 일이 갈수록 많아졌다. 그의 은밀한 중독 증세는 아내와의 관계를 파괴하는 데까지 이르렀다. 아내와의 성 생활이 따분하게 느껴졌기 때문이다. 진정하고 건강한 관계는 복잡하며, 쾌락을 얻기보다 쾌락을 주는 것에 초점이 맞춰진다. 반면 환상 속의 가상관계를 통한 포르노그래피와의 자위행위는 훨씬 단순하다.

샘은 십대 시절 여러 번 회개하고 자신의 죄를 고백하며 변화에 대한 다짐을 반복하면서 이런 중독으로부터 해방되기를 기도했지만, 결국 응답받지 못했다는 이유로 신앙에 대해서도 냉소적이 되었다. 샘의 몸부림은 수백 년 전 아우구스티누스가 유사한 중독으로 몸부림친 상황이 되풀이된 것이었다.

그러나 나는 … 내 의지의 쇠사슬에 묶여 있었습니다. 원수 마귀가 내 의지를 장악해 나를 묶는 쇠사슬을 만들어냈고, 그 쇠사슬로 나를 꽁꽁 묶어버렸습니다. '뒤틀린 의지'로부터 '정욕'이 생겨났고, 계속해서 정욕을 좇다 보니 '습성'이 만들어졌으며, 습성에 대적하지 않았더니 '필연'이 만들어졌습니다. 이 하나하나의 쇠고리가 서로 연결되어 하나의 사슬이 만들어져 이것을 '쇠사슬'이라고 부르는데, 나는 이 쇠사슬에 꽁꽁 묶여 꼼짝없이 노예가 되어버리고 말았습니다. 이제 유일하게 아름답고 향기로우신 하나님을 아무런 조건 없이 경배하고 즐거워하고자 하는 '새로운 의지'가 생겨나기는 했지만, 오랫동안 나를 장악해 와서 아주 강력한 힘을 지닌 '옛 의지'를 이기기에는 역부족이었습니다. 이렇게 두 가지 의지, 즉 옛 의지와 새로운 의지 또는 육을 따르는 의지와 영을 따르는 의지가 내 안에서 서로 다투었는데, 이 둘의 불화로 인해 내 영혼은 갈기갈기 찢어졌습니다.[11]

도움 구하기

아우구스티누스가 말한 것 같은 예속의 사슬에 묶인 샘은 자신의 육체와 영혼 간 전쟁 가운데 덫에 걸린 느낌이 들었고, 그의 영혼은 갈기갈기 찢어졌으며, 그의 공포는 커져 갔다. 그는 두려워서 누구에게도 자기 이야기를 할 수 없었는데, 특히 아내에게는 더더욱 말할 수 없었다. 그는 조심스럽게 자기 교회의 젊은 목사를 찾아갔고, 목사 자신도 대학과 신학교 시절 포르노그래피 문제로 씨름했다는 이야기를 듣고 안도감을 느꼈다. 목사는 그의 이야기를 경청했고, 인근의 상담사를 추천하고 그와 비슷한 문제로 씨름하는 남자들의 지원 모임을 소개해줬다.[12] 이런 이야기가 그의 아내에게 큰 충격과 불안을 줄 것을 알았기에, 두 사람은 어떻게 이 이야기를 꺼내야 할지 함께 의논했다. 그 후 샘의 아내는 성중독자의 아내들 지원 모임을 통해 도움을 받았는데, 이를 계기로 자신이 어린 시절 받은 폭력과 슬픔, 수치, 분노, 남편에 대한 식어버린 애정을 이야기할 수 있었다.

샘은 자신의 어린 시절을 이야기하면서 부모가 맞벌이를 했기 때문에 반기는 사람 없는 집에 혼자 들어와 저녁 늦게까지 외롭게 지내야 했던 일이 하나둘 떠올랐다. 어머니는 집에 있을 때면 자신의 외로움과 남편의 실패에 대해 자주 이야기하곤 했다. 또한 그의 형이 포르노를 그에게 소개한 것과 형이 자기 방에서 여자 친구를 애무하는 모습을 샘에게 지켜보게 했던 일도 기억났다. 키가 작다고 학교에서 괴롭힘을 당했던 일도 기억났다. 다른 사람들에게 자신의 과거 이야기를 함으로써 마침내 그는 그런 과거의 사건들이 성적 학대였다고 말할 수 있게 되었다. 그는 포르노에 자극된 자위행위의 쾌감을 자신의 고독과 수치에 대한 아픔을 무마시키는 단기 처방으로 삼았음을 깨달았다. 또한 포르노그래피에 등장하는 굴종적인 여성에 대한 지배 환상이 특별히 매력적으로 보였던 이유가 자신이 겪은 무력감 때문이었음을 알게 되었다. 이런 깨달음에 이르기까지 2년 동안 개인 상담과 중독 모임의 도움이 필요했다. 그 과정에서 그는 자신의 환상과 욕망이 무엇인지 진단하고, 예전의 습관을 자꾸 촉발시키는 요인을 알아냈고, 그의 뇌를 재훈련시키며 마음 깊이 새겨진 습관으로부터 커다란 자유를 경험할 수 있게 되었다. 샘과 그의 아내는 자신들의 죄뿐 아니라 다른 사람들이 저지른 죄가 어떤 영향을 끼치는지에 대해 가슴 아파하는 시간을 가져야 했다. 그들은 정당한 분노를 드러내는 법을 배웠고, 건강하고 해로운 수치심과 죄책감을 구분할 수 있게 되었다.

샘이 어린 시절 겪은 고독, 하나님이 주신 인정과 사랑에 대한 갈망은 그를 상처 입기 쉽도록 만들었다. 제이 스트링어는 "무관심의 토양에서 욕정이 꽃핀다"라고 말했다.-[13] 샘의 부모가 그를 방치한 것은 생계를 위한 현실적 필요에서 비롯되었을 수 있다. 아마도 자기 아들이 애정과 보호를 충분히 받지 못하고 있다는 사실조차 모른 채 지냈을 것이다. 샘의 형은 너무 일찍 성에 눈뜨게 만들어 샘에게 해를 끼쳤다. 학교에서 샘을 괴롭힌 아이들은 잔혹하게도 샘의 당혹감과 무의식적인 분노, 수치심을 가중시켰다. 이 분노와 수치심은 포르노그래피를 찾게 만드는 강력한 요인이 되었다.

치유와 건강을 향한 발걸음

샘의 아내는 한동안 이혼을 고려했다. 그러나 자신이 겪는 혼란을 지원해주는 모임에 참석하고, 전문 상담사와 이야기를 나누는 과정에서 조금씩 고통이 줄어들었다. 샘과 그의 아내는 바람직한 의사소통과 신뢰 회복을 위해 차근차근 노력했다. 샘은 자신이 끼친 상처에 대해 후회하고 깊이 뉘우쳤으며, 마침내 무관심했던 부모와 해로운 행동을 하도록 이끈 형을 진심으로 용서하게 되었다. 그는 자신의 죄에 대해 하나님의 용서와 아내의 용서를 받게 되었다. 그와 아내는 정상적인 성 관계를 발전시키는 방법을 배워야 했다. 그의 아내는 정서적·신체적 표현을 억제하는 가정에서 자랐으며, 성과 관련해 안 좋은 경험만 갖고 있었다. 그중에는 삼촌으로부터 가해진 두 차례 폭력도 있었다. 샘의 성교육은 포르노그래피를 통해 이뤄졌다. 여러 해 동안 우여곡절이 있었지만 샘은 계속 치유와 성장을 경험했고, 마침내 교회에서 자신과 같은 문제로 씨름하는 남자들을 도울 수 있는 데까지 이르렀다.

치유를 위한 필수 요소 ─────────────

중독에 빠진 많은 사람은 자신을 제대로 보살피는 방법이나 정당한 욕구를 충족시키는 관계를 유지하기 위한 방법을 배운 적이 없다. 제이 스트링어는 다음과 같이 말했다.

> 내 연구에 따르면 포르노그래피 이용자 중 27%만 뚜렷한 자기관리 습관(운동, 영양 섭취, 친구와 보내는 시간)을 유지한다. 원하지 않는 성적 행위로 힘들어하는 이들 가운데 대다수는 자신에게 필요한 것을 요청하거나 자신의 경험에 대해 솔직하기보다는 수동적인 편을 택한다. 그들은 일에 지치고, 인정받지

못한다고 느끼며, 목적 없이 배회하는 삶을 살아간다. 그러면서 자기는 이런 일을 겪어 마땅하다고 스스로 생각하게 된다._14

원하지 않는 성적 생각과 행위로 채워진 영혼의 공허함을 무엇으로 대체할 수 있을까? 기도가 필요하고 신체, 성, 관계에 대한 성경의 가르침도 필요하고 마음을 새롭게 할 필요도 있고 순종과 책임감 등도 유용하고 필요하다. 그러나 자기 자신을 돌보는 치료 또한 유익한 방법이다. 음악, 예술, 건강한 음식, 술이나 카페인을 과다 섭취하지 않는 것, 규칙적인 운동, 자연 속에서 시간 보내기, 일에서 벗어나 시간 보내기(가족이나 친구와 함께 또는 혼자서) 등이 그렇다. 제이 스트링어는 "고독, 좌절, 허무, 권태를 벗어나 아름다움, 온전함, 창의성을 향해 나아가라"고 권한다._15 치유를 위한 다른 필수 요소가 있다면 좋은 상담사, 자신의 사연과 어려움을 공유할 수 있는 소그룹, 우리 모두는 속량이 필요한 불완전한 사람임을 인정하는 은혜로 충만한 교회 공동체다.

"성중독"에 대한 논평:
미국 한인 이민 교회 리더들의 성윤리

■

■

김선만

들어가는 말 ─────────────

성 문제는 어느 특정 집단에 국한된 것이 아니다. 왜냐하면 하나님이 모든 사람을 "자기 형상 곧 하나님의 형상대로" 창조하셨기 때문이다. 그래서 남성과 여성의 관계에는 하나님과 사람의 관계에 함축되어 있는 뜻이 내재해 있다.-16 참된 인간성의 중심에 하나님의 형상을 따른 남성과 여성의 성의 창조가 포함되어 있으며, 그것은 성의 고상함과 함께 성이 하나님의 선물임을 알게 해준다. 특히 하나님은 흙으로 아담을, 아담의 몸으로 하와를 지으심으로써(창 2:21, 22) 남성과 여성이 성적으로 서로 의존하며 갈망하게 하셨다. 더욱이 남자와 여자는 창조주로부터 생육하고 번성하라는 문화명령을 받았다(창 1:28). 따라서 성 자체는 도덕적 문제가 아니다. 다만 사람의 성행위에 따라 그 대가가 다르게 나타나는 것뿐이다.-17 아서 F. 홈스는 성적 관계는 단지 두 이성에게만 국한되어 있지 않고, 하나님의 선한 목적을 위해 사람을 지으신 창조주 하나님과 관련되어 있다고 말한다.-18 그러므로 성과 관련해 사랑만이 유일한 도덕적 원리가 아니라 정의도 포함되어 있다. 사랑과 정의의 도덕적 원리에서 벗

244

어나는 성행위는 수많은 문제를 불러온다.-[19]

이런 점에서 한인 이민 교회 리더들과 한인 사역자들의 성적 문제는 다른 나라나 집단의 성적 문제와 동떨어진 이슈가 아니다. 게다가 세계는 사이버 세계의 출현으로 성 문제가 더 복잡해지고 더 많은 위험에 직면해 있다. 사이버 세계는 성 문제에 위협적 영향을 끼치고 있다.-[20] 따라서 한인 이민 교회 리더들과 세계 한인 사역자들의 성 문제 역시 간과할 수 없다는 관점에서 조심스럽게 접근해 보고자 한다.

성경역사적 관점 ───────────────

아담과 하와의 타락은 그들에게 성적 수치심과 하나님에 대한 거리감과 두려움을 초래했다(창 3:7, 10). 그들이 무화과나무 잎으로 치마를 만들어 가리고 동산 나무 사이에 숨은 것은 서로에 대해 부끄럽고 하나님이 두려웠기 때문이다(창 3:7, 10). 그전에 그들은 매우 친밀했으며 성적으로도 전혀 부끄러워하지 않았다. "내 뼈 중의 뼈요 살 중의 살이라 … 두 사람이 벌거벗었으나 부끄러워하지 아니하니라"(창 2:23, 25). 하나님의 창조 관점에서 성은 아름답고 친밀한 소통의 길이다. 그러나 창조 질서를 떠난 성적 결합은 불행과 심판적 재앙을 초래한다(롬 1:18).

아브라함 시대 소돔 지역은 멸망에 이르렀을 만큼 성적으로 타락했다(창 13:13; 19:5, 13). 롯은 그 속에서 살면서 심령이 더 상하게 되었고(벧후 2:8), 결국 더 수치스러운 성적 타락을 겪었으며 그 지역의 도시들은 마침내 멸망하고 말았다(창 19:36).

레위인들은 성전과 예배에 관계된 일을 위해 선택받은 사람이었음에도 사사시대의 한 레위인은 첩을 취했고, 무리의 동성애 협박을 받자 첩을 내주어 무자비하게 성폭행을 당해 죽음에 이르게 했다. 이로써 온 이스라엘과 불량배들이 속한 베냐민 지파 사이에 처절한 살륙전이 발발했다(삿 19, 20장). 제사장 엘리의 두 아들은 성전에서 수종 드는 여인들과 불륜의 죄를 저지르는 등 하나님의 심판을 자처했다(삼상 2:34; 4:21, 22).

이 같은 성적 타락 현상은 신약시대 역시 예외는 아니었다(고전 5:1). 포스터는 한 신학자의 말을 인용하여 성의 타락이 마귀적인 에로티시즘과 에로티시즘의 완전 결여 사이에서 악마적 방황을 초래했다고 주장했다.[21] 그러나 성경은 왜곡된 성에 기인한 비극만 보여주지 않고 성을 인정하고 축복하고 있다. 한 신학자는 아가서를 창세기 2장 25절 말씀의 확대된 주석이라고 했다. 예수님은 결혼 안에서 이뤄지는 한 몸 됨을 성적 연합의 실제인 동시에 생명의 연합, 즉 "하나님이 짝지어 주신 것"(마 19:6)으로 확정하신 반면, 거부된 관계성에서 "음욕을 품고 여자를 보는 자마다 마음에 이미 간음하였느니라"(마 5:28)고 비인격적 성을 경계하셨다. 포스터는 예수님이 "성은 너무나 선하고 고상하고 거룩한 것이어서 값싼 생각으로 취급하실 수가 없었다"라고 해석했다.[22]

성경은 일방적으로 금욕주의나 독신주의를 가르치지 않는다. 성은 확실히 하나님의 창조 선물이다. 그러나 왜곡된 성, 창조 질서를 떠난 성은 불행과 재앙을 초래한다.

사회학적 관점

미국의 한인 사회는 미국에 있어도 체면문화를 가진다. 체면문화에서는 자기표현에 있어 제한적이고 제약을 많이 받는다. 체면문화에서는 성에 대한 언급을 자제하는 것이 옳다고 생각한다. 성에 대한 주제를 불편한 시선으로 바라보는 것이다. 그래서 대화 가운데 성에 대한 언급이 나오면 그냥 넘어가거나 피하거나 덮어버리는 경우가 많다. 사사기의 베냐민 사람들은 성범죄자들을 스스로 처벌하지 않고 덮어줌으로써 엄청난 대가를 치렀다. 이것이 체면문화의 한 부분이라고 생각한다. 그러나 현대사회는 글로벌화가 일어나고, 인종과 국경을 초월한 유동인구의 급증으로 말미암아 세계 곳곳에 디아스포라 사회와 문화가 형성되고 있다.[23] 또한 인터넷에 의한 사이버 사회와 문화의 영향력은 정치, 경제, 사회, 도덕, 윤리 등 모든 면에서 거침없이 그 영역을 넓혀 가면서 도시화와 초도시화 현상을 만들며 성윤리의 사각지대를 넓혀 가고 있다.[24]

사이버 사회에서 성윤리의 사각지대가 무한정 확장되는 것은 익명성에 근거한 폐쇄성과 관련이 있다. 폐쇄성 문화의 대표적 요소 가운데 기복신앙과 신비주의가 포함되어 있다. 기복신앙과 신비주의는 보통 샤머니즘에서 발견되는 것이며, 샤머니즘의 특성 중 하나는 윤리성의 결핍이다. 그러므로 이런 시대와 다양한 사회문화의 특성 안에서 일어나고 있는 한인 이민 교회와 리더들의 성적 문제들은 그들만의 독특한 이슈라고 말할 수 없다.

한인 이민 교회의 리더들이 넘어지다

LA의 L목사는 동 교회 여집사와 불륜관계로 지내다가 여성도의 폭로로 전모가 드러났다. L목사는 자신을 신뢰하며 매사에 협조적인 한 여성도와 교회 안팎에서 자주 만나기 시작했고, 어느 날 가족들이 없는 시간에 심방하는 중 선을 넘었다. 이 사건은 소속 교단은 물론 이민 사회에 큰 충격을 안겨주었다. 그는 소속 노회로부터 면직과 출교 치리를 받았다. 그러나 일부 노회원이 노회의 결정에 불복해 노회는 두 개로 분열되었으며, 2013년 총회(KAPC, Korean American Presbyterian Church)까지 분열시키는 단초가 되었다.[25]

NY의 K목사는 예리한 본문 분석력과 힘 있는 설교로 많은 사람에게 은혜를 끼쳤고 큰 예배당을 건축하는 등 교인들과 동역자들의 선망의 대상이 되었다. 어디까지나 외관상은 그랬다. 그러나 그는 영적으로 지쳐 있었고 특히 새벽기도를 마친 다음 밀려오는 허탈감과 피곤함에 시달려야 했다. 그래서 그는 여성도가 접근할 때 냉정하게 거절할 수 없었고, 여성의 따뜻한 배려와 친절은 집으로까지 이어져 선을 넘게 되었다. 2007년 3월 어느 주일예배 광고 시간에 K목사는 간음죄를 고백하고 사임했다. 또한 2015년 한인 1.5세와 2세의 대표적 리더였던 뉴욕의 P목사가 여성도와의 불륜으로 교단(AMI, Acts Ministries International)에서 면직 제명되었다. 이 일들은 대표적인 사례에 불과할 만큼 많은 한인 이민 교회 리더들이 성적 스캔들로 넘어지고 교회를 떠났다.

해결의 실마리

K목사는 소속 노회에서 3년 정직 치리를 받았지만 그의 회개와 재헌신을 인정한 성도들이 세운 교회의 담임으로 청빙을 받아 2019년 현재까지 사역하고 있다. P목사는 면직 제명을 당했지만 받아들이지 않았고 새로 생긴 교단에서 활동하고 있다.

K목사가 어느 인터넷 방송과 처음이자 마지막으로 한 인터뷰의 일부는 어두운 성윤리 상황 가운데서 해결의 실마리를 찾는 데 도움이 될 것이다. 그는 사건이 있은 뒤 1년 반 동안의 근황을 묻는 질문에 자신이 겪은 고통과 자숙, 근신에 대해 나누었다. 한 가지 눈에 띄는 것은 자신과 하나님, 가족과 자신의 관계를 회복하는 데 우선순위를 두었다는 것이다. 그래서 치유와 회복을 위한 올바른 방향에서 용서를 받고 관계를 재정립할 수 있었다. 그는 이렇게 고백했다. "… 제 경우에는 사건이 발생한 직후

먼저 제 아내에게 모든 사실을 고백하고 용서를 받았으며, 함께 기도원에 들어가 2주간 기도하면서 결사적으로 회개의 은혜를 구했고, 그 결과 하나님이 내려주신 사죄의 은총을 받게 되었습니다."[26] 또한 그는 자신의 범죄를 네 명의 딸에게 일일이 고백하며 용서를 구했고, 그들은 위로와 함께 아버지를 감싸주었다. 비록 여러 다른 상처의 깊이와 무게가 가해자와 주변 사람들로부터 지워지지 않는다고 할지라도 진정한 회개와 사과는 치유와 회복을 위한 중대한 걸음임에 틀림없다. 가해자에게는 다양한 수준의 치리에 따른 처벌이 필요한데, 이때 그들과 일반 사역자를 위해 전문가들이 고안한 상담과 예방적 세미나도 함께 제공되어야 할 것이다.

하나님의 나라 경험하기

복음의 능력은 하나님의 나라의 능력이다. 진정한 복음 안에서 왜곡된 성은 온전한 성으로 돌이킬 수 있으며, 사람을 바꿔놓을 수 있다.

매사추세츠 의과대학 정신과 교수 나자비츠는 아무리 큰 상처와 중독이라도 벗어날 수 있으며 치유와 회복이 가능하다고 말한다. 그는 칼 융의 말을 인용하면서 "나에게 일어난 일이 내가 아니라 내가 되고자 선택하는 그것이 나다(I am not what happened to me, I am what I choose to become)",[27] 새로운 치유를 위한 경험이 사람의 뇌를 건강한 방향으로 재생시킬 수 있다고 주장했다. 진정한 복음 안에 있는 하나님의 인자와 진실이 사람을 변화시키는 하나님의 능력이다. 라합은 창녀였으나 유대인 정탐꾼을 통해 하나님의 인자와 진실을 경험했고(수 2:14), 유대인과 결혼하여 아들 보아스를 낳아(마 1:5) 그가 평생(룻 2:8-14; 4:21) 인자와 진실을 실천하는 삶을 살 수 있도록 인자와 진실로 양육했다. 아브라함과 다윗의 세계 역시 하나님의 인자와 진실의 아름다운 장면들로 가득 찬 하나님의 나라를 그리고 있다(마 1:3, 5). 성의 오용과 남용에 대한 신중한 분별과 건전한 성

에 대한 성경의 가르침은 도덕성의 지속성과 사회적 규범의 붕괴를 막을 수 있다.[28]

신전신앙을 위한 제언 일곱 가지

가정의 안락과 행복은 성윤리의 왕도다. 요셉이 성적 탈선을 물리친 힘은 신전신앙(Coram Deo faith)에 비롯되었다(창 39:9).

첫째, 성적 유혹에 취약한 환경을 분별하고 경계해야 한다. LA의 L목사는 교회 건물 전체는 물론 자신의 사무실까지 실시간으로 누구든 원하면 볼 수 있도록 비디오카메라를 설치했다.

둘째, 영적 탈진도 성적 유혹의 함정이 된다. 설교를 마친 새벽기도 후와 주일 밤을 조심하라.

셋째, 가족 또는 부부 시간을 계획한다(잠 5:18).

넷째, 운동으로 땀을 흘린다.

다섯째, 목공이나 그림 그리기로 잡념을 떨쳐내고 창의력을 키운다.

여섯째, 낚시나 등산, 여행으로 주의를 새롭게 하고 재충전을 한다.

일곱째, 간절한 기도는 이 모든 것을 능가하는 능력을 가진다. 그러나 진정한 기도는 무릎을 꿇고 하는 것만을 뜻하지 않는다. 한 시인은 이렇게 갈망했다. "기도가 끝난 다음 더욱 뜨거운 기도의 문이 열리는 그런 영혼을 갖게 하소서."[29]

이 모든 일을 실천하고 있으므로 충분하다고 말할 수 있을까? 전인적 성숙과 구원의 산 정상을 오르는 일은 영원한 천국에 입성할 때까지 결코 끝나지 않을 것이다.

제4부

■

선교사의
정신'질환'에 영향을 미치는
상황 요인

11

제한 접근 지역 선교사의 심리적 스트레스

김정한

서론

제한 접근 지역에서 사역하는 선교사들과 개방된 지역에서 사역하는 선교사들 사이에 어떤 심리적 차이가 있을까? 흔히 선교사는 선교지에 오래 있을수록 선교지의 사람들을 닮아 간다고 하는데, 이는 현지 환경의 영향을 받는다는 뜻이다.

제한 접근 지역의 선교사들은 개방 지역 선교사들에 비해 긴장감을 더 많이 느낀다. 자의가 아닌 타의에 의해 선교지를 떠나야 할 수도 있기 때문이다. 선교지를 떠나기 전에 현지 보안 당국의 감시, 호출, 구류, 심문, 회유, 협박의 과정을 거치기도 한다. 총회세계선교회(GMS)의 경우 98개국에서 2,550여 명의 선교사가 활동 중이다.[1] 제한 접근 지역과 개방 지역을 비교하면 선교사들의 심리적 상황은 확연하게 구분된다. 본 발제는 한국 선교사(약 2만 7,000명, 2017년 12월 기준[2]) 가운데 10분의 1에 달하는 GMS의 사례를 통해 제한 접근 지역 선교사들의 심리적 스트레스에 대해 살펴보되, 특히 추방된 선교사들의 심리적 상황에 대한 사례와 조처 방안을 소개하고자 한다.

제한 접근 지역과 선교사 스트레스 ─────────────

제한 접근 지역의 선교사들의 가장 큰 심리적 압박은 다양한 측면에서 발생한다. 그중 불안 요소로 가장 크게 작용하는 것은 '선교사 신분'이다. 한국에서는 목사 또는 선교사는 자랑스러운 직분으로 존중을 받는다. 그런 환경에 익숙해져 있다가 한순간에 신분을 드러내서는 안 되는 환경으로 이동하면 심리적 압박을 받게 된다. 선교사 본인은 물론 가족이 있는 경우, 아내와 자녀들이 느끼는 압박은 더 크다.

학령기 자녀의 경우 자신의 행동이나 말로 부모의 신분을 노출시키지 않기 위해 매우 조심한다. 이는 현지 생활에 대한 부적응으로까지 나타나게 된다.

일반적으로 한국인 선교사가 가장 염려하는 것은 '현지법에 의한 조처'로 추방되는 것인데, 선례가 있기 때문이다. 한국인 선교사가 거주하는 대부분의 제한 접근 지역에서 이미 추방된 사례가 있다. 그러므로 현지에서 사역하는 선교사는 자신도 언젠가는 추방될 수 있다는 가상의 추방 상황을 떠올리게 되고, 이런 간접 경험을 통해 심리적으로 불안감이 쌓이게 된다. 그러다가 추방되면 심리적 충격이 가중될 수밖에 없다. 구체적으로 추방된 선교사들의 반응이 어떤지 그 실례를 살펴보자.

1. 제한 접근 지역의 선교사 현황

오픈도어의 통계에 따르면 전 세계 약 151개국이 기독교에 대해 적대적 태도를 보인다.[3] 특히 외국인이 자국에서 전도하는 것을 법적으로 허락하지 않는다. 한국 선교사가 활동하는 170개국 중 상당수가 법적으로 전도를 금하고 있다.

GMS는 98개 국가에 선교사를 파송했다. 그중 약 30%가 외국인 선교 금지 국가다. GMS 선교사가 활동하는 지역과 기독교 박해 국가를 비교하면 다음과 같다(〔표11.1〕).

기독교 박해	GMS 선교사 활동 국가(경험)	GMS 선교사 추방 사례
박해 10대 국가	7개국	5개국
박해 50대 국가	28개국	18개국

〔표11. 1〕 GMS 선교사가 활동하는 지역과 기독교 박해 국가 비교

제한 접근 지역에서 활동하는 선교사들은 특이점이 있다.

제한 접근 지역 선교사의 심리적 표현

제한 접근 지역에서 사역하는 GMS 선교사들은 자신들의 심리를 다음과 같이 표현한다.

"불을 때고 있는 뚜껑 덮인 쇠솥 안에 있는 것 같다."
"머리에 큰 돌을 이고 사는 것과 같다."
"무거운 갑옷을 입고 사는 것과 같다."

즉 그들은 지속적으로 강한 압박감을 느끼고 있다.

제한 접근 지역 선교사의 행동적 표현

제한 접근 지역에서 사역하는 선교사들의 행동에는 다음과 같은 공통점이 있다.

항상 문 쪽 주시 : 어떤 공간에 있든지 문 쪽을 주시한다. 이는 언제, 어떤 사람들이 들이닥쳐 자신을 연행하거나 심문하지 않을까 하는 불안감이 습관화된 것이다.

큰 목소리 : 자신의 주장을 관철시키기 위해 지나치게 목소리를 높인다.

과장된 표현 : 억눌려 있기 때문에 공개적인 환경에서 자유롭게 의사표현을 할 경우 과장되게 표현한다.

2. 제한 접근 지역의 선교사 상황

제한 접근 지역에 있는 선교사들은 선교 자유 국가의 선교사들과 비교해 그 고통이 큰 이유는 다음과 같다.

첫째, 신분의 변경 때문이다. 한국에서는 목사, 선교사, 그리스도인임을 자랑스럽게 드러낼 수 있지만, 선교지에서는 호칭을 포함해 신분을 변경해야 한다.

둘째, 법적 제재 때문이다. 선교 사역을 하되 늘 법적 제재를 염두에 두어야 하기 때문에 사역이 순탄해도, 사역이 어려워도 법적 제재의 무게에 억눌려 지낸다.

셋째, 사역의 계획이 불확실하기 때문이다. 사역의 내용, 사역의 방법, 사역의 범위, 사역의 깊이, 사역의 기한 등을 정해야 하는데, 모든 것이 불확실하다.

넷째, 인간관계가 자유롭지 못하기 때문이다. 제한 접근 지역의 특성상 가족들이 자유롭게 신앙과 사역을 표방할 수 없다 보니 서로에게 주의를 주고, 자신으로 말미암아 가족에게 피해가 가지 않아야 한다고 생각한다. 예를 들어 자녀들이 어리면 계속해서 "다른 사람들에게 우리가 선교사라는 것이 절대로 알려지면 안 된다"라고 주의를 주게 된다. 그러다 보니 자녀들은 학교생활에서나 친구관계에서 위축될 수밖에 없다. 동료와의 관계도 조심스럽다. 보안상 너무 친밀해서도 안 되고, 같은 조직(단체)의 구성원이기 때문에 멀리해서도 안 된다. 현지인과의 관계는 더더욱 조심스럽다. 현지인들은 복음을 전해야 하는 대상인 동시에 경계해야 할 대상이기도 하다.

앞서 언급한 것처럼 제한 접근 지역의 선교사는 사중고를 겪는다. 만약 제한 접근 지역에서 최근(2000년대 이후) 추방 사례가 있었거나, 외국인(선교사)에 대한 대대적 조사가 진행되었다면 선교사의 심적 압박은 더욱 커진다.

3. 제한 접근 지역에서의 선교사 추방

1979년 이후 GMS 선교사 중 약 135가정(약 250명)의 선교사가 추방되었다((표11. 2)).-**4**

1979-2001	2002	2003	2007	2008	2009	2010	2011	2012	2013	2014	2015	2016	2017	2018	합계
17	6	3	2	1	5	5	3	7	11	2	16	5	21	31	135

〔표11. 2〕 추방당한 GMS 선교사 수(1979-2018년)

특히 2002년 이후 중국에서 선교사들이 점진적으로 추방되었다. 그러므로 선교사들은 회의, 세미나, 포럼, 선교대회를 포함해 만날 기회가 있으면 추방이 화제에 오를 수밖에 없다. 추방된 동기, 경위, 추방된 선교사의 심리적 상태, 파송 교회의 반응, 재배치 등에 대해 이야기를 나눈다. 그리고 자신도 멀지 않아서 추방의 대상이 될 수도 있다는 (믿음과는 전혀 관계가 없는) 불안감에 사로잡힌다. 시간이 지나갈수록 압박감이 축적되어 정신적·신체적 건강에 영향을 끼친다.

4. 추방 선교사의 심리적 표현

추방된 선교사들의 심리적 표현은 개인별 차이가 크다. 선교 사역지, 선교 사역 기간, 선교사의 건강 상태(신체적·정신적·영적), 재정 상황, 가족 관계 등에 따라 큰 차이가 난다.

"회복하는 데 3년이 걸렸습니다. 추방된 이후 모든 방법을 동원해 다시 선교지로 가고 싶었습니다. 심지어는 한국 외교부에 탄원서를 내기도 하고, 정치적으로 영향력을 끼칠 수 있는 사람들을 찾아가기도 했습니다. 미친 듯이 방법을 찾고자 했습니다. 그러나 추방 조처가 번복될 수 없음을 알았습니다. 갑자기 공황 상태가 되었습니다. 어디로 가야 할지, 무엇을 해야 할지 길을 잃어버린 느낌이었습니다. 사람들을 만나면 '추방당했으니 얼마나 힘들겠는가?'라는 말을 들어야 했습니다. 그것도 싫었습니다. 그래서 심할 정도로 운동을 했습니다. 그렇게 3년이 지났습니다. 서서히 현실을 깨닫고 하나님의 뜻을 이해하게 되었습니다." / 중국에서 추방된 선교사

"차를 타도 눈물이 났습니다. 비행기를 타면 중국으로 가는 게 아닐까 착각에 빠지곤 합니다. 혼자 있으면 눈물이 납니다. 사람들과 함께 있을 때는 못

느끼지만 홀로 있게 되면 중국이 떠오르고 눈물이 납니다. 분하기도 하고 안타깝기도 합니다. 언제쯤 이 눈물을 그칠 수 있을까요?"

/ 중국에서 추방되어 3개월이 지난 선교사

"공항에서 입국이 거절되어 선교지를 떠나게 되었습니다. 그리고 태국으로 이동했습니다. 아내의 나이 27세에 선교지에 갔고, 20여 년을 첫 선교지에서 보냈습니다. 아내는 중국에 들어갈 수 없다는 사실을 쉽게 받아들이지 못했습니다. 그러나 어쩔 수 없이 떠나야 했고, 제3국으로 사역지를 변경했습니다. 어느덧 6년이 지났습니다. 지금도 잠들면 중국에 가는 꿈을 꿉니다. 잊을 수가 없습니다. 5년이 지났으니 들어갈 수도 있지 않을까 생각하지만, 최근 중국의 상황을 생각하면 다시 들어가기가 어려워 보입니다."

/ 중국에서 추방된 지 6년 된 선교사

"검은색 테두리의 텔레비전도 볼 수 없을 정도입니다. 검은색은 모두 싫습니다. 왜냐하면 저를 잡아서 심문한 사람들이 검은 제복을 입고 있었기 때문입니다." / ○○지역에서 사역하다가 심문 받고 추방된 선교사

"파송 교회의 후원이 중단되었습니다. 충격이 컸습니다. 그리고 연이어 선교지 입국 거절을 당했습니다. 죽고 싶었습니다. 경제적 어려움과 헌신했던 선교지에서의 거절로 자살 충동까지 느꼈습니다."

/ 서아시아 지역에서 추방되어 8개월이 지난 선교사

"이해하긴 하지만 받아들여지지는 않습니다."

/ 인도에서 추방되어 6개월이 지난 선교사

"추방 조처를 받고 선교지를 떠나기 위해 공항에 도착했을 때 배웅 나온 현지인들을 향해 무릎을 꿇고 큰절을 했습니다. 그 순간 울음이 터져 나왔습니다." / 2018년 ○○지역에서 추방된 50대 선교사

5. 추방된 선교사에 대한 멤버케어의 중요성

한 선교사가 I국에서 추방되었다. 추방된 순간 적절한 케어를 받지 못한 채 9개월이 지났다. 선교사는 자신의 마음을 이렇게 표현했다.

"마음 한 귀퉁이가 구겨지고 찢긴 아픔을 느꼈고, 내 존재가 그저 쓸모없는 것처럼 여겨졌습니다."

선교사는 여러 차례 초대를 받아 식사와 차를 마시며 교제의 시간을 가졌고 '추방의 의미, 추방의 사례, 선교사의 사명' 등에 대한 이론적 설명을 들었다. 그 후 선교사의 고백은 이렇게 바뀌었다. "더 귀한 모습으로 쓰일 수 있음에 너무 감사하고 또 감사하겠습니다"라고 말이다.

6. 추방된 선교사의 멤버케어에 대한 바람

C국에서 추방되어 제3국으로 재배치를 받은 60대 시니어 선교사는 추방된 선교사의 멤버케어에 대해 어떤 바람을 갖고 있는지 말해주었다.

"디브리핑을 충분히 받아야 합니다. 그리고 충분히 쉬어야 합니다. 구체적으로 3개월 정도 지인이 없는 환경에서 쉬는 것이 좋습니다. 특히 아내는 따로 상담을 받는 과정에서 옛 상처까지 드러나 많이 힘들어했습니다. 추방

이라는 충격이 억눌려 있던 과거의 상처까지 드러내게 만든다는 것을 알게 되었습니다. 그러므로 시간을 갖고 충분히 상담을 받아야 할 필요가 있습니다."

2005년 A국에서 추방된 선교사는 추방 당시 인근 국가에 있는 동료가 그곳으로 와서 쉼을 가져야 한다고 말해주어 큰 위로를 받았고, 실제로 동료가 있는 곳으로 가서 수개월 쉬면서 크게 회복되었다고 했다.

GMS는 추방당한 선교사에 대해 다음과 같은 돌봄을 시행하고 있다.

첫째, 공항 영접

선교사가 추방되면 본부의 멤버케어 담당자(2인 이상)가 공항으로 가서 선교사를 영접한다. 이때 꽃다발을 준비하여 부부일 경우 사모 선교사에게 전달한다.

둘째, 숙소

GMS 본부에 있는 선교사 숙소(약 26실) 또는 안양에 있는 선교사 숙소(10실) 등 준비된 숙소로 안내한다. 숙소에서 최소한 1주에서 1개월 동안 머물 수 있도록 한다. 그 후에는 개인의 상황에 따라 다른 곳으로 이동할 수 있다. 숙소 비용과 식비 등 기본 생활에 필요한 물품을 제공한다.

셋째, 소통

멤버케어 담당자를 포함시켜 선교사와 소통한다. 선교사의 심리적 상태를 살피고, 지나친 격려 또는 우려를 표하지 않고 편안하게 대하도록 한다. 문화생활이나 여행 등을 하도록 권한다.

넷째, 심리 검사

멤버케어 담당자와 공항에서부터 소통한 뒤 적절한 시기에 필요하다고 여겨지는 선교사에 대해 디브리핑 또는 심리 검사를 실시한다(본부에 심리 검사 전문가 상주).

다섯째, 파송 교회(후원)

파송 교회 선교 담당자(담임목사)와 소통하면서 추방된 선교사의 심리, 이후의 절차에 대해 상세히 설명하고 필요한 문건을 제공한다(추방 선교사의 성경적 이해, 선교역사적 이해, 심리적 이해, 재배치 등에 관련된 문건).

여섯째, 자녀 학교

자녀가 있을 경우 적절한 학교를 소개한다.

일곱째, 재배치

GMS는 98개국에서 선교사가 활동하고 있는데, 각 선교지에 필요한 선교 자원을 사전 조사하여 필요한 곳에 재배치한다.

7. 재배치할 때 고려 사항

재배치 지역

제한 접근 지역에서 추방된 선교사들은 개방된 지역으로 배치되어야 한다.

중국에서 추방된 한 선교사가 동남아시아의 제한 접근 지역으로 재배치되었다. 그곳은 법적으로 외국인이 선교할 수 없는 곳이었는데, 사모 선교사는 "낯선 사람이 찾아오기만 해도 떨립니다. 혼자 있기가 두려워요"라고 말했다.

이런 경우 선교사는 추방 이후 제2의 추방에 대한 두려움을 안고 지내야 한다. 심리적으로 더 큰 압박을 느낄 수밖에 없다. 그러므로 추방된 선교사들은 선교사 비자를 받을 수 있는 지역 또는 외국인의 선교 활동에 법적으로 제한을 두지 않는 지역으로 재배치되어야 한다.

재배치 시기

추방된 선교사는 일정 기간 큰 충격으로 인한 영향을 받는다. 개인마다 어떤 영향을 받고, 얼마큼 영향을 받는지 큰 차이가 있다. 추방되자마자 아무렇지 않는 듯 일상생활을 하는 사람이 있는 반면, 어떤 사람은 6년 동안 추방의 충격 속에서 살아간다.

추방된 선교사에 대해 '가능하면 빨리 새로운 선교지로 가라. 그래야 추방의 충격에서 빨리 벗어날 수 있다'는 생각이 팽배하다. 그러나 이는 분명 잘못된 관점이다.

어떤 선교사는 추방되고 한 달 뒤에 열대기후의 다른 지역으로 이동했다. 그러나 새로운 문화에 적응하는 데 따른 스트레스와 새로운 사역에 대한 부담감으로 머지않아 "제발 이곳을 떠날 수 있도록 선교 본부가 조처해 달라"고 호소했다. 그 선교사는 영적·심리적·육체적으로 심각한 고통 가운데 빠져 있었다.

이기풍(가명) 선교사는 국내에서 목회하다가 중국 선교에 대한 소명을 받아 한국에서의 목회를 정리하고 중국으로 갔다. 이때 한국에서 함께 목회하던 여러 성도 가정이 따라갔고, 중국에서 교회를 개척했다.

교회는 부흥하여 성도 수가 1,000여 명에 이르렀다. 중국 현지인을 직간접으로 돕기도 하고, 중국에서 사역하는 한국 선교사들을 여러 방면에서 지원해주기도 했다.

2007년 어느 날 중국 정부는 이기풍 선교사와 부교역자들을 추방했고, 교회는 거의 폐쇄됐다. 한국으로 온 이기풍 선교사는 한국 외교부를 비롯한 여러 경로를 통해 중국으로 복귀하고자 했으나 불가능하다는 답변을 들어야 했다.

그러자 일상생활이 불가능해졌다. 잠을 잘 수도, 먹을 수도 없었다. 사람들을 만나는 것도 힘들었다. 추방에 대한 끝없는 질문이 이어졌고, 위로의 말을 건네지만 위로가 되지 않고 오히려 힘들었다.

디브리핑, 상담을 비롯하여 다양한 프로그램에 참여했다. 그래도 해결되지 않아서 미친 듯이 운동을 했다. 무엇에 몰입하지 않으면 견딜 수가 없었던 것이다. 기도도 할 수 없었다. 시간과 장소를 정해 기도하려고 했지만, 기도가 되지 않았다. 원망과 후회, 절망 등 부정적 감정만 밀려왔다. 거의 3년을 그렇게 보냈다. 자신이 허망하게 무너지고 있다는 것을 믿을 수가 없었다. 이처럼 추방은 선교사를 절망 가운데 빠뜨린다.

3년이 지나면서 선교사는 서서히 하나님의 은혜로 '내가 누구인가? 하나님의 자녀다. 이제부터 무엇이든 하나님을 위해 쓰임 받을 수 있다면 감사하자'라는 마음을 갖게 되었다.

그리고 한국에서 다시 교회를 개척했다. 교회는 부흥하여 성도 수가 1,000여 명에 이르렀고, 그는 중국에서 추방된 선교사들 가운데 파송 교회의 후원이 끊긴 선교사들을 후원하게 되었다. 또한 교회는 10가정 이상을 선교사로 파송했다.

이기풍 선교사는 추방된 선교사의 마음을 이해하고, 그들에게 무엇이 필요한지를 알고 있어 적극적으로 돕고 있다.

결론

제한 접근 지역에서 사역하는 선교사들이 자주 하는 말이 있다.

"제한 접근 지역에서의 사역은 큰 돌을 머리에 이고 있는 것과 같다."
"날마다 무거운 철 갑옷을 껴입고 있는 듯한 마음으로 살아갑니다. 그런 가운데 마음과 몸, 영까지 지치고 쓰러지기도 합니다."

이런 가운데 겪는 추방은 말할 수 없는 충격이다. 머리로는 언젠가 추방될 수도 있다는 것을 알지만, 정작 추방당하면 충격으로 정상적인 사고와 판단을 하지 못하기도 한다. 그러므로 추방당한 선교사에 대한 초기 돌봄은 매우 중요하다.

앞서 소개한 대로 GMS는 추방당한 선교사에 대한 맞춤형 돌봄을 시행하고 있다. 앞으로 더 온전한 돌봄을 통해 선교사들이 속히 추방의 충격에서 벗어나 제2의 사역을 완수할 수 있기를 바란다.

추방/입국/비자 거절 선교사의 시기별 심리 상태와 권장 사항 안내문

1. 심리적(정서) 상태
① 금할 것: 죄책감을 갖지 말 것, 부끄러워하지 말 것, 반성하려고 하지 말 것
② 권할 것: 편한 사람 만나기, 가족끼리 격려하기, 동료와 교제하기
*전문가의 도움을 받으려는 적극적 자세를 가진다.

2. 건강
① 금할 것: 금식, 폭식, 한 곳에 웅크리고 있는 것
② 권할 것: 가벼운 운동, 건강에 이상이 있으면 건강검진 시행

3. 언론 접촉
① 언론 접촉을 피하고, 정보를 요구하면 "진달래 CMT에 문의하라고 하라"고 말하라.
② 주변 사람들에게 그간 있었던 일을 장황하게 설명하려고 하지 말라.

4. 자녀 학교
사역지에서 학적을 확보한 뒤 한국에서 적합한 학교를 물색하라.

* GMS 위기관리팀

선교사들은 진달래 사안으로 여러 측면에서 혼란스럽다. 그러므로 이들에 대한 기본적인 안내문을 제공함으로써 행동/심리의 방향을 제시한다.

5. 숙소

파송 교회, 본부, 기타 시설을 적극적으로 문의하고 확보하라.

6. 영적

기도원보다는 교회 또는 생활권 내에서 찾을 수 있는 조용한 공간에서 기도하고 독서하고 묵상하도록 하라.

7. 여가

가능하면 가족과 함께 맛있는 음식을 먹고 좋은 공간(장소), 좋은 경험(영화, 음악회, 연극 등)을 하도록 노력하라.

8. 가족

가족은 가장 좋은 위로자로, 서로에 대해 적극적으로 격려하고 위로하라.

추방/입국/비자 거절 선교사 확인 리스트

이 리스트의 작성 목적은 선교사의 상황을 정확하게 파악하고 필요한 요청에 능동적인 해결 방안을 도출해 내기 위한 것이다.

이름( ) **사역지(**)
전화( ) **이메일(**)

1. 가족 상황: 특히 고령과 학령 연령에 주의할 것
① 가족 수( )　　　　② 사역지 동행 가족( )
③ 최연소 자녀(OO세)　④ 부모(양가)의 현황

2. 건강 상태
① 건강하다　　　　　② 지병이 있다(어떤 질병, 치료 상황)
③ 긴급 건강 진단이 필요하다

3. 숙소
① 한국 자택　　　　　② 부모님 댁　　　　　③ 친척
④ 파송 교회　　　　　⑤ 게스트하우스　　　⑥ 미해결
⑦ 미해결 시: 원하는 지역( )

4. 재정
① 항공권 금액( )　　　② 한국 체류 시 재정 해결 방안
③ 현재 월 후원 금액(평균)

5. 사역

① 사역의 형태:

- 교회 개척
- 신학교
- 북한
- 선교 훈련
- 기타( )

② 사역 정리 방법:

- 현지인에게 위임( )
- 동료에게 위임( )
- 완전 정리( )
- 미해결( )

6. 멤버케어

① 지금 시급하게(1주 이내) 상담을 받고 싶다
② 상담은 필요하지 않다
③ 상담이 필요하긴 하지만 당분간(1개월)은 쉬고 싶다
④ 기타

7. 파송 교회와의 관계

① 파송 기간　　　② 파송 교회　　　③ 파송 교회 위치
④ 사건 발생 후 파송 교회와의 연락

- 사역지에서 한국으로 연락
- 한국에 입국하여 연락
- 간접 또는 직접 연락
- 파송 교회에 바라는 것

8. 가장 힘든 부분은 어떤 부분인가(구체적으로 명시)?

9. 가장 긴급한 도움은 어떤 부분인가(구체적으로 명시)?

10. 기타

본부 / 파송 교회 / 후원자에게 하고 싶은 말 또는 요청이 뭔지 자유롭게 말하라.

"제한 접근 지역 선교사의 심리적 스트레스"에 대한 논평

■

■

캐런 F. 카

　김정한은 접근 제한 국가에서 활동하는 선교사들이 겪는 정신적 스트레스와 그런 국가로부터 추방된 선교사들의 감정적 반응에 대한 우리의 관심을 환기시켰다. 그는 한국 최대의 선교기관인 GMS의 일원으로서 남다른 관점을 제공하고 있다. GMS에는 2,500명 이상의 선교사가 소속되어 있는데, 그중 상당수는 접근 제한 국가에서 활동 중이다. 최근 5년간 추방당한 건수의 극적 증가는 매우 충격적이다. 이런 추세는 여러 측면에서 파송된 전 세계 선교사들의 우려를 사고 있다. 추방된 선교사들이 겪는 감정적·영적 충격에 대해 연구하고, 이들의 필요에 대응하고자 한 김정한과 GMS에게 감사한다.

　트라우마와 상실은 선교사들에게 낯설지 않다. 추방의 위기가 그토록 힘든 이유는 무엇인가? 김정한은 실제 추방이 이뤄지기 전에 겪는 만성적 스트레스에 대해 주목했는데, 그중 일부는 다음과 같다.

- 추방에 대한 지속적 위협과 이에 따른 우려
- 해당 국가에 체류하는 실제 이유를 숨겨야 할 필요성
- 주변 상황을 주시해야 함에 따른 과도한 경계심
- '존경받는' 선교사로서의 지위 상실
- 고립과 의심: 누구를 믿어야 할지 모르는 어려움

선교사가 추방될 경우 내적·외적 상실감으로 비통함을 느끼게 된다. 사역, 가정, 친구를 잃게 될 뿐 아니라 꿈, 희망, 역할, 추진력, 집중력, 방향성도 상당히 약해진다.

김정한의 발표를 통해 우리는 추방에 따른 대응 방안이 지역, 사역 기간, 건강 상태(신체적·정신적·영적 영역을 포함), 재정 상황, 가족관계 등에 따라 다를 수 있음을 알게 되었다. 만약 선교사가 추방을 피할 길이 있었다고 생각하거나 누군가의 잘못으로 추방당했다고 생각한다면 그런 좌절감과 죄책감은 회복을 어렵게 만들 수 있다. 과거에 거부당했던 경험의 앙금이 잠복해 있다가 회복 과정에서 모습을 드러낼 수도 있다.

김정한의 논문은 추방당한 GMS 선교사들의 목소리를 들려준다. 그 이야기를 통해 그들이 트라우마를 다루며 겪은 깊은 고통과 투쟁을 들여다볼 수 있다. 충격, 부정, 공포, 분노, 슬픔 그리고 점진적 수용의 과정을 목격할 수 있다.

김정한은 추방당한 선교사들의 실제적·정서적·영적 필요를 채우는데 유효한 멤버케어 전략 몇 가지를 말하고 있다. 나는 GMS의 전략 몇 가지를 언급하고, 이에 대해 간략한 의견을 덧붙이고자 한다.

공항 영접

선물을 준비하여 선교사를 공항에서 영접하고 자리를 함께함으로써 그를 소중히 여기고 지지한다는 것을 표현한다.

숙박과 식사 지원

이런 실질적 지원은 휴식을 취하고 스트레스를 해소하는 데 도움이 된다.

소통과 휴식

휴식과 회복에 도움이 되는 활동을 권하는 것은 선교사들의 상처가 아물도록 공간과 시간을 제공해줄 수 있는 훌륭한 방법이다. 휴식의 중요성을 강조하는 GMS의 대응 방침은 열왕기상 19장 3-18절에 기록된 엘리야를 대하시는 하나님의 모습을 상기시킨다. 충분히 잘 수 있게 하시고, 실제적 필요를 채워주시고, 인내심을 가지고 그의 이야기를 들어주신 다음 하나님은 엘리야에게 새로운 비전을 보여주고 새로운 사역을 맡기셨다.

심리적 대응

선교사마다 반응의 양상이 다르므로, 각 개인과 그 가족이 겪은 충격을 면밀히 살피고 난 뒤 각자의 필요에 적합한 대응 방안을 제시하는 것이 중요하다. 대응 방안을 제시하는 방식도 중요하다. 만약 당사자가 나약하다고 여겨 기관이 상담을 제공한다는 인상을 주면 그들은 도움을 거부할 가능성이 높다. '기관의 구성원 누구에게나 제공하는 기본 서비스'로 심리 상담 등의 지원을 제공한다면 거부감을 줄일 수 있다.

파송 교회와의 소통

선교사의 후원 조직 전체를 잘 조율하면서 지원을 제공하는 것이 바람직하다. 또한 선교사와 자주 접촉하고 명료하게 소통할 수 있는 담당자를 세우는 것이 좋다.

자녀의 학교 문제

선교사 자녀의 일상이 동요되는 것을 최소화하는 데 우선순위를 둬야 한다. 그들의 교육에 대한 필요를 채워줄 뿐 아니라 추방에 따른 정서적 충격도 함께 다뤄야 한다. 이것은 상담이나 부모교육을 통해 이뤄질 수 있다.

재배치

김정한은 재배치 문제는 서둘러서는 안 된다고 하면서 선교사가 자신의 어려움을 건전하게 해소할 시간을 넉넉히 줘야 한다고 강조한다. 적당한 시점이 되면 새로운 방향 모색은 선교사의 회복에서 중요한 부분이될 것이다. 재배치에 대한 것은 가급적 선교사의 의견과 선택을 존중하는 쪽으로 가야 한다. GMS는 폐쇄적 국가에서 추방된 이들을 개방적 국가로만 재배치하는 방침을 가진 듯하다. 그 이유는 폐쇄적 국가로 돌아갈 경우 외상 후 스트레스 장애를 촉발할 위험이 있기 때문이다. 그러나 선교사의 심리적 건강 상태에 따라 예외를 두어도 되지 않을까 하는 생각이 든다.

이기풍 선교사의 사례는 선의로 한 말이 때로는 추방당한 선교사들에게 전혀 도움이 안 되거나, 심지어 상처를 줄 수 있음을 분명하게 보여준다. 추방 경험에 대한 끝없는 질문 공세와 위로의 말이 당사자를 오히려 불편하게 만드는 경우가 비일비재한 현실을 볼 때, 트라우마를 겪는 선교사들을 제대로 도우려면 지원 인력을 잘 코칭해야 한다. 이기풍 선교사의 치유가 궁극적으로 영적 수준에서 일어났다는 점이 인상 깊다. 하나님의 은혜를 더 깊이 깨닫고 그리스도 안에서 자신의 정체성과 가치를 다시 세웠을 때 그는 깊은 감사의 마음을 갖게 되었고, 모든 열매는 자신의 노력이 아니라 전적으로 하나님의 놀라운 은혜에서 비롯된다는 것을 깨달았다. 또한 인도에서 추방당한 후 자신이 아무 쓸모없는 존재처럼 느껴져 힘들어하던 선교사가 9개월 뒤 "더 귀한 모습으로 쓰일 수 있음에 너무 감사하고 또 감사하겠습니다"라는 아름다운 고백을 한 것을 보왔다.

'추방당한 선교사들을 위한 지침'을 작성한 GMS CMT의 수고를 치하하며, 모든 선교기관이 트라우마를 겪은 선교사를 위한 종합 지침을 만들 것을 권한다.

한편 이런 지침을 더욱 발전시키기 위한 제안 한 가지를 하고 싶다. 문화적 또는 언어적 문제일 수도 있지만, 지침에 따르면 **"죄책감을 갖지 말 것, 부끄러워하지 말 것, 반성하려고 하지 말 것"**이라고 적혀 있다.

추방당한다면 자연스럽게 죄책감이나 부끄러운 감정이 들기 마련이다. "만일 …했더라면"이라고 자문하며 반성하는 것 역시 있음직한 반응이다. 내 경험에 따르면 대부분의 사람은 '어떤 감정을 느껴라/느끼지 마라' 등의 지시를 어려워한다. 여기에는 미묘한 뉘앙스가 연관되어 있다. 우리는 사람들이 이런 감정에 묶이지 않기를 원하지만, 우선은 그들 곁에 함께 있어 주면서 그들을 이해하고 받아줘야 한다. 그런 다음 그들을 치유할 방안을 조심스럽게 제시하는 것이 좋다. 죄책감과 부끄러움을 십자가 앞에 내려놓고 고통과 후회를 하나님의 은혜로 씻는 것은 단계적으로 이뤄져야 하는 과정이다.

김정한 목사는 믿는 사람들의 공동체로서 우리가 추방당한 선교사들에게 더 나은 돌봄을 제공하고, 그들을 향한 하나님의 사랑을 확증하고, 치료 과정에 동참할 수 있다는 희망을 제시하고 있다. 나 또한 이에 공감한다. 이런 돌봄을 통해 더 많은 선교사가 이기풍 선교사가 한 고백을 할 수 있기를 바란다. "내가 누구인가? 하나님의 자녀다. 이제부터 무엇이든 하나님을 위해 쓰임 받을 수 있다면 감사하자."

숙고를 위한 질문

1. 폐쇄적 국가에서 활동하는 선교사들은 끊임없이 압박감(머리 위에 바위를 이고 다니는 듯한)에 시달리는데, 폐쇄적 국가에 머무르는 동안 그들을 돌볼 수 있는 실제적 방법으로 어떤 것이 있는가?

2. 앞서 김정한 목사가 제시하고 있는 추방당한 선교사들을 돌봐줄 방안 가운데 무엇이 가장 중요하다고 생각하는가? 그의 목록에 추가해야 할 다른 방안은 무엇인가?

3. 도움이 되지 않는 위로의 말로 어떤 것이 있는지 예를 들어 보라. 추방당한 선교사들을 돌보는 이들을 어떤 식으로 훈련하면 좋을까?

12
용기 있는 외침과 혼란스러운 위기, 적절한 돌봄의 윤곽

스탠리 W. 그린

일러두기: 아프가니스탄에서 여전히 사역 중인 이들의 안전을 위협할 수 있는 민감한 세부 정보는 생략되었다. 지역의 보안 문제를 감안해 일부 이름과 위치를 의도적으로 가리거나 변경했다. 별표(*)는 가명임을 나타낸다.

예상하지 못한 사건 전개

"하나님은 분명히 그들을 지켜보고 계십니다. 전 세계에서 그들의 석방을 위해 기도하는 가운데, 우리는 하나님의 권능과 빛이 이 어둠 속에서 빛나기를 기도합니다."-1

이 문장은 2007년 7월, 알과 글래디스 가이저 부부가 아프가니스탄 여행 중 납치된 23명의 한국인 구호 봉사자들에 대해 언급하며 쓴 글이다. 만약 비슷한 위기에 처한다면 이 글에 드러난 믿음과 소망, 하나님을 향한 신뢰가 자신들의 버팀목이 되어 줄 것이라고 생각했다.

그런데 이런 생각을 한 뒤 불과 1년 1개월 만에 그들이 전 세계 그리스도인의 기도 제목이 되리라고는 전혀 예상하지 못했다.

2008년 8월 23일 토요일, 메노나이트미션네트워크(MMN) 멤버인 우리는 후원자들에게 기도를 요청하는 이메일을 발송했다. 상황은 너무나 촉박했고, 민감한 상황에 대해 신중을 기하고 있었지만, 우리는 무슨 말을 해야 할지 확신이 서지 않았다. 너무 많은 말을 하지 않기 위해 조심하면서 아프가니스탄의 상황이 나빠지고 있다는 소식을 전한 뒤 알과 글래디스 가이저의 안전을 위한 기도를 부탁했다. 이후 며칠에 걸쳐 우리는 알과 그의 사업 동업자인 알 슈쿠르의 납치 소식을 우리 직원들과 이사회에 알리고, 이 일을 대외비로 해줄 것을 요청했다.

섬김으로 부름 받다

알은 대학 졸업 뒤 군 복무 대신 메노나이트중앙위원회(MCC)에서 봉사하기로 결심하고, 한국과 파키스탄에서 각각 2년씩 일했다. 이후 그는 다시 MCC 소속으로 방글라데시에서 3년간 섬겼고, 거기서 장차 그의 아내가 될 글래디스 다이크를 만났다. 그들은 1977년 결혼해 안드레아와 프랭클린을 낳았다. 프랭클린은 커서 메리라는 여성과 결혼해 케이틀린 가이저를 낳아, 알과 글래디스는 손녀를 둔 조부모가 되었다.

1984년 알은 오하이오에서 가이저 앤드 가이저라는 이름의 회사를 설립했다. 그는 이 회사를 제조, 전기 및 기계 작업, 냉난방을 취급하는 사업으로 키웠다. 알과 글래디스는 새로운 삶의 장을 열기까지 16년간 이 회사를 이끌었다. 그들은 다시 해외에서 그리스도를 섬기라는 부르심을 듣고, 2000년 2월 MMN에 합류해 아프가니스탄 카불로 떠나 2009년까지 9년간을 섬겼다. 알은 소형 수력 터빈을 조립해 초소형 수력발전소를 세워 외딴 시골 마을에 전기를 공급하는 일을 했다. 글래디스는 카불의

한 국제학교에서 초등학생을 가르쳤다. 몇 년 뒤 알은 제작소를 개업한 아프간인 동료와 동업자 관계를 맺고 엔지니어링 어소시에이츠라는 회사를 설립했다. 이 민간 회사는 터빈, 파이프를 비롯해 아프가니스탄 외딴 마을의 수력발전 프로젝트에 필요한 각종 부품을 만들었다.[2]

납치, 뒤이은 인질 사태 ────────────

2010년 8월 20일 목요일 오후 3시경, 우리는 아프가니스탄에서 업무 제휴관계를 맺은 한 기관의 사무국장으로부터 갑작스러운 전화를 받았다. 그는 알과 두 명의 동료가 아프가니스탄의 와르다크에서 납치되었다고 알려주었다. 알과 그의 동업자 알 슈쿠르, 또 한 명의 노동자는 오토바이로 이동해 어느 지역의 초소형 수력발전소 건설 현장 몇 곳에서 작업을 했다. 그곳에 머무는 동안 그들은 인근의 장례식에 초대를 받아 현지인 남자와 함께 차로 갔다. 장례식 방문이 끝나고 오토바이를 세워 둔 곳으로 돌아오는 길에 두 명의 남자가 그들을 멈춰 세웠다. 그중 한 명은 AK-47소총으로 무장하고 있었다. 그들은 알과 알 슈쿠르를 수색했는데, 알의 서류를 보고 그가 미국인임을 알아채고 인질로 잡았다. 처음에 우리는 알과 그의 동업자를 데려간 단체가 탈레반이 아닐까 추측했지만, 납치범들이 악명 높은 굴부딘 헤크마티아르(Gulbuddin Hekmatyar)가 이끄는 당파인 헤즈비 이슬라미(Hezb-i-Islami)와 제휴했음을 알게 되었다. 납치범들은 알과 그의 동업자의 석방을 놓고 몸값을 요구해 왔다.

알 가이저와 함께 납치된 알 슈쿠르는 그 지역에 친척이 살았는데, 그중 한 명이 슈쿠르의 직계 가족과 접촉했다. 그리고 슈쿠르 가족이 글래디스에게 남편의 납치 사실을 알려주었다. 그들은 알 슈쿠르와 알을 알고 있는 50~200명의 사람이 곧바로 나서서 인질 석방을 위해 힘쓰고 있음을 알려줬다. 글래디스와 아프가니스탄에서 그녀가 소속된 기관은 이 사건에 관한 뉴스가 어떤 식으로든 공개되어서는 안 된다고 굳게 믿었다. 그들은 언론과 정부가 관심을 가진다면 현지인들이 진행 중인 협상을 방해할 것이라고 확신했다. 알 슈쿠르의 가족이 몸값을 지불해 그는 이틀 만에 석방됐지만 알 가이저는 56일 동안 인질로 잡혀 있었다.[3]

대응 결정 과정의 문제점과 과제 ─────────────

알이 인질로 잡혔다는 소식은 우리에게 많은 의문을 불러일으켰다. 신실한 그리스도인이 그런 역경에 처했을 때 어떻게 반응해야 하는지에 대한 고뇌를 적은 사려 깊은 글에서 존 로스는 우리가 재세례파 교인으로서 고민해야 하는 문제점 몇 가지를 명시해 놓았다.[4] 그중 일부는 다음과 같다.

몸값 지불
우리는 알의 안녕에 관심이 있었다. 그러나 우리가 당면한 가장 직접적인 도전은 납치범들의 요구에 어떤 식으로 대응할지에 대한 것이었다. 대부분의 비정부기구는 몸값 지불에 반대하는 분명한 정책을 세워놓았고, 그건 우리도 마찬가지였다. 만약 납치범들의 요구에 응한다면, 어떤 사람들은 우리가 인질극에 대한 보상을 함으로써 또 다른 납치를 독려하는 셈이 된다고 주장할 것이다. 그러나 사람의 목숨이 위태롭고 가족들이 절박할 때 몸값이라도 지불해 목숨을 살리는 방안을 고려해야 하는지에 대해 압박을 느낄 수밖에 없다.

무력 개입의 승인

몸값 지불을 거부할 경우 다른 대안을 고민할 수밖에 없다. 그중 하나는 무력 사용이다. 평화의 복음에 헌신하는 그리스도인들이 인질 석방을 위해 과연 경찰이나 군대의 무력 사용을 독려해야 할지 갈등하게 된다.

사망 시 장지 결정

납치범들이 실제로 인질을 살해할 경우 어떻게 대처해야 할지에 대해 가족들이 마음의 준비를 하도록 도와야 했다. 또한 이와 관련해 알의 장지도 결정해야 했다.

이런 위기 사태로 촉발된 질문에 대해 선교기관은 어떻게 대응해야 할까? 더 중요한 일은 남편과 아버지가 살해당할 수 있는 상황에서 어떻게 대응해야 하는지 고뇌하는 가족들에게 어떤 조언을 해줄 수 있을까?

납치 소식을 처음 접한 직후 8월 20일 오후 3시 40분, 나는 존 F. 랩, 레이첼 스톨츠푸스(인사 담당 수석 임원)와 우리가 제휴한 기관의 사무국장에게 전화를 걸어 더 상세한 브리핑을 받았다. 오후 4시에 나는 가이저 부부가 출석하던 오하이오 주 기드론 메노나이트교회의 테리 슈 목사에게 상황을 알렸다.

그날 미국 동부 시간으로 오후 9시 30분(아프가니스탄 시간으로 8월 21일 오전 6시)에 MMN의 주요 지도자들이 내 집에 모여 글래디스 가이저에게 전화를 걸어 납치에 대해 알고 있음을 알려주면서 위로하고, 알의 석방을 위해 우리가 할 수 있는 모든 일을 할 것이라고 말했다. 또한 우리는 즉각적 대응이 필요한 다른 문제는 없는지 물었다. 같은 날 저녁 10시에 우리는 제휴 기관의 사무국장에게 전화를 걸어 새로운 소식이 있는지를 확인하고 글래디스와의 통화 사실을 알려줬다.

이 사건에 앞서 수년 동안 MMN은 위기관리팀을 운영하고 있었다.

위기관리팀은 인사 담당 수석 임원, 세계 선교부 수석 임원, 서아시아와 중동 담당 이사, 사역자 케어 코디네이터, 커뮤니케이션 담당 이사, 사무국장인 나로 구성되었다. 8월 21일, 나는 인질 상황에서 거의 매일 이어진 위기관리팀 회의의 첫 모임을 소집했다. 여기서 우리는 몇 가지 중요한 결정을 내렸다.

우리는 글래디스 가이저와 대화를 나눈 결과(처음에는 떠나기를 거부했음), 안전에 대한 우려로(그녀도 잠재적 목표가 될 수 있으므로) 그녀를 미국으로 송환하기로 결정했다.

우리는 즉각적으로 CCI(Crisis Consulting International)에 연락했다. CCI는 이미 65건의 납치 사건과 관련해 선교 및 비정부기구와의 협력 경험이 있었다. CCI의 주된 연락 상대인 밥 클램저는 카불에 위기관리팀(카불 위기관리팀)을 상주시켜야 한다고 조언했다.

8월 27일 수요일, 매일 글래디스와 접촉하던 서아시아와 중동 지역 담당 이사인 존 랩을 아프가니스탄으로 파송해 MMN의 현지 연락 책임을 맡겼다. 존은 그곳으로 가던 중 두바이공항에서 글래디스를 만나 상황 보고를 받았다. 그는 예측하기 어려운 그 시간 그녀를 위로하려 애썼고, 남편이 곁에 없는 상황이 일시적인 것이 되기를 바란다고 했다.

존이 카불로 떠난 그날 위기관리팀은 캔자스 주 뉴턴에 있는 우리의 제2사무실에서 만났다. 그곳에는 어윈 렘펠(MMN 고위 임원을 역임한 바 있음)과 그의 아내 앤절라 렘펠이 살고 있었다. 적절한 문서화의 필요성, 사목과 행정의 은사를 고루 갖춘 부부의 필요성을 느낀 우리는 어윈(목회자 경력이 있음)과 앤절라에게 카불로 파견된 존 랩과 힘을 합쳐 우리의 대응에 안내자 역할을 해달라고 부탁했다. 그들은 깜짝 놀랐지만 결국 요청을 받아들여 카불로 떠날 준비를 했다.

그 후 열흘에 걸쳐 카불 위기관리팀에 다른 '멤버들'이 합류했다. 어윈과 앤절라 부부는 9월 5일에 도착했고, 9월 2일에는 CCI 직원인 제프*가 고문 역할로 합류했다(그는 9월 8일에 떠났다). 9월 9일에는 안토니*가 와서 제3의 중개자 역할(납치범과의 전화 통화와 협상을 담당)을 하게 되었다.

2006년 이라크에서 CPT(Christian Peacemaker Teams) 소속으로 자원 봉사를 하던 퀘이커 교인인 탐 폭스는 알 카에다와 연결된 단체에 납치되어 결국 살해되었다.⁵ 그래서 우리는 상황 발생 직후 CPT의 사무국장 캐럴 로즈에게 연락해 그들이 유괴범을 상대한 경험이 있으므로 도움을 받고 싶다고 말했다.

가족과 납치범 간 교신

납치범들과의 첫 접촉은 9월 1일 월요일에 있었다. 그날 저녁 글래디스를 비롯해 가이저 부부의 자녀들(안드레아와 프랭클린, 프랭클린의 아내 메리), 담임목사, 인사 담당 수석 임원, 사역자 케어 코디네이터와 나는 기드론 메노나이트교회에 모여 앞서 언급한 몇 가지 질문에 대해 논의했다. 가족들은 알이 살해될 경우 카불에 묻혀야 한다는 점을 분명히 했다. 수 시간에 걸친 열띤 대화에서 우리는 몸값 지불 여부, 정부 개입의 부분적 수용 여부 등 어려운 문제를 두고 고심했다. 하루가 끝나갈 무렵 우리(가족과 기관, 교회)는 다음 두 가지 사항에 동의했다.

첫째, 몸값 지불은 승인할 수 없으며, 이 점을 전제로 협상이 진행되고 이뤄져야 한다.

둘째, 위기관리팀과 협상가들은 정부군에 의한 무력 인질 구조 시도를 지원하기 위한 계획이나 의도를 일차적 목적으로 삼고 협상을 진행할 권한이 없다.

이 협의에 따라 미국 국무장관 콘돌리자 라이스와 아프가니스탄 주재 미국 대사 윌리엄 B. 우드 앞으로 보낸 편지가 미국 정부에 전달되었다. 이 편지를 통해 공동 서명자인 테리 슈 목사와 한 명의 가족 구성원, 롤랜드 가이저(알의 형제), 나는 가족들의 희망 사항과 신념을 표명했다. 편지 내용 중 일부는 다음과 같다.

"알과 글래디스는 2000년부터 아프가니스탄에서 일해 왔으며, 지역 재건과 아프간 사람들과의 긴밀한 관계를 통해 평화를 수립하는 일에 지역 주민들과 함께 일하겠다는 신중한 결정을 내렸습니다. 알은 수력발전 분야에서 아프가니스탄 현지인 동료와 동업하며 그를 위해 사업을 확장시켜 왔습니다. 그들은 다수의 프로젝트를 함께 수행했고, 앞으로 더 많은 공사를 해나갈 계획입니다. 우리는 카불 주재 미국 대사관에 알의 석방을 위해 필요한 도움을 요청했습니다. 글래디스는 브렌던 오브라이언 영사와 나눈 대화에서 우리는 도움이 필요하지만 알을 위한 무력 개입은 원하지 않는다고 말했습니다. 유서 깊은 평화 교회 출신인 우리는 이것이 올바른 길임을 믿습니다. 우리는 지난 8년간 수력발전 분야(알)와 학교 교육 분야(글래디스)에서 해온 일을 통해 아프가니스탄 국민에게 평화와 도움, 희망을 전파하기 위해 애써 왔습니다."[6]

카불에서 보낸 첫 주말에 존 랩은 우리의 제휴 기관, 미국 대사관 직원, 연방수사국(FBI), 알 슈쿠르 등을 만나 우리의 입장을 전달했다.

첫 전화 통화 이후 9월 14일까지 위기관리팀은 납치범들과 14차례 전화 통화를 가졌다. 전화 통화를 통해 우리는 알이 아직 살아있음을 확인할 수 있었다. 그들은 몸값 요구를 받았고, 몸값 요구에 대한 결정이 지연되는 이유를 설명했다. 그리고 억류된 피해자가 한 사람의 인간으로 인식되게끔 노력했다.

9월 19일, 존은 글래디스 앞으로 걸려온 전화를 받았다. 전화를 건 사람은 알이었고, 글래디스가 어디에 있는지 물었다. 존은 밥과 상의했고, 밥은 글래디스가 다시 전화를 받을 경우 어떤 이야기를 하면 좋을지에 대한 아이디어를 보내줬다. 그다음 날 납치범들은 알이 다시 전화할 것이라고 말했다. 존은 밥에게 조언을 구했고, 그 결과 안토니는 알과 많은 이야기를 나누었다. 납치범들도 곁에서 꽤 많은 이야기를 했다. 알은 주변 환경에 대한 단서를 알려주었다. 그는 큰 금액의 몸값을 모으는 것에 대해 이야기했지만, 대체로 구조 작업이 진행되도록 시간을 벌려는 것처럼 보였다. 그의 음성은 매우 불안했다. 그는 글래디스의 전화번호를 요구하면서 위치 설명을 계속했다. 안토니는 우리가 글래디스의 전화번호를 가지고 있지 않지만 알아보겠다고 말하면서 시간을 끌었다.

그 후 카불 위기관리팀에게 스트레스가 가장 심하고 긴장되는 시간이 이어졌다. 납치범들은 안토니(제3의 중개자)를 신뢰하지 않으며, 바로 그날 알을 살해할 준비가 되어 있다는 분명한 메시지를 남겼다. 밥 클램저는 협상 과정에서 그녀와 매일 연락을 취하고 있을 텐데도 카불 위기관리팀이 글래디스의 전화번호를 모른다고 주장한 것은 신뢰하기 어려운 말이었을 거라고 했다. 밥은 알이 음성 메시지를 남길 수 있도록 음성 사서함을 설치하라고 글래디스에게 연락하는 것이 좋겠다고 조언했다. 이것은 글래디스가 직접 전화를 받아서는 안 된다는 명확한 지시와 함께 실행되었다.

이와 동시에 밥은 FBI에 연락을 취해 가이저 가족의 자택으로 가서 글래디스와 함께 있어 달라고 요청했다. 마침 알의 전화가 걸려왔을 때 수사 요원은 롤랜드와 통화하면서 그곳으로 가던 중이었다. 요원은 글래디스가 전화를 받도록 권유했고, 그녀는 그렇게 했다. 알과 글래디스는 12분간 이야기를 나눴고, 알은 돈을 모아 송금할 은행 계좌를 불러주었다.

9월 21일 일요일에 이뤄진 특별한 다자간 전화 회의에서 우리는 납치범의 주요 교신 방식이 더 이상 중개자를 통하지 않고 FBI의 감청이 이뤄지고 있는 오하이오 주에 있는 글래디스와의 직접 통화 방식으로 바뀌었음을 알게 되었다. 그 결과 카불 위기관리팀은 해체 단계를 밟기 시작했다.

10월 15일 아침, 카불 위기관리팀 멤버들은 간절히 원했지만 예상하지 못했던 전화를 받았다. 알은 자유의 몸이 되어 미국 대사관에서 휴식을 취하고 있다는 것이었다. 10월 14일 밤, 군 특수작전팀이 알을 구출한 것이었다. 알은 구출 직전에 그의 이름을 부르는 소리에 잠에서 깨어나 군용 헬리콥터를 타고 자유의 몸이 되었다. 그는 바그람 공군 기지에서 검진을 받은 뒤 카불에 있는 대사관으로 갔다. 카불 위기관리팀의 멤버인 어윈과 안토니는 그때까지 카불에 머물고 있었는데, 알과의 만남을 위해 그날 저녁 대사관으로 초대되었다. 그들은 알을 만났지만 그와의 대화는 통제되었다.[7] 2008년 10월 22일자 AP 통신 기사에 따르면 미 특수부대 군인들이 야간 작전을 통해 그를 구출했는데, 이 과정에서 반란군 몇 명이 사망했다.[8]

주요 교훈과 고려 사항[9]

위기관리와 돌봄에 관여한 모든 사람, 특히 현지에 파견된 카불 위기관리팀의 스트레스 수준은 매우 높았다. 생사의 기로에 놓인 상황을 감안할 때 그럴 수밖에 없었을 것이다. 납치범의 요구에 대한 답변으로 우리가 무슨 말을 하거나 하지 않는 것 때문에 동료가 목숨을 잃을 수 있다는 생각만으로도 말과 행동 모두 어렵고 두려울 정도로 벅차게 느꺼졌다.

스트레스는 생사가 갈리는 상황에 처했다는 사실뿐 아니라 무수한 결정과 관계, 예기치 못한 변화에서 비롯되었다.

그런 임무에 수반되는 까다로운 요구 조건을 감안할 때 위기관리자와 보호자에게 적절한 돌봄을 제공하는 것이 절대적으로 필요하다. 우리는 적절한 수준의 돌봄을 제공하기 위해 열심히 노력했다.

가족과 위기관리팀 사이에서 우리는 적절한 보상에 대한 합의를 이끌어내지 못했다. 우리는 몸값은 지불하지 않을 것이라는 데 동의했다. 대신 '보상'에 대한 적절한 금액에 대해서는 논의했다. 그러나 정확한 액수에 대한 합의는 어려웠다. 9월 6일 회의에서 최대 10만 달러까지 보상 '범위'와 4만 달러의 목표 제안 액수에 동의했다. 그러나 9월 9일 우리의 제휴 기관은 5,000달러 이상의 금액은 몸값으로 간주될 것이라고 밝혔다. 그들은 더 높은 금액을 제안하면 카불 위기관리팀과 관계를 끊겠다고 경고했다. 카불 위기관리팀은 제휴 기관의 의견을 진지하게 받아들이고 우리의 '제안'을 5,000달러로 줄이기로 결정했다. 그러자 CCI는 이 새로운 제안에 근거한 협상 문구 작성에 즉각 돌입했다.

위기관리팀(카불 위기관리팀)이 주된 역할에서 물러난 것은 일련의 통제할 수 없는 사건과 전개 때문이지 어떤 결정이나 실수 때문이 아니었다. 우리의 분별력을 인도해주신 하나님께 감사드린다.

MMN의 위기 대응 정책은 약간의 도움이 되었을 뿐이다. 대부분의 예비 조언(예를 들어 사역자들의 탈출 준비 요령 등)은 시의적절하지 않았다. 우리는 CCI와 같은 단체가 제공한 전문적인 조언과 안내가 필요했다.

우리는 처음부터 타국에서 벌어진 유사한 상황에 대해 잘 아는 사람들의 조언으로 대사관이나 FBI의 개입을 꺼렸다. 우리는 무력에 의한 구출 작전을 승인하지 않았지만, 형사 사법 책임이 있는 정부 당국에 정보를 제공하지 않고 보류해야 하는 딜레마와 싸워야만 했다. FBI는 우리를 정중하게 대했고, 우리가 적절하게 협상할 수 있는 여지를 부여받았다는 점은 정부 당국과의 적절한 관계가 무엇인지에 대한 판단을 더욱 어렵게 만들었다.

우리가 다뤘던 위기 개입 상황은 상당한 재정적·개인적 비용을 필요로 했다. 7주 동안 우리는 CCI의 서비스를 사용하고, 급하게 항공편을 잡느라 비싼 값을 치르고, 많은 시간을 투입한 직원과 기타 컨설턴트에게 인건비를 지불하기 위해 5만 달러 넘게 사용했다. 우리는 훨씬 더 많은 비용이 드는 영리 목적의 위기 컨설턴트 그룹을 고용할 필요가 없었다는 사실에 감사했다.

알이 오하이오로 돌아오다 ─────────────

구출되고 디브리핑을 마친 뒤 알은 2010년 10월 20일 카불 주재 미국 대사관 직원과 함께 오하이오 주 클리블랜드로 돌아왔다. 56일의 억류 기간 알은 9킬로그램 정도 몸무게가 줄어들긴 했지만 건강에 큰 문제는 없었다. MMN은 그들이 겪은 트라우마에 대처할 필요가 있음을 인식하고 알과 글래디스에게 상담을 제공했다.

아프가니스탄으로의 복귀

납치와 구출 사건 이후 아프가니스탄에서의 MMN 사역은 중단되었다. 우리는 그 지역에서 모든 인력을 철수시켰다. 그러나 알은 그의 사역에 대한 소명과 아프가니스탄 사람들에게 복음을 증거하라는 강한 부르심을 느껴 그곳으로 돌아갈 계획을 세웠다.

"… 그저 오하이오의 안전한 장소에서 머물게 하려고 하나님이 그를 구원하신 것이 아니라는 확신을 갖기까지 그리 오랜 시간이 걸리지 않았다. 그와 함께 납치되었다가 풀려난 그의 동업자는 더 안전한 곳으로 떠날 수 있는 선택조차 할 수 없었다. 그리고 알은 자신이 고향에서 안전하게 머무는 것이 옳지 않다고 여겼다. 하나님이 자신에게 돌아가라고 부르신다는 것을 강하게 느꼈다."_10

그러나 MMN은 납치범들 가운에 몇 명이 사망했기 때문에 알(그리고 글래디스)의 생명에 대한 위험이 대단히 높아졌다고 느꼈다. 특히 알의 사업 성격상 카불 외곽의 안전하지 않은 지역으로 가야 하는 일이 잦기 때문에 복수의 표적이 될 가능성은 대단히 높은 상황이었다.

그 후로 알의 마음은 안정되지 않았고, 자신이 겪은 모든 사건에도 불구하고 아프가니스탄을 향한 소명을 잠재울 수가 없었다. 글래디스는 다음과 같이 보고했다.

"6개월 후 그는 다시 아프가니스탄에서 일하기 위해 떠났다. 나는 그 일이 불안하게 느껴져 그와 함께 가지 않았다. 그래서 그는 몇 달 거기서 일하다가 오하이오로 돌아왔다. 그런 다음 그는 다시 아프가니스탄으로 돌아갔다. 우리는 2년간 그렇게 지냈다."

그 일은 순조롭게 진행되는 듯 보였다. 많은 일과 대형 프로젝트가 있었다. 아프가니스탄 사람들은 그의 도움과 전문 기술이 필요했다. 그리고 2010년 글래디스는 남편과 함께 그곳으로 갔다._11

알의 죽음

2012년 7월 22일, 알과 그의 동업자, 한 명의 직원이 수리 작업을 위해 파르반 지방의 마을로 갔다. 그들은 그곳에서 하룻밤 머물고 다음 날 아침 카불로 돌아올 예정이었다. 다음 날 카불로 돌아오는 길에 차가 멈춰 섰고, 차에 있던 세 사람 모두 사살되었다. 탈레반 대변인 자비울라 무자히드는 자신들이 살해했다고 주장했다.

오하이오 주 우스터의 〈데일리 레코드(Daily Record)〉 7월 25일자 기사에서 카를 위비 목사는 다음과 같이 말했다.

"그들은 그저 예수님의 본을 따라 모든 사람의 필요를 채워주는 삶을 살았습니다. 가이저 부부는 아프가니스탄의 평화를 위한 자신의 사역에 뒤따르는 위험을 인식하고 받아들였습니다. 그리고 수년간 국제적으로, 국가적으로, 지역적으로 그리스도인으로서 봉사하는 생활의 본보기를 보여주었습니다."_12

알의 바람을 알고 있던 유족들의 결정에 따라 그의 시신은 카불에 묻혔다.

알 가이저의 삶은 끝났지만 그의 유업은 계속되고 있다. 위기와 관련해 최선의 결정을 내리려고 노력하는 동안 우리는 많은 것을 배웠고, 많은 다른 일을 해결했다. 그러나 한 가지 풀지 못한 쟁점은 우리가 파송하는 사람들을 부상 또는 사망 가능성이 있는 위험에 노출시킬 때 어느 정도까지 위험을 감수해야 하느냐 하는 질문이다. 이 사건 이전부터 있어 왔던 우리의 명시된 신념을 고려할 때 질문은 더욱 복잡해질 수밖에 없다. MMN의 미시오데이(Missio Dei)-13 시리즈 특별판에서 우리가 믿는 바가 무엇인지(9가지 신념 목록), 우리가 사역에 어떻게 접근하는지, 그리스도 안에서 하나님의 샬롬의 비전을 추구할 때 우리 사역의 역할이 무엇인지 설명하기 위해 시도했다. 여섯 번째 선언문에서 우리는 이런 신념을 고백하고 있다.

교회는 반대를 무릅쓰고 기꺼이 고난을 겪는다. 타락한 세계에서 교회는 반대하는 세력과 적대적인 세력이 있으리라고 생각한다. 교회의 구성원들은 치러야 하는 대가가 무엇이든 예수님의 사랑과 임재를 나타내기 위해 자신의 목숨을 건다. 교회는 가난하고 억압받는 사람들과 연대하며 자신을 방어하기 위해 하나님을 신뢰하고, 하나님의 충실한 약속에 소망을 둔다.

"그리스도인의 피가 교회의 씨앗이다"라는 말로 널리 알려진 초대교회의 교부 테르툴리아누스는 다음과 같이 말했다.

"그러나 당신들의 잔인함은 비록 그 정교함이 갈수록 늘어날지라도 당신들에게 아무 유익도 주지 못할 것이다. 오히려 더 많은 사람을 우리에게 이끌 것이다. 우리가 베어버림을 당하면 당할수록 우리의 수는 그만큼 더 늘어날 것이다. 왜냐하면 그리스도인들의 피는 새로운 생명의 씨앗이기 때문이다."_14

오래전 테르툴리아누스의 선언은 우리가 어떻게 대응해야 하는지 신중히 고려하도록 만들어준다. 우리 시대에도 선교기관들은 고난, 심지어 순교의 현실을 피할 수 없다. 알 가이저가 남긴 유업 중 하나는 선교 행정 책임자인 우리가 돌봐야 하는 사람들이 어느 정도까지 위험을 감수하도록 해야 하는지에 대한 질문에 맞서 씨름하도록 강권하고 있다는 것이다. 과연 우리는 어떻게 대응해야 할까?

"용기 있는 외침과 혼란스러운 위기, 적절한 돌봄"에 대한 논평

■
■

변진석 · 홍혜경

스탠리 W. 그린의 글을 읽으면서 그의 담담한 논지에서 시종일관 그의 고통스러운 심정이 전해져 왔다. 그리고 크게 공감할 수 있었다. 오늘날 선교 환경이 점점 더 척박해지는 상황에서 이 글은 곧 우리의 고민을 대변하는 내용이기도 했기 때문이다.

1994년 우리 부부는 선교지인 에콰도르로 떠났다. 당시와 단순 비교해 보더라도 선교지의 상황은 선교사에게 갈수록 비호의적으로 변해 가고 있음을 본다. 우리 부부는 현재 한국 서울에 위치한 한국선교훈련원(GMTC, Global Missionary Training Center)에서 선교사들을 훈련하고 있다. GMTC에서는 모든 훈련생과 스태프가 매일 정오부터 한 시간씩 세계 각 지역에서 사역하고 있는 졸업생 선교사들과 선교지를 위해 기도하는 시간을 갖는다. 최근 여러 선교지에서 강제 철수와 관련된 가슴 아픈 기도 제목이 더욱 늘어나고 있다. 선교사의 납치와 인질, 사망에 이르는 스탠리 그린의 글은 작금의 선교 현실에서 우리 모두가 심사숙고해야 할 주제를 다루고 있다. 우리는 이 응답 글을 통해 선교사가 직면하게 되는 위기의 본질에 대한 숙고와 함께 적절한 대처, 멤버케어 전략을 논하고자 한다.

선교사의 헌신과 위기, 책무 ─────────

　자발적으로 위기를 즐기는 사람은 없다. 선교사들을 포함해 그 누구라도 말이다. GMTC에서 '위기관리' 과목을 강의할 때마다 시작한 지 얼마 지나지 않아 선교사들의 표정이 굳어지고 분위기가 심각해지는 것이 감지된다. 하나님은 왜 그분의 부르심을 받은 사람들에게 위기를 허락하시는가? 그리고 우리는 고통의 문제를 어떻게 다뤄야 하는가?

　알과 글래디스 부부는 2007년 7월 아프가니스탄에서 일어났던 한국 봉사자들의 납치 사건과 관련해 글을 남겼는데, 그와 비슷한 일이 자신들에게 일어나리라고 누가 예측했겠는가? 그러나 부름 받은 자로서 우리 선교사들이 치러야 할 희생과 대가가 있다는 것은 우리를 겸손하게 만든다. 알은 용감한 믿음의 사람임에 틀림없다. 그는 이미 납치와 인질의 위기 상황을 통과했으면서도 확신을 가지고 다시 아프가니스탄으로 돌아갔고, 결국 죽음을 맞게 되었다. 그는 확신 가운데 자신이 믿는 바를 선택하고 실행에 옮겼다. 그 결과 중요한 교훈을 남겼지만 이후 선교계가 풀어야 할 과제도 만만치 않은 질문으로 남아 있음을 인정한다.

　한국의 경우 2007년 23명의 봉사팀이 아프가니스탄에서 피랍되어 결국 두 명이 피살되고 나머지 21명은 귀환한 사건이 있었다. 당시 그 사건은 한국 교회와 선교계는 물론 사회 전체에 많은 과제와 큰 상흔을 남겼다. 한국 교회와 선교계가 무모한 일을 감행했다고 사회로부터 거센 비난을 받았고, 국가적으로는 자국민 보호라는 커다란 명제 앞에 국가가 어떻게 그 책임을 다해야 하는지에 대한 논란을 불러왔다.

　발제자가 언급했듯이 타락한 세상에서 교회는 반대와 적대 세력이 있음을 인식한다. 그리고 우리는 교회가 가난한 사람들이나 압제받는 사람들과 함께함으로써 하나님의 구원 역사가 이루어져 간다는 것에 전적으로 동의한다. 2007년 아프가니스탄에서 피랍되었다가 귀환한 한국 봉사자들 가운데 대다수가 그 사건 후에도 아프가니스탄에 대한 관심과 헌신의 삶을 살고 있다는 이야기를 들었다. 그 후 그들 가운데 두 명은 GMTC에서 훈련을 받았고, 우리는 그들로부터 일반인에게 알려져 있지 않던 더 많은 이야기를 들을 수 있었다. 특별히 GMTC 훈련을 받았던 두 명(두 가정)-[15] 중 한 가정은 그리스에서 아프가니스탄 난민들을 위한 돌봄과 교회 개척 사역을 훌륭히 감당했다.-[16] 그것은 아프가니스탄의 사건이 외형적으로는 종료되었지만 그 뿌리가 여전히 남아 거기로부터 그 나라와 민족을 위한 사역이 계속 자라나고 있음을 증거하고 있는 것이 아닐까? "그리스도인의 피는 교회의 씨앗이다"라고 했던 교부 테르툴리아누스의 말이 실현된 것이라고 본다.

한편 선교사의 헌신과 당면한 위기는 곧 선교사의 책무와 연결된다고 본다. 선교사는 이미 한 개인이 아니라 교회와 선교계를 대표하는 공인이다. 왜냐하면 선교사의 결정과 선택이 이 사회에 영향을 미치고 하나님 나라의 사역에 중대한 영향을 미치고 있기 때문이다.

선교단체의 위기관리 정책 ──────────

발제자가 선교단체의 지도자로서 씨름하며 제기하는 문제에 전적으로 동감하는 바다. 과연 지도자로서 자신의 단체에 소속된 선교사들이 어느 정도까지 위험에 노출되도록 허용할 것인가? 그리고 어떻게 대응하도록 할 것인가? 이는 기본적으로 선교단체가 가진 위기관리 정책과 관련되어 있다. 즉 "너희는 뱀같이 지혜롭고 비둘기같이 순결하라"(마 10:16)는 성경 말씀이 실제적으로 어떻게 구현되어야 할 것인지를 결정하도록 한다.

메노나이트미션네트워크(MMN)는 알과 그의 가정이 직면한 위기와 관련해 최선을 다해 대처한 것으로 보인다. 그들은 여러 도전 앞에서 신중했으며, 잠재적인 위험성을 타진하는 가운데 침착하게 대응해 나갔다. MMN은 알의 사건이 있기 수년 전에 벌써 위기관리팀과 매뉴얼을 가지고 있었다. 그 사건 해결 과정에서 위기관리팀은 단독으로 활동하지 않고 국제위기컨설팅조직(CCI)의 자문을 구하면서 대응에 나갔다. 또한 알의 아내인 글래디스를 포함해 나머지 가족과도 지속적으로 소통했는데, 이것은 매우 효과적인 실행이었다고 본다. 비록 발제자는 MMN의 위기관리 대응 매뉴얼이 "단지 조금 도움이 되었을 뿐이다"라고 말했지만 그럼에도 그들이 기존의 정책을 가지고 있었기에 위기 발생 상황에서 신속하게 대응할 수 있었던 것이다.

한국은 2007년 아프가니스탄 피랍 사건을 계기로 선교단체들이 위기관리 정책의 필요성을 절감하고 더 깊은 관심을 갖게 되었다. 그 결과 '한국위기관리재단'이 출범했고, 《선교사 위기관리 표준 정책 및 지침서》도 발간되었다. 위기관리 정책이 있느냐 없느냐, 무슨 내용을 담고 있느냐 하는 것은 매우 중요한 쟁점이라고 생각한다. 그러나 실제로 정책을 실행하는 데 있어 그것은 인격을 동반한다고 본다. 정책이 적용되어야 할 상황과 대상이 광범위하고, 언제라도 예상하지 못한 새로운 문제가 발생할 수 있기에 모든 내용을 정책에 세세히 담아낼 수 없다. 따라서 정책을 실행하는 사람들이 어떤 인격을 가지고 있으며, 어떤 가치와 기준을 가지고 정책을 실행하느냐는 정책이 실제적으로 어떻게 구현될지를 가늠하는 데 중요한 요인이 될 것이다.

　MMN은 위기와 관련된 스트레스, 트라우마를 예측하고 돌봄을 제공했다는 것을 알 수 있다. 매우 타당한 조치였다. 그러나 심리적 돌봄을 구체적으로 어떻게 제공했는지 명확하게 기술되어 있지 않다.

　선교사를 위한 돌봄은 신체적·정신적·사회적·영적인 면을 포함해 전인적 관점에서 이루어져야 한다. 방법론에서는 먼저 선교사 자신이 스스로를 관리할 수 있어야 할 뿐 아니라 가족과 지역 교회, 선교단체, 멤버케어 기관과의 협력이 필요하다. 선교사의 실질적 필요를 채워주는 것에 더해 선교사의 고통을 나누고 수용하며 돌볼 수 있는 시스템이 체계적으로 마련되어 있다면 매우 효과적일 것이다. 알과 글래디스의 경우 그들의 모교회가 중요한 역할을 한 것으로 보인다.

　위기와 관련한 선교사 멤버케어는 위기 발생과 함께 제공되어야 하지만 지속적이고 정기적 관리의 연속선상에서 제공되어야 한다. 그리고 위기 상황이 가시적으로 종료되었다고 여겨지는 시점 이후에도 지속적으로 제공되어야 한다. 왜냐하면 트라우마는 오래 지속되는 심리적 외상이기 때문이다. 우리는 효과적인 선교사 멤버케어를 위해 다음과 같이 제안한다. 즉 선교사 멤버케어는 선교사 자신을 비롯해 선교사의 가족과 원가족, 교회, 선교단체, 동역자, 멤버케어 전문가, 멤버케어 네트워크가 모두 함께 협력해 하나님의 주권적 돌보심 가운데 각자의 역할을 이해하고 참여해 만들어가야 하는 것이다.[17]

　한국의 경우 아프가니스탄 사태를 기점으로 선교사 멤버케어에 대한 인식이 확대되기 시작했다. 그러나 실제적으로는 아직 가야 할 길이 멀다고 여겨진다. 이런 와중에도 선교사들은 여전히 선교 현장에서 수고하고 애쓰며 시시각각 위기에 직면한 채 하나님 나라를 위해 헌신하고 있다. 이에 발 맞춰 하나님의 선교 사명에 동참함으로써 발생하는 많은 문제와 씨름하고 헤쳐 나가면서 멤버케어도 한 걸음씩 앞으로 나아가기를 희망한다.

숙고를 위한 질문

1. 하나님의 부르심에 수반되는 위기와 고통을 어떻게 받아들여야 하며, 선교사는 이와 관련해 공인으로서 어떤 책무를 갖는가?

2. 선교사는 위기와 관련해 하나님의 뜻을 추구하는 것(헌신)과 현실적 가치(안전) 사이에서 어떤 기준을 가지고 사역적 선택을 해야 하는가?

3. 선교사와 선교단체, 파송 교회는 선교사의 위기와 관련해 어느 정도의 책임을 갖고 정책을 세우고 실시해야 하는가?

4. 선교사를 위한 적절한 돌봄은 어느 시점부터 시작해 어느 시점까지, 어떤 범위까지 제공되어야 하는가?

13
하나님의 상처 입은 종: 트라우마에 대한 경험 탐구

———

김영옥

살아가면서 누구나 어느 정도의 고난을 겪는다. 어느 누구도 그것을 피할 수 없다는 사실은 선교에 헌신한 그리스도인에게도 마찬가지다. 로버트 그랜트는 대다수 선교사가 트라우마를 일으킬 만한 사건에 노출되는 경우가 많다고 강조했다. "선교사가 된다는 것은 큰 위험을 동반한다. … 해외 사역은 범죄, 심리적 협박, 군대와 테러리스트의 위협, 납치, 무력에 의한 강요, 고문, 강간, 살해 등을 직접 접하는 상황이 몇 년씩 이어질 수 있다."-[1] 오늘날 전체 한국인 선교사의 절반 이상이 동남아시아와 북아프리카, 중동 지역에서 사역하고 있다. 이들 지역은 모두 사회 경제적으로 불안정한 환경(빈곤, 높은 범죄율, 종교 탄압 등)이라는 특징을 가진다.-[2] 이런 환경에서는 트라우마를 유발하는 사건이 자주 발생한다.-[3] 1996~2005년 선교사로 사역하는 동안 많은 한국인 선교사가 사고로 가족을 잃거나 투옥당하거나 신체적·정신적·정서적·관계적 문제로 힘들어하는 모습을 목격했다. 한국인 선교사가 트라우마를 경험하는 빈도와 이런 경험의 잠재적 악영향에도 불구하고 그 고난의 속성에 대한 연구, 특히 한국인 선교사의 트라우마에 대한 연구가 거의 이뤄지지 않았다. 사실 한국인 선교사를 위한 멤버케어와 관련되어 내가 하나님의 부르심을 받을 줄은 꿈에도 생각하지 못했다. 미국에서 공부를 마친 뒤 선교지로 돌아가 현지인 사역을 하고 싶었기 때문이다.

멤버케어에 대한 하나님의 부르심 ─────────────

2013년 11월 8일, 하나님이 나를 한국인 선교사를 위한 멤버케어로 부르신다는 것을 강하게 느꼈다. 그날 나는 선교사인 친구에게서 선교지 중동에서 겪은 트라우마에 대한 이야기를 들었다. 그녀가 함께 지내는 선교사가 무슬림 국가에서 부주의하게 전도 활동을 하는 바람에 그녀는 투옥되었고 갑작스럽게 선교지에서 추방되었다. 내 친구는 귀국한 뒤 트라우마를 일으킨 사건뿐 아니라 외로움과 사람들이 그녀를 이해하지 못하고 그녀의 이야기를 들어주지 않는 것 때문에 무척 힘들어하고 있었다. 교회는 선교사들의 성공담에 관심을 갖고 있는 반면 낙심하고 상처 입고 사역의 열매를 많이 맺지 못한 선교사의 이야기에는 무관심한 듯했다. 그 친구는 나에게 물었다. "누가 상처 입은 선교사들의 이야기에 귀를 기울이고, 그들이 치유 받고 다시 힘을 얻어 하나님이 주신 임무를 수행하도록 도와줄 수 있을까?"

그때 상처 입은 종들을 섬기라고 친구를 통해 하나님이 나를 부르신다는 것을 깨달았다. 그동안 하나님이 나에게 신학, 선교학, 심리학 훈련, 선교사 경험을 허락하신 것은 한국인 선교사들에게 적절한 멤버케어를 제공하기 위함이었다. 그날 이후 나는 하나님이 나의 마지막 호흡을 가져가실 날까지 그분의 상처 입은 백성들의 전인적 치유 도구가 되기를 기도하며 소망했다.

이 논문에서 트라우마를 겪은 세 명의 한국인 선교사에 대해 알아보고, 한국인 선교사들에게 더 나은 멤버케어를 제공하기 위한 그들의 제안을 살펴보고자 한다. 또한 멤버케어 종사자들의 효과적 훈련과 관련된 시사점을 논하겠다.

하나님의 상처 입은 종들의 이야기 ─────────

다음은 아브라함, 에스더, 다니엘(모두 가명임)의 이야기다. 이들은 모두 한국에서 태어난 한국인 선교사로 각각 중동, 아프리카, 아시아 등 서로 다른 지역에서 다른 종류의 트라우마를 겪었다. 선교사들은 예기치 못한 트라우마 상황에 직면했을 때 속수무책으로 당하면서 아무런 힘을 쓸 수 없었고, 그 트라우마를 예방할 수도 없었다고 말한다.

아브라함 선교사의 이야기

한국의 교단 선교회에서 파송된 아브라함은 그의 가족과 함께 중동에서 11년간 섬겼다.

나는 아직도 선교지에서 6년째 사역하던 중 일어난 사건을 기억하고 있다. 밤 11시쯤 집 근처 공터에서 네 명의 남자에게 납치되었다. 눈가리개가 씌워지고 몸이 묶인 채 차에 태워져 어딘가로 옮겨졌고, 이 방 저 방으로 끌려 다니다가 결국 감방에 갇혔다. 왜 이런 일이 일어난 것인지 그 이유를 알지 못한 채로 말이다. 커다란 공포가 나를 사로잡았고, 두려운 생각이 끝없이 이어졌다. '나를 독살하려는 것일까? 마취제로 의식을 잃게 한 뒤 죽이려는 걸까?' 이 모든 것을 염두에 두고 내가 내릴 수 있는 결론은 그것이 어떤 일이든 간에 끔찍한 일이 벌어지리라는 것이었다. 그러나 예수님을 부인할 수는 없었다. 다음 날 아침 그들은 나를 심문하고 다른 방으로 끌고 가서 눈을 가린 채 사진을 찍고 지문을 채취했다.

그때 나는 복음을 전한 의혹 때문에 체포되었다는 이야기를 우연히 들었다. 그날 정오쯤 석방되었는데, 정보국 본부 인근에서 눈가리개가 풀렸다. 그 순간 나는 정보국 사람들에게 납치되었다는 사실을 알게 되었다. 그 충격적 사건 이후 나는 자신을 방어하기 위해 침대 곁에 야구 방망이를 둬야 했다. 이전처럼 집에서 소리 내어 찬송을 부르거나 기도할 수 없었고, 다시 잡혀갈지 모른다는 두려움에 떨어야 했다. 그런 일이 있고 나서 8개월간 선교지에 더 머물다가 안식년을 맞아 한국으로 돌아왔다. 선교부 본부를 방문했을 때 납치당한 이야기를 들려줬지만 14시간 만에 다친 곳 없이 풀려났기에 그들은 심각하게 여기지 않는 듯했다. 그러나 내 입장에서는 목숨을 잃을 뻔한 사건이었다. 내가 겪은 공포는 나 혼자 겪은 경험으로 다른 사람이 온전히 이해할 수 있는 것이 아니었다.

에스더 선교사의 이야기

에스더는 독신 선교사로 해외와 한국에서 21년간 섬겼다. 그녀는 국제 선교단체에서 일했다.

아프리카의 Q국에서 일한 지 2년째 되던 해, 한국에서 온 아웃리치팀과 장거리 여행 중 차 사고를 당했다. 야간에 운전해야 했던 남자 팀원은 맞은편 차량 전조등 때문에 길에 주차된 트럭을 보지 못했다. 우리 차와 트럭이 부딪히면서 나의 왼팔은 갈기갈기 찢겼다. 스와힐리어를 할 줄 아는 사람이 나뿐이었으므로 사고가 난 다음에도 의식을 잃지 않으려고 사력을 다했다. 독일 선교사가 운영하는 병원에 도착한 순간 의식을 잃었다. 다음 날 아침 의식이 회복되었을 때 나의 왼팔은 사라진 상태였다. 차 사고 이후 나는 묻기 시작했다. "왜 나에게 이런 일이 일어났을까? 내가 무슨 큰 죄라도 지었나? 내가 뭘 잘못했나?" 마치 하나님이 나를 버리신 것처럼 느껴졌다. 이후 치료를 위해 한국으로 돌아왔다. 병원에 입원한 나를 찾아온 어느 목사님이 "오른팔이 아니라 왼팔이라서 심하게 불편하지는 않겠네요"라고 말했다. 그 말을 듣고 어떻게 목사님이 그런 말을 할 수 있는지 몹시 분개했다. 그 목사님은 오른팔을 다친 게 아니라서 다행이라고 위로하려는 마음에서 한 말이었을 테지만, 나는 차라리 그가 오지 않은 편이 더 나았을 것이라고 생각했다. 사고 이후 아무도 내 이야기를 관심 있게 들어주지 않는다는 느낌이 가장 힘들었다. 목회자였기에 사람들이 찾아와 자신의 어려움에 대해 털어놓았을 때 그들에게 나 자신도 무척 힘든 시간을 보내는 중이라고 말하고 싶었다. 나는 2년 동안 마음의 짐을 내려놓을 수 없었다. 너무나 외로웠고 아무도 돌봐주지 않는다는 생각에 무척 힘들었다.

다니엘 선교사의 이야기

다니엘은 한국의 선교단체 소속으로 가족과 함께 아시아에서 20년간 섬겼다.

우리 가족이 선교지에서 섬기는 동안 대형 지진이 발생했다. 약 50만 명이 죽고 3,000여 차례의 여진이 있었다. 벽에서 덜컹거리는 소리가 들리면 우리는 지진이 다가오는 쪽으로 벽에 기대어 서곤 했다. 지진 발생 지역에 딸이 다니는 선교사 자녀 학교도 있었다. 학교 건물은 괜찮았지만 헬리콥터가 학교 앞 공터로 시체를 옮겼고, 학생들이 그 광경을 목격했다. 우리 딸도 그것을 본 것 같다. 그 때문에 딸에게 섭식장애가 생긴 것으로 추측된다. 당시 딸은 열두 살이었다. 지진 발생 2년 뒤 이번에는 아내가 암 진단을 받았다. 아내의 수술과 치료를 위해 우리 가족은 2년간 한국에 돌아와 있었다. 다시 선교지로 복귀한 뒤 8개월이 지난 무렵, 딸이 다니는 선교사 자녀 학교의 보건 의사와 행정 직원이 나와 아내를 불러 딸에게 심각한 섭식장애와 설사 증세가 있어 생명이 위태로울 정도라고 말했다. 우리는 즉시 선교지를 떠나 딸을 살리고 치료를 받으라는 강한 권고를 받았다. 그러나 한국의 선교위원회에서는 어떤 상황에서도 우리의 사역 내용을 바꿀 수 없다고 했다. 우리 가족에게는 선택의 여지가 없어 보였다. 우리는 떠날 수도 머물 수도 없었다. 결국 선교사 자녀 학교의 교장이 선교위원회에 편지를 써준 덕분에 우리는 2년간 딸이 좋은 치료를 받을 수 있는 국가로 옮길 수 있었다. 그다음 우리는 새로운 선교지로 배치되었다. 나는 선교사로서, 남편과 아버지로서 실패했다고 느끼며 우울증에 빠졌다. 그러나 딸과 아내를 돌봐야 했기에 힘든 모습을 드러내지 않으려고 최선을 다했다.

트라우마에 대처하기

세 명의 선교사는 각기 다른 방식으로 자신의 트라우마에 대처했지만, 인터뷰를 통해 드러난 공통점이 있다면 대처하는 방식에 종교적 대처 전략을 포함해 부정적 전략과 긍정적 전략이 모두 있었다는 점이다. 그들은 트라우마 초기 단계에서는 주로 부정적 대처 전략(예를 들면 자책, 최소화/회피, 자기고립)을 사용하고, 점차 긍정적 대처 전략으로 바뀌어갔다(수용, 긍정적 사고, 타인과의 공유, 사회적 지원 받기, 정신건강 추구하기). 아브라함은 외상 후 스트레스 장애의 증상으로 어려움을 겪었지만 납치에서 풀려난 뒤 불안감을 가중시킬 수 있는 상황을 모두 피하고 자신이 겪은 사건의 부정적 영향을 최소화하기 위해 노력했다고 말했다. 에스더는 자기를 이해해주는 사람도 없고 이야기를 들어주려는 사람도 없다고 느꼈기 때문에 수년간 다른 사람들을 만나지 않고 혼자 지냈다고 했다. 다니엘은 자기 가족이 암과 섭식장애로 고생한 것은 모두 자기 때문이라고 생각했다.

그러나 세 명의 선교사는 시간이 지나면서 점차 긍정적 대처 방식을 사용하고 그리스도인 공동체와 정신건강 전문가들의 도움을 받아 자신의 이야기를 다른 사람들과 나누기 시작했다고 보고했다. 아브라함과 다니엘은 어려운 시기를 이겨내는 데 그리스도인 동역자들의 사랑이 큰 도움이 되었다고 했다. 에스더는 자신의 경험을 다른 사람들과 나누는 것이 매우 유익했다고 말하면서 다음과 같이 말했다. "제 상황을 아주 잘 아는 나이 든 영국 선교사 부부에게 속마음을 털어놓을 기회가 있었습니다. 그러면서 자신이 안전하다고 느꼈어요. 저의 상처를 내보이고 다른 사람에게 털어놓을 수 있게 되기까지 2년의 시간이 걸렸습니다." 아브라함과 다니엘은 트라우마와 관련된 자신의 감정과 생각을 처리하고 사역에 매진하는 데 정신건강 전문가로부터 받은 도움이 가장 유익했다고 했다. 안타깝게도 그들이 속한 선교회는 트라우마에 대한 아무런 상담을 제공하지 않았기 때문에 그들은 스스로 전문가의 도움을 찾아나서야 했다.

세 명의 선교사 모두 트라우마 이후 종교적 대처 방법(부정적·긍정적 방법 모두 포함)을 사용했다고 말했다. 부정적인 종교적 대처 방식은 하나님과 신앙에 대해 의문을 제기하고, 하나님의 징벌로써 트라우마를 겪어 마땅하다고 생각하는 것을 포함한다. 반면 긍정적인 대처 방식은 기도와 하나님의 말씀을 통해 하나님 그리고 다른 사람들과 영적으로 연결되었다는 느낌을 확대하는 것을 포함한다. 그들의 종교적 대처 전략은 부정적인 대처 방식에서 점차 긍정적인 방식으로 바뀌어 갔다. 아브라함은 견디기 어려운 공포와 불안을 느낄 때 마태복음 28장 20절 말씀이 큰 위로가 되었다고 했다. "이 말씀은 제 마음을 감동시켰어요. 제 상황에 대해서나 앞으로 저에게 정확히 무슨 일이 일어날지 아무도 몰랐지만 그분의 약속 때문에 평화를 누릴 수 있었습니다. 하나님이 저와 함께하심을 알았어요." 에스더도 차 사고 이후 처음에는 '내가 무슨 큰 죄를 지었나? 내가 뭘 잘못했나?'라는 생각이 들었다고 했다. "하지만 하나님의 사랑에 대해 로마서 5장 8절을 묵상하면서(우리가 아직 죄인되었을 때에 [그가 우리를 사랑하셨다]) 이 상황에서 '하나님이 정말 나를 사랑하시나?'라고 질문하는 것이 어리석은 행동이었음을 깨달았습니다"라고 말했다.

멤버케어를 위한 제안

각 한국인 선교사의 인터뷰 마무리에 멤버케어 개선을 위해 제안할 것이 있는지 물어보았다. 그들은 자신의 경험에 비추어 의견을 제시했다. 그 인터뷰에서 나온 공통 주제를 세 가지 필요 영역으로 분류하면 보다 나은 멤버케어 체계, 적극적인 예방과 위기 개입, 더 많은 정신건강 전문가 필요 등 세 가지였다.

보다 나은 멤버케어 체계

세 선교사 모두 멤버케어와 발전의 출발점으로 보다 나은 멤버케어 체계의 확립이 시급하다고 말했다. 아브라함과 다니엘은 멤버케어에 대해 국제 파송 기관이 한국의 교단 선교회나 선교기관보다 일을 더 잘하는 것 같다고 말했다(예를 들면 필요 시 심리 치료 제공). 다니엘은 다음과 같이 언급했다. "많은 경험을 쌓은 OM, WEC, SIM 등과 달리 제가 속한 선교단체는 역사가 매우 짧습니다. 국제 단체는 어려움을 겪는 선교사들을 돕는 방안을 많이 갖고 있는 반면, 제가 속한 단체는 문제 해결 경험이 전혀 없습니다." 에스더도 자신이 속한 국제 선교기관은 다른 국제 선교기관에 비해 멤버케어가 부족하다고 하면서 국제 선교기관은 한국 교단 선교회나 선교기관들에 비해 대체로 멤버케어의 필요성을 더 절실하게 인식하고 더 나은 전략을 가지고 있다고 말했다. 다니엘은 자신의 딸이 도움을 절실히 필요로 할 때 적절한 상담사를 찾기가 무척 어려웠다고 회고한다. "선교사가 스스로 도움을 찾아낼 방법을 궁리해야 하는 경우 시간이 아주 많이 걸릴 수 있습니다. 결국 선교사들은 상담을 받지 못한 채 사역지를 떠나야 할 수도 있겠죠. 선교사 케어에 대한 정보를 보다 손쉽게 찾을 수 있으면 좋겠습니다."

적극적 예방과 위기 개입

아브라함은 선교사들이 정신적·정서적 문제를 겪기 전 예방할 수 있는 방법에 대한 의견을 제시했다. 그는 한국인 선교사들에게 정신건강의 중요성을 능동적으로 교육하는 것이 좋겠다고 했다. "몸에 상처가 나면 치료를 받습니다. 그러나 마음에 생긴 상처에 대해서는 건강 검진이나 치료를 받는 것에 익숙하지 않습니다." 선교사가 트라우마를 겪을 경우 사건 직후 즉각적 개입이 중요하다고 강조했다. 아브라함과 다니엘을 파송한 선교기관은 그들의 트라우마 치료의 필요성을 깨닫지 못했다. 그래서 두 사람 모두 자신이 정신건강 전문가를 찾아나서야 했다.

보다 많은 수의 훈련된 정신건강 전문가

아브라함, 에스더, 다니엘 모두 선교사의 삶과 영성을 이해하는 동시에 정신건강에 대해 잘 훈련된 정신건강 전문가가 필요하다고 말했다. 에스더는 왼팔을 잃고 한국으로 귀국한 뒤 자신의 괴로움을 이해해줄 사람이 아무도 없었다고 느낀 자신의 사연을 나누며 이렇게 지적했다. "일반인이 선교사에게 상담을 제공하기는 무척 어렵습니다. 공통의 이해가 없기 때문이죠. 선교사 상담에 특화된 전문가가 필요합니다. 그런 사람들을 키워야 해요." 아브라함도 정신건강 전문가에 대해 언급했다. "저는 정신과 의사와 연결되었고, 그 의사는 저의 트라우마로 인한 스트레스 수준을 진단했어요. 그래서 진단을 받은 뒤 약물 치료를 포함한 치료를 받았어요. 당시 외상 후 스트레스 장애 증상을 다룰 줄 아는 전문가가 정말 필요했지요."

한국인 선교사들을 위한 효과적 훈련 모델

이들 선교사의 트라우마 경험과 제안에 근거해 나는 한국인 선교사들을 섬길 뜻을 가진 정신과 전문의, 심리치료사, 상담사 등 정신건강 전문가를 위한 훈련 모델을 만들었다. 한국인 선교사들에게 효과적 멤버케어를 제공하려면 정신건강 전문가들은 심리학을 비롯해 신학, 문화, 선교사의 삶이라는 네 가지 측면에 대해 잘 알아야 한다.

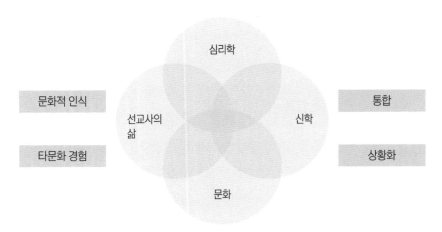

〔그림 13.1〕 선교사를 돕는 정신건강 전문가가 알아야 할 배경 지식의 네 가지 영역

심리학과 신학의 통합

한국인 선교사들이 도전과 트라우마 상황을 겪을 때, 자신이 하나님과 선교를 위해 충분히 희생하지 않았거나 뭔가 잘못을 저질렀다는 생각이 들 수도 있다. 그렇지 않았다면 하나님은 자기 가족이 선교지에서 섬기는 동안 다치지 않도록 보호하셨을 거라고 생각하는 것이다. 이런 믿음은 한국인 선교사 자신에게 죄나 잘못이 있기 때문에 고난을 당한다고 생각하게 만든다. 그들은 기도나 성경 읽기 등 종교적 방법에 깊이 의존하는 경향이 있는데, 그 이유는 그들은 서양 선교사들에 비해 고난의 심리적 측면보다 영적 측면에 더 초점을 맞추기 때문이다. 따라서 한국인 선교사를 돕는 정신건강 전문가들이 그들의 임상 활동 가운데 영적·종교적 문제를 다룰 수 있도록 적절히 준비시키는 것에 대한 중요성을 과소평가해서는 안 된다. 그들은 심리학적 지식뿐 아니라 고난과 어려움에 대한 한국인 선교사들의 신학적 관점도 이해해야 한다. 임상의 가운데 한국인 선교사들을 전문적으로 돕고자 하는 사람들은 신앙과 정신건강의 통합에 대해 지속적 훈련을 받아야 한다.

문화적 인식과 타문화 경험

멤버케어에 참여하는 정신건강 전문가들은 선교사 고유의 삶과 그들이 선교지에서 직면하는 스트레스와 어려움을 이해할 수 있어야 한다. 에스더는 멤버케어 종사자를 위한 최고 훈련은 문화의 경계를 넘나드는 경험에 따른 스트레스와 어려움을 직접 겪어 보는 것이라고 했다. 특히 타문화적 환경에 노출된다면 선교사의 삶을 더 잘 이해하는 데 도움이 될 것이다. 더 나아가 많은 선교사 자녀는 자신의 감정과 생각을 한국어로 표현하기 어렵기 때문에 이중 언어 구사가 가능한 정신건강 전문가도 절실히 요구된다. 다니엘은 한국어가 유창하지 않은 자녀와 영어 표현이

서툰 부모로 구성된 한국인 선교사 가족을 위해 이중 언어 구사가 가능한 전문가가 꼭 있어야 한다는 점을 특별히 강조했다. 그는 이렇게 언급했다. "상담은 영어로 이뤄졌어요. 저는 영어가 유창하지 않기 때문에 대화에서 제가 언급될 때마다 긴장했습니다. 저는 딸이 저에 대해 좋지 않게 말하고, 모든 것이 저 때문에 일어난 일이라고 말할 것 같았습니다." 정신건강 전문가가 이중 언어를 구사하고 타문화 경험을 가졌다면(또는 최소한 다른 문화에 대해 배우려는 의지를 가졌다면), 한국인 선교사 가족에게 큰 도움이 될 것이다.

상황화

오늘날 대부분의 멤버케어 체계와 지금껏 개발된 치료 자료는 북미권 사람들을 위한 것이다. 따라서 멤버케어를 위한 정신건강 전문가들은 서양인 중심으로 개발된 치료 방식을 한국의 문화 상황과 선교문화에 맞도록 상황화하는 방법을 알아야 한다. 예를 들어 한국인 선교사의 경우 우울, 불안 등 자신의 정서적 고통이 신체 증상으로 나타나는 경향이 있는 반면, 서양인들은 주로 불만을 감정적으로 표현하는 측면이 강하다. 정신건강 전문가들이 한국인 선교사들을 대할 때 고려할 한국 문화의 또 다른 측면은 전통적인 성 역할이다. 많은 가정에서 남편은 가장 노릇을 하며 모든 중요한 결정을 내린다. 게다가 많은 한국인 선교사는 가정 내에서 문제를 해결해야 한다고 굳게 믿고 있다. 따라서 선교사 자녀가 부모에게 알리지 않고 외부에서 전문가의 도움을 얻으려고 할 경우 부모는 기분이 상할 수 있다. 정신건강 전문가 중 특히 서양의 멤버케어 종사자들은 한국적 맥락에서 개인이나 가족의 위계질서를 이해하고 있어야 한다. 이런 점들을 염두에 둔다면 한국인 선교사들의 두려움을 해소할 가장 효과적인 전략을 구상할 때 도움이 될 것이다.

결론

한국의 선교운동 성장 이야기는 유명하다. 오늘날 한국은 전 세계에 선교사를 파송하는 대표 국가 중 하나다. 그러나 이런 대단한 성장을 전적으로 좋게만 볼 수 없다.[4] 한국 교회는 선교지로 파송되는 선교사 수에 지나치게 집중해 왔다. 그 결과 많은 한국인 선교사는 파송 교회나 선교기관의 충분한 돌봄을 받지 못한 채 스스로 생존을 도모해야 했다. 한국인 선교사들에게 문화적으로 유의미하고 민감한 멤버케어 체계 개발이 절실하다고 하겠다. 구체적으로 한국인 선교사들을 효과적으로 도우려면 정신건강 전문가들은 심리학 외에도 신학, 선교사의 삶, 타문화 경험에 대한 인식 등의 훈련도 받아야 한다. 오늘날 멤버케어 관련자들은 이런 종류의 전인적 훈련을 받을 수 있는 기회가 거의 없다. 파송 교회와 후원 교회, 선교기관이 멤버케어의 개발에 재정과 시간을 투자할 뜻을 가진다면, 더 많은 수의 잘 훈련된 전문가가 멤버케어에 자신의 삶을 헌신한다면 우리는 한국인 선교사들의 선교지 이탈을 방지하고 그들의 신체적·정서적·관계적·영적 안녕을 증진시킬 수 있을 것이다.

"하나님의 상처 입은 종: 트라우마에 대한 경험 탐구"에 대한 논평

．
．

패멀라 데이비스

김영옥 박사의 논문 "하나님의 상처 입은 종: 트라우마에 대한 경험 탐구"는 한국인 선교사가 겪은 트라우마 경험의 심각성을 조명하고 있다. 김영옥 박사는 한국인 선교사 수의 급속한 증가가 선교 사역 본연의 위험과 맞물려, 선교와 관련된 트라우마 경험이 제대로 다뤄지지 못하게 되는 결과로 이어진다고 주장한다. 더 나아가 그녀는 한국인 선교사를 위한 강력한 멤버케어 프로그램을 설계하고 시행해야 하며, 이와 함께 이중 언어 구사가 가능하고 전문 훈련을 받은 상담사가 필요하다고 말한다. 나는 간략한 논평을 통해 이중 언어 구사가 가능하고 전문 훈련을 받은 상담사의 필요성에 대해 상세히 설명하고, 한국인 선교사를 위해 파송 전 검증 절차와 훈련에 대한 보강의 필요성을 강조하려고 한다.

나는 22년간 아시아에서 선교사로 일하면서 전문 훈련을 받은 한국인 상담사의 필요성을 직접 체험했다. 태국 치앙마이에 위치한 더웰(The Well)과 코너스톤 카운슬링(Cornerstone Counseling), 두 곳에서 한국인 가족들을 상담할 기회가 종종 있었다. 그러면서 내가 한국어를 할 수 없다는 점이 그들 가족의 상황을 이해하는 데 불리하게 작용한다는 사실을 깨달았다. 그들을 잘 이해하지 못하는 것이 내가 섬기는 한국인 가족들의 불이익으로 이어졌다. 내가 받은 서양식 상담 훈련을 한국인 가족의 경험에 적용하기가 어려웠기 때문이다. 나는 자주 "내가 뭔가를 놓치고 있는데 그게 뭔지 모르겠어!"라고 말했다. 코너스톤 직원들 가운데 이중 언어 구사가 가능한 한국인 상담사가 한 명 있었지만 상담이 필요한 한국인 선교사가 너무 많아서 한 명으로는 역부족이었다.

사실 이중 언어 구사가 가능하고 전문 훈련을 받은 상담사의 필요를 충족시키려면 선교사 파송 기관, 선교지에 있는 선교사 상담센터, 대학의 지속적 협력이 필요하다. 대학과 선교사 파송 기관이 협력하여 선교 상담사가 되기를 바라는 한국인 학생을 후원하는 장학제도를 만들 수도 있다. 파송 기관은 상담 훈련을 받기 원하는 현직 선교사를 찾아내어 학업 이수를 위한 휴직 기간 연장 등을 통해 그들을 후원할 수도 있다. 태국의 더웰이나 코너스톤, 터키의 올리브트리(Olive Tree) 등 선교지에 있는 상담센터는 인턴 프로그램에 일정 수의 한국인 인턴을 배정하여 훈련 기간 중 심리학, 신학, 문화, 선교사의 삶 등 구성 내용을 통합할 수 있다. 장기적 관점이 필요한 이런 다차원적 해결책은 장기적 유익을 가져올 수 있다.

김영옥 박사가 제시한 멤버케어 관련 제안에서 더 나아가 한국인 선교사를 위한 파송 전 검증 절차와 훈련의 중요성을 강조하고 싶다. 파송 전 철저한 검증 절차를 통해 파송 기관들은 어린 시절에 트라우마를 겪은 선교사들이 향후 트라우마적 사건에 대해 어떤 반응을 보일지에 대한 이해의 범위를 넓힐 수 있다. 이것은 어린 시절 트라우마를 겪은 선교사 후보를 탈락시켜야 한다는 말이 아니다. 파송 기관은 이런 이해를 통해 선교사들에게 보다 나은 지원을 제공할 수 있다. 선교사에게 조직의 지원, 특히 파송 전 훈련이 제공된 경우 선교지에서 부정적 사건을 겪은 후 회복력을 높인다는 여러 연구가 있다.[5] 따라서 나는 파송 전 훈련에 스트레스와 트라우마 대처법을 집중적으로 다루는 내용을 추가하고, 어린 시절에 겪은 유해한 사건이 성인이 된 다음 어떤 영향을 끼치는지에 대해서도 가르칠 것을 제안한다.

김영옥 박사의 연구가 한국인 선교사를 돌보고 후원하고 파송하는 이들의 행동을 이끌어내는 계기가 되기를 바란다. 그동안 한국인 선교사를 위한 멤버케어 서비스를 늘리기 위해 공동 노력이 이뤄져 왔지만 앞으로도 할 일이 많을 것이다. 선교사 상담센터와 파송 기관, 대학들은 이중 언어 구사가 가능한 한국인의 전문 상담 훈련을 적극 후원함으로써 선교지에 있는 한국인 선교사들을 도울 뿐 아니라 훈련된 정신건강 전문가의 진로를 개척해줄 수 있다. 김영옥 박사가 강조한 대로 상황화된 돌봄을 가장 잘 제공할 수 있는 사람은 전문 상담 훈련을 받고 이중 언어 구사가 가능한 멤버케어 종사자일 것이다.

덧붙여 한국인 선교사를 파송하는 기관은 문화의 경계를 넘나드는 사역자들의 회복력을 증진시키는 방법으로 파송 전 검증 절차와 훈련의 중요성에 더 관심을 갖길 권한다. 선교학자들이 주목한 것처럼 많은 선교사가 겪는 트라우마 상황에 그들이 노출되지 않도록 미리 손쓸 방법은 별로 없다.[6] 선교사들이 섬기는 위험한 지역에서 트라우마 경험은 심심찮게 일어날 수밖에 없다. 그러나 한국인 선교사들의 회복력 증진을 위해 우리가 할 수 있는 일은 많다.

숙고를 위한 질문

1. 김영옥 박사가 제시한 신학적 문제(우리는 모두 고난을 위해 부름 받았지만 고난당하는 사람들에게 멤버케어가 필요하다는 것)를 당신이라면 어떻게 다루겠는가?

2. 전문 훈련을 받은 한국인 멤버케어 종사자 수를 늘리는 데 장애가 되는 것이 있다면 무엇인가?

3. 파송 전 더 강력한 검증 절차를 거치고 훈련을 실시하는 데 장애가 되는 것이 있다면 무엇인가?

14
트라우마 치료를 위한 영적 자원

프라우케 C. 쉐퍼 • 찰리 A. 쉐퍼

타문화 사역을 떠나는 선교사는 고된 노동과 타문화 적응의 어려움, 영적 전투, 많은 경우 경제적 궁핍 등을 겪게 되리라고 예상한다. 그러나 여러 나라에서 이뤄지는 기독교 사역에서 심각한 질병의 위협, 사고, 범죄, 폭력, 심지어 핍박 등에 노출될 위험이 높다는 사실을 미처 인식하지 못하는 경우도 있다. 선교사에게 트라우마를 일으키는 사건의 빈도를 연구한 결과, 우리는 해외 파송지에서 트라우마를 일으키는 사건이 일어날 위험이 본국과 비교해 훨씬 더 높다는 사실을 확인했다. 서아프리카의 선교사들 가운데 대다수, 즉 남성의 71.1%와 여성의 64.2%가 사는 동안 최소 세 차례의 심각한 트라우마를 경험했다고 한다.[1] 이에 비해 미국에서는 남성의 9.5%와 여성의 5.0%만 그와 같은 수준의 트라우마를 경험했다.[2] 서아프리카에서는 선교사들 가운데 20.6%가 외상 후 스트레스 장애를 경험하고, 이로 말미암아 관계와 사역에 어려움을 겪었다. 일반적으로 여성이 남성보다 그 정도가 더 심했다.[3] 고위험군의 두 개 하위 집단에서 무려 28%에 해당하는 이들이 외상 후 스트레스 장애로 고통을 받았다.[4] 선교 사역에서 트라우마는 피할 수 없는 현실이다. 선교 관련 단체와 사역자들은 이에 대한 준비를 해야 한다. 선교사와 후원자들은 트라우마를 효과적으로 다루기 위한 영적 자원이 무엇인지 반드시 숙지하고 있어야 한다. 하나님은 우리의 고난 가운데 함께하기를 원하신다. 하나님은 스스로 고난 속으로 들어가셨고, 이를 통해 새 생명으로 가는 길을 여셨다. 효과적 지원은 하나님과의 관계를 깊어지게 하고, 고난 가운데서 성장의 길을 열어준다. 또한 이 성장은 건강과 회복력을 증진시켜 준다.

심각한 트라우마에 따른 정신적 부담은 사람의 마음에 심리적 영향(예민해지거나 명해지거나 과격해지는 증상)뿐 아니라 영적 영향도 끼친다. 트라우마의 정서적 영향으로 하나님과의 관계에 대해 무감각해질 수도 있다. 더 나아가 트라우마는 우리가 하나님에 대해, 자신과 다른 사람들에 대해, 삶의 목적과 소명의식에 대해 품었던 깊은 확신마저 흔들어놓음으로써 우리의 영적 기반을 약하게 만들고 삶의 원초적 질문과 씨름하게 만든다. 이 충격으로 기독교 사역자의 영적 기반이 흔들릴 수도 있다. 선교사와 후원자들은 트라우마에서 비롯된 정서적·영적 싸움을 함께 헤쳐나가기 위한 여정에 도움을 주는 자원을 갖춰야 한다.

사례 연구 A

어느 날 밤 선교사 가정에 무장 강도가 든 이후 선교사 부부와 어린 자녀들은 심한 충격에서 빠져나올 수가 없었다. 그들은 집이 더 이상 안전하지 않다는 생각이 들어 잠도 제대로 잘 수 없었다. 어둠 속에서 들리는 소리와 손전등 빛에 강한 스트레스 반응을 나타냈다. 그때의 기억이 무의식중에 떠올랐기 때문이다. 하나님의 임재가 주는 위로가 절실히 필요했지만 간절히 기도해도 그런 위안을 느끼지 못했다. '어째서 하나님이 멀리 계시는 것처럼 느껴질까?' '어려움을 당할 때 함께하시고 천사를 보내 지켜주신다고 약속하지 않으셨던가?' '어째서 이런 일이 일어나도록 허락하셨을까?' 이런 생각이 들자 그들은 갑자기 심각한 외로움을 느꼈고 믿을 만한 동료가 필요하다는 생각을 갖게 되었다. 또한 모든 약점을 노출한 듯 무력감을 느꼈고 화가 나고 고통스러웠다.[5]

영적 자원 - 공동체, 은혜, 탄식

트라우마를 겪는 사역자에게 반드시 필요한 영적 자원은 필요할 때 도움을 줄 수 있는 그리스도인 공동체, 즉 상처 입은 이들의 연약함과 무기력을 감싸주고, 하나님과의 관계를 회복하는 데 동행해줄 준비가 된 사람들이다.

1. 공동체 - 외롭고 두려울 때

강도 사건 같은 트라우마를 겪고 신뢰가 산산이 깨졌을 때 믿을 만한 동료가 곁에 있어 주는 것만으로도 위로와 안정감, 결속감을 느낄 수 있다. 함께 있어 주는 행동은 트라우마를 겪는 사람이 하나님의 임재를 다시 느끼는 통로가 된다. 지원하는 공동체는 우선 함께 있어 주고, 안전한 숙소를 제공하고, 음식과 의료적 돌봄 등 필요를 채워주는 실질적 도움을 줘야 한다. 또한 위기 상황에서는 돌봄과 의사소통에 있어서도 도움을 줘야 한다. 첫 선교사 바울은 돌에 맞아 쓰러졌을 때 신자들이 함께 있어 주는 것만으로도 큰 회복 효과를 보았다.

제자들이 둘러섰을 때에 바울이 일어나 그 성에 들어갔다가 이튿날 바나바와 함께 더베로 가서 행14:20

연구에 따르면 외상 후 스트레스 장애에 따른 심각한 반응이 효과적인 공동체의 지원을 통해 완화된다고 한다.[6] 선교 현장에서 지원하는 공동체를 세우고 위기관리 절차를 수립하는 활동은 이런 유익을 현실화하는 훌륭한 준비 작업이다. 이것은 제자들이 서로 사랑하기를 원하는 주님의 마음을 기쁘시게 한다(마 22:35-40). 다만 지지자들이 먼저 상대의 말을 충분히 경청하지 않고, 좋은 의도에서 섣부른 조언이나 성경 말씀을 전할 경우 일을 그르칠 위험성이 높아진다. 먼저 큰 충격을 받은 이들이 가진 괴로움과 의심, 질문을 들어주어야 한다. 그런 다음에야 그들은 조언을 받아들일 준비가 된다. 우리 영혼은 자신의 경험을 귀 기울여 들어주고 이해하고 공감해주는 사람들을 통해 더 따뜻한 위로와 격려를 얻는다. 주님도 인간의 고통에 동참하시면서 "우리의 연약함을 동정"(히 4:15)하는 큰 선물을 주셨다. 주님과 동료들이 자신의 고통과 연약함을 이해하고 공감해준다는 것을 느끼게 될 때 그들의 치유는 시작된다.

조직에 적용: 지지하는 공동체가 외상 후 스트레스를 완화시켜 주는 방법 가운데 하나는 일정 기간 당사자를 맡겨진 책임으로부터 벗어나게 해주는 것이다. 이를 통해 그들은 자신을 되돌아보고 휴식을 취하며 치유하는 시간을 가질 수 있다. 고립된 지역에 파송되거나 팀 인원수가 매우 적을 경우 공동체를 통한 돌봄이 어렵고 휴식 기간 제공이 사역을 위태롭게 만들 수 있다. 따라서 트라우마 발생 가능성이 높은 지역으로 선교사를 파송하는 기관에서는 다수 인원을 팀으로 구성해 누군가 회복 시간이 필요한 경우 뒷받침해주고 역할을 분담하도록 하는 것이 바람직하다.

2. 은혜 - 취약하고 연약할 때

자신의 약점이 노출되거나 나약해 보이기를 원하는 사람은 거의 없다. 대체로 사람들은 약한 모습을 감추려고 무척 애를 쓴다. 트라우마에 따른 반응에는 공포, 통제불능의 느낌, 무기력 등이 있다. 당사자는 이런 상황을 받아들이기가 매우 어렵다. 그러나 인간은 누구나 연약함을 경험한다. 예수님은 인간이 되셨을 때 몸소 취약성과 연약함을 겪으셨다. 그래서 아버지께 부르짖고 제자들에게 도움을 요청하셨다. 고통과 죽음을 눈앞에 두고 겟세마네 동산에서 땀 흘리시고 간곡히 기도하시며 중보를 요청하셨다. 선교사들이 스트레스와 트라우마를 겪은 뒤 땀 흘리거나 무기력을 호소할 때 그들에 대해 판단한다면 그건 성경적 인간관에서 벗어나는 행동이다. 선교사에게 초인간적 기대를 거는 것은 비현실적이다. 사실 연약함은 하나님이 의도하신 설계의 일부분이다. "우리가 이 보배를 질그릇에 가졌으니 이는 심히 큰 능력은 하나님께 있고 우리에게 있지 아니함을 알게 하려 함이라"(고후 4:7). 이 설계는 그리스도의 영광을 세상에 알리는 데 가장 효과적이다. 우리는 바울에게 다음과 같이 말씀하신 분을 섬기고 있는 것이다. "내 은혜가 네게 족하도다 이는 내 능력이 약한 데서 온전하여짐이라 하신지라"(고후 12:9). 우리는 고난 가운데 동요하지 않고 굳게 설 때 하나님께 가장 큰 영광을 돌린다고 생각하는 경향이 있다. 그러나 성경은 연약함 가운데서 사랑과 은혜를 받아들일 때 영적으로 강해진다고 가르친다. 예수님이 취약성을 드러내신 것처럼 하나님과 다른 사람들에게 손을 뻗어 도움을 요청해야만 우리의 마음이 채워지고 힘을 얻게 된다. 이때 자신과 인간의 힘을 향하던 관심이 주님과 그분의 영광으로 향하게 된다.

일본에서 수백 년 이어져 온 도자기 수리 기법으로, 금 또는 은가루를 섞은 특별한 도료로 깨진 도자기 조각을 이어 붙이는 킨츠쿠로이

기법에는 놀라운 지혜가 담겨 있다. 이 수리 기법은 깨진 부분을 감추지 않고 오히려 드러내면서 수리되었음을 아름답게 수용한다. 우리를 향한 하나님의 뜻도 이와 비슷하다. 우리는 상처를 감추지 않아도 된다. 위대한 예술가이신 그분과 이 땅에서 그분을 따르는 사람들이 오히려 그 상처를 보고 어루만지도록 해야 한다. 부서진 조각에 섬세한 손길이 닿듯, 극심한 고통을 겪은 이들은 은혜가 충만한 관계 안에서 안전을 체험한다. 은혜로운 태도로 도움을 제공하는 사람들은 선교사들이 가진 날것 그대로의 감정(공포, 분노, 의심, 죄책감, 슬픔 등)을 비난하거나 판단하는 대신 이해하고 위로하며, 그것을 정상으로 받아들일 필요가 있다. 누군가가 자신을 이해해주고 돌봐준다는 느낌이 들 때 고통을 겪은 이들은 더 깊은 신뢰로 마음을 열 것이다. 그리스도의 은혜로 황금처럼 빛나는 사랑은 트라우마를 겪는 사람들 가까이 다가가 새로운 용기를 불어넣어 줄 것이다.

고통으로 말미암아 혼란에 빠진 사람들과 함께한다는 것은 결코 쉬운 일이 아니다. 이들이 겪는 어려움을 재빨리 봉합하기 위해 "그런 감정을 가지면 안 돼요" 또는 "그렇게 생각하지 마세요"라고 말하고 싶은 유혹을 받을 수도 있다. 연약한 사람을 사랑하고 격려할 때 우리는 '거룩한 땅'에 서 있음을 기억해야 한다. 주님은 고통당하는 사람, 그분을 돕는 사람과 함께하신다. 비록 즉시 나타나지 않더라도 하나님은 고치고 세우는 그분의 사역에 분명히 함께하신다.

트라우마의 극심한 고통 가운데 있는 사역자들은 대체로 수치심을 느끼며 가족, 후원자, 파송 기관 등이 자신의 연약함에 대해 어떤 판단을 내리지 않을까 두려워한다. 이들은 의도한 만큼 성과를 내지 못할 수도 있다. 그러나 곤란한 지경에 빠진 이들을 은혜로 대할수록 치유되고 성장할 가능성은 더욱 높아간다. 교회와 기관에서 은혜로 충만한 문화를 세우는 한 가지 방법은 트라우마에 대한 정상적인 반응(정서적·영적)과 관련된 정보를 제공하고, 주님이 고난 가운데서 어떻게 일하시는지에 대한 성경의 가르침을 함께 배우는 것이다.[7]

3. 탄식 – 분노와 고통 중에 있을 때

강도를 당한 선교사 가정은 집안에 있던 물건만 빼앗긴 게 아니라 안전하다는 느낌과 주님이 그들의 사역을 지켜주신다는 믿음까지 잃어버렸다. 모든 상실은 상처를 남기지만, 특히 자신이 소중히 간직한 기대를 주님이 저버리시는 듯한 경험은 분노와 혼란을 가져온다. 선교지에서 자녀를 무덤에 묻어야 하는 선교사 부모의 마음이 어떨지 상상해 보라. 그들은 자식을 잃은 엄청난 고통에 덧붙여 "왜 이런 일을 허락하셨나요? 하나님은 어디에 계셨나요?"라는 무거운 물음에 마음이 짓눌릴 것이다. 해외 선교에 나서기로 한 자신들의 결정이 과연 옳은 일이었을까 하는 의구심이 들 수도 있다. 아마도 마음에 상처가 나고 분노가 치밀어 오를 것이다. 화가 치솟고 괴로운 마음 때문에 다른 사람이나 하나님을 생각하지 못할 때도 있을 것이다. 바로 이때 탄식의 실천이 도움이 된다.

탄식을 통해 마음에 갇힌 고통과 분노가 밖으로 표출된다. 격렬한 감정을 마음속에 담아둔 사람은 부분적으로 관계를 단절하고 회피하게 된다. 그러나 격렬한 감정을 표현하면 관계를 재형성하는 데 도움이 된다. 슬픔을 토로하는 탄식의 기도를 통해(때로는 여러 사람과 함께 기도하면서) 고통 받는 사람은 자신의 혼란과 간구를 하나님 앞으로 가져가게 된다. 시편에는 고통, 화, 의심, 분노의 감정을 있는 그대로 표현하는 내용이 가득하다.[8] 고통 받는 사람이 자신의 감정을 하나님과 다른 사람들 앞에서 글로 표현할 때 관계가 회복된다. 이때 심각한 질문에 대해 꼭 답을 찾아야 하는 것은 아니다. 왜냐하면 탄식하는 행위 자체가 가장 중요한 관계 회복을 가져다주기 때문이다. 시편에서 보듯(시73편), 관계가 회복되면서 감정과 인식도 점차 변화되기 시작한다. 이것이 탄식을 권하고, 탄식에 도움이 되는 자료를 제공하고, 탄식에 동참하는 등의 행동이 트라우마와 상실을 겪은 뒤에 필수적인 영적 자원이 되는 이유다. 다른 사람의 탄식에 귀를 기울이려면 썩 긍정적이거나 조화롭지 않은 감정을 기꺼이 수용할 수 있는 의지가 필요하다. 이런 감정이 하나님의 마음속으로 흘러 들어간다고 상상해 보라. 그분은 헤아릴 수 없는 큰 능력으로 붙잡고 지켜 주시며, 그분의 사랑과 약속을 주신다. 이를 통해 우리는 고통 받는 자와 함께 있어 줄 힘을 얻게 되며, 그들의 짓눌린 고통의 무게를 우리 마음과 어깨에 짊어져야 한다는 부담으로부터 해방된다. 그러면 우리는 인자하시고 오래 참으시는 하나님의 역사하심을 소망하며 그들과 함께 어려움을 견뎌 나갈 수 있다.

사례 연구 B

교회에서 총격 사건이 일어나 현지 그리스도인과 외국인 사역자들이 살해당하자 그곳에서 성실하게 사역하던 선교사는 감정이 마비되고 말았다. 그녀가 목격한 학살은 도저히 감당할 수 없을 정도였다. 감정적으로 뭔가 느껴야 한다고 생각했지만 아무런 감정도 일어나지 않아서 오히려 미안한 생각이 들 정도였다. 하나님과의 관계도 멀어지는 것처럼 느껴졌다. '하나님이 나를 버리신 걸까?' '나의 잘못에 대해 벌을 내리시는 걸까?' '도대체 하나님은 뭘 하고 계시는 걸까?' 총격을 가한 범인은 그녀의 팀 사역에서 섬긴 적이 있는 사람이었다. 배신자였던 것이다! 범인은 교회에 대해 알아낸 정보를 악용해 해를 끼친 것이었다. 문득 정신을 차려 보니 그녀의 마음속에는 끓어오르는 분노와 복수에 대한 생각이 넘처나고 있었다. 용서해야 한다는 것을 알고 있으며, 또 용서하려는 진정한 열망이 있었다. 그러나 솔직히 당장 복수하고 싶다는 마음도 있었다. 그녀는 자신이 이런 생각을 한다는 것에 몸서리쳤다. 용서하기 위해 애썼고 가끔 정말 용서했다는 생각이 들기도 했다. 그럼에도 총격 사건을 떠올릴 때마다 분노가 다시 끓어오른다는 건 그녀가 아직 용서하지 않았고, 주님께 불순종하고 있다는 뜻일까?

영적 자원
- 하나님과의 관계 회복하기, 하나님의 진리 기억하기, 용서하기

트라우마를 겪으면 대체로 감정이 마비되거나 정지되곤 한다. 그뿐 아니라 세상과 하나님, 자신에 대한 생각이 뒤죽박죽된다. 일어난 사건을 누구 탓으로 생각하는지에 따라(범인, 하나님, 자기 자신) 분노와 불신의 영향으로 관계에 금이 갈 수도 있다.

1. 하나님과의 관계 회복하기 - 무감각하고 침체되었을 때

인간은 수치, 공포, 고통이 감당할 수 없을 정도가 되면 감정을 정지시키거나 마비시켜 자신을 보호한다. 불행하게도 마비된 감정은 평안과 기쁨마저 느끼지 못하게 만든다. 하나님의 임재는 그분이 우리 마음에 주시는 평안과 기쁨을 통해 확인되는데, 우리 마음이 평안과 기쁨의 소리를 내지 못하는 둔탁한 악기 같을 때 아무것도 들리지 않는 이유가 그 소리의 근원이신 하나님이 함께하지 않으시기 때문이라고 착각하기 쉽다. 총격 사건을 겪은 선교사처럼 감정의 악기가 둔탁해진 사람이 다시 하나님의 임재와 연결되도록 도우려면 어떻게 해야 할까?

예수님은 충격에 빠진 제자들이 엠마오를 향해 가는 길에 찾아오셨다

(눅 24:13-35). 그들은 자신들의 스승이자 친구였던 분이 십자가에서 당하신 폭력과 굴욕을 목격했다. 예수님은 그들의 이야기를 귀 기울여 듣고, 질문하고, 점차 그들의 깨달음을 넓혀 가셨다. 한동안 함께 걸었지만 그들은 예수님을 알아보지 못했다. 예수님이 떡을 떼어주실 때에야 비로소 그분을 알아보았다. 이 배경에는 신경생물학적 이유가 있다. 감각이 무뎌진 트라우마의 피해자는 오감을 통해 현실과 접촉할 때 안전하고 연결되었다는 느낌을 회복할 수 있다. 떡을 떼는 순간 그런 일이 일어났다. 제자들이 트라우마를 겪기 전 주님은 그들과 떡을 떼며 친밀한 교제를 가지셨다. 엠마오에 도착한 뒤 그들은 떼어진 떡을 다시 보고, 만지고, 맛보았고, 이를 통해 예수님의 임재에 정서적으로 연결될 수 있었다. 이처럼 우리도 트라우마를 겪은 선교사들이 주님의 임재에 다시 연결되도록 도울 수 있다. 그들에게 질문을 던져 보라. "과거 어느 때 예수님의 임재를 느낄 수 있었습니까? 하나님의 신실하심과 함께하심을 체험한 계기가 된 찬양, 그림, 성경 구절, 경험 등이 있습니까? 성찬식 때 어땠습니까?" 무엇이 도움이 되었는지 알아냈다면 그 찬양을 부르거나 듣고, 그 그림을 보거나 상상해 보도록 하고, 해당 성경 구절을 읽고, 그때의 경험을 재현해 보고, 성찬식에 참여하도록 권할 수도 있다. 자신이 하나님과 연결되었음을 재확인하면서 소망과 위로와 힘을 얻게 될 것이다. 그들이 하나님과의 사귐을 새롭게 느끼지 못할 경우, 비록 무뎌진 감정으로 말미암아 하나님을 느끼지 못할지라도 그분이 항상 함께하시며 성령께서 그들 안에 내주하시는 것이 영원한 영적 실재임을 부드럽게 상기시켜 줘야 한다.

2. 하나님의 진리 기억하기 – 벌을 받거나 버려졌다고 느껴질 때

심한 고통 가운데서 하나님의 임재가 느껴지지 않으면 자신이 하나님을 절실히 필요로 하는 바로 그 순간에 버려졌다는 느낌을 받을 수 있다. 이것은 신자들에게 너무나 혼란스러운 경험이다. 이런 상황을 스스로 납득시키고자 인간의 이성으로 온갖 노력을 시도한다. 어떤 사람은 자신의 존재나 자신의 행동을 하나님이 기뻐하지 않아서 등을 돌리셨다고 단정한 뒤 곧이어 자신이 겪는 고통을 죄의 대가라고 결론짓는다. 이윽고 하나님의 사랑마저 의심한다. 연구에 따르면 하나님께 버림받았거나 벌을 받는다는 느낌, 하나님의 사랑을 의심하는 것('부정적인 종교적 대처 방법')은 불행한 사건으로 인한 괴로움을 더욱 악화시킨다.[9]

이처럼 버려진 느낌으로 괴로워하는 그리스도인을 어떻게 대해야 할까? 온 세상의 죄가 자신에게 덮어씌워졌을 때 예수님은 "나의 하나님, 나의 하나님, 어찌하여 나를 버리셨나이까"(마 27:46)라고 부르짖으셨다. 주님은 버려진다는 느낌이 어떤지 잘 아신다. 자신이 버려졌다는 느낌을 주님 앞에 가져가도록 그들을 권면하면 이를 통해 사귐이 회복되곤 한다. 성경에 보면 주님은 믿는 자들과 언제나 함께하신다는 약속(사 49: 15, 16)의 말씀이 나온다. 확신을 심어주기 위해 이런 약속을 조심스럽게 전할 수도 있다.

주님은 벌을 받는다는 느낌을 어떻게 다루실까? 죄의 결과로 고통이 올 수 있지만 복음은 예수님이 우리의 모든 죄에 대해 대가를 치르셨다고 확증한다. 태어날 때부터 맹인인 사람에 대해 제자들이 물었을 때 예수님은 "이 사람이나 그 부모의 죄로 인한 것이 아니라 그에게서 하나님이 하시는 일을 나타내고자 하심이라"(요 9:3)고 말씀하셨다. 그 맹인을 앞에 두고 예수님은 그가 저지른 과거의 죄를 들추지 않으셨다. 오히려 그의 고통은 그의 삶 가운데서 하나님이 하시는 일을 나타내는 기회라고 말씀하셨다. 하나님은 우리 마음이 그분께 향하도록 때때로 죄악의 고통스러운 결과를 맛보게 하시지만, 성경은 고통과 죄가 직결되어 있지 않다는 것을 명백히 가르친다(예를 들면 욥의 고난). 트라우마를 벌로 보는 일반적 해석은 혼란스러운 상황에서 질서와 통제를 부여하는 듯 보이지만, 모든 고통을 죄의 결과로 간주하는 것은 성경적이지 않다.

성경공부를 통해 성경적 고난의 신학을 개인적으로 탐구한다면 모든 선교사는 트라우마에 대해 더 잘 준비할 수 있다.[10] 트라우마를 겪기 전 이를 이해했다면 트라우마 이후의 혼란을 견디는 데 큰 도움이 된다. 최근 상처를 받은 사람들에게 신학적인 이야기는 대체로 도움이 안 된다. 자주 일어나는 '왜'에 대한 질문(예를 들어 "하나님, 왜 이런 일이 일어나게 하셨나요?")은 이성적인 질문이 아니라 고통 받는 영혼의 울부짖음이다. 울부짖음에 대해서는 우선 함께 있어 주고, 신학적 조언은 나중으로 미루는 편이 낫다.

3. 용서하기 - 누군가에게 상처 입고 배신감을 느낄 때

신뢰가 깨지고 서로의 약속이 지켜지지 않는 경우처럼 개인적 관계에서 배신은 트라우마의 충격을 더욱 악화시킨다. 화, 분노, 복수심, 쓰라린 감정 등은 트라우마로 말미암아 괴로움에 감정적 고통을 더하게 된다. 연구에 따르면 적개심과 분노는 트라우마 이후의 증상 악화와 연관되는 반면, 용서하는 능력은 증상 완화와 연관된다고 한다.[11] 예수님은 용서의 중요성을 강조하면서 하나님께 용서를 구하는 것과 우리에게 죄 지은 자를 기꺼이 용서하는 것이 연결되어 있음을 가르치셨다.

우리가 우리에게 죄 지은 자를 사하여 준 것같이 우리 죄를 사하여 주시옵고 마 6:12

주님이 용서를 강조하신 것은 분명 우리의 유익을 위해서다. 용서하기 위한 노력은 치유를 위해 꼭 필요하지만, 교회에서의 총격 사건처럼 사람 사이의 트라우마와 배신이 얽혀 있을 경우 생각보다 훨씬 어려울 수 있다. 용서가 이뤄지는 과정을 이해하면 교착 상태에 빠진 이들을 상대할 때 도움이 된다. 상담 사역을 하다 보면 남에게 피해를 입었다고 말한 뒤 곧이어 "하지만 이미 용서했어요"라고 말하는 신자를 만날 때가 있다. 하지만 그들이 감정적으로 계속 시달리고 있는 상황을 보면 사실과 다르다는 것을 알 수 있다. 마음으로 용서한다는 결단만으로 깨끗이 해결된다면 얼마나 좋을까? 믿었던 사람으로부터 피해나 폭력을 당할 경우, 상처가 너무 깊은 나머지 피해자는 "지나간 일이니 어쩔 수 없다"라고 덮어버리고 싶은 욕망을 느낀다. 그러나 관계에서 생긴 상처와 배신감을 온전히 직면하지 않고 용서하려는 시도는 마치 경주에서 지름길을 택하는 것과 같다. 잠시 원하는 목표에 도달한 것처럼 보여도, 결국 되돌아가 다시 먼 길을 달려야 함을 깨닫게 된다. 피해를 당한 사람은 아직 내면의 강렬한 화와 분노를 마주할 준비가 안 되어 있거나, 그리스도인으로서 그런 감정을 느껴도 되는지 혼란스러울 수 있다. 다음을 생각해 보라. 예수님은 아버지의 집이 장사꾼들의 손에 더럽혀지고 남용되고 있음을 보고 어떻게 느끼셨는가? 주님은 분노를 느끼셨다! 우리는 대체로 뭔가가 옳지 않다고 느낄 때 분노하게 된다. 분노를 느끼지 않는다면 저항하고, 맞서고, 한계를 정할 용기를 내지 못할 수 있다. 상처에 대한 것도 마찬가지다. 아픔을 느끼지 못하면 파괴적인 상황에 너무 오래 머물러 있게 된다. 상처와 분노를 마음으로 받아들여야 비로소 피해자는 그것을 다루고, 하나님 앞에 내려놓을 수 있다. 복수하고 싶은 마음도 그분의 의롭고 신실하신 손에 내어 맡길 수 있다. 그러나 한 번 용서가 이뤄지더라도 트라우마와 연관된 기억을 촉발시키는 일이 벌어지면 동일한 감정이 재발하는 것이 일반적이다. 이것은 용서하지 못했다는 표시가 아니라 오히려 연약한 인간으로서 우리가 받은 상처의 새로운 측면이 새롭게 인식되거나 고통이 다시 자랄 때 용서의 단계를 되풀이할 필요가 있음을 뜻한다. 의도적으로 용서하기 위해 노력하는 것은 용서하는 사람의 치유에 도움이 되며, 이를 통해 용서가 더 쉬워진다._12

사람들이 종종 오해하는 것들 중 하나는 성경적 용서는 반드시 화해를 수반해야 한다는, 즉 원래의 관계를 완전히 회복해야 한다는 믿음이다. 결론부터 말하면 그렇지 않다! 화해의 지혜는 용서가 먼저 이뤄진 다음에 고려되어야 한다. 화해가 이뤄지려면 잘못을 저지른 사람이 자기 과오에 대한 책임을 진정으로 인정해야만 하고(피상적인 '미안하다'라는 말이나 변명이 아님), 변화에 대해 상황을 모면하기 위해 둘러대는 것이 아니라 진지한 약속이 요구된다. 이런 조건이 충족되면 신뢰 구축을 점진적으로 시도할 수 있다._13

결론 —————————————————————————————————

트라우마를 겪은 선교사에게 효과적인 정서적·영적 지지의 중요한 특징은 지지와 도움을 제공하는 기독교 공동체가 있고, 이들이 상처 입은 이들의 취약성과 연약함을 은혜로 대하며, 하나님과 신뢰할 만한 사람들 앞에서 탄식하도록 격려했다는 점이다. 선교사들을 향한 효과적 지지는 선교사들이 하나님과의 정서적 관계를 회복하고 하나님의 진리를 향해 다시 전진하도록 돕는다. 또한 성경에 근거한 고난의 신학을 수립하여 더 큰 위험 노출에 대비하도록 하며, 용서의 과정에 동행한다. 그리고 트라우마를 겪은 이들이 깊이 괴로워하며 해결책을 찾지 못하는 어려운 상황에 빠져 있을 때 효과적 지지는 전문적인 기독교 상담을 받도록 권유하는 것이다.

"트라우마 치료를 위한 영적 자원"에 대한 논평

·

·

최미생 · 최헌

서론

프라우케와 찰리 쉐퍼 박사의 지적처럼 선교 사역에서 트라우마는 현실이다. 수많은 논문, 잡지, 서적에서 선교사의 트라우마 문제를 다루고 있다. 이 논평을 준비하면서 우리는 구글 검색 엔진에서 '선교사' + '트라우마'라는 키워드를 입력했는데 무려 54만 4,000건의 검색 결과가 나왔다! 애즈버리신학교 도서관의 검색 도구 사용 시 '트라우마'는 학술지 제목에서 19만 4,384회 등장하고, 잡지 기사에서는 6만 6,089회, 책에서는 8,496회 등장했다.[14]

트라우마를 다루는 다양한 접근 방법 가운데 쉐퍼 부부는 영적 접근법을 선택했다. "선교사와 후원자는 트라우마로 인한 정서적·영적 씨름을 함께 이겨내는 여정에 도움이 되는 자원[특별히 영적 자원]을 갖춰야 한다." 쉐퍼 부부는 정신적·정서적 과부하를 단순한 심리적 문제가 아니라 최우선적인 영적 문제로 본다. "트라우마는 우리가 하나님께 대해, 자신과 다른 이들에 대해, 삶의 목적과 소명의식에 대해 품은 가장 깊은 확신마저 위협할 수 있다. 우리의 영적 기반을 뒤흔들고 삶의 가장 깊은 질문과 씨름하게 만든다." 쉐퍼 부부는 다음과 같이 말했다. "효과적인 지원은 하나님과의 관계를 깊게 하고 고난 속에서 성장의 길을 연다. 또한 이 성장은 건강과 회복력을 증진시킨다." 건강과 회복력은 선교사에게 중요한 문제다. 두 사람은 논문에서 영적 자원 여섯 가지와 가상의 사례 두 가지를 제시한다. 사례 연구 A에서는 공동체, 은혜, 탄식을 논하고 있다. 그리고 사례 연구 B에서는 하나님과의 관계 회복, 하나님의 진리 기억하기, 용서하기를 논한다. 논평하는 필자의 개인적 관점에서 보기에 이 여섯 가지 자원은 어떤 트라우마 상황에서도 활용이 가능하다.

사례 연구 A

첫 번째 사례에서 충격적인 무장 강도를 당한 뒤 선교사 부부와 어린 자녀들은 외상 후 스트레스 장애를 겪었다. 그들은 집에서도 안전하지 않다고 느끼면서 잠도 편안히 자지 못했다. 밤에는 소리와 손전등 빛이 극심한 스트레스를 유발했다. 하나님의 위로하시는 임재를 구하는 기도에 열심히 매달렸지만 그들은 버려지고 위험에 노출되었다는 두려움, 무기력, 당혹감, 고통을 느꼈다.

첫 번째, 쉐퍼 부부는 '효과적인 공동체의 지원'에 대한 중요성을 논한다. 트라우마를 겪은 선교사의 취약함과 무기력에 대해 은혜로 대응해주고, 그가 하나님과의 관계를 회복하도록 동행하는 그리스도인 공동체의 지지는 매우 중요하다. 트라우마 이후 선교사가 고독, 공포, 고통을 느낄 때 그에게는 사랑과 돌봄의 공동체가 필요하다. 공동체는 그들의 이야기를 경청하고, 그들을 품어주고, 상처와 두려움을 이해해주고, 하나님과의 관계를 회복하도록 돕는다. 그런 공동체는 아파하는 선교사의 성장과 치유, 회복력 발달을 돕는다. 선교사가 트라우마를 겪고 난 뒤 성장과 치유를 추구하도록 지원하는 것은 위기 상황 이후 제공되는 디브리핑 또는 후속 돌봄의 일종으로 볼 수 있다. 이것은 쉐퍼 부부가 언급하지 않은 멤버케어의 구성 요소 중 하나다. 선교사가 선교 현장에서 트라우마를 겪을 때 공동체에서 영적으로 예민하고 성숙한 멤버는 그가 전문가이든 아니든 간에 주도적으로 나서서 디브리핑을 제공할 수 있다. 디브리핑이 효과적일 경우 여러 가지 긍정적 결과를 기대해 볼 수 있는데, 그중 몇 가지는 다음과 같다. 디브리핑은 선교사가 사건과 감정을 정리하도록 돕는다. 디브리핑은 관계 형성을 통한 지원을 제공해 고립에서 벗어나게 해준다. 디브리핑은 선교사에게 누군가와 연결되어 있다는 느낌을 강화시켜 주고 변화를 촉진한다. 대화와 경청을 통해 성장의 기회를 제공하고, 성공을 공유하며, 하나님께 기쁨과 영광을 돌린다. 또한 선교사에게 사랑과 존중과 가치에 대한 강력한 메시지를 전달해준다. 이처럼 디브리핑은 선교사가 트라우마에 따른 고통을 겪은 뒤 하나님과의 관계를 회복하는 데 도움이 된다.

두 번째, 쉐퍼 부부는 인간의 연약함(취약성과 나약함)은 모든 것을 능가하시는 하나님의 능력과 힘을 의지할 수밖에 없도록 그분이 설계하신 특징으로 본다. 연약함 가운데 사랑과 은혜를 받는 과정에서 우리의 영적 체력이 자란다. 누구든 자신의 부서진 상태를 숨기지 말고 하나님과 그분의 백성들이 내미는 사랑의 손길에 의탁하고, 이를 통해 지지와 그리스도의 은혜를 받아들여야 한다. 그리스도인의 은혜는 사회관계 속의 은혜(social grace)다. '은혜에 근거한 사회문화'는 치유와 성장의 수단이 된다. 사도 베드로가 명령하듯이 우리는 마땅히 "다 마음을 같이하여 동정하며 형제를 사랑하며 불쌍히 여기며 겸손"(벧전 3:8)해야 하는데, 특히 고난에 처한 사람들에게 그래야 한다.

세 번째, 쉐퍼 부부는 유용하고 필수적인 성경적 실천 사항으로 탄식을 권한다. 탄식은 예수님이 십자가상의 절규에서 보여주신 것처럼 내면의 고통을 외부로 표출하고 하나님과 연결되는 행동이다. 지지하는 공동체는 상처 입은 사람들과 연대하여 그들 곁에 있음으로써 그들의 필요를 채워줄 수 있다. 이때 그들 앞에 놓인 고난의 무게를 직접 짊어지려고 애쓰지 않아도 된다. 단지 선교사의 고통이 하나님께 흘러가는 모습을 상상하면 된다. 하나님이 사랑과 인내로 역사하심을 소망하며 선교사와 동행하면 된다. 신앙 공동체 안에서 탄식할 수 있는 여지를 제공한다는 것은 세상 가운데서 고통스러워하는 사람들의 필요를 채워주기 위해 함께 있어 주는 사역이다.

사례 연구 B

두 번째 사례 연구에서는 교회에서 발생한 인명 살상 총격 사건으로 신실한 선교사의 감정이 마비되었다. 그녀는 압도당하고, 가책을 느끼고, 분노하고, 복수심을 느끼고, 용서할 수 없고, 혼란스럽고, 무감각해지고, 하나님께 버림받았다고 느꼈으며, 안면이 있는 범인에게 배신감을 느꼈다. 또다시 저자들은 치유를 위한 세 가지 영적 자원을 제시한다. 그것은 하나님과의 관계 회복, 하나님의 진리 기억하기, 용서하기다.

첫 번째, 쉐퍼 부부는 하나님과의 관계 회복이 매우 중요하다고 말한다. 그것은 트라우마로 인한 무감각과 우울이 버거울 정도의 수치와 공포와 고통에 대한 방어 장치 역할을 하지만, 그와 동시에 평화와 기쁨의 경험을 마비시키기 때문이다. 엠마오로 가는 길에서 보이신 것처럼 경청하고, 질문을 던지고, 이해를 돕고, 함께 음식을 나누는 것이 예수님의 방식이었다. 빵을 떼는 행동이 신경생물학적으로 기능하여 트라우마를 겪은 제자들과 예수님과의 관계 회복이 일어난 것처럼 과거에 하나님의 임재를 느끼도록 도와준 경험, 즉 하나님과의 개인적 경험을 되살려주는 찬송이나 이미지, 성경 구절은 트라우마를 겪고 있는 선교사들이 하나님과 다시 연결되는 느낌을 되찾는 데 도움이 된다.

두 번째, 쉐퍼 부부는 하나님께 버림받았거나 벌을 받고 있다는 느낌, 하나님의 사랑에 대한 의심은 트라우마를 겪은 사람들의 고통을 악화시킨다고 지적한다. 물론 죄와 고통에 대한 건전한 성경적 이해는 불필요한 고통을 경감시키고 빠른 치유와 회복을 가져온다. 쉐퍼 부부가 권하는 것처럼 트라우마를 겪은 사람은 자신이 버림받았다는 느낌을 십자가 위에서 하나님의 버리심을 체험하신 예수님 앞으로 가져갈 수 있다. 또한 그들은 성경을 통해 영원히 함께하시겠다는 하나님의 약속을 되새기며 위로를 받을 수 있다. 더 나아가 고난에 대한, 고난과 죄의 관계에 대한 건전한 성경적 이해를 가진다면 선교사들이 하나님의 뜻을 오해하지 않도록 해줄 수 있다.

우리가 보기에 고난의 신학을 건전하게 이해하기 위해 성경을 연구하고, 말씀과 기도를 통한 경건 생활(성경을 듣고, 읽고, 공부하고, 암송하고, 묵상하기)의 실천은 매우 중요하다. 그러나 건강한 삶과 사역을 위해서는 그것으로 충분하지 않다고 생각한다. 트라우마를 겪은 사람은 건전한 고난의 신학뿐 아니라 대속의 신학, 십자가의 신학, 트라우마의 신학, 희생의 신학, 그리스도 재림의 신학 등에 근거한 건전한 생명의 신학도 필요하다. 성경공부에 덧붙여 금식, 기도, 교회 출석, 예배와 가장 중요하게는 하나님 말씀의 적용이 함께할 때 새로운 길을 열기 위한 정서적·영적 힘을 지속적으로 공급받을 수 있다. 마지막으로 트라우마를 겪은 선교사들의 치유를 도우려면 말씀의 사역(쉐퍼 부부의 표현으로는 '신학적 조언')에 앞서 함께 있음의 사역이 반드시 필요하다고 생각한다.

세 번째, 쉐퍼 부부는 용서의 중요성을 강조한다. 용서는 증오와 분노 등 트라우마 이후의 증상을 완화시키고 치유에 꼭 필요한 것이기 때문이다. 그러나 용서는 하나의 과정이지 즉각적인 결과를 내는 일회적 행동이 아니다. 깊은 감정의 상처가 있다면 용서의 행동을 반복해야 할 수도 있다. 시간이 지나 상처가 다시 떠올라 고통이 재발할 수 있기 때문이다. 의지를 가지고 용서하는 행동은 치유를 향해 내디뎌야 하는 발걸음이며, 그것은 시간이 지날수록 더욱 편안하게 느껴질 것이다. 용서의 손을 내밀 때 피해자는 가해자의 과오를 눈감아주거나 받은 피해를 축소시키는 것이 아니라 그것을 십자가 밑에 내려놓기로 선택하는 것이다. 재차 언급하지만 건전한 십자가의 신학이 매우 중요하다. 용서는 선택이자 순종의 행위다. 성령의 이끄심을 받아 이뤄지는 용서는 결과적으로 마음에 초자연적 변화를 가져온다. 용서의 능력과 유익에 대해서는 훨씬 더 많은 내용을 쓸 수 있다.

몇 가지 제안

나는 몇 가지 제안을 덧붙이고자 한다. 첫째, 선교사의 치유에 대한 쉐퍼 부부의 논의는 성령의 역할을 충분히 강조하지 못하고 있다. 그리스도인으로서 우리는 성령의 능력으로, 그리스도와의 하나 됨이 주는 변화 경험을 통해 하나님의 무조건적 사랑과 수용을 알고 경험할 수 있다. 둘째, 이 논문에서는 공적 예배와 개인 예배의 중요성이 누락되었다. 회복과 치유 과정에서 예배의 역할에 대해 더 깊이 탐구해야 할 것이다. 셋째, 부활의 주제가 언급되지 않았다. 예수님은 극한 고난과 잔혹한 십자가 처형을 견디셨다. 그러나 선지자들의 예언대로 그분은 죽은 자 가운데서 살아나셨다. 물론 우리가 알고 있는 가장 충격적이고 궤멸적인 경험은 예수님의 고난과 십자가 처형이다. 예수님은 그 누구보다도 심한 트라우마를 겪으신 분이다. 십자가는 가장 극단적인 트라우마의 장소였다. 예수님은 짓눌리시고 영적·신체적·감정적·정신적으로 큰 트라우마를 겪으셨다. 그러나 트라우마의 능력은 십자가 위에서 파괴되었다. 예수님은 우리를 향한 큰 사랑 때문에 죄와 연약함, 질병, 트라우마를 짊어지셨다. 십자가는 고난과 수치, 트라우마, 죽음이 최종 승자가 아님을 상징한다. 예수님이 죽은 자 가운데서 살아나셨기 때문이다. 이 부활 때문에 십자가는 모든 고통 받는 자에게 변화와 회복을 향한 궁극적 소망의 완전한 상징이 되고 있다.

15
한국인 선교사의 행복과 선교 공동체 내의 조직적 돌봄

엄은정

서론

이상화되며 과장된 표상의 그늘 아래서 살아가는 선교사들, 그들은 공동체 안에서 종종 고독하고 소심한 영웅이 된다. 사회심리학자 토리 히긴스는 자기불일치와 정서에 대한 연구에서 실제적 자기 상태와 이상적 자기 상태가 불일치하는 사람들은 낙담과 관련된 실망감과 불만족, 슬픔의 정서를 느낀다는 것을 발견했다. 반면 실제적 자기와 당위적 자기 간의 불일치를 경험하는 사람들은 초조감과 관련된 두려움, 위협, 불안정의 정서를 느낀다는 것을 검증했다.[1] 히긴스의 연구 결과는 자기불일치의 정서적 경험이 사회적 관계 안에서 형성되는 자기와 타자에 대한 신념의 소산물이라는 것을 말해준다.

선교사는 사랑의 대계명과 선교의 대위임령을 준행하는 자로서 선교 공동체에서 불일치된 감정을 흔히 경험한다. 김윤희의 한국인 선교사의 우울증에 대한 연구에 따르면 연구 참여자 중 63%는 우울증을 경험한 적이 있으며, 21%는 연구 당시 우울증을 겪고 있었다.[2] 사회구성주의적 관점에서 이야기 치료의 학자들은 심리적 고통이 사회적 상호작용에서 생겨난 내재화된 담론이라는 입장을 갖는다.[3] 긍정 심리학자 크리스토퍼 피터슨과 마틴 셀리그먼은 사회과학적 연구를 통해 공동체의 덕목이 구성원의 행복과 웰빙에 영향을 미친다고 제시했다.[4] 공동체의 영향은 개인의 행복과 삶의 만족, 안녕감과 밀접하게 연관되어 있다. 특히 관계 중심적인 한국 문화에서 공동체의 집단 신념이 선교사의 자기감에 미치는 영향은 그것이 긍정적이든 부정적이든 더 클 수밖에 없다.

박슬기와 황진수는 조직문화가 조직 구성원들의 주관적 웰빙에 유의미한 영향을 미친다는 것을 확인했다.[5] 멤버케어는 선교 공동체에 돌봄의 조직문화를 촉진한 운동이다. 선교 공동체가 선교 사명을 추구하는 것 못지않게 선교사의 삶이 귀중하다는 것을 각성시켜 주었다. 그러나 여전히 멤버케어 운동은 선교 조직에 뿌리 내지 못하고 있으며, 선교사의 정신건강을 개인의 심리적·영적 문제로 귀결하는 경향을 보인다.

웰빙은 존재론적으로 좋은 상태의 삶을 말하며, 삶의 다차원적 영역에서의 행복과 건강을 뜻한다. 웨이드 케클러는 선교사라는 특수한 상황을 염두에 두고 웰니스(well-being+fitness)에 대한 포괄적 모습을 묘사했는데, 여기에는 개인의 영적·사회적·정서적·신체적·직업적·지적(교육적) 생활이 포함된다.[6] 레슬리 앤드루스는 선교사의 웰빙은 영성, 가족, 사역에 대한 만족도와 상관성이 있음을 발견했다.[7] 선교사의 웰빙을 이해하는 데 있어 도즈는 멤버케어 초기부터 개인적 요소와 선교단체, 타문화의 영향을 포함시켰다. 선교사의 사역은 소명에 따른 것이므로 선교 공동체 내에서 공동의 가치를 공유하는 것은 선교 사역자에게 무엇보다 중요하다. 한국 문화가 개인보다 집단을 더 중요하게 여기는 경향에 비춰 볼 때 선교단체의 웰빙은 한국인 선교사의 웰빙에 있어 중요한 요인이 될 것이다.

이 연구는 선교사의 행복과 삶의 질이 선교사와 선교 공동체와의 상호작용에 관련이 있다는 가정 아래 다음과 같은 질문을 제시한다. 한국 선교사의 주관적 웰빙 상태는 어떤가? 사역에 대한 만족감은 어느 정도인가? 정서적 건강 상태는 어떠한가? 이런 요인들은 조직의 멤버케어와 어떤 관계가 있는가? 선교사들이 행복감 또는 불만족감을 경험하게 되는 사회심리적 요인은 무엇인가?

연구 방법

참여 대상

2013~2017년 하트스트림 한국센터(Heartstream Resources Korea)에서 열린 안식년 디브리핑에 참여한 총 215명의 선교사가 연구에 참여했다. 연구 자료는 불성실한 응답 자료를 제외시킨 뒤 154명의 K-SPARE와 183명의 자가평가지(K-SE)를 수집했다. 연구 참여자는 총 195명이다.

도구

자가평가지와 SPARE 척도를 이용해 연구 자료를 수집했다. 자가평가지는 에스더 슈베르트(1993), K-SPARE는 도즈(2013)-[8]가 개발한 것으로 한국어로 번안하고 문항과 척도를 일부 수정해 사용했다. 한국어 번안의 SPARE는 총 일곱 가지 문항으로 영적(S)·신체적(P)·실현적(A)·관계적(R)·정서적(E) 차원의 전인적 웰빙과 조직적(O)·문화적(C) 차원의 조직적·문화적 웰빙으로 이루어져 있다. K-SPARE 척도 점수는 1점이 '낮음', 10점이 '높음'으로, 점수가 높을수록 주관적 웰빙의 상태가 높다고 해석한다. K-SPARE 척도 점수 합계의 내적 신뢰도(크론바흐 알파)는 0.828이다. 한국어 번안의 자가평가지(K-SE)는 사역 만족도와 심리정서 상태의 하위 척도로 구성됐다. 사역 만족도는 요인 분석을 바탕으로 일곱 가지 척도 질문을 사용하는데, 이들 척도는 사역 환경, 사역 자원, 사역 관계 등 세 가지 요인으로 분류된다.[9] 또한 사역 만족도는 개방형 질문(open-ended question) 문항 두 가지를 포함한다. 만족도는 4점 리커트(Likert Scale) 척도를 사용해 4점은 '대체로 만족한다', 1점은 '대체로 불만족한다'로 전체 점수가 높을수록 만족도가 높은 것으로 해석된다. K-SE의 총 점수에 대한 크론바흐의 알파값은 0.783이고, 사역 환경 하위 척도는 0.759이고, 사역 자원은 0.701이고, 사역 관계는 0.695이다. 그리고 개방형 질문은 다음과 같다. 첫째, 사역에서 행복감을 느끼는 것은 무엇인가? 둘째, 사역에서 만족감을 느끼지 못하거나 개발하고 싶은 것은 무엇인가? 심리정서적 상태에 대한 하위 척도는 DSM-IV 기준(기분 저하, 반복되는 죽음에 대한 생각, 반복되는 자살 충동 또는 계획)을 토대로 우울증 증상을 평가할 수 있는 아홉 가지 척도 질문과 열두 가지 양자택일 선택지(예를 들면 만족-불만족, 유쾌-짜증)를 이용하여 측정했다.

절차와 데이터 분석

편의표본추출 방법을 사용해 연구 참가자를 선정했다. 자료는 면담과 디브리핑 시간에 연구자가 배포한 설문지를 통해 수집했다. 그런 다음 IBM의 분석 소프트웨어 SPSS의 최신 버전인 SPSS Statistics 25를 이용해 자료를 분석했다. 요인 분석을 실시하여 변인의 타당도를 검증했고, SPARE와 자가평가지 변인의 상관관계에 대해 피어슨 상관 계수를 산출했다. 빈도 분석을 사용하여 참가자의 특징, 심리정서적 상태, 사역에서 느끼는 행복도 또는 불만족도를 평가했다. 조직의 멤버케어 유무에 따라 주관적 웰빙과 사역 만족감에서 차이가 존재하는지를 확인하기 위해 참가자들을 두 집단, 즉 자가의뢰형과 조직의뢰형으로 나누고, 두 집단의 평균 차이를 T-검정으로 분석했다. 자가의뢰 집단은 소속 조직의 멤버케어 없이 스스로 디브리핑에 참여한 선교사들로 구성됐다. 조직의뢰 집단은 소속 조직에서 멤버케어를 받는 선교사들로 구성됐는데, 멤버케어 의뢰 과정을 통해 디브리핑 과정에 참여했다.

결과

참여자의 성별은 남성이 45.6%, 여성이 54.4%로 비슷한 분포를 보였다. 연령은 20대부터 70대까지이며 40~50대(45.1%)가 가장 많았다. 사역 기간은 최소 2년부터 최대 29년으로 평균 10년이다. [표 15.1]은 자가의뢰와 조직의뢰 유형별로 SPARE와 자가평가지(K-SE) 참여자 수를 보여준다.

의뢰 유형별	K-SPARE N(%)	자가 평가지(K-SE) N(%)
1. 자가의뢰	23(14.9)	31(16.9)
2. 조직의뢰	131(85.1)	152(83.1)
2-1. 교단 선교단체	26(16.9)	36(19.7)
2-2. 한국 선교단체	29(18.8)	35(19.1)
2-3. 교회 선교단체	13(8.4)	14(7.7)
2-4. 국제 선교단체	63(40.9)	67(36.6)
합계	154(100)	183(100)

[표 15.1] 자가의뢰와 조직의뢰 유형별 참여자 수

주관적 웰빙의 상관관계

154명에 대한 K-SPARE 척도의 변인을 상관 분석(correlation analysis)한 결과 정적 상관관계를 나타냈다. 조직적 웰빙은 실현적(r=.470), 관계적 (r=.466), 정서적(r=.455), 신체적(r=.403) 웰빙과 다소 높은 상관관계를 보였으며 정서적 웰빙은 영적(r=.595), 관계적(r=.566), 실현적(r=.517), 조직적 (r=.455), 신체적(r=.403) 웰빙과 다소 높은 상관관계를 보였다([표 15.2]). 이 결과는 선교사의 웰빙이 개인적 차원뿐 아니라 조직적 차원과도 관계가 있음을 말해준다.

참여자의 주관적 웰빙 평균은 6.5로, 절반에 가까운(41%) 응답자가 6점 미만의 웰빙 상태를 보고했다. K-SPARE 척도에서 6점 미만의 점수 결과는 주의와 예방적 개입(preliminary intervention)이 필요한 것으로 해석된다. 비교적 건강한 상태로 볼 수 있는 8점 이상의 응답자는 약 32%였다.

*P<.05 **p<.01

웰빙	1	2	3	4	5	6	M	SD
1. 영적	1.00						6.44	1.775
2. 신체적	.506**	1.00					6.12	1.792
3. 실현적	.553**	.412**	1.00				6.44	1.824
4. 관계적	.321**	.200**	.353**	1.00			6.57	1.930
5. 정서적	.595**	.403**	.517**	.566**	1.00		6.36	1.946
6. 조직적	.330**	.403**	.470**	.466**	.455**	1.00	6.45	2.090
7. 문화적	.349**	.320**	.408**	.286**	.297**	.311**	7.31	1.479

[표 15.2] K-SPARE 변인의 상관 계수, 평균, SD (N=154)

웰빙의 영역별 비교에서 웰빙 상태가 가장 높은 영역은 문화적 웰빙 (M=7.31, SD=1.47)이었으며, 가장 낮은 영역은 신체적 웰빙(M=6.12, SD=1.78) 이었다. 두 집단의 웰빙 평균은 자가의뢰 집단이 조직의뢰 집단보다 낮게 나타났다([표 15.3]). 이 두 집단의 주관적 웰빙 차이를 평가하기 위해 T-검정을 실시한 결과, [표 15.4]를 통해 알 수 있듯 조직적 웰빙에서 통계적으로 유의미한 차이가 나타났다(자가의뢰: M=4.61, SD=2.210, 조직의뢰: M=6.77, SD=1.900, t-4.911, p. .000 p<.05). 그러나 남/녀, 독신/기혼자, 목사 선교사/평신도 선교사, 사역 기간 등은 조직적 웰빙에 유의미한 차이를 보이지 않았다. 조직의뢰 집단 중 웰빙 상태가 가장 높은 집단과 웰빙 상태가 가장 낮은 자가의뢰 집단의 평균차를 비교한 결과 조직적 웰빙과 신체적 웰빙에서 유의미한 차이를 보였다.-[10]

사역 만족도

참여자의 사역 만족도를 '약간 만족'(3점)과 '대체로 만족'(4점)을 포함해 분석한 결과 '사역 환경'(75%), '사역 자원'(76%), '동역자 관계'(65%) 순으로 나타났다. 그중 '만족'(4점)한다고 응답한 참여자는 '사역 환경'(38%), '사역 자원'(42%), '동역자 관계'(32%) 순으로 동역자 관계가 가장 낮은 만족도를 보였다. 조직의 멤버케어 유무에 따라 참여자의 사역 만족도에 차이가 있다고 가정한 뒤 T-검정을 이용해 집단 간 평균 차이를 분석했다. 그 결과는 멤버케어를 구비한 단체의 참여자가 멤버케어가 부재한 단체의 참여자보다 사역 만족도가 유의미하게 높았다. 그 중에서 '사역 자원'과 '사역 관계'의 만족도가 유의미하게 더 높았으며, '사역 환경'의 만족도에는 유의미한 차이가 없었다([표 15.5]).

[표 15.3] 의료 유형별 K-SPARE 주관적 웰빙 변수의 평균, SD

의료 유형(N)		M SD	S 영적	P 신체적	A 실현적	R 관계적	E 정서적	O 조직적	C 문화적	SPAREOC 합계
자기의료(23)		M	6.00	5.74	5.96	6.09	6.26	4.61	7.13	5.9689
		SD	1.859	1.888	2.011	2.172	2.137	2.210	1.517	1.45109
조직의료	교단 선교단체(26)	M	6.12	5.81	6.08	6.35	6.19	6.00	7.12	6.2363
		SD	1.883	1.789	2.226	2.314	1.855	2.315	1.774	1.41944
	한국 선교단체(29)	M	6.38	5.62	6.28	6.90	6.14	6.62	6.76	6.3842
		SD	1.678	1.656	1.869	1.543	1.866	1.840	1.550	1.19651
	교회 선교단체(13)	M	7.23	7.31	6.69	6.62	7.46	7.15	7.62	7.1533
		SD	2.048	1.437	1.377	1.938	1.808	1.772	1.502	1.06180
	국제 선교단체(63)	M	6.60	6.37	6.79	6.68	6.35	7.08	7.65	6.7859
		SD	1.661	1.763	1.578	1.839	1.961	1.697	1.194	1.16758

웰빙	평균		SD		T	P
	자가의뢰 (n=23)	조직의뢰 (n=131)	자가의뢰	조직의뢰		
영적	6.00	6.52	1.859	1.756	-1.297	0.197
신체적	5.74	6.18	1.888	1.773	-1.100	0.273
실현적	5.96	6.53	2.011	1.784	-1.396	0.165
관계적	6.09	6.66	2.172	1.880	-1.309	0.193
정서적	6.26	6.38	2.137	1.919	-0.274	0.785
조직적	4.61	6.77	2.210	1.900	-4.911*	0.000*
문화적	7.13	7.34	1.517	1.476	-0.628	0.531

〔표 15.4〕의뢰 유형별 K-SPARE 주관적 웰빙

심리정서적 웰빙

정서 상태를 분석한 결과 절반에 가까운 참여자(49%)가 우울감이 있는 것으로 나타났다. 그중 13%는 심각한 것으로 확인됐다. 가장 많이 나타난 우울 증상은 우울한 기분, 흥미와 즐거움 감소, 피로감과 에너지 상실, 집중력 감소였다. 자신의 마음 상태를 반영하는 표현에 대해 30%가 '불만족스러운' '짜증나는' '성난'이라고 응답했다. 37%는 '끌려다니는' '의기소침한'이라고 응답했다. 자신의 마음 상태를 가리켜 '불행'하다고 응답한 사람은 8%였지만 반대로 '행복'하다고 응답한 사람은 66%였다. 응답자 가운데 67%는 '낙관적'이며 '미래 지향적'이며 '긍정적인 자아상'을 갖고 있다고 응답했다. 22%는 '과거 지향적'이며 '부정적인 자아상'을 갖고 있는 것으로 나타났다.

웰빙	평균		SD		T	P
	자가의뢰 (n=31)	조직의뢰 (n=152)	자가의뢰	조직의뢰		
사역 환경	3.034	3.076	.680	.842	-.254	.800
사역 자원	2.919	3.196	.707	.640	-2.055*	.041*
사역 관계	2.483	2.962	.724	.871	-2.854*	.055*

[표 15.5] 의뢰 유형별 사역 만족도 T-검정

선교 현장의 행복감과 불만족감

참여자들이 사역에서 행복감을 느끼는 경험은 총 다섯 가지 상위 주제와 여덟 가지 하위 주제로 분류됐다([표 15.6]). 참여자의 전체 반응 중 70%는 '현지인'과 관련된 것으로, 현지인을 양육하는 것(46%)과 현지인과의 관계 맺음(24%)에 가장 큰 행복감을 부여했다. 참여자는 제자 양육을 통해 현지인이 회심하고 변화되며 지도자로 세워져 가는 모습에 사역자로서 행복감을 느끼는 것으로 나타났다. 또한 현지인과 함께하는 친밀한 교제와 정서적 교감, 현지인의 인정과 존중, 환대, 돌봄에서 기쁨을 경험한다고 응답했다. 40%는 '선교 역량'에 대한 것으로, 다양한 선교 기회에 참여해 비전을 성취(29%)하고 자기계발과 성장을 이루는 것(11%)이었다. 20%는 '영성'에 대한 것으로 예배와 기도, 말씀, 영적 교제 등 경건 생활을 통해 영적 기쁨을 얻고 있는 것으로 나타났다. 일부 참여자는 특히 현지인 예배를 통해 행복감을 느낀다고 응답했다. 나머지는 성령의 역사와 하나님의 임재 경험, 하나님이 행하시는 일의 증인 됨을 보여주는 초자연적인 영적 경험(9%)을 통해 영적 위로와 행복감을 느끼는 것으로 나타났다. 13%는 '동역자 관계'를 통해 협력하고 지지하며 섬기고 돌보는 것에 행복감의 의미를 부여했다. 9%는 '사역 결과'로 사역을 통해 기여하거나 인정받았을 때, 특정한 결과를 얻었을 때 행복감을 느끼는 것으로 나타났다.

참여자들이 사역 현장에서 불만족감을 느끼는 경험은 총 다섯 가지 상위 주제와 열한 가지 하위 주제로 분류됐다(〔표 15.6〕). 참여자가 가장 크게 불만족감을 느끼는 주제는 '선교 역량과 태도'에 대한 것으로 51% 를 차지했다. 절반에 가까운 참여자(43%)가 사역을 수행하기에 역량이 충분치 않다고 응답했다. 언어로 인한 고충, 정체성 혼란과 외로움, 고립 감, 소외감, 동기 부족, 리더십 부족, 소심한 성격과 소극적 행동 등 성격 적 측면에 만족하지 못한다고 응답했다. 나머지(8%)는 사역 태도에 대해 변화가 필요하다고 응답했다. 일 중심적 사역과 결과 중심의 사역, 프로 젝트형 사역, 지나친 열심, 매너리즘, 불성실한 태도 역시 사역의 행복감 을 떨어뜨린다고 응답했다.

참여자의 48%는 '동역자 관계'에 만족하지 못하는 것으로 나타났는 데, 그중 동료 사역자 관계(20%)가 가장 많았다. 관계 갈등이 중도 탈락의 주된 원인이라는 것은 이미 여러 연구를 통해 밝혀졌다. 권위적 리더십 과 일방적 의사소통, 멘토링과 연합의 부재, 멤버케어에 대한 리더십의 인식 부족, 지지하지 않는 동료 관계가 불만족 요소로 나타났다. 현지인 관계에 대한 불만족감(11%)에는 변화하지 않는 현지인, 현지인과 동질감 부족, 친밀하지 못한 관계, 현지 교회의 수동적 태도와 리더십 등이 포함 됐다. 파송 단체와 교회 관계에 대한 불만족감(12%)에서 파송 단체에 대 해서는 본부와의 의사소통 방식, 편견, 인격적 교제를 갖지 못하는 것, 모 호한 사역과 업무 분담, 과다한 업무와 피로, 멤버케어의 부재와 지원 부 족이 언급됐다. 한편 파송 교회에 대해서는 선교사에 대한 불신, 낮은 존 재감, 인격적 교제를 갖지 못하는 것, 의사소통의 부재 등이 언급됐다. 파 송 단체에 대한 불만족감이 행정과 관련된 것이라면 파송 교회에 대한

행복감(복수 응답: N=180)		불만족감(복수 응답: N=174)	
주제	하위 주제(N, %)	주제	하위 주제(N, %)
1. 양육 관계	(1) 현지인 양육(82, 45.6%) (2) 현지인과의 관계(44, 24.4%)	1. 역량	(1) 역량(75, 43.1%) (2) 태도(14, 8.0%)
2. 선교 역량	(3) 선교 참여(53, 29.4%) (4) 자기계발과 성장(20, 11.1%)	2. 동역자 관계	(3) 동료 사역자(35, 20.1%) (4) 현지인(20, 11.5%) (5) 파송 단체, 교회(21, 12.1%) (6) 배우자(9, 5.2%)
3. 영성	(5) 경건 생활(19, 10.6%) (6) 성령의 역사(16, 8.9%)	3. 선교 정책	(7) 선교 전략(24, 13.8%) (8) 선교 자원(19, 10.9%) (9) 선교 환경(18, 10.3%)
4. 동역자 관계	(7) 동역자 관계(24, 13.3%)	4. 영성	(10) 영성(15, 8.6%)
5. 사역 결과	(8) 사역 결과(16, 8.9%)	5. 사역 결과	(11) 사역 결과(10, 5.7%)
합계	274, 152.2%	합계	260, 149.3%

[표 15.6] 선교 현장의 행복감과 불만족감의 상위 주제와 하위 주제

불만족감은 관계의 측면을 내포하고 있음을 알 수 있다. 나머지는 선교
사의 배우자(5%)와 관련이 있는데 배우자의 리더십, 배우자와의 의사소
통과 갈등에 불만족한다고 응답했다. 35%의 참여자는 '선교 정책'과 관
련해 미비한 선교 전략(14%), 선교 자원(11%), 제한된 선교 환경(10%)으로
말미암아 불만족과 고충을 경험한다고 응답했다. 참여자의 9%는 '영성'
과 관련해 영적 소진과 갈등, 소명이 흔들리는 경험이 있다고 밝혔으며
영적 게으름과 경건하지 못한 삶, 영적 전쟁을 위기로 인식하는 것으로
나타났다. 행복감을 느끼는 주된 요인이 현지인과 동료 간에 느끼는 관
계의 친밀감, 동질감, 일체감에 있다면 불만족감은 역량과 자원, 관계의
결핍과 부재감에 있다.

    기독교 공동체는 신념과 가치를 공유하는 집단으로 기독교의 행복론은 공동체성에 근거를 둔다. 따라서 돌봄이 결여된 공동체는 선교사의 존재감과 가치를 높여주지 못한다. 선교사의 자질과 건강성은 개인의 자질에 국한되지 않고 선교 공동체의 선교 철학과 가치가 선교사와 공유될 때 양육되고 높아진다. 한국 선교사가 인식하는 행복감은 관계 맺음에 있다. 그것은 부름 받은 자들에게 예비된 사랑의 향연으로 영적 행복감을 선사한다. 그럼에도 이 향연에는 모순이 존재한다. 함께 일하는 동료가 반목하고 외면하며 낯선 사람이 되곤 하는 것이다. 선교사 간의 갈등은 공동체의 유대감을 약화시키고 선교사 자신과 공동체 전체를 서서히 병들게 만든다.

    많은 한국 선교사가 자신의 역량과 선교 자원에 대해 불만족스러워하는 것으로 확인됐다. 선교단체는 선교사의 행복한 사역을 위해 그들의 역량을 높이고 계발하는 실제적 대안을 마련할 뿐 아니라 필요한 사역 자원을 공급할 필요가 있다. 이 연구에 참여한 선교사 가운데 10~15%는 완전한 정서적 회복을 위해 특별한 케어와 치료가 필요한 것으로 조사됐다. 30% 정도는 비교적 건강한 마음 상태이지만 모두가 충분히 행복하다고 말하기는 어렵다. 50% 또는 더 적은 선교사가 제한된 조건에서도 행복을 누리고 이타적 삶을 살아가고 있다.

    연구 결과에서 관심을 끄는 독특한 것이 있었다. 그것은 멤버케어 지원 단체 가운데 평균 웰빙이 가장 높은 단체가 교회 선교단체라는 점이다. 교회 선교단체로 분류된 참여자 집단은 파송 교회이면서 동시에 파송 단체다. 교회 선교단체의 사역자는 교회가 지정한 선교단체를 섬기는 이중 멤버십을 갖게 되므로, 해당 선교단체와 소속 교회 양쪽에 속하게 된다. 이런 제도는 교회가 선교사를 단독으로 파송하는 잠재적 위험성을 막아준다. 교회 선교단체의 조직 유형은 선교단체에 전문성을 위임하고 강화된 멤버케어를 교회 내부에 유지함으로써 선교사 삶의 질에 특히 긍정적인 영향을 미치는 것으로 평가된다. 이런 점에서 볼 때 한국 선교사의 웰빙을 촉진하는 대안 모델은 교회의 케어가 강화된 공동체적 관계 모형이라고 할 수 있다.

또 다른 의미 있는 결과는 국제 선교단체와 한국 선교단체 간의 문화적 웰빙의 평균 차이다. 국제 선교단체가 한국 선교단체보다 유의미하게 평균이 높았는데, 참여자 모두가 단일 문화 배경의 한국인이라는 것을 고려한다면 국제단체의 다문화적 요소가 구성원의 문화적 지능과 문화적 웰빙에 미치는 영향이 있으리라고 예측된다.

사랑의 대계명과 선교 대위임령은 공동체의 당위적 신념이나 이상의 부속물이 아니다. 그것은 아버지가 그분의 아들을 "내 사랑하는 자, 내 기뻐하는 자"라고 부르신 것처럼 우리가 주의 사랑을 입는 것이다. 그분의 사랑으로 충만할 때(행복할 때) 우리는 그 길을 갈 준비가 되었다고 말할 수 있다.

숙고를 위한 질문

1. 정신적으로 건강하고 행복한 삶을 향유하는 타문화 사역자들의 실례를 들어 보라. 당신이 그들에게서 발견하는 심리적·영적·사회적 자본은 무엇인가?

2. 선교사들의 역량과 자원을 개발하기 위한 창의적 방법과 도구는 무엇인가?

3. 선교 공동체의 행복 인구를 늘리기 위해 개선해야 할 점은 무엇인가?

4. 요한복음 15장의 포도나무 비유와 마태복음 5장의 산상수훈에서 주님이 말씀하시는 행복에 대한 신학적 교훈과 성찰은 무엇인가?

"한국인 선교사의 행복과
선교 공동체 내의 조직적 돌봄"에 대한 논평

■

■

로이스 A. 도즈

엄은정은 한국인 선교사의 행복에 대해 중요한 빛을 밝혀주는 장을 썼다. 그녀의 연구 결과는 다른 문화권의 선교사와 선교기관에게도 시사하는 바가 크다. 이 연구는 멤버케어를 제공하는 교회와 선교기관이 얼마나 필요하고 중요한지를 알려준다. 또한 한국인 선교사가 느끼고 경험하는 복지와 행복이 멤버케어를 통해 얼마나 증진될 수 있는지를 보여준다. 이상화된 표상의 "그늘 아래서 산다"는 저자의 비유는 매우 적절했다.

엄은정은 훌륭한 질문을 던진다. 그녀는 선교기관들이 심리적이거나 영적인 문제만 다루려는 경향이 있음을 지적하며 자신의 연구를 '멤버케어 운동'과 연관시킨다. 그녀의 관찰은 아픈 곳을 찔러 멤버케어에 대한 총체적 접근이 주는 유익에 주목하도록 해준다.

다른 연구자들을 통해 밝혀진 것처럼 공동체의 영향력이 재확인됐다. 엄은정의 연구는 공동체와 개인의 관계 향상을 위해 선교사 후보들이 적절한 도구를 갖추도록 준비시키는 것이 왜 그렇게 중요한지를 확증시켜준다. 또한 이것은 교회, 선교기관, 문화를 막론하고 공동체 생활의 건강 유지를 위해 힘써 노력하는 것이 타당한 이유를 보여준다. 연구 결과 중 일부는 예상된 것이었다. 예를 들어 교회와 선교단체 소속 선교사들이 더 많은 행복을 느낀다는 점이 그렇다. 그것은 서로 공유하는 가치가 더 크기 때문일 것이다. 선교사의 행복, 교회와 선교단체의 연결성 사이의 연관성은 "Am I Still Me(나 아직 나야?)"라는 제목의 논문에서 탐구한 강화된 정체성이 반영된 것일 수도 있다.[11]

엄은정이 활용한 자료는 지난 27년간 하트스트림에서 중요하게 쓰인 것인데, 그중 특히 선교사이자 정신과 의사인 에스더 슈베르트 박사가 만든 우울과 탈진에 대한 자가평가지에는 행복과 연관된 요인이 포함되어 있다. 엄은정은 날카로운 통찰력으로 SPARE-OC 모델[12]을 통해 밝혀진 유용한 정보를 수집했다. 이 모델은 '웰빙'이 인간 발달의 주요 차원을 포괄한다고 가정한다.

우리는 "선교사가 소속 기관에 대해 느끼는 소속감과 일체감이 클수록 선교사의 자기실현과 정서적 안정감이 높아진다"는 엄은정의 발견을 마음속에(그리고 머릿속에) 새겨야 한다. 또한 이는 독립 선교사로 사역하기보다 선교기관에 소속되어 사역하는 것이 왜 중요한지를 말해준다. 하트스트림에서 이를 입증하는 사례를 수백 건도 넘게 보았다. 30여 년 전 집중 돌봄 프로그램을 시작하면서부터 자신을 이해해주고 자신을 위해 기도해주는 지지적인 교회와 가족을 둔 선교사가 위기와 탈진 치료 시 훨씬 더 빠르게 회복되는 것을 보았다. 1994년 독신 선교사만을 위한 프로그램을 운영했을 때 프로그램 종료 후 왜 떠나기를 꺼려하는지 물었을 때 참가자들은 이렇게 답했다. "가고 싶은 곳이 아무데도 없어요. 가족들은 우리를 이해하지 못하고 '언제쯤 제대로 된 직장을 구할 생각이니?'라는 질문을 해요. 교회도 우리를 정말로 이해하지 못하고 우리에게 관심도 없어요."

엄은정의 연구는 교회가 선교사를 파송할 때 선교기관에 소속시키는 것이 얼마나 중요한지를 확인시켜 준다. 그녀는 다문화와 연관되는 것의 유익에 대해 다음과 같이 말한다. "국제 선교단체가 한국 선교단체보다 유의미하게 평균이 높았는데 … 다문화적 요소가 구성원의 문화 지능과 문화 웰빙에 미치는 영향이 있을 것으로 예측된다."

만족감이 가장 낮은 경험이 동료 관계와 관련이 있다는 사실은 매우 중요하다. 이미 검증된 긍정적이고 전수 가능한 대인관계의 태도와 기술 강화 훈련을 당장 실행하지 못할 이유가 무엇인가? 또 한 가지 강조점은 "선교단체에 전문성을 위임하고 강화된 멤버케어를 교회 내부에 유지하는 것이 선교사 삶의 질에 특히 긍정적인 영향을 미치는 것으로 평가된다"는 점이다.

놀라운 것은 '문화적 웰빙'의 차원이 SPARE 척도에서 8 이상 표시한 응답자가 32%로 가장 큰 중요도를 나타낸 것이다. 한편 '신체적 웰빙'은 가장 낮은 순위를 기록했다. 향후 연구에서 이 점을 더 자세히 살펴볼 필요가 있다.

"참여자의 전체 반응 중 70%가 '현지인'에 관련된 것, 특히 … 양육"과 관련이 있다는 점은 매우 의미심장하다. 자주 간과되는 사역자와 현지인 간 강력한 돌봄의 역동성은 주목할 가치가 있다. 지도자들이 사역의 결과를 평가할 때 이런 역동성을 염두에 두었으면 한다. 이처럼 중요한 대인관계는 사역의 핵심이다. 다음은 나와 밀접하게 관련된 중남미에서 사역한 선교사의 이야기다. 한 선교사가 '해임'되어 퇴임식이 열렸는데, 선교팀의 리더들은 그 자리에 무려 1,000명의 현지인이 참석하자 당혹감을 감추지 못했다. 현지인들은 "왜 그녀를 돌려보내나요? 그녀는 우리랑 가장 닮은 사람인데!"라고 말했다.

앞서 언급한 70% 응답자에게 있어 현지인과 선교 사역자 관계의 핵심 요소는 '친밀한 교제'와 '정서적 교감'이었다. 이것 역시 전수 가능한 태도와 기술을 가르치고 훈련시키는 것이 가치 있는 이유를 설명해준다.

선교기관이 주목할 만한 한 가지 내용은 51%가 '선교 역량'에 대해 불만족을 표시했다는 점이다(이것이 구체적으로 정의되지는 않았지만 개인의 과업 성취 능력과 연관이 있는 것으로 보인다). 여러 문화권에서 온 수백 명의 선교사를 접해 본 바로는 이 점이 수긍된다. 한 은퇴 선교사 부부는 20년간의 사역을 끝내면서 "우리가 잘하고 있는지 여부를 말해줄 수 있을 만큼 우리 일을 충분히 아는 사람은 한 명도 없습니다"라고 말했다. 아무래도 직무 설명서가 모호했거나 지도자들이 이 부부의 사역을 챙겨 보지 않았던 것으로 보인다.

엄은정의 결론은 선교적 맥락에서 하나님의 사랑을 실천하기 위해 훨씬 더 높은 기준을 세우도록 우리 모두에게 요청한다. 기쁨과 사랑이 더욱 커지도록 함께 노력해야 하겠다!

이 연구는 선교사의 자기이해와 공동체 경험에 영향을 미치는 심리적 건강에 대한 중요한 질문을 던지고 있다.

숙고를 위한 질문

1. 엄은정의 설명에 따르면 한국 문화는 "관계 중심적이며 공동체의 신념 체계는 선교사의 자기이해에 중대한 영향을 미친다"고 한다. 이것은 다른 문화에서 어느 정도 적용되는가?

2. 이 논문에서 사용된 '실현적(actualizing)'이라는 단어는 한국인에게 개인의 잠재력을 '실현' 또는 '현실화'한다는 의미로 이해될 수 있는가?

3. '행복' 대신 '성취감'을 측정했다면 동일한 결과가 나왔을까?

제5부

■

선교사의 정신건강
돌봄을 위한 자원

16
조직 중심의 멤버 건강

브렌트 린퀴스트

사례 연구 ─────────────

걸으로 드러나지 않았지만 A선교회는 사실 고전 중이다. 재정은 안정적이고 교회 내에서는 좋은 평판을 얻고 있다. 이들은 비전과 목적에 자부심을 가지고 여러 해 동안 이를 충실히 이행해 왔다. 그렇다면 무엇이 문제일까? 구성원 사이에서 여러 문제가 끓어오르는 중이다. 사람들은 왔다가 말없이 탈퇴한다. 감정 문제로 어려움이 있다고 인정하는 사람은 아무도 없다. 의사결정은 주로 상명하달식으로 이뤄지고, 사람들은 그것에 의문을 제기하는 것마저 포기했다. 한때의 사명감은 사라지고, 많은 사람이 그저 직업의식으로 일하고 있을 뿐이다. 젊은 지도자들 가운데 여러 명이 독립해 각자 단체를 꾸렸다. 남은 사람들 또한 자신도 그렇게 해야 하는지 고민하고 있다.

어떤 조직을 두고 이런 이야기를 하고 있는지 알겠는가? 세계 곳곳에 이런 선교기관이 많다.

모두 경각심을 가지고 이 이야기에 귀를 기울여야 할 것이다.

내 별명은 '무모하게 뛰어드는 멍청이'가 아닐까 싶다. 나는 직장 경력 내내 남보다 먼저 비전을 품고 앞서 달려가는 삶을 살아왔다. 오래전 일이지만 아직 '심리학'이라는 단어가 부정적으로 받아들여지던 시절, 나는 선교에 정신건강을 적용하는 주제에 대해 말해야겠다는 비전을 품었다. 시간이 지나 정신건강 분야를 긍정적으로 받아들이는 사람이 많아진 덕분에 우리는 한때 마주해야 했던 문제를 겪지 않게 되었다. 그러나 아직도 정서적 문제와 치료를 등한시하는 민족과 문화권이 있다. 지난 수년간 나는 선교기관을 정신건강과 관련해 적대적으로 생각하지 말고 정신건강을 위한 자원으로 여겨야 한다고 역설해 왔다. 그러자 아니나 다를까, 나는 사람들의 공격 대상이 되었다.

그럼 지금은 어떤가? 지금 나는 한국이라는 맥락에서 정신건강의 싸움터에 발을 들여놓는 중이다. 나는 몇몇 지도자가 금기로 여기는 개인의 정신건강을 다루려 할 뿐 아니라 한국 기관들 자체의 건강 문제를 다루려고 한다. 이런 일을 시도하면 전문가로서의 개인적 명성에 위협이 될 수도 있다는 이야기를 듣곤 하지만 나는 잃을 게 별로 없다. 나이를 먹을 만큼 먹어 예전보다 천국에 더 가까이 다가가는 중이다. 게다가 솔직히 전문가로서의 내 명성에는 거의 관심이 없거나 예전에 비해 관심이 줄었다. 오히려 예수님의 제자로 알려지는 것이 내게 동기부여가 된다.

공동체 내에서 연배가 있다 보니 사람들이 내 말을 성문 앞에 앉아 있는 늙은이의 주절거림 정도로 생각해 묵살하더라도 크게 개의치 않는다. 그러나 내 생각과 질문 중 일부는 의사결정자들 사이에서 꼭 있어야 할 대화를 촉발하는 계기가 되기를 기대한다.

내가 누구기에 한국 사람의 문제를 논하려고 하는 것일까?

20년간 내 멘토이자 동료였던 도널드 N. 라슨 박사[1]는 내게 모든 언어(와 문화)는 서로 매우 유사한 동시에 어느 정도의 유사점과 차이점이 존재한다고 가르쳤다. 나는 오랫동안 한국인과 한국계 미국인과 교류했는데, 그들은 나의 친구이자 직원, 동료, 고객이었다. 그동안 여러 가지 면에서 우리 사이의 유사점과 차이점을 발견해 나가며 놀라곤 했다. 그러나 내가 논의하는 내용은 서로의 유사점에 근거한다. 이 글을 읽으면서 나의 순진한 면에 대해서는 너그럽게 봐주기를 바라며, 필요하면 내 생각의 문제점을 지적해주기 바란다. 내 주장을 곰곰이 생각하고 반추해 보면 분명 납득되는 부분이 있을 것이다. 먼저 감사의 뜻을 전한다!

어떻게 여기까지 왔을까, 짧은 역사 이야기 ─────────

멤버케어는 어떤 필요에 대한 응답으로 생겨났다. 선교사들은 상처 입고, 문제를 겪고, 선교 현장을 떠나갔다. 문제들 가운데 대부분은 스트레스, 갈등, 위험, 관계 문제, 탈진, 도덕적 실패 등이었다. 이런 문제에 대한 도움을 구하고자, 솔직히 말해 당혹스러움도 피하기 위해 선교기관들은 힘들어하는 사역자를 위해 심리학적 해석과 치료를 활용하는 방안에 대해 좀 더 열린 마음을 갖게 되었다. 또한 선교지에서 상처 입은 이들 가운데 일부는 자신이 경험한 어려움을 다른 사람들이 겪지 않도록 하기 위해 멤버케어 사역을 시작했다.

사실 선교 지도자들은 정서적 측면에 대해 큰 관심을 기울이지 않았다. 사람들은 자기 할 일을 할 것이고, 아무도 심각한 정서 문제를 겪지 않을 것이라는 생각이 그들의 기본 전제였다. 선교사에게 스트레스는 당연한 것이고, 이전 세대의 선교사들은 스스로 문제를 이겨냈다. 지도자들은 새로운 세대의 선교사들을 과도하게 보살피고 돕고 지원함으로써 그들을 나약하게 만들거나 무조건 보호하고 싶어 하지 않았다. 그러나 '죽든 살든 스스로 해결하라'는 사고방식은 선교사와 리더 사이에 긴장과 불신을 불러왔다. 선교 지도자들이 실제로 선교사들에게 치료를 제안하거나 제공했을 때 선교사들은 이를 징계, 심지어 처벌이라고 생각하곤 했다. 결국 심리 치료 등이 제공되어도 그 속성상 치료 내용은 비밀에 부쳐졌고, 대인관계 문제나 사역 환경 문제는 직접적으로 다뤄지지 않았다. 안타깝게도 이런 식으로 오늘날까지 이어졌다.

이런 상황에서는 사람들이 도움을 받기는 하지만 문제가 어떻게 발생했는지, 왜 발생했는지 그 이유가 밝혀지지 않는다는 딜레마에 빠질 수밖에 없다. 개인의 정서적 성장과 심리적 공감이 중요하지 않다는 말이 아니다. 그러나 선교기관은 개인 치료에서 얻은 통찰을 활용해 조직 자체를 개선할 방법을 찾아야 한다.

선교기관과 지도자들이 선교사들을 도울 때 '떠맡기기' 방식을 취한 것(그리고 계속 그렇게 하는 것)은 선교 사역에 있어 큰 실수였다. 즉 그들은 선교사를 보살피는 일은 상담사와 목회자에게 일임하고, 선교기관은 선교기관 자체에 초점을 맞춰야 한다고 생각했다. 만약 상담사가 세계 선교 전략 안에서 신학과 선교학을 이해한다면 이런 방식이 어느 정도 효과가 있다. 그러나 모든 일은 주변과의 연관성을 고려해야 한다. 미국 내에서 적절한 치료 방법이 다른 문화적 맥락 또는 특정 선교적 맥락에서는 적절하지 않을 수 있다. 또한 선교사 개인 차원에서 벌어지는 일들을 무시할 경우 선교기관은 사역의 구성과 감독, 지도에 필요한 정보를 충분히 확보하지 못할 수 있다.

이것은 선교사의 치료에 선교기관이 시시콜콜 관여해야 한다는 뜻이 아니다. 전문 상담에 요구되는 비밀 유지와 사생활 보호를 위해 거리 유지는 필요하다. 그러나 조직의 분위기와 문화 속에서 건강하고 바람직한 인간관계가 보다 잘 자리 잡도록 하는 데 선교사들의 생각과 경험을 활용할 수 있는 적절한 방법이 많다.

치유하는 공동체

내 생각에 적어도 한 가지 문제, 즉 상처 입은 선교사를 돕는 문제만큼은 꽤 괜찮은 방법으로 해결하고 있는 것 같다. 그러나 우리는 개인을 강조한 나머지 다른 문제를 야기했는데, 그것은 건강한 조직을 만드는 방법에 대해 제대로 살피지 못했다는 점이다. 현재 나는 선교단체 미시오 넥서스(Missio Nexus)의 자문역으로 일하면서 멤버케어 대신 멤버 건강과 계발에 대해 관심을 쏟고 있다. '멤버케어'는 상담의 성격이 강한 반면 '멤버 건강' 또는 '멤버 계발'은 조직과 관련된 큰 그림을 떠올리게 만든다. 즉 조직에게 부여된 임무는 건강한 환경을 만들어 이를 바탕으로 멤버들에게 섬김과 자원을 제공해야 한다는 것이다. 안타깝게도 각자 알아서 자기계발을 하게 만드는 조직은 개인의 계발이 어떤 식으로 조직 성과 개선으로 이어질 수 있는지에 대해 제대로 이해하지 못한다.

나는 선교기관의 분위기를 볼 때, 적어도 다섯 가지 중요한 문제가 있다고 본다.[2]

1. 권위에 대한 의심 또는 양가감정(누구나 하나님께 나아갈 수 있다면 왜 지도자들이 중간에 끼어야 하는가?)

2. 과거가 자신의 행동과 기대를 결정한다는 것(과거에 상처를 받았다고 해서 현재 선교 사역에서도 같은 일이 되풀이될 거라고 예측해야 하는가?)

3. 선교기관에 어떤 기대를 가질 수 있는지에 대한 혼란(자신이 속한 조직과 그 지도자들이 모든 필요를 채워줄 것으로 기대하는가?)

4. 행정적 통제가 없을 때 어떤 문제가 일어날지 모르지만 그것으로부터 벗어나고 싶은 욕구와 희망(기관이 나를 위해 무엇을 해주고, 무엇으로부터 자신을 보호해주는지 모두 이해하는가?)

5. 사생활 보호를 가장 중요한 권리로 생각하기(조직을 운영하기 위해 어떤 정보가 필요한지 알고 있는가?)

그렇다면 바람직하고, 성과를 내고, 효과적인 조직과 공동체는 어떤 모습일까? 건강한 일터를 만들기 위해서는 무엇이 필요할까?

어디서 출발하면 좋을까? 미국에서 건강한 일터에 대해 이야기할 때는 대체로 본부 직원이 존재하는 사업체, 교회, 선교기관 등을 대상으로 한다(즉 사람들이 서로 가까이서 일하고, 대인 접촉이 일상적으로 이뤄지는 환경을 말한다). 그러나 구성원이 전 세계에 흩어져 일하는 선교기관의 경우에는 복잡하다. 따라서 이런 기관이 무엇을 기대하는지 파악하기가 어렵다. 그동안 검토해 온 수십 가지 특징 가운데서 건강한 특징을 정리하면 다음과 같다.[3]

1. 서로 신뢰하는 환경: 건강한 조직은 조직이 신뢰를 기반으로 운영된다는 메시지를 모든 구성원과 공유한다. 리더들이 의사결정을 내리지만 정규 직원은 대체로 자신의 우려 사항, 필요, 문제점이 고려되었다고 믿는다.

2. 의사소통: 건강한 조직은 다양한 스타일과 다양한 층위의 의사소통 방식을 활용해 모든 구성원이 문제점, 소식, 기타 주요 사안에 대한 최신 정보를 받아 볼 수 있다. 구성원은 전달되는 내용이 정확하다고 느끼며, 자신이 의사소통에 기여한 내용이 필요한 곳에 전달된다고 느낀다.

3. 서로 연결되고 권한과 책임이 부여된 구성원: 대부분의 상황에서 구성원은 팀에 소속되어 일하고 자신의 활동과 노력이 결과에 기여하며 조직에 영향을 끼친다고 느낀다.

4. 정책뿐 아니라 우선순위와 목적에 집중하기: 건강한 조직은 지위 고하를 막론하고 모든 구성원이 주된 목적과 우선순위가 무엇인지 이해한다. 그리고 능력껏 최선을 다해 그 방향으로 움직인다.

5. 웰니스(wellness)/균형: 건강한 조직은 구성원에게 조직의 테두리 밖에서 성장하고 발전할 기회를 제공한다.

6. 평가와 변화: 조직은 정기적으로 자체 성과를 평가하고 필요한 변화를 일으킨다.

문헌상에 여러 특징이 언급되지만, 이상 여섯 가지 요점에 대부분의 내용이 포함된다고 생각한다. 내가 놀랍게 여기는 것은 건강한 조직에는 개인과 조직 사이에 역동적 상호작용이 존재하고, 그런 관계를 통해 서로 유익을 얻는다는 점이다. 개인 건강의 발전은 조직이 이에 상응하는 건강한 제도를 통해 지원하는 만큼 이뤄질 수 있다.

이것이 한국의 조직에 어떻게 적용될 것인가? 경험 측면에서 나는 이 부분에 대해 한계를 가진다. 따라서 내가 언급하는 내용에서 너무 많은 결론을 도출해 내지 않는 편이 나을 것이다.

내가 보기에 한국과 미국의 조직에는 많은 유사점과 차이점이 있다.

이 두 나라의 조직은 목적(purpose)보다는 정책(policy) 중심으로 움직이기 쉽다는 점에서 서로 비슷하다. 또한 세대 변화에 따른 복잡한 문제에 직면했다는 점에서도 비슷하다. 최근 젊은 리더들이 만든 새로운 단체가 부상하고 있다. 기성 단체들에게는 대담한 변화가 필요하다.

한국과 미국 조직의 차이점이 있다면 한국적 상황에서는 정신건강에 대한 언급이 여전히 금기시된다는 것이다. 금기까지는 아니더라도 정신건강 문제를 더 부정적으로 인식하는 경향이 있다. 이것은 개인뿐 아니라 조직에도 도움을 주는 개방된 형식의 돌봄을 제공하기가 어렵다는 것을 뜻한다. 정신적 문제나 정신질환은 영적·심리적 기능이 고장 난 것으로 간주되며, 체면을 크게 손상시키는 일이라고 생각한다. 이런 문제는 개인과 가족뿐 아니라 조직의 위신에도 영향을 미친다고 여긴다.

내가 정리한 여섯 가지 항목을 기준으로, 한국과 미국의 조직이 보다 건강해지고 더 나은 성과를 내려면 어떤 질문을 던져야 할지 살펴보자.

조직 전반의 건강을 증진하기 위한 요소 ──────────

신뢰의 환경

신뢰 문제에는 두 가지 측면이 있다. 우선 전반적 조직 운영 방식의 측면이 있다. 이것은 자신이 소속된 조직이 신뢰할 만한 방식으로 운영된다고 믿는지 여부의 문제다. 다른 한편으로는 개인적 신뢰의 측면이 있다. 이것은 조직이 구성원 개개인을 상대할 때 각자가 조직을 신뢰할 수 있는지 여부의 문제다.

나는 이 두 측면 사이에 큰 차이가 있다고 본다. 일반적으로 선교기관을 비롯한 기독교 단체의 구성원 대다수는 조직이 믿음직스럽게 운영된다고 믿는다. 회계 장부를 잘 기록하고, 사기에 가담하지 않으며, 자원을 성실하게 관리한다고 믿는다. 대부분의 조직에서 신뢰 문제는 주로 개인과 리더 사이에서 발생한다. 구성원 내에 대인 갈등, 의견 충돌, 감정적 어려움, 정신질환 등의 이력이 있을 경우 특히 그렇다.

이런 조직에서 작동하는 공통 원리는 사람들이 자신의 과거 경험을 기준으로 현재와 미래를 예측한다는 것이다. 부모든 조직의 리더든, 지도자를 불신하는 환경에서 온 사람들은 현재의 관계에서도 같은 문제가 발생하리라고 예상하는 경향이 있다.

나는 이것이 모든 조직의 인간관계에 영향을 주는 근본 문제라고 생각한다. 이 문제를 정면으로 마주하고 다루지 못한다면 모든 조직의 향후 진로에 악영향을 끼칠 것이다. 한국과 미국의 조직은 이런 면에서 실패를 반복하는데, 거기에는 공통된 이유도 있고 서로 다른 이유도 있다. 미국의 조직은 스스로 민주적이라고 여기는 편이지만, 내가 보기에 권위주의적 리더십은 한국과 미국 조직 양쪽 모두 존재한다.

의사소통

신뢰와 의사소통은 서로 짝을 이룬다고 말할 수 있다. 어느 한쪽이 없다면 건강한 조직이 될 수 없다. 바람직하고 건강한 의사소통이란 뭘까? 그것은 모두가 솔직한 대화를 통해 자신의 소원, 욕구, 생각 등을 나눌 수 있는 환경이라고 생각한다. 답을 찾아가는 과정에서 서로 다른 의견과 관점을 묻고 받아들인다. 자주는 아니더라도 얼마든지 의견 차이가 있을 수 있고, 이를 통해 더욱 예리한 논의가 가능해진다. 만장일치의 합의에 이르지 못하더라도 사람들은 자신에게 발언권이 주어졌다고 느끼면 뒤끝 없이 결론에 이를 수 있다. 갈등이 해소되지 못한다고 해도 다스려질 수는 있다.

내가 한국 조직 내 의사소통의 상세한 속성을 정확하게 이해할 수 있을지 자신이 없다. 한국 조직은 전통적으로 위계적 방식을 사용했는데, 이런 방식은 세대교체가 일어나는 현시대에 문제를 일으킬 수 있다.

관계 증진과 권한 위임

건강한 조직은 구성원들이 서로 연결되고 참여한다고 느낄 수 있도록 노력한다. 조직의 로고가 새겨진 티셔츠는 광고 효과도 있지만 구성원에게는 연대감을 심어준다. 건강한 조직의 구성원은 다른 사람들에게 자신이 속한 조직에 대해 이야기하고 함께하자는 초청을 통해 헌신과 충성을 표현한다.

조직은 구성원에게 조직 내외에서 성장과 직능 계발의 기회를 제공함으로써 힘을 북돋아준다. 그런 기회는 학업이나 사업과 연관될 수 있고, 건강 관리 또는 영성 계발에 대한 것일 수도 있다.

나는 모든 기관이 더욱 힘써야 하는 부분이 직원의 관계 증진과 권한 위임 영역이라고 생각한다. 종종 '자기계발 기회'를 학위 취득 기회로 한정하곤 하는데, 이는 조직의 지속적 성과와 완전히 동떨어진 이야기일 수 있다.

우선순위와 목적

조직은 처음에 뚜렷한 목적(purpose)을 가지고 출발하지만 나중에는 정책(policy) 중심으로 운영되는 것이 자연스러운 발전 과정이다. 의무에 충실하고 법적 요건 등을 만족시키려면 대체로 이렇게 될 수밖에 없다. 그렇더라도 목적이 두드러진 역할을 이어가지 말라는 법은 없다. 내 보험 대리인의 대형 사무실 한쪽 벽에는 벽면 가득 회사의 비전 선언서가 크게 적혀 있어서 40여 명의 직원은 항상 그것을 볼 수 있다. 내가 속한 로터리클럽은 모임 때마다 네 가지 표어를 암송하는데(충성 서약 직전에 시행됨), 이는 우리의 목적의식을 중심에 두기 위한 방법 중 하나다.

나는 미시오넥서스선교회-4의 자문역을 수행하면서 멤버 건강 전략과 철학이 그들의 일상 활동에 유기적으로 적용되도록 돕고 있다. 그들이 무엇을 하든, 무엇을 결정하든, 자원을 어떻게 배분하든 조직 구성원을 염두에 두도록 촉구한다. 더 나아가 우리는 그들의 선교 신학에 멤버 건강이 포함되도록 독려한다.

멤버 건강의 비전과 전략이 선교의 일상 가운데 유기적으로 적용되면 여러 가지 유익이 있다. 첫째, 이것은 모든 조직에서 가장 중요한 요소인 사람에게 사명의 초점을 맞추도록 한다. 둘째, 멤버 건강에 대한 유기적 접근은 (법적 요건이나 충실 의무 문제로 인해) 사람 중심의 결정이 이뤄지지 못하는 경우에도 선교회의 리더가 구성원에게 진행 상황을 설명하도록 독려한다.

모든 조직에는 목적과 정책 사이에 활발한 역동성이 존재한다. 내가 보기에 목적과 정책 사이의 적절한 균형을 보장하는 좋은 방법 중 하나는 멤버들이 주기적으로 이를 검토하는 과정을 가지는 것이다.

웰니스/균형

건강한 조직은 조직 환경이 구성원의 건강을 유지하고 증진하는 데 도움이 되도록 노력한다. 예를 들어 피트니스 센터를 지어 멤버들의 건강을 증진시킬 수 있다. 그러나 세계 선교기관의 경우 운동 지원 방안을 제공하는 편이 보다 효율적인 건강 증진 방법일 것이다. 안식 기간을 보장하거나 본국 귀환, 은퇴 등의 전환 계획을 돕는 것도 건강 증진을 위해 선교기관이 실행할 수 있는 일이다.

평가와 변화

건강한 조직이라면 평가가 현실과 동떨어진 것이 되지 않도록 해야 한다. 즉 평가를 통해 파악된 변화 요구 사항을 실행에 옮길 효과적인 장치가 마련되어 있는가? 평가 결과를 신속하게 전달하여 다가올 변화를 멤버들이 이해하고 예측하도록 돕고 있는가? 많은 미국 기관은 이런 과정을 어려워할 수 있다. 미국인은 피드백이 퉁명스럽고 직설적인 경향이 있어서 그런 피드백을 받으면 많은 리더는 방어적이 되곤 한다.

이런 과정이 한국 상황에서는 어떨지 궁금하다. 개방적 평가라는 맥락에서 체면을 지키려는 기제는 어떻게 작동하는가? 긴장이 고조되고,

아시아 문화권에서 흔히 그렇듯 사람들의 비난을 회피하려는 경향이 강하다면 개방적 평가가 이뤄지기 어려울 듯하다. 그런 조직에서는 변화과정이 훨씬 더 구체적으로 진행되어야 한다. 그래야 사람들이 제시한 피드백이 어떤 건설적 결과로 이어지는지를 볼 수 있다.

요약과 결론

이 논문은 멤버 건강을 위한 조직 중심 접근법 개발의 필요성을 조명하고자 했다. 멤버케어의 발달을 통해 많은 긍정적 변화가 있었지만, 한편으로는 지나치게 개인과 가정에 초점을 맞춰져 있다는 것이 아쉬움으로 남는다. 멤버케어는 임상 중심의 치료 방법을 강조했고, 치료 기간 중 비밀 유지 규정상 치료에 적용된 내용을 조직의 성장과 변화를 위해 활용할 수 없었다.

나는 한국과 미국 조직의 지향점, 분위기의 유사점과 차이점에 주목하면서 조직의 건강을 나타내는 주요 지표를 찾으려고 시도했다. 조직 건강의 지표들은 미국 단체들에 대한 조사와 연구 결과에 근거한 것이므로, 이를 한국 조직에 적용하려면 추가 연구가 필요하다.

그러나 나는 집단과 조직의 번영과 성장을 결정짓는 모든 문화에 보편적으로 적용되는 요인이 있다고 믿는다. 각 조직은 그 개성과 업적이 서로 다르지만 조직의 분위기, 문화, 변화는 언제나 리더로부터 시작된다. 조직의 가치와 가이드라인의 시작, 유지, 완수에 있어 리더의 역할은 매우 중요하다. 리더가 사람들과 관계를 수립하고 그들을 이끄는 스타일은 개인 차원과 정책 차원에서 결국 조직에 투영되기 마련이다.

급변하는 상황과 끊임없이 일어나는 선교 현장의 위기 속에서 세대 차이를 고려하면서 어떻게 건강을 촉진할 수 있을 것인지가 미국 선교기관이 당면한 위기다. 또한 끊임없이 변화하는 문화적 가치가 우리의 신학과 교리를 압박하는 상황도 눈여겨봐야 한다.

그러나 나는 반드시 일어나야 할 변화에 대해 낙관적으로 생각한다. 왜냐하면 하나님은 언제나 이 경주를 계속 이어갈 새로운 리더를 불러 세우시고 새롭고 위대한 일을 일으키시기 때문이다. 이미 많은 미국 선교기관에서 젊은 리더들이 조직 내에 요구되는 변화를 일으키고 있다. 또한 새로운 단체들이 생겨나는 중이다.

나는 한국의 상황에 대해서는 확실히 말하기 어렵지만 그것은 단지 내 지식 부족 때문이다. 만약 위계적인 체계가 존재한다면 그들은 젊은 세대의 참여에 적응할 수 있을까? 이를 위해서는 과도기적 리더를 임명하는 것이 도움이 될 수 있다. 그들은 기존의 위계질서에 진 빚이 없어서 보다 능숙하게 변화를 다룰 수 있다. 그렇다면 그런 리더가 과연 존재할까? 아니면 견고한 진지를 구축해 놓은 기성 체계에 맞서다가 이미 쫓겨났을까? 아니면 기존 리더들이 조직의 건강 요인을 더 분명하게 이해하고, 열린 의사소통에 대해 우호적인 선교 환경을 수립할 수 있을까? 아시아의 맥락에서 그런 개방성의 예를 이반 리우의 《Churches and Missions Agencies Together》[5]에서 찾아볼 수 있다.

사람들을 위해 보다 나은 서비스를 구현하고, 정신건강 문제에 찍힌 낙인을 없앤다면 조직에 엄청난 도움이 될 것이다. 그러나 아래에서 위로 올라가는 변화뿐 아니라 위에서 아래로 내려오는 변화도 필요하다.

"조직 중심의 멤버 건강"에 대한 논평

■

■

성남용

린퀴스트 박사의 기여에 감사한다. 많은 사람은 멤버케어에 대한 논의를 개인적 관점에서 접근하지만 그는 대담하게도 '멤버 건강을 위한 조직 중심 접근법 개발의 필요성을 조명'하려고 시도했다. 이것은 선교기관들에게 소중한 기여다. 나는 그가 제시하는 '조직 전반의 건강을 증진시키기 위한 요소'에 동의한다. 그 요소는 다음과 같다. 신뢰하는 환경, 의사소통, 서로 연결되고 권한과 책임이 부여된 구성원, 정책뿐 아니라 우선순위와 목적에 집중하기, 웰니스/균형, 평가와 변화. 나는 여기에 하나를 추가하고 싶은데, 그것은 모든 선교기관은 공유된 비전과 소명으로 정의된 영적 공동체가 되어야 한다는 것이다.

유사점과 차이점

린퀴스트 박사는 우리가 가진 유사점과 차이점에 주목했다. 각 개인과 조직은 저마다 독특한 점이 있지만, 굳이 서로의 차이를 강조할 필요는 없다. 선교사와 선교기관 사이의 차이를 지나치게 강조하면 선교 공동체를 잘못된 길로 이끌 수 있다. 무엇을 선호하고, 어떤 선택을 하고, 어떤 방식으로 일하는지 각기 다를 수 있지만 인간의 활동은 대체로 비슷하다. 예를 들어 결혼식과 장례 예식을 가볍게 취급하는 문화는 없다.

다만 그런 예식을 존중하는 방식이 문화마다 다를 뿐이다.

수치심문화와 죄책감문화를 구분한다면, 한국은 남의 시선을 엄청나게 신경 쓰는 수치심문화에 가깝다. 이에 따라 한국인들은 정신질환을 부정적으로 인식하는 경향이 있다. 나는 "정신적 문제나 정신질환은 영적·심리적 기능이 고장 난 것으로 간주되며, 체면을 크게 손상시키는 일이다" "이런 문제가 있으면 개인이나 가족뿐 아니라 조직의 위신에도 영향을 준다"라고 말한 린퀴스트 박사의 주장에 동의한다. 그러나 한국인들은 정신질환을 의학적 관심이 필요한 질병으로 이해하기 시작했고, 과거처럼 부끄럽게 여기지 않는다. 린퀴스트 박사는 미국인들의 피드백이 '퉁명스럽고 직설적'인 것에 견주어 한국인들은 개방적 평가라는 맥락에서 어떻게 반응할지 궁금해하는 것 같다. 최근에는 양국 간에 큰 차이가 없다고 생각한다. 나는 어떤 결정이 공정하다면 대부분의 사람은 주저하지 않고 그것을 수용할 것이라고 믿는다. 오늘날 다면적 평가는 한국 내에서 보편화되어 널리 받아들여지고 있다.

사회 조직에서 한국인은 위계적인 편이고, 서양인은 수평적인 편이다. 한국인은 전체적으로 사고하고, 서양인은 분석적으로 사고하는 경향이 강하다. 한국인은 쉽게 자신의 의견을 내놓지 않고, 서양인은 망설임 없이 자신의 관점을 표현하는 듯하다. 이것은 두 문화의 차이에 대해 사람들이 일반적으로 인식해 온 내용이다. 우리가 인식하는 그런 차이는 어느 정도 사실이고 적절하다. 그러나 오늘날 많은 한국인, 특히 젊은 세대는 보다 수평적으로 활동하고 분석적으로 사고하고 자기표현에 거리낌이 없다. 한국의 위계질서는 점차 수평적이 되어가는 중이다. 요컨대 전 세계 사람들은 점점 단일 문화화하는 환경에서 살아간다. 한국의 작은 시골 마을에서도 쉽게 카페를 찾을 수 있다.

인간의 두 가지 형상 ──────────────

린퀴스트 박사는 "한국이라는 맥락에서 정신건강의 싸움터에 발을 들여 놓는" 것에 대해 우려를 표시했다. 그는 "나는 지도자들이 대체로 금기시하는 개인의 정신건강을 다루려고 할 뿐 아니라 한국 기관들 자체의 건강 문제를 다루려고 한다. 이런 일을 시도하면 전문가로서의 개인적 명성에 위협이 될 수도 있다는 이야기를 듣곤 한다"라고 말했다. 나는 그의 두려움을 이해한다. 그러나 걱정할 필요가 없다고 확실히 말해주고 싶다. 한국인은 정신건강을 의학적으로 접근해야 할 필요성을 이미 인식했고 적절하게 대처하려고 노력 중이다.

인간은 누구나 자신 안에 두 가지 형상을 가지고 있음을 이해해야 한다. 우선 우리는 하나님의 형상으로 창조되었다(창 1:26-27). 동시에 우리는 인간의 형상으로 태어났다(창 5:3). 하나님의 형상을 가진 존재로서 인간은 건강, 아름다움, 질서, 영광이라는 본성을 지닌다. 그러나 인간의 형상을 가진 존재로서 우리는 질병, 사악함, 무질서, 불명예에 빠지기 쉽다. 아담에게서 물려받은 죄의 본성은 남을 믿지 못하고, 그들을 조종하려고 하면서 무질서를 초래한다. 다양한 형태의 가시덤불과 엉겅퀴가 곳곳에서 자라나고 있다. 우리는 인간의 형상이 가져오는 다양한 어둠의 증상으로부터 자유롭지 못하다. 인간이 가진 두 가지 형상 때문에 우리는 질병을 치료하는 동시에 질병을 유발할 수 있다.

영적 공동체

린퀴스트 박사는 '멤버케어 대신 멤버 건강와 계발'에 대해 말하고 있다. 나는 그의 생각에 전적으로 동의한다. 선교사들은 정신질환에 걸리거나 죄악 된 행동에 빠지지 않는다는 전제는 틀렸다. 모든 인간은 정신 질환을 포함한 각종 질병에 걸릴 수 있다. 건강한 조직을 만들어 나가려면 영적 공동체를 세워야만 한다. 일이 이끄는 공동체가 아니라 목적이 이끄는 공동체가 되는 것이 모든 기독교 조직의 목표가 되어야 한다.

1. 예배하는 공동체가 영적 공동체를 세운다. 선지자 이사야는 하나님의 영광을 보았다(사 6:1-4). 이것이 예배의 핵심이다. 이어 그는 하나님의 부르심을 받았다. 하나님이 "내가 누구를 보내며 누가 우리를 위하여 갈꼬"라고 하셨을 때 이사야는 "내가 여기 있나이다 나를 보내소서"라고 말했다(사 6:8). 마찬가지로 사람들이 예배 가운데서 하나님의 영광을 볼 때(사 66:18) 그들은 하나님의 영광을 뭇 나라에 선포할 것이다(사 66:19). 린 퀴스트 박사는 "한때의 사명감은 사라지고, 많은 사람이 그저 직업의식으로 일하고 있을 뿐이다"라고 지적했다. 비전을 잃은 선교기관은 구성원들에게 유익보다 해를 끼칠 것이다. 우리는 예배를 통한 소명의 회복과 영혼의 각성을 강조해야 한다. 이것은 '목적보다 정책 중심으로 움직이는' 것을 방지하기 위한 한 가지 방법이다.

2. 우리는 선교사를 회복시키는 공동체가 되려고 노력해야 한다. 헌신된 선교사들도 정신질환, 가정불화, 중독 등 인간이 타락했음을 보여주는 여러 가지 증상의 피해자가 될 수 있다. 우리 자신도 같은 함정에 빠질 수 있음을 기억하고 상처 입은 사람들을 온유한 심령으로 바로잡아야 한다(갈 6:1). 건강하고 은혜로운 회복을 제공하는 조직을 만드는 것을 우리의 최우선 순위 중 하나로 삼아야 한다. 환원주의는 위험하다. 어떤 사람을 한 가지 단점이나 실패를 근거로 삼아 규정하는 일은 그 사람의 본성의 실체를 왜곡하게 만든다. 정신질환으로 고통스러워하는 선교사의 소명을 폐기하지 말고 오히려 회복하고 유지시켜야 한다.

3. 문제를 해결하는 공동체가 되는 것도 도움이 된다. 린퀴스트 박사는 선교기관이 부딪힐 수 있는 중대한 문제 다섯 가지를 열거했다. 그중에서 우선 "권위에 대한 의심 또는 양가감정" "선교기관에게 어떤 기대를 가질 수 있는지에 대한 혼란" 등 두 가지에 대해서만 논하려고 한다. 앞의 문제에 대비하기 위해 우리는 위협적이지 않은 환경을 조성할 필요가 있다. 그런 환경에서는 징벌에 대한 두려움 없이 자신의 무거운 짐을 나눌 수 있다. 사도 야고보는 서로의 죄를 고백하고 병이 낫기를 위해 서로 기도하라고 촉구했다(약 5:16). 이 말씀에 기초해 교황도 사제들에게 최소연 1회 자신의 죄를 고백한다. 우리도 그처럼 서로의 문제를 나누며 고백하는 공동체를 만들 수 있다. "선교기관에 어떤 기대를 가질 수 있는지에 대한 혼란"에 대해서는 우리가 현실을 넘어선 기대를 가진다면 실망하기가 쉽다. 아마도 만족할 만한 결과를 얻는 방법 중 하나는 그저 현실과 기대의 균형을 맞추는 것이다. 조직과 리더에게 무엇을 기대할 수 있는지 이해하는 데 도움이 될 명확한 지침을 멤버들에게 제공해야 한다. 선교사들 사이의 의사소통은 매우 중요하다.

4. 상호 존중하는 공동체도 필수적이다. 린퀴스트 박사는 "나는 반드시 일어나야 할 변화에 대해 낙관적으로 생각한다. 왜냐하면 하나님은 언제나 이 경주를 계속 이어갈 새로운 리더를 불러 세우시며 새롭고 위대한 일을 일으키시기 때문이다"라고 결론을 내린다. 그러나 나는 젊은 리더들은 나이 든 리더들이 과거에 겪어 보지 못한 문제를 만날 가능성이 높다고 생각한다. 이것은 단순히 리더십 스타일이나 체계 때문이 아니라 일차적으로 우리의 죄악 된 본성 때문이다. 한 가지 문제가 해결되면 조직 변화에 따른 새로운 문제가 드러난다. 물론 우리 조직은 선교사들과 비전에 적합한 조직이 되게끔 노력해야 한다. 그럼에도 우리는 하나님 한 분 외에 충분히 선한 사람이 없음을 인정해야 한다.

많은 사람은 위계적 체계에 문제가 있다고 지적한다. 말콤 글래드웰은 《아웃라이어》에서 한국 문화의 위계 구조가 가진 위험을 설득력 있게 주장했다. 물론 우리는 그 점을 우려하고 있다. 그러나 위계질서가 항상 해로운 것은 아니며, 긍정적 측면도 분명 존재한다. 우리는 권위주의를 싫어하지만, 리더의 권위를 존중할 줄 알아야 한다. 나는 우리가 리더의 자리에 있는 사람들의 권위를 존중한다면 그 조직의 구성원들은 별 문제가 없으리라고 믿는다. 모세는 위계적 체계 내의 리더였지만 존중을 받았다. 우리는 권위를 바탕으로 한 공동체를 세우되, 권위주의적 공동체를 세우면 안 된다. 존중에 기반을 둔 공동체를 세우되, 이기주의적 공동체를 세워서는 안 된다.

나는 영적 공동체를 세우는 네 종류의 공동체를 언급했다. 우리는 체계나 정책을 강조하기보다 영적 환경을 강조할 필요가 있다. 우리는 지혜의 근원이신 하나님을 의지하는 조직으로 만들어야 할 필요가 있다. 에스겔서의 말씀처럼 성전 문지방 밑에서 흘러나온 물이 이르는 곳마다 번성하는 모든 생물이 산다(겔 47:1-12). 하나님의 보좌 가까이 나아가 경배하며 하나님의 영광을 바라보자.

번성하는 공동체

린퀴스트 박사는 건강한 조직의 특징을 열거한다. "건강한 조직에는 개인과 조직 사이에 역동적 상호작용이 존재하고, 그런 관계를 통해 서로 유익을 얻는다"라는 말에 깊이 동의한다. 구성원 사이에 장벽 없는 활발한 의사소통이 유지된다면 문제가 크게 줄어들 것이다. 협력적인 환경에서 구성원들이 각자의 비전을 추구하도록 허용한다면 번성하는 조직을 만드는 데 도움이 될 것이다. 만약 조직이 각 선교사의 선교 계획을 응원한다면 그들은 자신과 주변 사람들을 위한 긍정적 변화를 이끌어낼 수 있다. 더 나아가 각 선교사가 저마다의 현장 사역을 통해 조직의 비전 달성에 도움이 되는 방안을 제시한다면, 그 결과 모든 멤버가 건강하게 발전할 것이다. 조직의 비전과 각 선교사의 비전 사이에 열린 관계를 유지한다면, 우리 조직은 멤버들이 자라나고 번영하는 공동체로 번성할 것이다.

숙고를 위한 질문

1. 지지하는 선교 공동체로 변화한 선교단체의 실제 사례를 이야기해 보라.

2. 여러 국가와 문화권에서 온 선교사로 구성된 선교기관에 어떤 조언을 해 줄 수 있을까? 미국의 승리주의(triumphalism) 시대에 생겨난 선교기관이 과연 한국이나 다른 나라에서 온 사람들과 그 가족들을 진정한 의미에서 구성원으로 받아들일 수 있을까?

3. 이런 이상적인 선교기관은 비서구권 멤버들과 그 가족들의 정신질환에 어떻게 대처하고 있는가?

17
한국인 은퇴 선교사들의 정서적 스트레스와
정신건강에 대한 사례 연구

이재헌 • 문성일

선교사의 정신건강 ────────────────────────

타문화권에서 사역하는 현장 선교사들을 위한 정신건강 케어의 중요성은 북미에서 이미 1970년대 로라 메이 가드너(Laura Mae Gardner) 등의 《정신건강과 선교(Mental Health and Missions)》를 기원으로 하는 멤버케어 운동을 통해 지원 시스템이 정착되고 꾸준히 확장되고 있다.[1] 1936년 설립된 북미의 대표적인 선교사 건강연구소인 캐나다 토론토의 Missionary Health Institute에서는 신체적 질병과 건강에 대한 서비스뿐 아니라 선교사들의 정신건강에 대한 상담과 연구의 중요성을 강조하고, 이에 대한 근거 기반의 서비스를 제공하고 있다.[2]

1970년대 말 본격적으로 시작된 한국 교회의 해외 선교사 파송으로 2만 명 이상의 해외 선교사가 활동하고 있지만,[3] 우리나라의 경우 이들에 대한 정신건강 케어 시스템은 미미한 실정이다.[4] 한국 선교는 팀 사역과 같은 공동체성을 기반으로 하는 선교를 지원하기 어렵다는 현실에 직면해 있으며, 이로 말미암아 대부분의 선교사는 자신의 사역뿐 아니라 개인적 삶에 필수적인 여러 가지 책무를 다할 수 없는 상황 가운데 처해 있음이 지적된 바 있다.[5]

그 결과 선교사들은 선교지에서 일상적으로 경험하는 스트레스 등 예방 가능한 정신건강 문제를 스스로 점검하거나 해결하지 못할 가능성이 높고, 심지어는 심각한 질병 수준에 이르는 정신건강 문제가 일부 선교사에게서 발생하고 있다고 보고되는 등 이에 대한 우려가 높다. 그러나 선교사의 정신건강에 대한 객관적 자료나 연구는 거의 전무한 실정이다. 단지 현장 선교사나 선교 전문가들의 경험을 통한 자료 등 극히 제한적으로 보고되고 있는 상황이다. 현장의 필요와 우려에 대해 최근 몇 년 전부터 파송 선교사들의 정신건강을 관리하고 상담 서비스를 제공하는 시스템이 구축되고 있는 것은 매우 다행스러운 일이다. 그러나 이런 서비스도 극히 일부에 지나지 않고 그 수요를 충족시키기에 터무니없이 부족한 실정이다.

한국 선교사의 은퇴와 정신건강

이제 30여 년간의 선교 사역을 마치고 파송된 선교사들이 은퇴하여 귀국하는 시기가 도래했다.[6] 그리고 이들 은퇴 선교사의 정신건강 문제가 한국 선교계에 큰 문제로 제기될 가능성을 배제할 수 없는 상황이 되었다. 선교지에서 받은 미해결된 스트레스 위험 요소와 함께 은퇴는 개인에게 큰 사회문화적 변화이며, 생리적·기능적 감퇴와 연결된 사회적 관계와 역할의 변화, 상실 등 심리사회적 스트레스로 말미암아 정신건강에 부정적 영향을 줄 수 있는 위험 요소가 될 수 있기 때문이다. 일반적으로 은퇴는 여가를 즐기는 것과 이전에 가졌던 직업의 책임으로부터 자유로워지는 것을 뜻한다. 그러나 어떤 의미에서는 스트레스가 되기도 한다. 특히 은퇴하면서 경제적 문제가 불거지거나 자존감이 떨어지는 경우 정신건강의 위협 요소가 될 수 있다. 예를 들어 외로움, 경제적 문제 등으로 말미암아 은퇴한 대부분의 사람이 2년 내에 다시 일터로 돌아간다는 보고가 있으며, 은퇴 후 기간이 직업을 가지고 일한 기간과 거의 비슷하다고도 알려져 있다. 즉 은퇴 후의 기간은 은퇴 전의 시기만큼이나 중요하다고 말할 수 있다.[7]

그러나 한국인 은퇴 선교사의 정서적 스트레스와 정신건강에 대한 현황, 이와 관련한 연구는 보고된 것이 거의 없다. 현장 선교사와 선교 전문가들을 통해 그 심각성과 우려가 이미 보고되고 있다는 점에서 더 이상 간과할 수 없는 문제로 생각된다. 은퇴 후 귀국하는 선교사가 점차 늘어날 것으로 예상되는데, 한국 선교계 차원의 현황 파악과 대책 마련이 필요한 시점이다.

근거 기반의 사례 연구 필요성

한국에 거주하는 은퇴 선교사들의 정서적 스트레스와 정신건강의 현황을 정신건강의학적(psychiatric) 관점에서 알아본 국내 연구는 전무하다. 이에 본 연구진은 선교 현장에서 은퇴하여 한국에 거주하는 은퇴 선교사를 대상으로 정신건강의학적 관점에서 심층 면접을 수행하고, 이를 통해 그들의 정서적 스트레스를 파악함과 동시에 정신건강 전반에 대한 상태를 알아보고자 했다.

사례 연구에서 연구자의 오류와 주관적 판단을 최소화하는 것은 매우 중요하다. 따라서 본 연구에서는 인터뷰를 통해 수집된 대화의 내용을 분석하되 잠정적 개념이나 범주를 우선 도출하고, 반복하여 관찰되는 현상에 속하는 개념에 대해서는 범주화(categorization)하는 과정을 진행했다.[8] 그리고 이런 과정을 2~3회 반복하여 가능한 한 새로운 통찰을 얻을 수 있도록 노력했다.

사례 연구를 위한 심층 인터뷰

본 연구를 위한 대상자의 선정 기준은 타문화권 선교지에서 6년 이상 직접 사역한 후 은퇴한 선교사로 두었다. 대한예수교장로회 총회세계선교회(GMS), 대한예수교장로회총회 세계선교부(PCKWM), 기독교대한감리회 본부선교국(KMC Mission), 기독교한국침례회 해외선교회(FMB Korea), 온누리교회, 남서울교회, 한국세계선교협의회(KWMA), 한국 OMF 선교회, (사)한국해외선교회(GMF), 성경번역선교회(GBT), 바울선교회(The Paul Mission International) 등에서 추천한 검증된 은퇴 선교사 38명에게 연락하여 연구의 취지에 대해 설명하고 피험자를 모집했다. 연구 참여에 동의한 은퇴 선교사들에게는 사전에 연구 참여 동의서를 받고, 녹취 등에 대해서도 동의를 얻은 뒤 피험자가 동의한 장소에서 인터뷰를 시행했다.

인터뷰의 구체적 방법으로는 우선 선교 사역 국가, 성별, 나이, 선교 사역 수행 기간, 은퇴 후 주요 정신건강 관련 문제에 대한 정보를 얻고, 정신건강과 관련된 네 가지 기본 설문(우울, 불안, 트라우마, 삶의 질)을 실시했다. 주 연구자 2인 외에 선교에 대한 기본 지식이 있는 현직 선교단체 간사 1인이 연구 보조원으로 참여했으며, 인터뷰의 평균 소요 시간은 1회당 60분으로 정했지만 상황에 따라 연장할 수 있게 했다. 참여자별 인터뷰는 1~2회 실시했으며, 전 내용은 녹음하고 녹취록을 작성하고 검토했다. 연구자가 사전에 준비한 질문지를 사용하여 구조화된 질문을 하고 문답 방식으로 인터뷰를 진행하여 피험자는 유사한 질문을 받고 그 결과에 대해 피험자 간 비교를 할 수 있도록 했다. 연구자는 비참여 관찰자의 입장에서 면담에 참여했고, 지역에 국한하지 않고 방문 인터뷰를 실시했다. 인터뷰 기간은 2018년 6~10월이었다.

구체적인 면담 과정과 질문 내용은 다음과 같다

도입
소개와 인사를 나누고 일상적 대화를 하면서 연구의 목적과 방법에 대해 설명한다.

주요 질문과 보조 질문
제시된 질문에 대한 경험을 느낌, 생각, 상황, 행동으로 표현할 수 있도록 한다.

주요 질문:
"선교사님은 선교 사역에서 은퇴하신 지 얼마나 되었습니까 (요즘 하루를 어떻게 보내고 계신가요)?"

"선교사님, 은퇴 이후 어떻게 지내고 계신지 나눠주세요."

보조 질문(주요 질문에 대해 답변이 자연스럽지 않을 경우 다음 보조 질문을 추가적으로 함):

"은퇴하기 전과 은퇴 이후의 삶을 머릿속으로 한번 떠올려 보시겠어요? (생각할 시간을 줌), 무엇이 가장 먼저 생각나시나요?"

"은퇴 이후 좋았던 경험이나 힘들었던 경험이 있다면 나눠주세요(구체적인 사례나 에피소드를 이야기할 수 있도록 질문함)."

"은퇴 이후 어떤 변화가 있으신지요(신체적·정서적·경제적·영적 영역, 가족과 대인관계의 영역 등)?"

"은퇴하고 나서 어려울 때 가장 도움이 되었던 것에 대해 말씀해주세요(신체적·정서적·경제적·영적 영역, 가족과 대인관계의 영역 등)."

"지금까지 말씀하신 이야기 가운데서 가장 중요하다고 생각되는 부분은 무엇인가요?"

종료

면담 종료를 알린 뒤 혹시 빠뜨리거나 추가적으로 더 하고 싶은 이야기가 있는지 확인한다. 이후 추가 면담이 있을 수도 있음을 설명하고 동의를 얻는다. 감사 인사를 전하고 종료한다.

한국 거주 은퇴 선교사의 정서적 스트레스와 정신건강

연구진은 정서적 스트레스를 '일상생활에서 불편함을 유발하는 상황에 직면하여 효과적으로 대처하지 못해 발생하는 심리적·사회적·영적·신체적 측면에서의 유쾌하지 않은 경험'이라고 정의했다.

인터뷰 결과를 토대로 정서적 스트레스는 다음과 같이 범주화되었다.

- 실제적 문제(자녀양육, 주택을 포함한 주거, 재정, 직업)
- 가족 관련 문제(자녀-부모 관계, 부부관계)
- 영성 관련 문제
- 신체 건강 관련 문제

한편 은퇴 선교사의 정신건강 상태에 대해서는 국제적으로 널리 공인되어 통용되고 있는 미국정신의학회의 'Diagnostic and Statistical Manual of Mental Disorder(DSM-5)'를 기준으로 참고해 임상적 행동, 심리증후군의 유무와 심각도를 평가했다.[9] 이는 객관적인 정신건강 상태를 제시하고 타당성을 확보해 향후 다른 연구와 비교가 가능하도록 하고, 궁극적으로 근거 중심의 연구 결과를 도출하기 위한 목적으로 수행되었다.

결론과 고찰

본 연구진은 은퇴한 한국 거주 남성 선교사 11명을 대상으로 심층 인터뷰하고, 범주화 과정의 분석 방법을 통해 이들의 정서적 스트레스와 정신건강 상태를 알아보았다. 대상이 되는 충분한 수의 은퇴 선교사를 인터뷰하는 것이 불가능해서 면접에 참여한 피험자 선택 오류(selection bias) 등으로 분석 결과를 모든 한국인 은퇴 선교사에 적용하는 데는 한계가 있다. 그러나 이런 한계에도 불구하고 본 연구진은 상기 분석 결과를 토대로 다음과 같은 결론을 내렸다.

첫째, 한국인 은퇴 선교사의 정서적 스트레스, 즉 디스트레스(distress)[10]의 가장 큰 요인은 주거와 재정의 불안정, 사회활동 참여 기회의 제한이었다. 그중에서도 주거 문제는 은퇴 선교사들이 겪는 가장 큰 어려움으로 조사됐다. 이 문제는 실생활에서 어려움을 지속적으로 야기하고 있으며, 이로 말미암아 정서적인 부정적 영향도 지속되고 있는 것으로 판단되었다.

둘째, 대인관계 측면에서 디스트레스 요인으로 부부관계와 사회관계에서 비롯된 외로움이나 소외감을 공통적으로 경험하는 것으로 조사됐다. 그러나 현재의 일상생활을 해나가는 데 문제가 될 정도로 심각한 상황은 아니라고 판단되었으며, 기존의 인적 네트워크와 내적 심리 자원을 활용하여 적절히 대처하고 있는 것으로 보여졌다. 그렇다고 해도 향후 노화의 과정에서 급격한 상실과 변화에 적응하지 못할 경우, 정신건강의 취약 요인이 될 가능성을 배제할 수 없었다.

셋째, 은퇴 선교사의 선교 노하우나 선교의 경험과 지식을 한국 교회에 전하고자 하는 욕구가 컸지만 이런 기회가 많이 주어지지 않는다고 느끼는 것이 영적·종교적 영역의 주된 디스트레스 요인으로 조사됐다. 은퇴 선교사들은 한국 교회의 위계질서 문화와 교회 조직의 경직성을 주된 원인으로 생각했으며, 대체적으로 이에 대한 아쉬움을 느끼고 있는 것으로 보였다. 이는 은퇴한 후 사회 활동과 교회 활동의 참여가 제한된다고 느끼는 것과 연관성이 있다고 판단되었다.

넷째, 은퇴 선교사의 기분(우울, 불안), 심리적 트라우마 상태는 비교적 양호한 것으로 보였으며, 삶의 질 만족도 측면에서도 일반 인구군에 비해 높은 것으로 조사됐다. 본 연구의 면접 과정에서 시행한 구조화된 정신건강 선별 검사에서도 대체적으로 양호하고 안정적인 것으로 분석되었다.

다섯째, 은퇴 선교사 일부는 매우 심각한 정신건강의 위기/응급 상태에 놓여 있을 가능성이 높은 것으로 조사됐다. 따라서 빨리 이들에 대한 파악과 개입이 이루어져야 한다고 판단되었다. 본 면접에 참여한 대부분의 은퇴 선교사들은 심각한 우울 등 정신건강의 위기에 처해 있는 다수의 동료 은퇴 선교사들에 대해 직간접적으로 그 사례를 보고했다.

첫 번째 결론인 은퇴 선교사의 은퇴 후 주거와 재정 등 복지 문제는 국내의 다른 연구나 전문가 모임 등을 통해 반복적으로 언급되고 있다.-[11] 본 연구에서는 은퇴 선교사의 정신건강을 고려해 이런 우려에 접근했고, 주관적으로 이 문제가 은퇴 선교사에게 가장 큰 심리적 스트레스 요인이라는 결론에 도달했다.

주거/소득은 정신건강의학에서는 주관적 안녕과 직접적 관련을 가지고 있는 것으로 알려져 있다.-[12] 은퇴한 뒤 적절한 소득을 가지고 있느냐에 따라 안녕은 영향을 받게 된다. 소득은 생활 방식과 의학적 필요의 변화에 적응하는 능력을 제한한다. 은퇴한 뒤 재정이 충분하다면 다양한 기회와 활동에 접근할 수 있어 스트레스를 덜 받을 것이다. 그런 의미에서 이전의 재정 상태를 유지할 수 있는 저축과 수입이 필요하다는 결론을 내렸다.

면접에 응한 대부분의 은퇴 선교사는 사역에서 은퇴하는 순간부터 갑작스러운 후원 중단으로 재정적 어려움을 겪고 있었다. 그리고 이런 어려움과 관련한 우려나 기분 저하가 지속되고 있었는데, 특히 이런 기분 상태가 만성화되었다는 점에서 잠재적 정신건강의 위험 요소로 판단되었다. 최근 일부 대형 교회나 선교단체를 중심으로 은퇴 선교사를 위한 재정적 지원이나 연금과 같은 제도가 운영되고 있지만, 이것 역시 일부에게만 혜택이 주어지고 심리적 안정감을 유지하기에는 터무니없이 적은 액수였다. 정신건강이 신체 건강에 미치는 영향에 대한 논의는 차치하더라도 기본적인 사회경제적 지위를 유지하기 위한 주거·재정의 안정이 정신건강 유지를 위한 필수 조건이라는 것은 아무리 강조해도 지나치지 않다.

외로움이나 사회적 상호작용의 결핍은 정신건강의 주요 위험 요인 중 하나다.[13] 최근에 이루어진 연구에 따르면, 사회적 상호작용의 부족에 따른 신체적 악화의 위험은 남성이 더 높은 것으로 나타났다. 즉 여성은 우정을 키워 나가는 데 투자하여 사회적 관계를 잘 만들고 이용하는 반면, 남성은 커리어에 더 투자하여 사회적 관계를 발전시키지 못하는 것으로 조사됐다.[14] 사회적 관계와 지지 체계는 많은 경우 정신건강의 보호 인자다. 그리고 가장 중요한 원천은 배우자 또는 가족이다. 귀국한 은퇴 선교사는 대부분 국내의 사회적 네트워크가 원천적으로 충분하지 않을 가능성이 높으며, 외적 성과를 강조하는 한국 선교 현장의 특수성을 고려할 때 가족이나 사회적 지원을 찾고 유지하는 데 충분한 시간과 노력을 투자하지 않았을 가능성이 높다. 은퇴 선교사들의 모임도 개인적 친분에 따른 소수의 모임으로 제한되어 있고, 노년의 부부관계가 긍정적이 되도록 돕는 적절한 지원 시스템도 부재한 것으로 조사됐다. 정기적이고 조직적인 은퇴 선교사들의 모임을 통한 사회적 관계 유지와 확장, 정신건강의학과 전문의와 같은 정신건강 전문가에게 받는 부부 상담 등 지속적인 서비스 제공이 대안이 될 수 있을 것으로 보였다. 특히 이 문제를 다루는 데 있어 북미의 문화와 달리 우리나라의 정서는 사회적 체면을 중요시하는 문화적 배경을 고려할 필요가 있는데, 집단적 접근뿐 아니라 개인적 접근이 동시에 이루어져야 할 것으로 보인다.[15]

한편 사회적 관계는 사회 활동을 통해 유지되고 확장될 수 있지만 대부분의 은퇴 선교사는 은퇴 후 교회에서의 활동이 급격히 제한된다고 느끼고, 이로 말미암아 더 이상의 사회 활동에 참여할 수 없다는 좌절을 경험한다고 했다. 이는 또 다른 주요 스트레스 요인으로 작용하는 것으로 보인다. 개교회마다 차이는 있겠지만, 담임목사 중심의 한국 교회문화에서 은퇴 선교사의 교회 활동 참여가 구조적으로 어려웠을 가능성은 있다. 은퇴 후 자존감이 떨어지는 개인적 요소가 소극적인 활동 참여에 머물도록 했을 가능성도 배제할 수 없다.[16] 어떤 이유든 간에 이런 상황에 대해 은퇴 선교사와 교회 사이의 심리적 간극이 커졌다고 분석할 경우, 정신건강 전문가는 이들 사이에서 소통이 활발하게 이루어지는 데 기여할 수 있을 것으로 생각된다.

다행스러운 것은 본 연구에서 은퇴 선교사 대부분이 정신건강 상태, 삶의 질이 비교적 양호한 것으로 관찰되었다는 점이다. 심층 인터뷰와 함께 우울, 불안, 트라우마, 삶의 만족도에 대한 구조화된 선별검사지(screening measurement)[17]를 직접 작성하도록 했는데, 임상적으로 문제가 될 정도의 증상은 보고되지 않았으며 대체적으로 양호한 상태로 관찰되었다. 인터뷰 과정에서는 앞서 언급한 은퇴 선교사로서 겪게 되는 다양한 심리적 어려움을 확인할 수 있었지만, 한편으로는 신앙 안에서 유연하게 대처하려는 그들의 대응 방식을 확인할 수 있었다.

마지막으로 주목해야 할 점은 본 연구에 참여한 대부분의 은퇴 선교사들이 직간접적으로 은퇴한 동료 선교사들 가운데 정신건강에 위기가 찾아온 사례에 대해 언급했다는 점이다. 물론 객관적인 현황이나 실제 사례자와의 만남을 통한 청취 등 연구진이 위기 사례를 직접 확인할 수는 없었다. 그러나 유사한 위기 사례의 보고가 반복적으로 참여한 은퇴 선교사들을 통해 나왔다는 점은 교회에서 파악하지 못한 정신건강의 위기를 경험하고 있는 다수의 은퇴 선교사가 존재할 가능성이 높다는 점을 시사한다고 할 수 있겠다. 가능한 빨리 이들에 대한 현황 파악이 이루어져야 하며, 이후 교회 내 정신건강 전문가와의 협력이 필요할 수도 있을 것으로 생각된다.

한편 본 연구는 몇 가지 한계를 가진다. 우선 앞서 언급했던 것처럼 연구에 참여한 은퇴 선교사의 수가 본 주제에 대한 심층 분석을 하기에 부족했다는 점이다. 본 연구진은 교회, 총회 선교 본부, 선교단체 등을 통해 은퇴 선교사의 명단을 입수하고, 개별 연락을 통해 인터뷰 참여를 정중히 요청했지만, 극히 일부만 동의해 피험자 모집에 어려움이 많았다. 그러나 이는 비단 은퇴 선교사에게만 해당되는 것은 아니라고 생각하며, 다른 정신건강 관련 연구에서도 유사하게 관찰되는 현상일 것으로 생각된다. 즉 우리나라는 서구 선진국에 비해 정신건강에 대한 편견이 강하고, 이런 정신건강 인터뷰에 전반적으로 방어적 태도를 취한다.[18] 정신건강 보건 서비스를 받는 비율이 서구 선진국에 비해 현저히 낮다는 것은 이런 현상을 명백하게 보여준다. 본 주제와 같은 연구를 특히 장년층 대상으로 수행하기 어려운 이유도 설명이 된다. 비슷한 맥락에서 실제 인터뷰에 참여한 은퇴 선교사들에게서 좋게 보이려고 하는 '긍정왜곡 (faking good)'의 가능성도 배제할 수 없었다.[19]

본 연구에서 시행한 자가정신건강 설문 결과는 대체적으로 매우 양호한 것으로 평가되었으나, 실제 인터뷰에서의 보고 내용은 임상적으로 정상과 경계선 범주 안에서 차이가 있었다. 사회적으로 주목받고 책임 있는 역할을 수행한 개인에게서 정신건강 상태를 자가보고할 때 좋게 보이려고 하는 경향이 있으며, 이런 경향이 은퇴 선교사들에게서도 나타났을 가능성을 배제할 수 없다. 따라서 본 연구의 결과를 해석할 때 이런 점을 감안해 받아들일 필요가 있다고 생각한다.

또한 본 연구는 남성 은퇴 선교사만을 대상으로 했다. 선교 현장에서 헌신하고 은퇴한 여성 선교사들도 있으며, 실제 현장에서 배우자가 함께 선교 임무를 수행한다는 측면에서 본 결과는 한계를 가진다.

요약과 제언

본 사례 연구를 진행한 연구진들이 알기로는 이 연구가 은퇴한 한국 선교사들의 정서적 스트레스와 정신건강을 정신건강의학적 관점에서 살펴본 첫 번째 연구다. 심층 면접을 통해 참여자에게서 관찰된 동일한 개념을 범주화하는 과정을 통해 체계적 분석을 시도하여 가능한 과학적 분류 이론에 근거한 객관적 결론을 도출하고자 했다. 몇 가지 연구의 한계도 있어 그 해석에 주의가 필요하긴 하지만, 본 사례 연구를 통해 은퇴 선교사의 주된 정서적 스트레스 요인을 확인할 수 있었다. 특히 정신건강의 위기에 놓여 있는 드러나지 않은 은퇴 선교사들에 대한 시급한 현황 파악과 개입의 필요성도 확인할 수 있었다. 이 결과에 대해 한국 교회의 관련 전문가들이 신속하게 체계적인 후속 대책을 마련해야 할 것으로 보인다.

이후에는 교회와 선교단체, 기관 등과 보다 긴밀한 협력을 통해 여성을 포함한 전수 조사 또는 보다 많은 수의 은퇴 선교사를 대상으로 근거 기반의 질적·양적 조사와 분석 연구가 포괄적으로 이루어져야 하겠다.

"한국인 은퇴 선교사들의 정서적 스트레스와 정신건강에 대한 사례 연구"에 대한 논평

■

■

리즈 벤더-새뮤얼

서론

이재헌과 문성일의 사례 연구는 이번 모임의 관심사인 몇 가지 겹치는 영역, 즉 선교사 멤버케어, 은퇴와 노화 경험, 역문화충격, 정신건강 문제에 대한 태도 등을 다뤘다. 나는 저자들의 관점, 다년간에 걸친 나와 한국인 선교사들과의 개인적 관계, 몇몇 참고 논문 등을 바탕으로 그간 관찰한 것을 제시하려고 한다.

선교사 멤버케어

은퇴자를 위한 선교사 멤버케어는 장기 타문화 사역자를 위한 지원 체계를 구성하는 여러 요소 중 하나다. 전인적 선교사 멤버케어의 내용에는 본국과 파송지에서 선교사의 신체적·정신적·영적 복지 증진을 위한 자원을 제공하고 주선하는 것 등이 포함된다.[20]

이 사례 연구의 저자들은 선교사 멤버케어(MMC, Mission Member Care)가 한국 교회 현장에서는 비교적 새로운 것으로, 1980년대 들어 한국에서 타문화 선교가 폭발적으로 성장한 이후에 발달했다고 지적한다. 그들은 특히 나이 들어 은퇴한 20세기 말 1세대 한국인 선교사들에게 실제적 필요가 있음을 확인해주었다.

이 연구에 참여한 은퇴자들은 주된 어려움으로 재정적 스트레스를 꼽았다. 그중에서도 특히 주거 비용을 언급했다. 이 문제에 대한 해결책을 은퇴 시점에서 모색하기에는 너무 늦다. 조직 차원에서의 선교사 후원은 은퇴와 함께 종료되며, 개인의 저축 또는 연금 상황은 저마다 다르다. 이 스트레스는 그 자체가 물자 조달 관련 문제로, 한국 교회와 선교기관들이 진지하게 다뤄야 할 사안이다. 교회는 연금이나 아르바이트 등 수입원이 확보될 때까지 대출이나 숙소 제공 등을 통해 선교사들을 계속 후원해야 할 수도 있다.

여러 나라의 선교 사역자들은 해외로 파송될 때쯤 교회로부터 "하나님을 위해 모든 것을 내려놓으라"는 권면을 받곤 한다. 그런 상황에서 신임 선교사는 '영적이지 못한' 태도를 가진 사람으로 오해받고 싶지 않아서 장기적 재정 대책과 연금 계획에 대한 질문을 하기가 어렵다.

예를 들어 영국에서는 일반적으로 해외 근무자, 특히 선교 사역자는 해외 근무 후 본국으로 귀국할 때 재정적 압박을 받는다. 데이비스의 보고에 따르면, 영국의 해외 근무자들은 연금 계획을 등한시하고(연금 계획은 출국 전 우선순위에서 하위를 차지함) 본국 귀환 시 재정적 '생명줄'이 미흡한 상황에 직면하게 된다.[21]

선교 사역자가 주택을 보유하고, 해외 체류 중 세를 주도록 하는 방안은 자산에 대해 분별력 있는 청지기적 대안이자 귀국 시 재정 안정을 확보하기 위한 수단이 될 수 있다.

은퇴와 노화의 경험

본 연구 대상에 대한 고찰에서는 은퇴와 귀국 문제를 구분하는 것이 바람직하다.

은퇴와 노화에 대한 태도를 탐구할 때 에릭슨의 발달 8단계를 참고할 수 있다. 에릭슨은 60세 이상의 노년과 은퇴기에 '지혜와 자아통합'과 '절망'을 경험할 가능성을 대비시킨다.[22]

에릭슨은 이 단계에서 사람들은 "자신의 삶이 가치 있는 삶이었을까?"라는 심리적 실존 질문을 자신에게 묻는다고 한다. 그리스도인으로서 우리는 여기에 영적 관점을 통합해 "하나님은 나를, 내가 한 일을 어떻게 보실까?"라고 물어야 할 것이다. 이 시기는 생애 가운데서 자신의 성취를 반추하는 때다. 그리고 자신이 보기에, 하나님이 보시기에도 성공적인 삶을 살았다고 생각된다면 그 결과 인격 통합(자아통합)을 느낄 것이다.

반면 자신의 삶이 비생산적이었고, 하나님의 부르심과 목표를 성취하지 못했다고 평가한다면 자포자기, 우울, 절망감이 마음을 지배할 것이다. 자기 자신에 대한 좌절감은 하나님, 사회 체제, 소속된 조직, 교회, 배우자, 가족 또는 친구들을 향해 분노를 투사하는 결과를 낳을 수 있다(다음에 나오는 '역문화충격' 항목을 보라).

본 연구 대상인 노년의 남성 선교사들은 은퇴한 지 상당 시간이 지난 시점이므로, 그들에게 은퇴는 새로운 일이 아니다. 그들은 이미 이 발달 단계를 어느 정도 '성공적으로' 다루었고, 그 과정에서 가족이나 친구, 교회, 기관의 도움을 어느 정도 받았을 것이다.

연구 대상인 그들이 과거와 현재에 대한 자기평가 도구로 에릭슨의 8단계를 활용해 '지혜와 자아통합'/'절망'의 축에서 자신을 어떻게 평가

할지 확인할 수 있다면 흥미로울 듯하다. 본 연구의 저자들은 피험자들이 알고 있는 다른 은퇴 동료들에 대한 언급이 있음을 지적했는데, 아마도 그들은 이 축에서 '절망' 쪽 끝에 가까운 상태일 듯싶다(다음에 나오는 '정신건강에 대한 태도' 항목을 보라).

은퇴한 지 얼마 되지 않은 선교사들은 흥미로운 연구 대상일 수 있다. 에릭슨의 자기 질문을 새롭게 마주한 이들은 앞서 언급한 전형적인 8단계에 해당할 것이다.

장기 선교 사역 후 은퇴한 이들이 새로운 '실버 선교'팀에 참여하여 영감과 도움을 주고받을 수 있는 방법을 찾아보는 건 어떨까?[23]

역문화충격 ——————————————————————

크레이그 스토르티는 귀국 경험과 역문화충격을 다루는 문제에 영향을 주는 요인을 밝혀냈다.[24] 연륜과 생애 전환에 대한 경험(해외로부터 귀국한 경험 포함)이 있다면 이후에 올 전환을 다루기가 좀 더 용이하거나 우울과 상실감의 누적을 가져올 수도 있다. 이런 감정 노동에는 자국 문화를 이상화하고 자국 문화가 예전 그대로일 것이라는 기대를 다루는 것이 포함된다.

은퇴한 남자 선교사에 대한 이재헌과 문성일의 연구에서 '정체됨'의 요소가 피험자의 인터뷰에 반영되어 있다. 이것은 특히 저소득 상황의 실제적·감정적 영향에 아직 '적응'하지 못한 상태에 해당한다. 일반적으로 1~2년 정도면 적응해야 하는데, 은퇴 이후 상당 시간이 지났는데도 이렇다면 심각한 문제다.

피터 조던은 선교사들이 겪는 역문화충격의 또 다른 측면에 대해 선교사가 자국 교회에서 선교 경험에 대해 나눌 기회가 부족하다는 점을

지적한다.[25]

마이클 비버는 이 문제를 사회과학적 관점에서 바라봤다.[26] 한편 헬레네 킴 리는 특히 미국과 중국에서 역이민을 오는 한국인 해외 동포에 대해 고찰했다[27](스티븐 서의 논문도 참조하라[28]).

이와 마찬가지로 은퇴 선교사들은 가족과 친구들로부터 '시원섭섭한' 감정을 느낄 수도 있다. 이것은 사랑하는 사람의 기대가 어떤 면에서 충족되지 않았을 때 일어나는 반응이다.

은퇴 선교사들이 함께 모여 서로의 경험을 나누고 서로를 지지한다면 그들의 정체성, 교회와 사회 내의 역할에 대한 공통의 관심사를 다루는 데 도움이 될 것이다. 은퇴 선교사들이 모일 수 있도록 선교 네트워크를 활용할 필요도 있다.

은퇴 이후의 일반 디브리핑은 선교사들이 이런 중요한 주제들을 개인적으로 탐색할 수 있는 '일회성'의 기회를 제공하는 반면, 목회 상담은 장기적 지원에 적합할 것이다.

정신건강에 대한 태도

저자들은 한국 사회가 정신건강 문제에 대해 편견을 가지고 있음을 지적한다. 이 문제는 정신건강 서비스에 대한 한국인의 태도를 연구한 박지은 등의 논문에서 보고된 바 있다.[29]

선교사들은 성숙한 그리스도인 지도자로서 존경을 받고 있기에 우울, 불안 또는 부부간 불화 등의 문제를 겪지 않을 것이라는 기대를 받고 있다. 그들이 정신건강 전문가의 도움을 받을 것이라고 생각해 본 적도 없다.

저자들은 피험자들의 정신적 안녕을 정확하게 측정하기가 어렵다는 점을 지적한다. 인터뷰를 통해 많은 내용이 드러나기는 했지만, 인터뷰는 자가설문에 비해 응답 해석의 여지가 넓다는 측면이 있다.

영국에서도 정신건강의 어려움은 최근 3~5년 정도에 와서야 '진지한' 대화의 주제로 받아들여졌는데, 영국 왕실 가족과 같은 유명인사들이 자신들의 경험에 대해 공개적으로 이야기하고 치료의 이점에 대해 열정적으로 추천하면서 그렇게 되었다. 2017년 영국왕립정신과협회의 회장은 왕실 가족 중 상대적으로 젊은 세대가 "신세대를 위해 정신건강에 대한 금기를 깨뜨리고 있다"고 전국 일간지에 기고한 바 있다.[30]

앞으로의 연구에서는 여성 선교사와 젊은 선교사들의 관점에 주목하면서 그들이 정신건강상의 어려움에 대해 기꺼이 공유할 의향이 있는지를 살펴본다면 한층 흥미로울 듯하다.

결론

선교사 멤버케어의 맥락에서 한국인 은퇴 선교사가 직면한 실제적이고 재정적인 어려움을 고려해야 한다는 분명한 필요성이 새롭게 대두되었다. 선교사들이 선교기관에 가입하는 처음 단계부터 이런 어려움을 해결할 수 있는 방안을 마련하려면 선교기관의 정책 결정 시 연금과 부동산 보유 문제도 함께 고려해야 한다. 이때 선교사와 교회가 관여해야 한다.

은퇴와 노년에 대한 준비는 귀국 시기가 되기 한참 전부터 계획적으로 이뤄져야 열매를 맺을 수 있다. 이 과정에 새로 실버 선교사가 된 이들과의 교류를 포함시킬 수 있다.

한국 귀국에 따른 역문화충격에 대한 전망도 그 과정보다 앞서 계획적으로 준비해야 좋은 결과를 볼 수 있다. 사역지 문화에서의 만족스러운 마무리와 자국 문화에서의 정체성과 역할에 대한 적응을 위해 미리 계획하고 준비할 수 있도록 기회가 있을 때마다 은퇴하는 선교사들에게 권하고 가르칠 수 있다면 바람직할 것이다.

정신건강 문제에 대한 한국 사회의 태도는 점차 개방적으로 변화되고 있으며, 은퇴 선교사들도 점차 이 추세를 반영하여 단기적·중기적·장기적으로 적절한 정신건강 지원 방법을 찾으려고 할 것이다.

향후 연구에서는 독신과 배우자로서의 여성 선교사를 인터뷰하고, 새로 은퇴자가 된 선교사들의 경험을 조사한다면 의미가 깊을 것이다.

한국 선교계의 새로운 연구 지평을 연 저자들의 공을 치하한다. 이 분야에서 매우 중요한 연구와 전략적 사고, 정책 개발의 기회가 있으리라 기대된다.

숙고를 위한 질문

1. 선교기관과 교회는 선교사들의 은퇴에 대한 실제적 재정 전략을 어떻게 개발할 수 있을까?

2. 현재 은퇴한 선교사들은 자국 교회의 사역에 어떻게 통합될 수 있을까?

3. 역문화충격이 주는 정서적·영적 후유증에 충분히 대응하려면 귀국하는 선교사들을 위한 지원이 어떻게 이루어져야 할까?

18
남서울교회를 통해 본 한국인 선교사의 은퇴 준비

———

김진봉 • J. 넬슨 제닝스

서론 ————————————————————

지난 2017년 KGMLF 포럼에서 앤드루 월스는 "하나님이 세계 선교의 소명을 위해 한국을 준비시켰다"라고 발표했다.[1]

그는 계속해서 한국 선교의 놀라운 부흥은 20세기 초 '오순절'과 같은 부흥을 경험한 한국의 자립형 교회의 기적적인 성장에 그 뿌리를 두고 있다고 말했다. 게다가 한국은 높은 교육열을 바탕으로 한 급속한 경제 성장과 기술 개발을 이루었다. 이런 모든 요소와 '외부 세계에 대한 인식과 세계의식'이 결합됨으로써 한국은 놀라운 선교의 원동력을 발휘했다고 분석했다.[2]

사실 한국 교회의 선교사 수는 급증하여 1980년에는 100명, 1989년에는 1,000명, 2002년에는 1만 명, 2012년에는 2만 명으로 급성장했다.[3] 그러나 한국선교연구원은 2018년 한국인 선교사 수 증가율이 38년 만에 최저치인 0.69%(전년도에 비해 145명 증가)에 불과하다고 하면서,[4] 2018년 기준으로 한국인 선교사는 159개국에서 2만 1,220명이 사역 중이라고

발표했다.[5]

최근 발표 자료에 따르면, 대부분의 한국 기독교 주요 교단의 교세가 지속적으로 약화되고 있다고 한다.[6] 한국 교회의 교인 수 감소에는 여러 가지 이유가 있겠지만, 한국 사회의 인구 구조 변화(OECD 국가 중 가장 낮은 출산율), 사회가 보는 교회 이미지의 지속적 실추, 노령화하는 교회가 젊은 층을 향해 현실적 메시지를 공급하지 못하고 있기 때문이라고 생각한다.[7]

이처럼 한국 교회의 교세가 약화되면서 적지 않은 교회가 재정적 어려움에 직면해 있으며, 지난날 왕성했던 선교의 동력이 점차 약해지는 추세라는 점도 부인할 수 없다. 이런 와중에 한국인 선교사들 가운데 절반 이상이 10년 이내에 은퇴 연령이 되는 상황을 맞게 된다.[8] 이런 대규모의 은퇴에 앞서, 즉 7~8년 뒤 한국 사회는 고령화사회(Aged Society)에서 인구의 20% 이상이 노령 인구가 되는 초고령화사회(Super-Aged Society)로 진입할 것이다. 이런 변화와 맞물려 한국인 선교사의 은퇴도 봇물 터지듯 쏟아질 것이므로 한국 교회와 단체들은 구체적인 준비를 해야 한다.[9]

이처럼 한국 교회와 사회적 상황이 급변하는 가운데서도 45년 넘게 신실한 선교 정책을 펼치고 있는 교회가 있다. 특별히 그 교회는 대부분의 한국 교회나 선교단체가 준비하지 못하고 있는 선교사 은퇴를 잘 준비하고 있다. 그 교회가 바로 남서울교회인데, 그 교회에 대해 다루기 전에 먼저 한 한국인 선교사의 사례를 소개하고자 한다.

다니엘 선교사의 사례

서울에 살고 있었던 다니엘 선교사[10]는 선교 후보생 당시 부산의 한 교회의 초청으로 1년간 그 교회에서 청년 사역을 했다. 1994년 다니엘 선교사는 결혼 후 그 교회에서 파송식을 갖고 정든 한국을 떠났다. 그 선교사 부부는 국제 선교단체를 통해 사역하기 원했기에 그 단체가 요구하는 영어 자격시험 준비를 위해 영국으로 갔다. 파송 교회는 그 부부의 생활비 60%와 영어 공부를 위한 학비를 지원해주었다.[11] 그곳에서 약 8개월간 영어 시험을 준비하는 동안 첫 아들을 얻었고, 영어 시험을 치른 뒤 선교지의 공용어인 불어를 배우기 위해 프랑스로 떠났다. 프랑스 남부에서 불어 학습에 매진하던 중 파송 교회로부터 한국으로 당장 오라는 메시지를 받았다. 그 이유는 다니엘 선교사가 영국에서 치른 시험에 통과하지 못해 약속했던 기간에 국제단체에 들어갈 수 없었기 때문이다.

다니엘 선교사는 이틀에 걸친 긴 여행 끝에 부산에 도착했다. 다니엘 선교사를 마중 나온 사람은 아무도 없었고, 설상가상으로 교회가 새로운 곳으로 이전해 새 주소지를 찾아가는 데 다소 어려움이 있었다. 그래도 저녁 9시경 교회의 회의 장소에 도착할 수 있었고, 교회 장로 여러 명과 담임목사가 참석한 '청문회'가 1시간 동안 열렸다. 다니엘 선교사는 이미 그 파송 교회로부터 무능한 선교사로 인식되었고, 또한 선교지로 들어가기도 전에 실패한 선교사로 낙인 찍혀 견디기 어려운 모욕과 질책을 받았다. 그 일이 있고 나서 교회는 다니엘 선교사 부부에 대한 재정 후원을 중단하고, 모든 관계를 끊었다. 다니엘 선교사 가족은 한동안 극심한 경제적 어려움과 감당하기 어려운 정신적 고통에 직면해야 했다. 시간이 흘러 다니엘 선교사 부부는 미국 한 한인 교회의 후원으로 파송을 받고 선교지에서 사역을 하게 되었다. 이 교회는 다니엘 선교사에게 신실하고 든든한 파송 교회로서의 역할을 해주었다. 그러나 그 교회마저 선교 정책이 바뀌면서 8년 후 모든 재정 지원이 중단됐다.

선교사 346명을 대상으로 조사한 2013년 설문조사에 따르면, 20%가 넘는 선교사가 파송 교회나 주 후원 교회가 없는 실정이다.-[12] 설령 파송 교회가 있어도 이런저런 이유로 선교사의 후원을 중단하는 사례가 속출하고 있다. 후원이 중단되는 이유는 다양하다. 다니엘 선교사의 사례처럼 파송 교회가 선교사의 사역 실적에 대해 실망했다거나 교회의 선교 정책이 변경되는 경우도 있는데, 많은 파송 교회가 재정 곤란을 이유로 후원을 중단하고 있다.

한국 교회의 교인 수와 예산 감소 추세로 선교사 후보생을 후원할 파송 교회를 찾기가 훨씬 어려워졌다. 앞으로 10년 내에 한국 교회가 다시 부흥의 시대를 맞지 못한다면 한국 선교 역시 큰 위기를 맞을 수 있다.

특히 그 위기의 핵심에는 한국 교회가 은퇴하는 선교사들에 대한 대책이 거의 전무하다는 것도 있다. 앞으로 10년 내에 파송된 한국 선교사들의 절반 이상이 은퇴 연령을 맞는다. 그들이 고국으로 돌아오는 2026년에 대한민국 사회는 초고령화사회로 진입할 것이다. 지금도 한국 정부의 노인복지정책이 사회적 이슈가 되고 있다. 복지 지원이 충분하지 않아서 많은 노인이 은퇴할 여력이 없는 상황이기도 하다.-[13] 그러다 보니 10년이 지난 뒤 한국 사회에서 노후대책에 적잖은 난관이 예상된다.

안타깝게도 대부분의 교회와 단체가 은퇴 선교사들을 위한 구체적 준비를 하지 않고 있는 실정이다.-[14] 그러나 남서울교회가 가진 은퇴 선교사에 대한 규정과 실천 사례는 한국 교회를 넘어 전 세계 교회의 귀한 모델이 될 것이다.

남서울교회 선교 정책의 특징 ──────────────

　남서울교회는 1975년 7월 4일 홍정길 목사의 인도 아래 서울 서초구에 설립되었다. 1996년 2대 담임목사로 이철 목사가 부임했으며, 2012년에 현 담임목사인 화종부 목사가 부임했다. 이 글은 남서울교회의 면면을 소개하는 것이 목적이 아니라 선교사 멤버케어의 관점에서 그 교회가 지향하는 은퇴 선교사에 대한 정책과 실천에 중점을 두고 살펴보려고 한다.

1. 평신도 중심의 선교 정책과 실천

　남서울교회가 발행한 선교백서와 필자가 실시한 설문조사를 통해 본 남서울교회 선교 정책과 실천의 중요한 특징 중 하나는 바로 평신도 중심의 접근 방식이다.[15]

　남서울교회에서 당회 구성보다 앞서 1976년 8월 29일에 조직된 해외선교위원회는 항상 평신도가 중심이 되어 교회 전반의 선교 활동을 이끌고 있다. 선교 예산은 성도들의 특별헌금으로 이뤄지고, 교회 내 특별회계예산으로 운영되고 있다. 다음은 평신도가 주도하는 선교 정책의 특징이다. 첫째, 담임목사가 바뀌고 교회 형편이 어려워도 선교 정책이 일관성 있게 시행된다. 둘째, 선교사 지원과 관리 업무에 있어 평신도들의 자발적 헌신과 사랑의 수고가 지속된다. 셋째, 결과적으로 지난 18년간 장년 교인 출석 수가 꾸준히 증가하고 선교 헌금도 매년 증가하고 있다.

　남서울교회는 2017년 7, 8월에 남서울교회 선교의 장단기 추세를 분석했다. 그 자료에 따르면 1998~2016년 18년 동안 교인 수는 1.39배 증가(현 주일예배 참석 인원수는 약 4,000명), 선교사 수는 1.82배 증가, 선교헌금은 2.56배 증가했다(선교 예산 약 10억 원). 그 조사의 결론에서 "지속적이면서 가파른 성장세를 보인 선교헌금은 교회 선교 사역의 성장을 견인했다. 그리고 이렇게 탄탄한 선교 재정은 향후 선교 사역의 도약을 이끌 원동력이 될 것이다"라고 전망했다.

필자는 지난 2018년 7월 4일 수요일 오전 10시 30분과 오후 7시 30분에 드려진 수요예배에 참석한 남서울교회 성도를 대상으로 설문조사를 실시했다. 설문조사에 응한 120명의 성도 가운데 "남서울교회 성도들은 교회 선교 정책을 잘 알고 있으며 또한 적극 협조한다"라는 문항에 대해 '매우 그렇다' 16.8%, '그렇다' 50.7%의 답변이 나왔다. 즉 답변한 성도의 65%가 교회 선교 정책을 잘 숙지하고 있을 뿐 아니라 적극 협조한다고 했다. 반면 '아니다'라고 부정적으로 답한 성도는 2.5%에 불과했다. 남서울교회가 지난 40여 년간 평신도 중심의 선교 정책을 견지한 사실을 볼 때, 남서울교회 성도들이 교회의 선교 정책에 많은 관심을 갖고 지원해왔음을 확인할 수 있다.

2. 은퇴 선교사 정책과 실천

얼마나 많은 한국 교회가 선교사의 은퇴에 대한 규정을 명문화하고, 더 나아가 은퇴 선교사에 대한 교회적 관심과 지속적 재정 후원을 실천하고 있는지 묻지 않을 수 없다. 지난 2017년 KGMLF 포럼에서 한국 교회 선교 현황과 미래에 대한 특별 패널에 참석한 KWMA 사무총장의 답변이 현재의 한국 교회 현실을 보여주고 있는지도 모른다. "한국 교회는 파송 선교사들에 대한 은퇴 준비를 전혀 하고 있지 않습니다"[16]

그런 의미에서 남서울교회의 은퇴 선교사에 대한 규정과 실천은 매우 반가운 예외에 해당한다. 사실 남서울교회의 사례는 하나님의 긍휼과 사랑으로 은퇴 선교사를 위한 정책과 실천을 구현하려는 외국 교회에게도 유익한 모본이라고 하겠다.

그러면 지금부터 남서울교회의 은퇴 선교사에 대한 정책과 실천에 대해 살펴보자.

첫째, 은퇴 선교사에 대한 규정을 만든 목적에 대해 "파송 선교사로 은퇴하는 것이 명예로우며, 은퇴 후에도 안정되고 기본적인 생활을 영위할 수 있도록 지원하는 것을 목적으로 한다"라고 쓰여 있다. 교회가 규정하는 은퇴 선교사는 선교지에서 20년 이상 사역하고 70세 이상인 자로 해외선교위원회의 추천과 당회의 인준을 받은 자로 정하고 있다. 2019년 1월 기준으로 남서울교회에는 8명의 은퇴 선교사가 있다. "우리 교회는 하나님의 긍휼과 사랑의 정신으로 파송 선교사들을 잘 돌보기 위해 고민하고 있습니다"라는 해외선교위원장인 이윤식 장로의 고백을 통해 은퇴 선교사를 향한 교회 선교 정책의 동기를 엿볼 수 있다.-17

1985년 남서울교회의 파송을 받고 30년 만에 은퇴 선교사가 된 정민영 선교사의 이야기를 들어 보자. "남서울교회는 파송한 선교사를 신뢰와 사랑으로 신실하게 후원하는 매우 훌륭한 교회입니다. 적지 않은 한국 교회가 선교사 파송 후에 여러 이유를 들어 후원을 중단하는 사례가 늘고 있습니다. 또한 은퇴 선교사에 대한 대책을 구체적으로 세우고 실천하는 교회를 찾아보기 어려운데, 그런 점에서 남서울교회는 매우 특별한 선교를 감당하고 있다고 생각됩니다."-18 이처럼 은퇴한 선교사에게도 동일한 하나님의 사랑을 실천하고 있는 남서울교회가 주는 교훈은 실로 놀랍다.

둘째, 은퇴한 선교사에게 선교지에서 받았던 월정 선교비의 100%를 지급하고 있다. 또한 부부 파송 선교사인 경우 배우자 가운데 한 명이 사망한 경우라도 동일한 금액을 수령한다. 또한 은퇴한 뒤 초기 정착금을 부부 파송 선교사에게 최대 500만 원, 독신 파송 선교사에게는 최대 400만 원을 지급할 수 있다고 규정하고 있다.

은퇴 선교사의 재정 후원에 대해 남서울교회가 매우 관대한 정책을 가졌다는 것을 설문조사의 결과를 통해 확인할 수 있었다. "은퇴한 선교사에게 파송 교회가 일정 선교비를 계속 후원해야 한다"라는 문항에 응답자의 35%가 '매우 그렇다', 49.2%가 '그렇다'라고 답변했다. 단지 '아니다'라고 답변한 응답자는 3.3%에 불과했고 '전혀 아니다'라고 답한 사람은 없었다. 남서울교회가 파송 선교사에게 후원하는 매월 70만 원의 선교비는 다른 교회들과 비교해 많지 않다. 그러나 은퇴 이후에도 선교사에게 똑같은 월정 선교비를 후원하고 있다는 사실은 매우 놀랍다.

엄은정의 분석에 따르면, 지속적이고 든든한 후원과 지원이 선교사 사역과 정신건강에 지대한 영향을 미친다고 한다.[19] 그런 점에서 선교사 케어에 대한 남서울교회의 정책과 실천은 많은 교회가 본받을 만한 가치가 있다.

셋째, 은퇴한 선교사를 '은퇴 선교사'가 아닌 '선교사'로 계속 호칭하며, 그 선교사들을 교회 목장의 기도 후원 선교사로 배정하여 지속적 관심과 케어를 받도록 하고 있다. 남서울교회는 은퇴한 선교사라 할지라도 변함없는 관심과 후원을 받게 함으로써 '선교사로서의 소속감과 자부심'을 갖게 하는 매우 중요한 멤버케어 정신을 실천하고 있는 교회임에 틀림없다. 남서울교회는 월 2회 선교위원회 모임을 갖는데, 그때 그 교회 선교사들이 방문해서 선교 보고를 하고 기도하고 격려하는 시간을 갖고 있다.

3. 선교사 멤버케어에 대한 세심한 규정과 정책

한국 교회는 지난 30~40년간 선교사 후보생을 발굴, 훈련, 파송하는 일에 집중했다. 그러나 선교사를 해외로 내보내는 것만이 선교 사역의 전부라고 생각했던 교회와 선교단체가 선교사 가족을 다방면으로 돌보는 것의 중요성을 깨닫기 시작했다. 2011년 개최된 제1회 KGMLF에 참석한 셔우드 링겐펠터는 다음과 같이 지적했다. "내가 풀러신학교에서 한국 선교사들을 관찰한 결과, 한국 교회는 세계 비전을 품고 사람들을 보내고 교회 개척 등의 특정 선교 과업을 위해 선교사를 준비시키는 데는 매우 뛰어나다. 그러나 선교사가 받은 상처나 파송 교회와 단체로부터 입은 피해에 대해 어떻게 보살펴야 할지 심각하게 고민하는 교회는 거의 없는 것 같다."[20] 링겐펠터가 이런 문제를 지적한 지 여러 해가 지났지만 선교사 멤버케어에 대한 한국 교회의 관심은 여전히 부족하다.

사실 적지 않은 한국 선교사들이 사역비, 안식년 경비, 자녀교육비 등을 충당하기 위해 파송 때부터 선교비 모금에 대해 큰 부담을 가진다. 이 부분에 대해 남서울교회는 파송 선교사에 대한 구체적인 재정 후원 제도를 운영한다.

남서울교회가 지급하는 선교사 파송 정착금은 부부 300만 원, 독신 200만 원, 3인 이상 가족 500만 원이며, 차기 사역 정착금도 부부 200만 원, 독신 150만 원, 3인 이상 가족 300만 원을 지원한다. 또한 선교지로 처음 나가는 경우와 안식년 후 차기 사역으로 출국할 시 항공료의 50%를 지급하며, 선교사의 부모와 직계가족의 사망 또는 건강상 이유로 급히 귀국해야 하는 경우에도 항공료의 50%를 지원한다. 은퇴 선교사로 귀국하는 선교사의 항공료도 50%를 지원하고 있다. 또한 선교사의 의료보험 지원도 세밀하게 규정해 실천하고 있는데, 특별히 주목할 부분은 선교사의 건강 검진을 매 2년 1회로 1인당 30만 원을 지원하며, 비보험으로 진료를 받는 본인 부담금의 70%를 지원한다.

앞서 언급한 2013년 진행된 설문조사에 따르면, 응답한 선교사의 16%가 건강검진을 전혀 받지 못하고 있으며, 4년마다 건강검진을 받고 있다고 응답한 선교사는 22%였다. 적지 않은 선교사가 질병으로 한국에 돌

아와 치료를 받아도 파송 교회의 재정 지원을 받는 것이 쉽지 않다.[21]

마지막으로, 남서울교회는 선교사 가족과 교육 관련 비용을 재정적으로 지원한다. 선교사 자녀들의 학비 지원은 장학부에 추천하여 지원되도록 하고 있다. 그리고 경조사 지원에 대해 구체적인 규정이 있는데 본인 결혼 50만 원, 자녀 결혼 30만 원, 부모나 자녀 사망 시 30만 원, 본인과 배우자 사망 시 300만 원을 지원한다. 또한 언어교육 지원을 위해 파송 후 최대 2년까지 매월 30만 원을 지원하며, 안식년 기간에 교육과 훈련이 필요한 경우에도 100만 원 한도 내에서 지원할 수 있다. 특히 안식년 기간에 남서울교회 선교관을 이용할 수 없는 경우에는 1일에 2만 원, 즉 월 60만 원을 지원하도록 규정하고 있다. 남서울교회의 상세한 선교 정책은 오랜 경험을 통해, 지속적인 규칙 개정을 통해 만들어졌다. 특히 은퇴 선교사를 위해 더 나은 선교 정책을 수립하기 위해 수년간 노력해 오고 있다.

한국 교회의 성장은 20여 년 전에 이미 정체 현상을 보였고, 이제는 감소 추세에 있음을 부인하기 어렵다. 교회의 부흥 없이는 왕성한 선교 활동이 있을 수 없다. 사실 한국인 선교사 수도 감소 추세에 있다. 그런데 42년 전 세워진 남서울교회는 새로운 담임목사가 부임해도, 교회에 재정적 어려움이 생겨도 일관성 있게 평신도 중심의 선교 정책을 이어오고 있다. 특별히 그 교회가 지향하는 은퇴 선교사에 대한 규정과 실천은 가시적인 실적에만 치중하는 많은 한국 교회는 물론이고 더 나아가서는 전 세계 교회에 시사하는 바가 크다.

훌륭하게 선교하고 있는 남서울교회에게 좀 더 성숙한 발전을 위해 몇 가지 제언을 하면 다음과 같다.

첫째, 선교비 재정이 지속적으로 증가함에도 어째서 20, 30대 청년층 가운데서 장기 선교사 헌신이 잘 이뤄지지 않는지 심각하게 고민해 볼 필요가 있다. 어쩌면 파송 선교사의 월정 후원금이 조정되어야 할 수도 있다. 청년들에게 감당하기 어려운 선교비 모금을 요구하면서 그들이 장기 선교사로 헌신하기를 기대하기는 어렵다. 파송 교회가 적어도 파송 선교사 생활비의 60~70%를 후원한다면 선교사와 파송 교회와의 책무적인 관계가 좀 더 강화되지 않을까 생각된다. 한 가지 예로 조나단 봉크 박사를 파송한 캐나다의 모교회가 콩고에서 온 다섯 명의 난민 가족을 위해 20년 넘게 매월 4,000캐나다 달러(약 350만 원)를 생활비로 지원한 사실에 대해 적은 선교비를 책정하면서 파송 선교사의 수가 많음을 자랑하는 한국 교회는 뭐라고 말할 것인가?

둘째, 140가정의 파송 및 협력 선교사를 후원하고 관리하는 해외선교위원회에 파트타임 간사가 단 한 명이다. 물론 풀타임 선교 목사가 있지만 그는 교회 전임 부목사로서 교회 내의 다른 사역도 감당하고 있어 해외선교위원회를 섬기는 데 한계가 있다.

우리에게 큰 도전이 되는 또 다른 사례를 어느 영국 교회의 성도를 통해 들었다.[22] "런던 근교에 있는 우리 교회의 파송 선교사는 15유닛 정도입니다. 저는 풀타임 전문 상담 사역자로서 그들에게 멤버케어를 제공하기 위해 전적으로 헌신하고 있습니다. 물론 교회가 저를 멤버케어 풀타임 사역자로 고용했습니다." 남서울교회도 재능과 경험을 겸비한 풀타임 직원을 추가로 고용하면 좋을 것으로 보인다.

마지막으로, 현재 한국에 거주하는 이주민은 200만 명 이상으로, 전체 인구의 4%를 차지한다. 2025년에는 남한 전체 인구의 8%에 해당하는 300만 명의 이주민이 더불어 살게 될 것으로 예측된다.[23] 그런 면에서 남서울교회가 이주민 선교에 대한 새로운 선교 정책을 시작하면 어떨까 제안해 본다. 남서울교회의 화종부 담임목사가 이사장으로 섬기는 한국 WEC 국제선교회에는 선교지에서의 사역을 마치고 귀국한 10여 명의 선교사가 이주민 사역에 힘을 쏟고 있지만 후원 교회를 찾기가 매우 어렵다고 한다. 남서울교회가 이주민 선교를 위한 전담 부서를 만들고 필요한 전문 인력을 초청하여 다가오는 다문화사회 선교를 준비할 수도 있을 것이다.

결론

"2030년 요한 선교사는 30년에 걸친 선교 사역을 마치고 고국에 돌아왔다. 중동의 한 무슬림 국가에서 사역하면서 겪은 심한 스트레스로 그의 아내는 깊은 우울증에 걸려 있었고, 대학생인 딸은 학비를 벌기 위해 잠시 휴학한 상태였다. 요한 선교사의 파송 교회는 그가 은퇴하여 귀국함과 동시에 모든 재정 지원을 중단했다. 안타깝게도 그는 은퇴 자금을 준비해두지 않았다. 대부분의 한국인이 들고 있다는 국민연금도 없었고, 더 심각한 것은 장기적으로 머물 거처가 없었다. 그래서 정부가 제공하는 영구임대주택을 신청했지만 적어도 2~3년을 기다려야 한다. 사실 요한 선교사는 지병이 심해져 일을 할 수도 없다. 설령 건강하다고 하더라도 70세 넘어 30년 만에 귀국한 그가 고국에서 직업을 구하기는 어려웠다. 어느 날 요한 선교사는 미세먼지로 흐려진 서울 하늘을 바라보면서 자신의 비참한 처지를 한탄하며 자살 충동이 밀려오는 것을 느꼈다."

가상으로 만든 이 이야기는 남서울교회가 파송한 선교사들에게는 해당되지 않을 것이다. 왜냐하면 그 교회는 은퇴한 선교사를 주님의 긍휼과 사랑의 마음으로 극진히 섬기고 있기 때문이다. 교회 개척 당시부터 조직된 해외선교위원회는 평신도들의 헌신과 사랑의 수고로 43년째 잘 운영되고 있다. 교회 성도들 가운데 대부분은 교회의 선교 정책을 잘 알고 있으며 적극적으로 협조하고 있다. 그리고 무엇보다도 은퇴한 선교사들에 대한 존경심을 가지고 이미 은퇴한 8유닛 선교사들의 월 생활비를 후원하고 있으며, 은퇴 선교사들이 교회 공동체의 일원으로서 소속감을 갖도록 노력하고 있다.

파송 교회와 파송 단체가 그들의 은퇴 선교사들에게 최소한의 생활비 지원과 거처할 숙소에 대해 실제적 도움을 주는 것이 선교의 마땅한 책무일 것이다. 은퇴한 선교사를 섬기는 훌륭한 모범을 보여주는 남서울교회 성도들은 선교사들이 천국에서 주님이 예비하신 면류관을 받기까지 그들과 동행할 것이다.

숙고를 위한 질문

1. 은퇴 선교사와 멤버케어를 위한 정책과 실천 측면에서 남서울교회와 당신이 출석하는 교회는 어떤 차이가 있는가?

2. 당신이 출석하는 교회에는 선교사의 은퇴를 위한 구체적 지원 방안이 있는가? 없다면 그 이유는 무엇인가?

3. 선교사를 선교지로 파송하는 것 못지않게 선교사와 그 가족들에게 적절한 돌봄을 제공하는 것도 중요하다. 지금 출석하는 교회는 파송 선교사들에게 어떤 식으로 구체적 돌봄을 제공하고 있는가?

4. 한국 교회는 성장을 멈추고 오히려 쇠퇴하는 모습을 보이고 있다. 마찬가지로 파송 선교사의 증가 추세가 꺾여 곧 감소 추세로 돌아설 조짐이 보인다. 이런 현상이 나타난 이유가 무엇이라고 생각하는가?

5. 한국 내 체류 외국인 수가 200만 명을 넘어섰다. 이들에게 복음을 전하기 위해 당신의 교회는 어떤 일을 하고 있는가? 체류 외국인 가운데서 알고 지내는 사람이 있는가? 그들에게 주님의 사랑을 어떻게 전하고 있는가?

"남서울교회를 통해 본 한국인 선교사의 은퇴 준비"에 대한 논평

∎

∎

로렌스 펑·존 왕

서론 ─────────────────────────────

최근 들어 멤버케어는 선교와 관련된 모든 사람에게 중요한 논의 주제로 다뤄지고 있다. 선교사 후보생이 되려는 이들은 멤버케어가 이뤄지는 모습을 통해 파송 기관이 선교사를 어떤 태도로 대하는지를 파악한다. 은퇴를 몇 년 앞둔 선교사의 입장에서는 "오직 한 일 즉 뒤에 있는 것은 잊어버리고 앞에 있는 것을 잡으려고"[24] 애쓴 세월 끝에 은퇴 계획의 필요성을 갑작스레 깨닫게 된다. 한국의 최근 경제 성장을 감안할 때 적은 선교비에 저축 금액도 얼마 없이 인생의 황금기를 빈곤국에서 보낸 많은 선교사에게 은퇴는 값비싼 꿈이다. 남서울교회의 사례는 한 지역 교회가 이런 어려움을 극복한 아름다운 이야기를 전해주며, 이 사례 분석을 통해 우리는 선교 공동체에 적용할 수 있는 소중한 교훈을 얻는다. 우리는 세 가지 영역에서 논평하고, 추가 연구를 위한 몇 가지 질문을 제시하려고 한다.

평신도 중심의 접근 방식 ―――――――――――――――

본 논문에 따르면 남서울교회는 교회 설립 후 불과 1년 만에 선교위원회를 조직했다. 이런 비범한 역사를 볼 때 교회가 초기부터 해외 선교 사역을 강조했음을 알 수 있다. 게다가 선교를 평신도 중심으로 접근한 것은 교회 정체성의 한 요소일 뿐 아니라 선교사를 잘 돌보기 위한 사려 깊은 조치로 교회의 강점이 되었다. 논문의 저자들은 평신도 중심의 접근이 선교 정책의 일관성, 자원봉사자의 적극적 참여 등 두 가지 영역에서 강점이 있다고 봤다. 이 두 가지는 조지 마일리가 선교에서 두각을 나타내는 교회들의 두드러진 특징이라고 언급한 장기 헌신과 주인의식이 반영된 것이다.[25] 정책의 일관성은 선교 후원이 특별한 이유 없이 빈번하게 중단되지 않도록 만들어 선교사가 현지 사역에 집중할 수 있게 한다. 또한 교회 내 자원봉사자들의 적극적 참여는 교회가 성도를 동원해 선교사를 지원하고 돌볼 수 있게 한다. 여기에는 은퇴를 위해 귀국한 선교사도 포함된다.

평신도 중심의 접근 방식이 남서울교회의 역사에 깊은 흔적을 남기고, 선교 사역 전반에 강점으로 입증된 것은 참으로 아름다운 일이다. 그러나 대부분의 다른 교회는 그렇지 못하다. 선교에 대해 평신도 중심의 접근 방식을 취한 것이 이 교회 역사의 일부가 되었다는 사실은 강점이긴 하지만 다른 교회의 맥락에서 이것을 따라 하기는 쉽지 않다. 남서울교회는 결국 목회자와 교회 지도자가 향후 선교에 대한 의사결정을 포함한 여러 영역에 교인들의 참여를 독려해야 한다는 것을 우리에게 일깨워 주고 있다.

중국인 디아스포라 교회는 그 리더가 평신도 지도자든 목회자든, 대체로 의사결정에 있어 상명하달(top-down) 방식을 택한다. 그러나 젊은 멤버들이 교회의 리더 위치에 오르게 되면 이런 상명하달 방식을 거부하고, 구태의연한 관행을 기꺼이 바꿀지도 모른다. 젊은 리더들이 교회 선교위원회를 주도하는 경우 이런 일이 일어나고 있다. 그들은 교회와 선교사의 관계를 변화시킬 수 있는 새로운 정책을 적극 수용하는 편이다. 따라서 정책의 일관성을 보장하고 교회 내에서 선교가 일관되게 강조되도록 하기 위해 리더십 훈련과 제자 훈련은 필수다.

선교사에 대한 존경심

분명 남서울교회의 평신도 중심의 접근 방식은 전통적으로 선교사에 대해 가진 존경심을 강화하는 데 도움이 된다. 교회 성도들은 대체로 선교사들의 희생에 감사하고 그들을 존중한다. 성도들은 자신들이 경제성장을 추구하며 편안한 생활을 하는 동안 선교사들은 기꺼이 빈곤한 나라에 가서 검소하게 지내며 때로는 위험한 환경에서 생활한다는 사실을 알고 있다. 이와 대조적으로 우리와 함께 일한 적 있는 중국인 디아스포라 교회에서 새로 파송된 선교사들, 특히 서울과 같은 대도시에서 온이들은 다른 모습을 보여줬다. 예비 선교사들 가운데 다수가 선교기관에서 지원 면접을 볼 때 복리후생과 은퇴 제도에 대해 묻곤 한다. 몇몇 대형 교회는 후원하는 선교사 후보에게 은퇴 대책을 마련해주는 데 아무런 어려움이 없다. 그러나 중간 규모의 일반적인 중국인 교회는 파송 선교사의 은퇴를 지원할 만큼 충분한 재원을 마련하기가 어렵다. 선교사 파송 단계에서 미리 복리후생과 은퇴 관련 문제를 제기하는 것이 중요하다. 그러나 이것이 선교 후보자 지원 면접의 주된 논점이 되어서는 안 된다.

지역 교회의 후한 인심

후원하는 선교사가 은퇴한 이후에도 재정 지원을 계속하기로 한 남서울교회의 헌신은 참으로 훌륭하다. 사실 선교사가 은퇴하여 한국에 들어오면 한국의 생활수준이 얼마나 높은지를 실감하게 된다. 한국의 은퇴 선교사들은 그들이 섬겼던 대부분의 나라에서 일반인보다 더 높은 수준의 재정 후원이 필요할 수도 있다. 안타깝게도 교인 수가 증가하지 않으면 대체로 선교사에 대한 재정 후원액도 줄어들기 마련이다. 그러나 선교사 후보자의 감소 추세와 맞물려 재정 후원 수요도 감소할 수 있다. 교회 재정 감소와 선교사 후보자 수의 감소가 동시에 일어난다면 한 선교사당 후원 액수를 줄이지 않아도 된다. 그럼에도 교회 성장의 하강 국면은 위험 신호에 해당한다. 한국 교회는 교인 수와 재정이 동시에 감소할 가능성에 대비하고, 그런 추세를 역전시킬 방법을 찾아야 한다.

선교기관에 대한 질문

선교기관의 역할은 무엇일까?

남서울교회의 사례 연구에서는 파송 기관에 대한 언급이 별로 없다. 선교사가 각 교회에서 직접 파송될 경우 교회가 선교사의 은퇴에 대해 전적으로 책임을 지고, 자원봉사자는 선교사를 지원하는 핵심 기반이 된다. 그러나 선교기관이 관여하는 경우 상호 협력하는 구조가 세워져야 하며 서로 기대하는 바를 선교기관과 파송 교회, 선교사 모두가 분명하게 이해하고 합의해야 한다.

정부에 대한 질문

한국인 은퇴 선교사가 건강보험, 국민연금, 공공주택 등 정부 지원 사회안전망의 혜택을 받는 방법은 무엇인가? 한국의 경제 발전에 따른 생활비 증가, 선교사 후원 규모의 전반적 감소 문제에 대해 은퇴 선교사의 대처 방안은 무엇인가?

한국은 전쟁으로 초토화된 열악한 환경에 처해 있었지만 농업 중심 사회에서 산업화된 경제 대국으로 변신하는 데 성공했다. 국민은 고소득을 누리지만 경제 성장의 여파로 생활비도 높아졌다. 특히 남서울교회와 같은 규모와 기반을 갖추지 못한 지역 교회는 귀국 선교사를 돕기 위해 정부가 제공하는 건강보험, 국민연금, 공공주택 등 사회안전망 혜택을 받을 수 있는지 알아봐야 한다. 만약 교회나 선교기관이 은퇴 선교사들을 위해 복잡한 사회복지 체계의 안내자 역할을 해준다면 긴장과 부담 가운데 한국으로의 귀국을 준비하는 선교사들에게 큰 도움이 될 것이다.

개인 문제에 대한 질문

영적·심리적 웰빙에 대해서는 어떻게 할 것인가?

이 논문은 재정 지원에 초점을 맞췄다. 귀국하는 선교사들 가운데 다수는 역문화충격을 경험한다. 어떤 이들은 한국의 기술, 언어, 문화에 적응하는 데 어려움을 겪을 것이다. 남서울교회와 같은 지역 교회는 이런 상황에 도움을 줄 수 있다. 교인들이 그들의 동반자가 되어 도울 뿐 아니라 교회가 전문가와 목회자의 개입을 주선할 수도 있다. 교회가 은퇴 선교사들에게 정서적·심리적·영적 지원을 종합적으로 제공하는 곳이 되도록 노력할 수 있다.

초고령화사회에서 부모를 어떻게 모실 것인가?

유교의 영향력이 특히 강한 몇몇 아시아 국가는 부모를 어떻게 모실 것인가 하는 문제를 고민한다.[26] 이런 고민은 한국처럼 초고령화사회에 돌입하는 국가들에게 더욱 심각하다. 은퇴 선교사들은 자녀가 나이든 부모를 보살피기를 기대하는 기성세대의 사고방식과 은퇴한 부모를 봉양할 책임이 없다고 느끼는 서구화된 젊은 세대의 사고방식 사이에 끼어 있다. 이렇게 중간에 끼어 있는 선교사들을 어떻게 도와야 할 것인지가 심화 연구 대상이 될 수 있다.

교회에서 은퇴 선교사들의 지혜와 경험을 활용할 방안은 무엇인가(특히 선교교육과 언어 훈련 등 국내 타문화 선교와 외국인 디아스포라 선교에서)?

타문화권에서 다년간 인간관계와 경험을 쌓은 선교사들은 한국 교회에게 보물과 같은 존재다. 더 많은 외국인이 이민자, 피난민, 유학생, 초청 근로자 등의 형태로 경제적으로 부강한 한국을 찾아와 전국 방방곡곡에서 외국인 공동체를 이루며 살고 있다. 지역 교회가 이들 공동체에 손을 내밀 때 자신의 타문화 경험을 바탕으로 도울 수 있는 이상적 후보가 바로 은퇴 선교사다. 아마도 귀국한 선교사들이 사역에 적극 관여하는 모습을 보면 지역 교회들은 은퇴 이후의 지속적 재정 후원을 더욱 긍정적으로 받아들이게 될 것이다.

결론

멤버케어는 우리 세대가 관심을 가져야 할 중요한 주제다. 남서울교회가 자신들이 파송한 선교사를 어떻게 돌보는지에 대한 사례 연구를 통해 우리는 귀중한 교훈을 얻는다. 한국 기독교의 지형 변화, 이와 맞물린 사회적 지형 변화의 도전에 직면해 우리는 멤버케어에 대해 더 많은 문제를 연구해야 함을 깨닫는다. 더 많은 교회가 남서울교회와 같은 돌봄의 정신을 보여주기를 기대하며, 선교 현장에서 오랫동안 충성된 사역을 한 후에 은퇴하여 한국으로 귀국하는 선교사들을 환영하는 효과적인 실천 방안이 채택되기를 바란다.

제6부

■

워크숍 논문

19
구약성경에 나타난 우울증

마이클 G. 디스테파노

우울증은 이번 포럼에서 논의된 여러 질환 중 하나다. 그러나 다른 여러 질환과 연계되어 나타나는 것이 우울증의 특징이다. 다른 질환과 마찬가지로 우리는 이에 대해 기도해야 한다. "한 사람이나 혹 주의 온 백성 이스라엘이 다 각각 자기의 마음에 재앙을 깨닫고 이 성전을 향하여 손을 펴고 무슨 기도나 무슨 간구를 하거든 주는 계신 곳 하늘에서 들으시고 사하시며 각 사람의 마음을 아시오니 그들의 모든 행위대로 행하사 갚으시옵소서 주만 홀로 사람의 마음을 다 아심이니이다"(왕상 8:38-39).[1] 성경은 우울증과 그 치료에 대해 자주 언급한다. 이 논문은 우울증에 대한 성경의 가르침을 살펴보고, 이를 현대의 진단 및 치료 방법과 비교하려고 한다. 나는 이런 노력을 통해 우울증을 겪는 그리스도인의 회복과 치료에 성경이 도움이 될 수 있음을 보여주고자 한다.

내 배경과 경험

나는 간호사 자격을 가진 의료인으로서 정신질환을 연구했고, 정신병동에서 순환 근무를 한 적이 있다. 간호사 근무는 다른 분야에서였지만,

여러 정신질환, 그중에서도 특히 우울증에 계속 관심을 가졌다. 간호사 경력 이후 나는 히브리어 성경에 대한 박사학위를 취득했고, 내 우울증과 싸우면서 성경에 기록된 우울증의 징후, 증상, 사례에 관심을 갖게 되었다. 그래서 그 주제와 관련한 책을 집필 중이기도 하다. 이런 배경을 잘 알고 있는 조나단 봉크 박사는 나에게 이 논문을 쓰도록 권유하면서 내 개인적 경험도 포함시키는 것에 대한 이야기를 했다. 나는 이번 포럼의 주제에 대해, 이로 말미암아 사람들의 관심이 환기되고 치유를 가져올 것에 대해 하나님께 찬양을 드린다.

현대적 진단의 개요

메이요클리닉의 정의에 따르면, 우울증은 "비통한 느낌과 의욕 저하가 지속되는 기분 장애다. 주요 우울 장애 또는 임상적 우울증이라고도 불리는 이 질환은 당신이 어떻게 느끼고 생각하고 행동하는지에 영향을 끼치며, 다양한 정서적·신체적 문제를 유발할 수 있다. 정상적인 일상생활이 어려울 수 있고, 삶을 살아갈 가치가 없다고 느낄 수 있다".[2] 미국정신의학회는 "우울증 진단을 내리려면 최소 2주간 증상이 지속되어야 한다"고 주장하는 반면, 메이요클리닉은 우울증 진단 확정을 위한 최소 기간을 명시하지 않고 있다.[3] 단지 증상이 지속적이어야 한다고 말한다. 따라서 메이요클리닉은 2주 이내의 기간에 증상이 나타나도 우울증으로 진단할 수 있다. 이처럼 시간 제약을 최소화하는 편이 2주를 채워야 한다는 기준보다 성경의 가르침에 더 잘 부합하고, 환자를 더 배려하는 방법이라고 생각한다. 대체로 성경에 기록된 우울증 사례가 얼마나 오래 지속되었는지 알기 어렵지만 성경에는 분명 지속적인 사례, 최소 2주간 이어진 사례, 그보다 더 오래 간 우울증의 사례가 묘사되어 있다. 성경에는 재발성 우울증에 대한 설명도 있다. 내 경험상 재발성 우울증은 일단 촉발되면 빠른 속도로 악화되어 2주는 고사하고 2시간 이내에 증상이 깊어지고 사람을 쇠약하게 만들 수 있다. 이런 비슷한 경험을 한 사람도 있을 것이다.

성경적 진단의 개요

성경은 다양한 표현으로 우울증을 나타낸다. 이를 잘 보여주는 예가 느헤미야 2장 2절이다. "네가 병이 없거늘 어찌하여 얼굴에 수심이 있느냐 이는 필연 네 마음에 근심이 있음이로다"(문자 그대로는 '마음의 비통함'임,[4] 삼상 1:8 참조). 이 구절에서는 신체적 질병과 마음의 질환이 한 문장 안에 언급되었다.

우울증을 나타내는 다른 표현으로 "마음의 상함"(출 6:9), 즉 "기가 죽음"이 있고 "마음의 괴로움"(삼상 1:10), "마음의 슬픔"(삼상 1:15) 등이 있다. 다음 구절은 고대 이스라엘에 정신질환을 진단하는 방법이 있었음을 암시해준다. "만물보다 거짓된 것은 마음과 그 질병이다. 누가 능히 이를 진단할 수 있겠는가?"(렘 17:9).[5]

우울한 기분을 나타내는 여러 표현은 다양하게 번역되었다. 마음의 약함, 깨짐, 눌림, 상처 입음, 찔림, 고민, 고뇌, 몸부림/영혼의 눌림, 녹음, 고민, 불안(소란), 쇠약/정신의 혼미함, 깨짐, 눌림, 쇠약 등이 그것이다. 이들 표현 가운데 대부분은 개인의 비탄을 표현한 시편에 등장한다. 구약성경에는 슬픔과 비애 또는 우울한 기분을 유발하거나 유도한 상황이 많다. 그런 기분은 빛을 잃은 표정, 낙심, 눈물, 신음, 정서적 고뇌, 절망, 비탄 등으로 표현된다. 또한 친구와 지지를 잃어 고독과 외로움에 빠지고, 무감각과 일상생활에 대한 의욕 상실로 이어진다. 입맛을 잃기도 하며 결국에는 삶을 끝내려는 생각과 시도로 연결되기도 한다. 여기서 몇 가지 예를 소개하겠다.

현대의 징후와 증상, 이에 대응되는 성경의 사례 ─────

메이요클리닉은 다음과 같이 말한다.

"우울증은 평생 단 한 번 겪을 수도 있지만, 사람들은 일반적으로 여러 차례의 에피소드를 경험한다."

이런 에피소드가 일어나는 기간에, 거의 매일 다음과 같은 증상이 나타날 수 있다.

1. 비통한 감정과 눈물
2. 불안감, 동요, 안절부절못함
3. 수면장애, 불면증
4. 피로, 에너지 부족
5. 식욕 부진, 체중 감소
6. 모든 또는 대부분의 일상생활에 대한 의욕 상실
7. 빈번한 또는 반복되는 죽음에 대한 생각, 자살 생각

그 외의 징후와 증상에는 '가망 없음, 분노, 생각하거나 집중하기 어려움, 무가치하다는 느낌이나 죄책감, 지난 실패에 대한 집착이나 자책감' 등이 있다. 나는 이런 징후와 증상이 깊어지는 순서로 나열했다. 이런 증상은 일상생활에 지장을 주고, 결국 생명 자체를 위협하기도 한다.

이 같은 현대의 징후와 증상에 대응되는 성경 구절은 매우 많다. 그중에는 우울증에 대한 일반적 서술도 있고 우울증을 겪고 있는 특정 개인에 대한 묘사도 있는데, 후자는 오늘날의 우울증 사례 연구에 해당한다. 우울증으로 가득 찬 성경 장르가 있는데 바로 비탄(lament, 悲嘆)이다. 일반적 서술은 다른 사람들의 우울증에 대한 관찰인 반면 사례 연구와 비탄의 경우에는 우울증을 직접 겪은 사람들의 말을 포함하고 있다.

우울증에 대한 일반적 서술

1. "주께서 그들에게 눈물의 양식을 먹이시며 많은 눈물을 마시게 하셨나이다"(시 80:5, 공동체의 비탄).

2. "근심이 사람의 마음에 있으면 그것으로 번뇌하게 되나"(잠 12:25).

3-6. 엘리후는 욥의 상황에 대해 개괄적으로 언급하면서 우울증이 있는 사람에 대해 묘사한다. "혹은 사람이 병상의 고통과 뼈가 늘 쑤심의 징계를 받나니 그의 생명은 음식을 싫어하고 그의 마음은 별미를 싫어하며 그의 살은 파리하여 보이지 아니하고 보이지 않던 뼈가 드러나서 그의 마음은 구덩이에, 그의 생명은 멸하는 자에게 가까워지느니라"(욥 33:19-22). "뼈가 늘 쑤심(히브리어 성경에서는 '뼈의 싸움')"은 극도의 불안감을 형상화한 표현이다. 지속되는 싸움으로 수면 부족에 시달리고, 오래 병상에 누워 있으면 마침내 정상 활동에 대한 의욕이 극도로 저하된다.

사례 연구

이 논문을 위해 나는 한나와 암논, 히스기야, 예레미야, 욥의 우울증 사례를 골랐다. 한편 야곱, 요셉, 모세, 사울,[6] 아합, 엘리야와 예레미야애가는 다루지 않았다.

한나는 하나님이 그녀의 태를 닫아 자녀가 없도록 하셨기 때문에 우울증을 앓았다. 그녀의 경쟁자 브닌나가 자녀를 낳는 모습을 보면서 그녀의 우울증은 지속되었다(삼상 1:4-6). 특히 매년 실로에 있는 하나님의 집(장막)에 갈 때마다 더 심해졌는데, 그것은 브닌나가 무자비한 말로 그녀를 격분시켰기 때문이다(1:7). 한나는 비애, 눈물, 식욕 감퇴(1:7, 최상의 품질을 가진 제사 음식이 제공되었음에도), 포도주나 독주를 마시지 않음(1:15), 걱정(1:16), 얼굴에 근심 빛(1:18) 등 우울증 징후를 보였다. 그녀의 남편은 그녀가 마음이 슬픈 것(1:8)으로 진단했고, 그녀는 자신을 우울증으로 진단했다("마음이 슬픈", 1:15). 음식을 조금 먹고 나서도 여전히 마음이 괴로워 통곡하면서 그녀는 자신의 고통 때문에 장막에서 기도하며(1:10-11) 여호와 앞에 자신의 심정을 통했다(1:15). 하나님은 그녀에게 응답하시고 사무엘과 세 아들, 두 딸(2:21)을 주셨다.

사무엘하 13장 2, 4절을 보면 다윗의 아들 중 한 명인 암논은 다말을 연모했지만 그녀와 함께할 수 없다고 생각해 우울증에 빠졌다(다말의 생각은 그와 달랐음, 13:13). 그는 다음과 같은 우울증 징후를 보였다. 울화가 있었고, 병이 났고, 파리하여 갔으며, 이것이 계속 이어졌다. 그는 친구와 함께 간계를 꾸며 병들어 누워 있는 척하며 식사를 하지 않았다. 다말이 와서 빵을 구워주면 먹을 수 있겠다고 했다. 실제로 병(우울증)이 있어서 식욕이 감퇴된 것일 수도 있다. 우울증 징후와 증상이 있었기에 병들어 누워 있는 속임수가 더 그럴싸해 보였을 수 있다. 물론 암논의 행동에 칭찬할 만한 점은 전혀 없다. 더 고결한 대안을 찾을 수도 있었겠지만 어쨌든 그에게는 우울증이 있었다.

병에 걸려 임종을 앞둔 히스기야는 회복할 수 없을 것이므로 자신의 집에 유언하라는 말씀을 들었다("죽고 살지 못하리라", 사 38:1). 히스기야의 우울증 징후는 심한 통곡(38:3, "네 눈물을 보았노라" 38:5)과 일상생활에 대한 의욕 상실의 징표로 얼굴을 벽으로 향하고 있었다(38:2, 왕상 21:4-5, 7에서 아합이 우울증을 보이며 식욕을 잃고 얼굴을 벽 쪽으로 향해 돌아누운 것을 참조하라). 히스기야가 기도한 뒤 하나님은 뜻을 돌이키셨다. 히스기야는 자신의 질병과 회복을 돌아보며 "영혼의 고통"(38:15)과 "큰 고통"(38:17)으로 이를 표현했다. 그는 "날이 샐 때까지 울부짖었다"라고 했다(38:13-14, 어려운 구절이지만 하나님이 그의 생명을 끝내려고 하실 때 히스기야가 사자와 새들처럼 소리를 냈다는 뜻인 듯하다). 하나님이 그의 모든 뼈를 꺾으셨다(38:13)는 것은 그가 지치고 기진맥진했다는 뜻이다. 하나님은 히스기야의 기도에 대한 응답으로 그의 생명을 15년 연장시켜 주셨다.

욥

욥은 자신의 소와 나귀를 비롯해 종과 자녀들을 모두 잃는 재난을 당한다(욥 1장). 이어 심각한 피부병에 시달렸다(욥 2장). 우리는 이 사건 사이에 어느 정도의 시간 간격이 있었는지, 그 사이에 어떤 일이 있었는지 알지 못한다. 예를 들어 그 사이에 욥은 자녀들의 죽음을 애도했을 수도 있다. 비통과 우울증은 동일한 징후와 증상을 보일 수도 있지만, 주목할 것은 욥이 한 말에서는 자신의 자녀나 종들의 죽음을 슬퍼하는 내용을 찾아볼 수 없다는 점이다. 정상적인 애도의 과정으로 그들을 추도하며 그들의 죽음에 대한 깊은 비애를 경험하기보다[7] 그는 자기 자신에게 초점을 맞추며 자신의 생명을 미워한다(7:16; 9:21; 10:1). 욥은 자신이 고난당하기 전의 일을 기억하며, 긍정적 맥락에서 자녀를 단 한 번 언급할 뿐이다(29:5).[8] 자녀를 잃은 슬픔 때문에 그의 우울증이 악화되었을 수 있지만 적어도 그는 자녀의 죽음에 대한 언급을 하지 않았다. 또 한 가지 유념할 중요한 사항은 욥은 그저 자신의 피부병 증상을 묘사하고 있는 것이 아니라는 점이다. 주어진 정황으로 볼 때 특정 피부질환의 합병증 중에 우울증이 있다는 감별 진단을 확립하기는 매우 어려울 듯싶다. 욥 스스로 우울증이 있다고 말하는 것으로 보아 나는 그의 내적 증상이 우울증으로 인한 것으로 해석했다. 전반적으로 볼 때 이런 접근 방식은 욥이 자신의 정신적 격통에 집중하는 양상과 부합된다. 그의 정신적 격통은 자신의 의로움, 위로의 부재, 괴롭히는 말, 하나님에 대한 고뇌를 말한다.

우리는 이런 사건이 1장에 기록된 재난을 시작으로 수개월에 걸쳐 일어났음을 알고 있다(7:3; 29:2). 욥은 이 기간에 친구들과 대화하면서 여러 가지 변론을 펼친다. 때때로 그는 고양된 문체로 말한다. 마치 미리 준비하고 글로 적은 듯한 인상을 주기도 한다(16:4). 또한 욥과 그의 친구들은 여러 차례 만나 논쟁을 벌였다는 인상을 준다(23:2의 "오늘도…" 참조). 때때로 욥의 말은 거칠고, 짧게 끊어지고, 그다지 세련되지 못한 경우도 있다.

질병에 걸린 뒤 한 주가 지난 시점에서 이루어진 욥의 첫 변론(욥 3장)을 보면 우울증이 이미 그가 죽음을 생각할 정도의 단계에 이르렀음을 알 수 있다. 그는 자신이 태어난 날을 저주하고 그날이 기록에서 지워졌더라면, 어머니의 태에서 죽어 사산되었거나(3:11) 유산되었더라면(3:16) 하는 바람을 표현한다. 만약 그가 죽었거나 태어나지도 않았다면 현재의 고통으로부터 벗어나 안식을 누렸을 것이다(3:13). 그는 마음에 쓰라림이 있었다. "어찌하여 고난당하는 자에게 빛을 주셨으며 마음이 아픈 자에게 생명을 주셨는고 이러한 자는 죽기를 바라도 오지 아니하니 땅을 파고 숨긴 보배를 찾음보다 죽음을 구하는 것을 더하다가"(욥 3:20-21). 또한 그는 자주 동요하고 불안하며 무기력하고 피곤했다(3:17, 26). 그는 음식 앞에서 탄식했는데, 이는 입맛이 없다는 뜻이다(3:24). 한 가지 흥미로운 점은 욥기와 이사야서에 구약성경에서 가장 번역이 어려운 몇 구절이 있다는 것이다. 욥기에서는 문법 관계가 항상 제시되어 있지 않으며, 직유와 은유가 항상 명백하지 않고, 때로는 그것들이 서로 뒤섞여 있다. 그 한 가지 예는 욥의 앓는 소리가 물이 쏟아지는 소리 같다는 구절인데, 아마도 그가 눈물을 쏟으며 우는 모습을 말하는 듯하다(욥 3:24). 이런 번역의 어려움은 욥의 우울증과 연관이 있을 수도 있다. 그에게 자신이 무슨 말을 할지 미리 생각하거나 글로 적을 시간이 있었다고 해도 생각하고 집중하고 자신의 뜻을 표현하기는 어려웠을 것이다. 이는 잘 알려진 우울증 증상에 해당한다.

욥의 우울증은 수개월 지속되었다. 넓은 의미에서 그는 쓰라린 괴로움으로 가득했다(9:18). 그는 자신의 원통함을 참지 않고 다 털어놓으며, 영혼의 괴로움을 다 말하겠다고 다짐한다(10:1). 하나님이 그를 대적하사 괴로운 일들을 기록하셨다고 했다(13:26). 그의 기운이 쇠하였고(17:1), 마음이 조급하고 초조했다(21:4). 그리고 그의 생명이 그의 속에서 녹았다(30:16). 이 기간 중 그가 보인 우울증의 징후와 증상은 다음과 같다. 얼굴이 울음으로 붉었고 눈꺼풀에는 어두운 그늘이 졌다(16:16, 20). 눈은 근심 때문에 어두워졌다(17:7). 그의 수금 소리는 통곡으로 바뀌고, 피리 소리는 애곡으로 바뀌었다(30:31). 그는 걱정하며 불안해했다. "내 마음이 들끓어 고요함이 없구나 환난 날이 내게 임하였구나"(30:27). 그에게는 수면 장애와 불면증이 있었다. "고달픈 밤이 내게 작정되었구나 내가 누울 때면 말하기를 언제나 일어날까, 언제나 밤이 갈까 하며 새벽까지 이리 뒤척, 저리 뒤척 하는구나"(7:3-4). 그는 피곤했고 에너지가 부족했다. "내가 무슨 기력이 있기에 기다리겠느냐 내 마지막이 어떠하겠기에 그저 참겠느냐 나의 기력이 어찌 돌의 기력이겠느냐 나의 살이 어찌 놋쇠겠느냐"(6:11-12). 그는 식욕이 없었다(6:6-7). 자신의 생명을 싫어했고(7:16), 팔 다리는 이전 모습의 그림자처럼 느껴졌다(17:7). 그의 피부와 살은 뼈에 붙었다(19:20).-9 욥은 정상적인 일상생활에 대한 의욕을 잃었는데, 부분적으로는 그가 사회적으로 고립될 수밖에 없었기 때문일 것이다. 그의 형제들은 그를 멀리 했고, 그의 친구들은 낯선 사람이 되었다. 친척과 지인들은 그를 잊어버리고 그의 가까운 친구들은 그를 미워했다(19:13-14, 19). 그는 언어폭력 때문에도 몹시 괴로웠다. 심지어 어린아이들도 그를 조롱했다(19:18). 욥은 언어폭력에 대해 여러 차례 언급했다(16:20; 17:2, 6; 19:18; 30:1, 9). 원래 왕처럼 으뜸 되는 자리에 앉아 모든 사람이 그의 말에 귀를 기울이던 상담자와 위로자였다는 사실 때문에 그는 더욱 마음이 쓰라렸다(29:21-25). 그러나 이제는 사회의 찌꺼기 같은 이들이 그를 학대했다(30:1-15). 그는 가망 없음을 토로했다. 그의 날은 희망 없이 끝에 이르렀다(7:6, 17:15; 19:10 참조).

마침내 욥은 죽음과 자살에 대해 자주, 반복적으로 생각했다. 처음 꺼낸 말부터 자신이 태어난 날을 저주하며 차라리 태어나지 않았더라면, 자신의 생일이 지워졌더라면 바랐을 뿐 아니라 나중에는 이런 고통을 겪느니 차라리 숨이 막혀 죽는 편이 낫겠다고 말한다(7:15). 또한 "주께서 나를 태에서 나오게 하셨음은 어찌함이니이까 그렇지 아니하셨더라면 내가 기운이 끊어져 아무 눈에도 보이지 아니하였을 것이라 있어도 없던 것같이 되어서 태에서 바로 무덤으로 옮겨졌으리이다"(10:18-19)라고 말하며 비통해한다. 그는 죽음이 가까이 있다고 말하며(10:20-22), 자신의 날이 적다고도 표현하고(10:20, 14:1 참조), 생명이 수년 남았다고도 말한다(16:22). 때로 욥은 자기 명대로 살지 못했다고 호소한다. 살고 싶기 때문에 임박한 죽음을 비통해하는 것이다. 따라서 우울증을 겪는 수개월 동안 욥은 비통함과 죽고 싶은 마음 사이, 불평과 살고 싶은 마음 사이를 오간다.

욥의 우울증에 대한 개인적 숙고

욥기는 수천 년 전에 쓰였지만 이 책에서 나는 내 생각과 똑같은 내용을 접했다. 때로는 토씨 하나 틀리지 않고 똑같았다. 사방으로 길을 막으시고(3:23; 19:8), 그의 화살의 과녁으로 삼으시고(16:12-13), 웃음거리로 만드시고(12:4), 의로운 자가 조롱거리가 되고(12:4), 하나님이 얼굴을 가리우시고 나를 주의 원수로 삼으시고(13:24), 그가 돌이켜 잔혹하게 되셨다(30:21)는 말씀 등이 그랬다. 다른 어떤 책보다 욥기는 우울증에 시달리는 사람의 괴로움을 잘 묘사하고 있다. 욥의 생각은 아주 미약한 희망과 커다란 절망 사이를 오가는 극심한 우울증 환자의 정서적 불안정과 지적 쇠약을 보여준다. 나는 욥과 너무나 공감이 되기에 그의 우울증을 현재 시제로 기술했다. 시편 중 비탄의 노래에 공감하여 그 내용 그대로 기도하는 사람의 경우와 크게 다르지 않다. 욥기를 편집한 사람이 누구인지 몰라도 그가 날것 그대로의 감정, 하나님에 대한 의문, 통제된 분노, 빈정댐 등 우울증을 겪었거나 겪고 있는 사람만이 온전히 그 뜻을 파악할 수 있는 모든 격정과 뉘앙스를 삭제하지 않은 점이 나에게 격려가 되었다.

하나님은 욥의 고통을 선동하고 허용하셨다. 그리고 욥의 깊은 우울증으로 이어진 여러 사건도 마찬가지다. 즉 하나님은 욥의 우울증에서 그분의 역사를 이뤄가고 계셨다. 개인적으로 이 점을 발견한 뒤 마침내 나의 우울증을 유발한 여러 사건 뒤에 하나님이 계셨음을 인정할 수 있었다. 하나님이 나의 우울증을 총괄하고 계심을 알게 되었다. 또한 하나님이 내가 태어난 날을 축복하시고, 나의 성격을 형성하시고, 내 유전자 속에 우울증 인자를 심으시고, 내 인생에 일어나는 여러 사건을 통제하고 계심을 깨닫게 되었다. 그러므로 나는 하나님은 실재하시고 가까이 계신 분이심을 확신한다. 심지어 내가 우울증을 겪는 와중에도 그렇다.

또한 하나님의 관점이 나와 판이하게 다르다는 점에 놀랐다. 사탄은 욥이 하나님을 경배하는 유일한 이유는 그에게 부, 사회적 지위, 가족, 건강 등을 주셨기 때문이라고 주장했다. 물론 욥은 이것을 상실함으로써 심한 우울증에 시달렸음에도 여전히 하나님을 경배했다. 따라서 하나님의 관점에서 욥의 고난은 하나님의 영광과 관련이 있었던 것이다. 나는 언젠가 그 영광을 보기를 소망한다. 그때가 되면 현재 잠시 겪고 있는 나의 고난은 잊힐 것이다.

시편의 비탄시에 나타난 우울증 ─────────────

흔히 비탄시라고 불리며, 시편에서 가장 자주 등장하는 형태의 기도 속에서 우리는 우울증의 모든 징후와 증상을 발견한다. 비탄시는 지속되는 고난에 대해 호소하거나 항의하는 기도다. "언제까지니이까?" 때로는 "어째서?"라는 질문을 던지거나 함축하며 하나님이 하시는 일에 대해 항의한다. 개인의 비탄시는 질병-[10]과 원수를 보편적 용어로 묘사한다. 따라서 자신의 마음속 고통을 아는 사람은 이 시를 자신의 구체적 상황에 적용할 수 있다. 죄에 대한 징벌로써 고난을 겪는 경우에도, 죄를 고백하고 죄 사함을 간구했음에도 불구하고 고난이 계속되는 것에 대해 애통해하거나 불평한다. 이런 비탄시에는 우울증의 모든 징후와 증상이 나타난다. 시편 중 비탄시인 102편을 살펴보며, 이 비탄시 안에 우울증이 얼마나 확연히 드러나는지를 조목조목 이야기하겠다.

시편 102편은 "고난당한 자가 마음이 상하여 그의 근심을 여호와 앞에 토로하는 기도"라는 제목을 달고 있다. 그는 다음과 같은 우울증의 징후와 증상을 보인다. "내 마음이 풀같이 시들고 말라 버렸사오며"(4절), "나는 눈물 섞인 물을 마셨나이다"(9절), 괴롭고 동요하며(2절) 밤새 자지 못하고 깨어 있고(7절), 하나님께서 그를 쇠약하게 하시고(23절), 풀의 시들 어짐 같고(11절), 뼈가 숯같이 타며(3절, 이는 극도로 피곤하고 지쳤다는 뜻임), 그는 식욕을 잃고 몸무게가 줄었으며("내가 음식 먹기도 잊었으므로 내 마음이 풀 같이 시들고 말라 버렸사오며 나의 탄식 소리로 말미암아 나의 살이 뼈에 붙었나이다", 4-5절), 언어폭력을 당한다("내 원수들이 종일 나를 비방하며 내게 대항하여 미칠 듯이 날뛰는 자들이 나를 가리켜 맹세하나이다", 8절).

"내가 … 불안하여 근심하니 내 심령이 상하도다"라는 표현은 슬퍼하며 탄식하는 자가 우울증을 겪는다는 뜻이다(시 77:3). 47여 편-[11]의 비탄시를 종합해 보면 우울증의 징후와 증상이 모두 나타난다.

1. 비애와 눈물이 있다: "나의 유리함을 주께서 계수하셨사오니 나의 눈물을 주의 병에 담으소서 이것이 주의 책에 기록되지 아니하였나이까"(시 56:8). "내가 탄식함으로 피곤하여 밤마다 눈물로 내 침상을 띄우며 내 요를 적시나이다 내 눈이 근심으로 말미암아 쇠하며 내 모든 대적으로 말미암아 어두워졌나이다"(시 6:6-7). "내가 부르짖음으로 피곤하여-[12] 나의 목이 마르며 나의 하나님을 바라서 나의 눈이 쇠하였나이다-[13]"(시 69:3).

2. 우울증의 고통 자체가 걱정과 조바심을 일으킨다: "내게 굽히사 응답하소서 내가 근심으로 편하지 못하여 탄식하오니 … 내 마음이 내 속에서 심히 아파하며-[14] 사망의 위험이 내게 이르렀도다"(55:2, 4). 내면의 존재와 영혼을 의미하는 뼈가 당황하고 공포를 느낀다(6:2). 이 말씀 모두 공황장애를 말하는 듯하다. "내 심장이 뛰고 내 기력이 쇠하여 내 눈의 빛도 나를 떠났나이다"(38:10)라는 구절에서 분명히 공황장애의 모습이 보인다.

3. 슬퍼하며 탄식하는 시기에 수면장애를 겪는다: "저녁과 아침과

정오에 내가 근심하여 탄식하리니 여호와께서 내 소리를 들으시리로 다"(55:17). "내 눈물이 주야로 내 음식이 되었도다"(42:3). "밤에는 내 손을 들고 거두지 아니하였나니 내 영혼이 위로 받기를 거절하였도다 … 불안 하여 근심하니 내 심령이 상하도다"(77:2-3, 밤에 자지 못하는 경우에 대해서는 6:6; 22:2 참조).

4. 슬퍼하며 탄식하는 자는 피곤하여 지친다: "나는 물같이 쏟아졌으 며 내 모든 뼈는 어그러졌으며 내 마음은 밀랍 같아서 내 속에서 녹았으 며 내 힘이 말라 질그릇 조각 같고 내 혀가 입천장에 붙었나이다 주께서 또 나를 죽음의 진토 속에 두셨나이다"(시 22:14-15). 뼈가 어그러졌다는 것은 극도의 피로와 에너지 부족에 대한 은유다. "내 일생을 슬픔으로 보 내며 나의 연수를 탄식으로 보냄이여 내 기력이 나의 죄악 때문에 약하 여지며 나의 뼈가 쇠하도소이다"(31:10).

5. 슬퍼하며 탄식하는 자는 결국 식욕을 잃고 눈물이 그의 음식이 되 며(42:3), 힘이 없어지기 시작하며, 몸이 망가지고 쇠약해진다(31:9-10). 많 은 경우 비탄과 함께 금식이 이뤄지며 몸이 마르고 수척해지고 지방이 다 빠져버린다(109:24).

6. 슬퍼하며 탄식하는 사람은 강제적인 사회적 고립을 경험하는 경우 가 빈번하다: "내가 나의 형제에게는 객이 되고 나의 어머니의 자녀에 게는 낯선 사람이 되었나이다"(69:8). "주는 내게서 사랑하는 자와 친구를 멀리 떠나게 하시며 내가 아는 자를 흑암에 두셨나이다"(88:18, 8절 참조). 사람은 어둠뿐일 때 일상생활에 대한 관심을 유지하기가 어렵다. 그래서 어떤 사람은 시편 88편을 가장 슬픈 시편이라고 부른다.

7. 슬퍼하며 탄식하는 사람은 임박한 죽음이나 구덩이 또는 무덤으로 내려가는 것에 대해 자주 호소한다.

언어폭력

비탄시에서 주로 호소하는 내용으로 언어폭력에 대한 것이 있다. 사실 폭력을 휘두르는 적수들에 대한 희미한 암시를 제외하고는 이것이 유일한 호소인 경우도 있다. 시편 69편 20절은 "비방-[15]이 나의 마음을 상하게 하여 근심이 충만하니"라고 적고 있다. 이와 유사하게 시편 109편에는 거짓말, 고소, 악담, 조롱, 저주가 마음을 찌르고 상처를 입힌다고 적혀 있다. 성경은 부정적인 말의 파괴적이고 심신을 약화시키는 힘을 과소평가하지 않는다. 특히 그것이 지속되고(예를 들면 시 35:15 "마지아니하도다"), 견디기 어렵게 되고, 학대를 당하는 자가 "어느 때까지니이까?"라고 물을 때 특히 그렇다.

개인의 비탄시에서 일반적으로 언어폭력을 표현하는 단어로 조롱, 비웃음, 모욕, 핍박(수모), 중상, 명예 훼손, 속임, 거짓말, 찢기(비방을 뜻함), 이 갈기, 저주, 상대방을 해칠 목적으로 술법의 주문 외우기 등이 있다. 공동체의 비탄시에는 경멸, 쫓아냄, 거짓 증언 등이 추가된다. 학대가 끈질기게 이어지면 학대의 표적이 된 사람은 비방거리(22:6)와 말거리(69:11)가 되고 가증한 것으로 취급당한다. 언어폭력을 행하는 이들의 파괴적 의도와 힘은 다양한 직유와 은유를 통해 강조된다. "그들의 목구멍은 열린 무덤 같고"(시 5:9), 그 입을 벌림이 찢으며 부르짖는 사자 같으며(22:13; 57:4, 6, 124:6 참조), 그들의 말은 뱀의 독 같으며(58:4; 140:3), 그들의 말은 뜨겁게 타오르는 숯불이다(120:4). 가장 놀라운 은유는 말을 무기로 묘사하는 경우다. 그의 말은 뽑힌 칼이고(시 55:21), 그들의 혀는 날카로운 칼이고(57:4), 입술에는 칼이 있고(59:7), 이는 창(57:4)과 화살(57:4; 58:7) 같고, 화살같이 독한 말로 겨누고 쏜다(64:3-4).

언어폭력을 각종 직유와 은유로 표현하면서 말이 치명상을 입힐 수 있다는 사실을 전달하고 있음에 주목하라. 때로는 문자 그대로 거짓 고발과 증언이 사람을 죽음으로 내몰 수 있다. 법의 테두리 밖에서 살해 음모가 획책되기도 한다. 어떤 경우든 그 의도는 언제나 해를 끼치려는 것이고, 심지어 살해를 도모하게 한다. 피해자의 관점에서 언어폭력은 마음에 상처를 입히고, 우울증의 징후와 증상을 유발할 수 있다.

내가 겪은 언어폭력

나는 나 자신의 우울증을 되돌아보면 언어가 얼마나 치명적인 무기가 되는지를 상기하게 된다. 나는 7년간 하루도 빠짐없이 매일 최소 몇 시간씩 언어폭력을 당했다. 그 이후에도 내가 가족을 방문할 때면 거의 매번 같은 일이 일어났다. 언어폭력은 마치 등의 살점을 뜯어내는 채찍 같아서 아물 기미도 주지 않고 피투성이로 만든다는 것을 체험으로 알고 있다. 그런 상태에서는 작은 자극에도 고문과 같은 고통이 되살아난다. 나는 실제로 이 같은 내용을 편지에 적어 부모님께 드린 적도 있는데, 그 당시에는 성경에서 언어폭력을 "혀의 채찍"(욥 5:21)이라고 묘사하고 있다는 것을 몰랐다. 설명하기 어렵지만 살해당한 느낌, 나의 온전한 정신이 모두 무너져 내린 느낌이었다. 시간이 흘러 내가 겪은 일을 이해하기 위해 마음을 열고 내 경험을 타인과 나눴을 때 나는 그들로부터 그저 작은 공감과 동정을 기대했다. 그러나 그 대신 나는 다시 언어폭력을 당했다. 가족과 교회 친구들 가운데서 나의 상담가로 자처한 여러 사람은 되려 나를 실망시켰다. 나는 우울증을 겪는 많은 사람이 아무 도움이 안 되고 상처만 주는 상담을 받아 왔음을 알게 되었다. 그렇게 그들은 상처받고 그들의 내면은 죽어간다. 지혜롭지 못하고, 은혜가 없고, 무정한 상담사들은 우울증을 치료하는 동안 언어폭력에 대해 민감하지 못한 나머지 진행 중인 우울증 에피소드를 악화시키거나 새로운 에피소드를 촉발시킬 수도 있다. 동료 그리스도인도 이런 잘못을 저지를 수 있다. 이것을 이야기하는 것은 부끄럽게도 나 자신이 우울증을 앓는 한 형제에게 언어폭력을 휘두른 적이 있었기 때문이다. 뒤에서 책무에 대해 논의하겠지만, 일러두고 싶은 것은 우리 모두 말의 힘에 대해 인식해야 한다는 점이다. 말은 상처를 주고, 죽이기도 한다(예를 들어 마 5:21를 보면 예수님은 살인의 맥락에서 욕에 대해 언급하신다). 이런 공격은 믿지 않는 자들과 원수들에게서 받는 것만으로도 벅차다.

예레미야

예레미야는 개인적 우울증과 나라를 위한 비애로 고통스러워했다. 우울증과 관련해 그는 특히 언어폭력에 민감했다. 그는 하나님의 말씀을 선포한다는 이유로 핍박과 수모(15:15), 저주(15:10) 등을 포함한 언어폭력을 당했다고 호소한다. 그는 "나의 고통이 계속하며 상처가 중하여 낫지 아니함은 어찌 됨이니이까"라고 하며 홀로 앉아 있다(15:17-18). 하나님은 그에게 이 땅에서 아내를 맞이하지 말며 자녀를 두지 말라고 하셨고(16:2), 잔칫집에 들어가 그들과 함께 앉아 먹거나 마시지 말라고도 하셨다(16:8). 즉 그는 사회적 고립을 강요당한 셈이다. 언어폭력과 고립은 점차 심해졌다. 그가 여호와의 말씀을 전하면서 파멸과 멸망을 선포했기에 그는 종일 치욕과 모욕거리가 되었고(20:7-8), 모두가 그를 조롱하고 비웃어 종일토록 웃음거리가 되었다. 친구를 포함한 많은 사람이 그를 비방하고 비난했다(20:10). 결국 그는 자신의 생일을 저주하고, 자기 아버지에게 자신의 출생 소식을 전달한 사람을 저주하기에 이른다(20:14-17). 자신이 아직 태중에 있을 때 누가 자기를 죽였더라면, 자기 어머니의 태가 자신의 무덤이 되었더라면 하고 바란다. "어찌하여 내가 태에서 나와서 고생과 슬픔을 보며 나의 날을 부끄러움으로 보내는고"라며 탄식한다 (20:18, 15:10 참조).

이 부분을 마무리하며 나는 구약성경에 나오는 우울증의 예를 찾기 위해 높은 선별 기준을 적용했다. 즉 메이요클리닉 목록의 일곱 가지 징후와 증상 전부가 아니더라도 그중 대부분이 언급되는 개별 사례나 장르를 찾으려고 했다. 만약 선별 기준을 낮춘다면 고난, 억압, 박해가 언급되는 성경의 더 많은 부분에서 우울증을 찾을 수 있다. 요컨대 성경 속의 우울증은 남자와 여자, 사사, 선지자, 왕을 포함한 리더들과 평민, 부자와 가난한 자, 의인과 악인(적어도 특정 사건에 대해), 지혜로운 자와 어리석은 자, 몸에 질병이 있는 자와 몸이 건강한 자 모두에게 영향을 끼쳤다. 우울증은 여러 사람에게 단체로 영향을 끼치기도 한다. 애굽에서 종살이하는 이스라엘 민족, 자기 소유의 땅에 거주하면서 타국에 복속된 상태의 이스라엘 민족, 피난민과 타국으로 옮겨진 실향민으로서의 이스라엘 민족이 그 예라고 할 수 있다. 시편 속 공동체의 비탄시는 국가적 규모의 우울증을 다루는데 이것을 다루기에는 시간과 지면이 부족하다.

원인

메이요클리닉은 다음과 같이 말한다. "우울증의 원인이 무엇인지는 정확히 알려져 있지 않다. 여러 정신질환과 마찬가지로 다양한 요인이 연관되었을 수 있다." 최근 연구에는 유전자, 신경전달물질 기능의 변화, 뇌의 해부학적 변화 등 생물학적 위험 요인 그리고 가족 내 정신질환 이력, 심리적 구성, 환경 요인 등을 포함한 기타 위험 요인이 어떤 사람을 우울증에 더욱 취약하도록 유도하거나 만드는 가능성에 대해 언급한다.

환경 요인은 대체로 커다란 상실(사랑하는 사람, 집, 살림, 명예, 건강, 안전 등의 상실) 또는 언어폭력과 신체적·성적 폭행 등의 충격적 사건이다. 위험 요인은 연관성을 설명하지만 반드시 원인이 되는 것은 아니다. 그 이유는 단순하다. 즉 현대 의학은 인구 일반을 대상으로 동일한 트라우마 사건을 경험하거나, 다른 위험 요인을 공유하는 모든 사람이 우울증을 일으키지는 않는다는 점에 주목한다. 그러나 특정 사례에서 실제로 우울증을 유발하는 위험 요인을 원인으로 지목하는 경우가 자주 있다. 성경이 우울증의 원인에 대해 언급한다는 말은 이런 의미에서 사용한 것이다. 즉 그것이 실제 사례를 설명해준다는 말이다.

성경은 사건의 궁극적 배후에 하나님이 계신다고 선언한다. 성경 여러 부분에서 우울증을 유발하는 특정 유형의 사건에 초점을 맞춘다면 그런 사건들은 하나님의 지휘 아래 이뤄졌다고 적고 있다. 예를 들면 하나님은 요셉을 애굽에 파셨다. 하나님은 사탄이 욥에게 고통을 주도록 사탄을 선동하고 허락하셨다. 하나님은 한나의 태를 닫으셨다. 하나님은 히스기야의 병이 낫지 않을 것이라고 말씀하셨다. 그리고 예레미야에게 무엇을 선포할지 알려주고 홀로 지내라고 명령하셨다. 이 각각의 사례에서 성경 속 인물은 하나님이 그 일을 이루셨음을 알고 있었다. 비통해하던 이들은 하나님께 얼마나 더 오래 그렇게 하실 것인지를 물었다. 간혹 하나님이 그렇게 하신 이유에 대해 통찰을 얻은 인물도 있다. 예를 들면 요셉은 자신이 노예로 팔린 것은 흉년 기간 중 큰 구원으로 생명을 보존하기 위한 것임을 깨달았다(창 45:5-7; 50:20). 그러나 고난과 우울증, 예를 들어 훈련과 시련이라는 구속적 목적이 있더라도 우리는 어째서 하나님이 우울증을 유발하는 사건을 일으키고 허용하시는지 그 궁극적 이유를 알 수 없는 경우가 더 많다는 점을 강조하고 싶다. 이것은 우울증을 겪는 이들을 상담할 때 중요한 점이다. 욥은 적어도 그가 시련을 받고 있다고 생각했고, 그 점에서 그는 옳았다. 그러나 그는 하나님이 그 드라마 전체를 촉발하신 천상의 회의에 대해서는 알지 못했다. 욥기를 읽는 우리는 그 회의에 대해 알지만 궁극적으로 하나님이 왜 욥에게 그렇게 하셨는지는 정확히 알지 못한다.

치료

메이요클리닉은 이렇게 말한다. "우울증은 한바탕 울적한 기분이 드는 것 이상이다. 우울증은 나약함의 일종이 아니며 단순히 훌훌 털어낼 수 있는 것이 아니다." 욥은 그의 우울증을 털어내는 것과 비슷한 이야기를 했다. 가령 그가 "내 불평을 잊고 얼굴 빛을 고쳐 즐거운 모양을 하자 할지라도" 그는 그것이 기만에 불과하고 하나님은 그 하시는 일을 계속하실 것이며, 거짓 미소 아래서 고통이 계속될 것임을 알고 있었다(욥 9:27 이하).

메이요클리닉은 이어 이렇게 말한다. "우울증은 장기 치료가 필요할 수 있다." 짧게 요약하면 우울증에 대한 현대 의학 치료는 일반적으로 건강한 생활 양식을 처방하는 것이나 다름없다. 즉 식이요법, 운동, 수면 그리고 우울증에 특정된 점진적으로 집중화되고 침습적인 치료 등이 처방된다. 가벼운 우울증에는 일반적으로 대화 치료를 의미하는 심리 치료로 충분한 경우가 많다. 중등의 우울증에는 약물 치료가 추가되며, 심한 우울증에는 전기충격요법(ECT, Electroconvulsive Therapy)이나 경두개자기자극(TMS, Transcranial Magnetic Stimulation) 등이 추가되기도 한다. 대부분의 우울증 환자가 약물 치료에 반응을 보인다고 한다.

성경의 치료 방법은 대화 치료인 기도와 상담에 집중되어 있다. 상담은 어느 정도 현대의 심리 치료에 상응한다. 메이요클리닉은 "적절할 경우 영성 수행 참여를 권한다. 많은 사람에게 신앙은 우울증으로부터 회복하는 데 중요한 요소다. 조직화된 신앙 공동체에 소속되는 것일 수도 있고, 개인적 영적 신앙과 수행이 될 수도 있다."-16 여담이지만, 이런 언급은 우리가 이 논문에서 연구하는 내용을 정당화시켜 준다는 점에서 격려가 된다.

기도

서두에서 언급한 우울증에 대한 성경의 일차적 치료법은 반복할 만한 가치가 있다. "자기의 마음에 재앙을 깨닫고 이 성전을 향하여 손을 펴고 무슨 기도나 무슨 간구를 하거든 주는 … 들으시고 사하시며 각 사람의 마음을 아시오니 그들의 모든 행위대로 행하사 … 갚으시옵소서 주만 홀로 사람의 마음을 다 아심이니이다"(왕상 8:38-39). 내가 기도에 대해 또는 하나님께 아뢰는 것에 대해 이 구절을 고른 이유는 마음에 대한 강조 때문이다. 고통당하는 사람은 자기 마음에 재앙을 깨닫고, 하나님은 그들의 마음을 아신다. 우울증이 있어서 마음이 슬프거나, 마음이 약해지거나, 깨진 마음을 가졌거나, 마음이 고민되거나, 눌리거나, 상처 입거나, 찔리거나, 괴롭거나, 뒤틀리거나 하는 경우 그리고 우울증의 징후와 증상을 가진 사람, 특히 폭력의 피해자는 자신의 마음(부끄럽게 여기는 사건들의 개인적인 세부 사항)을 나누기를 꺼린다. 그들은 과도한 죄책감을 느끼고, 자존감이 낮아지고, 자신이 무가치하다고 느낀다. 이것은 회피, 고립, 외로움, 분노의 감정과 분출로 이어진다. 이것은 분명히 내가 경험한 내용이다. 나는 우울증을 가진 많은 사람이 병원 치료를 꺼리는 이유가 바로 자신의 깊은 내면에 자리한 가장 어두운 비밀, 많은 경우 다른 사람의 가장 깊고 어두운 비밀도 누군가에게 털어놓아야 하기 때문이라고 생각한다. 그들은 자신이 판단되는 것을 두려워하며, 이 두려움은 더 깊은 우울증을 유발한다. 하나님이 주신 선물은 그분이 이미 우리 마음을 아신다는 것이며, 우리 마음을 아시면서도 함께 기도하자고 초청하신다는 것이다. 하나님은 그렇게 우리를 받아주시고, 용서하시며, 우리가 구하는 바를 주신다.

또한 우리는 우울증을 고쳐 달라는 요청에 하나님이 어떻게 응답하실 것인지에 대해 현실적 기대를 가져야 한다. 하나님은 히스기야의 요청을 신속하게 들어주셨다. 한나의 경우 브닌나가 여러 자녀를 출산하는 몇 년 동안 우울증에 시달려야 했다. 우리는 한나가 일찍부터 자녀를 위해 기도했는지, 아이를 주시면 하나님께 바치겠다는 서원의 기도 제목을 사무엘상의 그 시점에 새로 추가했는지 알 수 없다. 요셉은 노예로 팔렸고, 고통의 눈물을 흘렸고, 억울한 누명을 참고 견뎠으며, 자녀의 이름을 자신이 겪고 있는 우울증의 표현으로 지었으며, 자기 영혼과 연결된 아버지를 그리워했다. 요셉은 하나님이 왜 이런 일을 하셨는지 깨닫게 될 때까지 22년간 고통 속에서 살았다.

우울증을 겪으면서도 기도하지 않는 이들에 대한 은근한 경고도 있다. 암논과 아합의 예가 그렇다. 기도로써 겸손히 낮아지지 않는다면 우리의 우울증은 분노와 증오로 바뀌어 다른 사람들을 향해 표출될 수도 있다.

이합체시(離合體詩) 형식의 비탄 ────────

예레미야애가는 예루살렘의 멸망에 대한 슬픈 탄식을 담고 있다. 보다 구체적으로 이 주제의 여러 비탄시가 이어진다. 처음 네 장은 이합체시 형식(Acrostic 시 형식의 한 종류로 각 구의 첫 글자를 조합하면 다른 뜻의 말이 나타나는 것을 말함)으로 이뤄져 있다. 즉 각 비탄시의 첫 줄 첫 글자는 히브리 알파벳 순서에 따라 이어진다. 예레미야애가 3장에는 세 편의 비탄시가 이어지는데 각각 이합체시 형식을 따른다. 개인의 비탄시 가운데 두 편의 이합체시 형식을 띤 비탄시가 있는데, 시편 9-10편(일부)과 시편 25편이 그렇다. 이런 이합체시는 비탄시에 사용된 인위적 표제(rubric) 또는 나열 원리로, 심각한 우울증에 대해 어느 정도의 질서와 분석, 종합적 이해를 가져오려는 목적에서 사용되었다. 성경에 기록된 가장 심각한 우울증의 경우에는 말수가 줄어들고 비언어적이 되어 신음, 한숨, 속삭이는 소리를 낸다. 사자의 으르렁거림과 새의 지저귀는 소리가 번갈아 나는 것처럼 말이다. 예루살렘의 파괴는 너무나 처참했고, 이에 수반된 우울증도 무척 깊었다. 따라서 예레미야애가의 저자는 그 재난과 결과에 대해 운을 띄울 수 있는 수단, 즉 마음에 응어리진 감정을 풀어내는 방법을 찾아야 했다. 나는 우울증을 겪는 사람에게 자신의 우울증에 대해 이합체시 형식의 글을 써보라고 제안하고 싶다. 나도 이것을 해보았고, 마음속 고통에 대해 자신에게 이야기하는 방법의 예를 다음과 같이 제시한다(a, b, c,…로 이어지는 형식을 그대로 보여주기 위해 영문 그대로 표시함 – 옮긴이 주).

I am: a) anxious, in anguish, angry, apathetic, alone; b) broken hearted; c) callous, catatonic, comatose; d) depressed; e) excruciating pain; f) flat affect; g) groan; h) helpless; i) insignificant, insomnia; j) joke; k) killed; 1) lonely, low self-esteem; m) murdered; n) numb; o) order—crisis of emotion and mind; p) poor in spirit, panic attack; q) questions; r) restless; s) sad; t) tears; u) unburdening my soul; v) vulnerable; w) wounded; x) x-; y) y-; z) zombie.

나는 a) 불안하고, 고뇌하며, 화나고, 무감각하며, 외롭다; b) 마음이 상했다; c) 냉담하고, 긴장되고, 기운이 없다; d) 우울하다; e) 고통이 극심하다; f) 감정이 둔해졌다; g) 신음한다; h) 속수무책이다; i) 존재감이 없다, 불면증이 있다; j) 웃음거리가 되다; k) 죽임을 당했다; l) 고독하다, 자존감이 낮다; m) 살해당했다; n) 둔감하다; o) 질서—정서와 마음의 위기 상태다; p) 영혼이 가난하다, 공황장애; q) 수많은 질문; r) 차분하지 못하다; s) 비통하다; t) 많은 눈물; u) 내 영혼의 짐을 내려놓다; v) 상처받기 쉽다; w) 다쳤다; x) x-; y) y-; z) 좀비.

이런 연습은 내가 깊은 우울증을 겪을 때 큰 도움이 되고 있다. 세부 사항을 채워 넣는 것 역시 그렇다. 내 증상을 성경적으로나 의학적으로 어떻게 설명할 수 있는지 숙고하는 데 유용하다. 나는 치료에 대한 이합체시도 시작했다.

a) afflicted, if anyone is afflicted, pray …; b) blessed are the poor in spirit, for theirs is the kingdom of heaven; c) call to the Lord and he will answer you.

a) 상처 입다, 누군가 상처를 받았다면 기도하라 …; b) 심령이 가난한 자는 복이 있나니 천국이 그들의 것임이요; c) 여호와께 부르짖으라, 그가 응답하시리라.

비탄시

우리는 그 전례가 정확히 어떤 방식으로 이뤄졌는지 알 수 없지만 개인의 비탄시는 적어도 노래로 불리거나 합창되거나 낭송되었고, 제사장과 호소하는 자가 서로 다른 부분을 읽거나 복창했다. 이런 공식적 비탄시는 우울증의 징후와 증상으로 가득하며, 우울증을 가진 개인은 이 시를 통해 호소하는 사람과 자신을 동일시하고, 그들이 공식적으로 하나님께 받은 응답을 제사장을 통해 자신들도 받았다. 그러므로 나는 오늘날 교회에서 치유를 위한 전례로 비탄시를 활용하도록 제안하고 싶다. 역할을 나누어 시편을 암송하는 것이다. 이때 우울증이 있는 개인이나 집단이 슬픈 자, 영혼이 가난한 자, 피곤하고 지친 자, 외로운 자, 고독한 자의 부분을 암송하고, 상담자는 그 외의 부분을 암송한다. 이처럼 교회는 소망의 말씀과 친절한 행동으로 그들을 지지할 수 있다. 이런 훈련은 우울증이 있는 사람이 개인의 기도를 넘어 위협적이지 않은 전례적 기도로 나아오도록 도울 수 있다. 그리고 더 나아가 상담을 시작해야겠다는 의지를 갖게 되고 다른 신자에게 자신의 마음을 쏟아내도록 도울 수 있다.

상담

성경은 지혜자의 조언도 제공한다. 이런 지혜의 전승이 누적되어 사물의 속성, 옳고 그름, 성공과 실패, 친구와 원수, 우리에게 가장 중요한 행복과 슬픔처럼 인간의 속성에 대한 통찰을 제공한다. 이런 통찰이 왜곡된 사고나 문제 해결에 적용될 때 현대의 심리 치료와 상응한다. 우울증에 대한 권고는 잠언에서는 보다 보편적이고, 욥기에서는 특정 상황에 국한된다.

잠언은 우울증의 심각성과 치료에 대해 다룬다. "사람의 심령은 그의 병을 능히 이기려니와 심령이 상하면 그것을 누가 일으키겠느냐"(잠 18:14). "근심이 사람의 마음에 있으면 그것으로 번뇌하게 되나 선한 말은 그것을 즐겁게 하느니라"(잠 12:25). 개인적으로 이 말씀에 우울증과 일반적 치유가 직결되어 있다는 점이 기쁘다. "선한 말은 꿀송이 같아서 마음에 달고 뼈에 양약이 되느니라"(잠 16:24). 이 지혜의 전승에서 일반적 치유를 위해 사려 깊은 위로의 말을 추천하는 반면, 싸움과 말다툼을 일으키거나 기타 상처를 주는 부주의한 언사를 피해야 한다는 점은 아무리 강조해도 지나치지 않다. 성경은 남을 얕보는 말, 빈정거림, 험담, 거짓말, 조롱, 비난, 욕설, 거짓 증언 등의 해로운 말을 인명살상의 무기로 간주한다는 내용을 자세히 설명하기에는 공간이 부족하다. 사람들은 때로 그런 말을 무심코 또는 농담 삼아 내뱉곤 한다. 그러나 대부분의 우울증을 앓는 사람은 부정적인 말에 매우 민감하다. 따라서 상담사들은 말의 선택에 있어 각별한 주의를 기울여야 하며, 그것이 어떤 방식으로든 무기로 사용되는 것을 피해야 한다. 무엇이든 부정적인 표현은 우울증을 악화시킬 뿐이다. "칼로 찌름같이 함부로 말하는 자가 있거니와 지혜로운 자의 혀는 양약과 같으니라"(잠 12:18).

욥기는 우울증을 앓는 사람을 어떤 식으로 상담해서는 안 되는지를 보여주는 가장 좋은 본보기다. 지혜로운 사람인 욥은 자신이 친구들에게서 어떤 유형의 조언을 기대했는지 설명한다. 그는 친구들이 아량과 배려를 베풀어주길 바랐다(욥 19:21). "낙심하고 절망하는 사람은 그의 친구들에게서 '헤세드'를 [기대한다]"(욥 6:14, 저자의 히브리어 원문 번역으로 개역개정은 "낙심한 자가 비록 전능자를 경외하기를 저버릴지라도 그의 친구로부터 동정을 받느니라"로 되어 있음 – 옮긴이 주). '헤세드'는 번역하기 어렵지만 신실함과 충성심, 사랑, 친절의 개념을 담고 있다. 만약 서로의 역할이 바뀌었다면 그는 친구들에게 힘을 주고 격려했을 것이다(16:4-5). 반면 그의 친구들은 오히려 말을 무기 삼아 욥을 공격했다. 그들은 말로 욥을 슬프게 하고 짓이겼다(19:2). 끝도 없이 헛된 말을 지껄였다(16:3). 그들이 내뱉은 지혜의 신학과 판단의 말은 끝없이 이어졌다. 결국 욥은 그들을 "쓸모없는 의원"(욥 13:4)과 "재난을 주는 위로자"(16:2)라고 불렀다. 욥의 친구들이 일주일 동안 욥의 어마어마한 고통을 살피면서 말없이 그의 곁에 머물렀던 것은 잘한 일이었다. 그러나 입을 연 순간 그들은 위로하는 사람에서 비난하는 사람으로 전락하며 자신들의 역할을 망쳐버렸다. 이는 우스꽝스럽기까지 하다. 욥의 고난이 너무 컸던 나머지 그는 식욕을 잃고 야위어 갔으며, 수면 부족을 겪고, 죽음을 향해 가까이 가고 있었다. 때로는 살기보다 죽음과 질식을 바라면서 차라리 태어나지 않았어야 했다고 바랐다. 이 모든 일의 원인에 대해 지적으로 감정적으로 몸부림쳤다. 그러나 그의 친구들은 욥의 죽은 자녀들에 대해 그들이 죄를 지었으므로 마땅한 벌을 받은 거라고 매정하게 말했다(8:4; 21:19).

교회 지도자들의 책무와 지원 체계 – 치료 ────

개인적 성경 연구와 나 자신이 경험한 우울증과 치료를 바탕으로, 나는 다음과 같이 권한다. 여러 사람에게 유용한 조언이 되리라고 기대해 본다.

1. 성경과 교회 안에 우울증이 널리 퍼져 있음을 인정하라. 우울증의 계기와 원인, 징후, 증상은 매우 다양하다. 이런 우울증은 단독 진단 또는 다른 질병이나 증후군과의 이중 진단의 일부로 존재한다. 가까운 교회 지도자도 우울증을 앓을 수 있음을 인정하라.

2. 마음이 상한 자에게 가까이 하시고 충심으로 통회하는 자를 구원하시며(시 34:18) 상심한 자들을 고치시는(시 147:3) 하나님을 닮아 가라.

3. 우울증이 심한 사람은 감정이 둔해져 말이 없어지고 무표정할 수 있음을 염두에 두라. 너무 괴로워 말을 하지 못할 수도 있다(시 77:4). 혼자서든 사람들과 함께든 소리 내어 기도하지 못할 수도 있다. 그저 신음하

고 한숨짓거나, 속삭이듯 으르렁대거나 지저귀는 듯한 알아들을 수 없는 소리를 낼 수도 있다. 이 경우 인내심이 필요하고 뛰어난 경청 능력이 요구된다. 욥은 자기에게 조언하려고 하는 자들에게 직접 조언하기를 그치고 잠잠히 있는 것이 그들의 지혜일 것이라고 했다(욥 13:5).

4. 기도 가운데 인내하라. 우울증을 앓는 사람은 말로 표현하지 못하고 깊은 신음으로, 격정적인 표현으로 기도할 수 있음을 받아들여라.

5. 성경적 상담

상담 중에 인내심을 가져라. 성경은 "마음의 고통은 자기가 알고"(잠 14:10)라고 말씀한다. 우울증을 가진 사람은 수치스럽고, 때로는 말로 할 수 없는 폭력의 피해자인 경우가 있다. 따라서 그들이 그런 이야기를 꺼낸다는 것은 대단히 어려운 일이다. 내 아내는 폭력에 대해 "영혼 안에서 메아리 친다"라고 표현했다. 따라서 그들은 여전히 과거의 경험에 대해 쓰라린 고통을 느낄 수 있다.

상담자는 그의 기도가 역사하는 힘이 많은 의인이어야 한다고 믿는다(약 5장). 또한 우울증을 가진 사람에게 기도하도록 권해야 하고, 마음에 재앙이 있는 사람에게 약속된 죄 사함을 강조해야 한다(왕상 8:38-39)고 믿는다. 우울증을 앓는 그리스도인은 자신이 범죄했음을 안다. 내 생각에는 그들 대부분이 자신의 죄에 대해 다른 그리스도인보다 더 많이 인식하는 것 같다. 이런 경향은 종종 위험한 죄책감으로 발전해 더 깊은 우울증과 자신이 쓸모없다는 감정으로 이끈다. 그러므로 죄책감과 죄의 형벌에 집중하지 말고 죄 사함에 초점을 맞춰라.

6. 의료적 개입

흥미롭게도 메이요클리닉은 누군가가 의료적 관심의 대상이 되기를 꺼린다면 성직자나 그들의 공동체 내 영적 또는 신앙적 지도자와 대화를 나눠 보라고 권한다. 그렇게 하는 것은 일종의 심리 치료를 받도록 권하기 위해서다. 그들은 그렇게 권할 때는 신앙 지도자들이 정신질환과 관련된 훈련을 받았고, 필요 시 의료 전문가를 추천하리라고 기대하는 듯하다.

우울증에 대한 성경의 가르침이 특히 진단과 심리 치료 영역에서 현대의 가르침과 상당 부분 상응하므로 나는 성경적 기도와 상담을 그 자체로든 또는 현대적 심리 치료와 결합된 형태로든 치료 방법으로 추천한다. 가벼운 우울증을 앓고 있는 많은 그리스도인이 기도와 상담이 해당 증상에 대한 치료와 개입 방법으로 충분하다는 것을 발견했다. 그러나 중등에서 심한 정도의 우울증을 앓고 있는 사람들은 심리 치료, 약물, ECT 또는 TMS 등 추가적 치료가 필요했다. 성경적 상담사들은 아직 진단을 받지 않은 가벼운 우울증을 성공적으로 치료할 수 있다. 그러나 대부분의 성경적 상담사는 중등에서 심한 정도의 우울증을 진단하거나 치료할 자격을 갖추지 못했다.

7. 끈기를 가지고 지속하라. 우울증은 자주 재발하며, 치료는 완치가 아니라 증상 완화인 경우가 대부분이다. 한편 요셉은 그의 우울증이 다고쳐진 듯하지만 그렇게 되기까지 최소 22년이 걸렸다. 또한 어린 시절이나 청소년기에 트라우마를 경험한 우울증 환자는 성장과 발전에서 불완전함을 자주 겪는다. 그들은 이런 충격적 사건을 받아들일 수 있을 때까지 인생의 상당 부분을 기다려야 할 수도 있다.

우울증을 앓고 있는 교회 지도자들의 책무 ——————————

앞서 언급한 대로 교회 지도자들도 우울증에 빠질 수 있다. 우울증은 사역과는 대부분 무관하다. 즉 그들이 선택한 직업과는 상관없이 유전적 이유, 타고난 기질(예레미야의 예민함), 개인적 문제, 트라우마나 불행한 일을 경험한 것 때문에 일어날 수 있다는 말이다. 한편 특정 사역과 연관되어 우울증이 생길 수도 있다. 즉 사역, 리더십과 연관된 환경 요인의 영향으로 일어날 수 있다. 그런 요인에는 특별히 이번 포럼에서 토의된 내용, 즉 고갈, 탈진, 외로움, 언어폭력, 핍박, 실패, 죄책감(그것이 실제이든 상상한 것이든), 자기비난 등이 포함된다. 이 모든 것에 대응하는 사례를 구약성경에서 찾아볼 수 있다. 예를 들어 엘리야는 고갈과 탈진을 겪었고, 가장 높은 곳에서 가장 낮은 곳으로 떨어졌다. 또한 홀로 남겨졌고, 실패해서 자기 선조들보다 낫지 못하다고 여기면서 생명을 가져가시기를 구했다. 예레미야는 언어폭력과 외로움을 겪었고 자신이 태어나지 않았기를, 부르심을 받지 않았기를 바랐다. 이런 일이 개인적 신앙, 성경적 신학, 실제 사역 등의 위기로 이어질 수도 있지만 자신에게 우울증이 있음을 깨달은 교회 지도자는 최소한 성경적 치료를 시도하면서 이런 고난의 현실에 맞춰 교회 안에서 자신의 신앙과 사역을 조정할 필요가 있다.

끝으로 이 논문을 쓰도록 권유하면서 조나단 봉크 박사는 나의 경험이 성경에 기록된 내용과 모델에 대한 신빙성을 높여줄 것이라고 말했다. 내 개인적 경험 중에는 조나단 봉크 박사를 알게 된 것도 포함된다. 그는 그의 아내 진과 함께 나를 위해 기도해줬고 경청자, 상담자, 친구, 형제, 아버지로서 좋은 것을 제공해주었다. 나의 치유 과정에서 얼마나 많은 기여를 했는지 그는 잘 모를 것이다. 따라서 나는 그 일에 대해, 교회 내에서 이처럼 중요한 문제에 대해 인식을 높일 수 있는 기회를 허락해준 것에 대해 그에게 감사한다.

20
선교사 자녀, 이들의 요람을 흔드는 자는 누구인가?

로이스 A. 도즈

선교사 자녀의 요람 ───────────────

자녀의 부모, 그 두 부모 사이의 관계는 자녀가 그 안에서 보호받고 성장하는 요람을 만들어준다.

개인의 발달 과정에 가장 큰 영향을 끼치는 대상은 그를 양육하는 가족이다. 그 가족이 제공하는 요람은 그를 돋보이는 인생으로 만들 수도, 공허한 인생으로 만들 수도 있다. 부모의 배경과 양육 방식, 보살핌 또는 방치의 정도, 가족 체계의 일관성과 기능, 의사소통 습관, 태도 등은 가족 내에서 형성된다. 가족은 문화의 축소판이다. 그 안에서 자아가 발달하고 최초의 학습이자 가장 오래 지속되는 학습이 이뤄진다. 이후에 생기는 관계는 대체로 가족 내에서 학습된 패턴을 반복한다.[1]

나는 '요람'이라는 개념에 대해 고어츨 가족[2]의 연구로부터 많은 영향을 받았다. 그들은 400명에 달하는 저명인사들의 가족을 연구하면서 부모의 자질과 양육 방식에 따라 자녀들이 탁월한 인생을 살 수도, 공허한 인생을 살 수도 있음을 발견했다. 그들의 연구는 페루의 열대우림에서 세 명의 선교사 자녀를 양육하던 나에게 큰 영향을 줬다.

선교사 자녀의 원가정을 살펴보지 않고 그들의 웰빙과 적응 문제를 논하는 것은 적절치 않다. 선교사 자녀의 삶에서 일어나는 여러 문제는 타문화와 다문화 환경에서 행동으로 나타나기 이전에 그 가족과 부모의 적응에 뿌리를 두고 있다. 우리는 다음 질문을 던져야 한다. "그들의 부모는 얼마나 건강한가? 그들의 부모는 서로를 대하는 태도에 있어 자녀들이 본받을 만한 모습을 보여주고 있는가? 부모가 자기 자신과 자국 문화를 극복하며 적응해 나가는 모습을 자녀들에게 본보기로 보여주면서 자녀들이 새로운 환경에서 꽃피도록 돕고 있는가? 부모는 '메타문화적'(특정 문화에 구애받지 않는) 사람이 되었는가?"[3]

선교사 자녀의 요람은 부모 자신의 발달 과정을 구성하는 여러 가닥의 끈으로 짤 수 있는데, 그 끈에는 부모의 성품, 사랑할 수 있는 능력, 자녀와의 결속, 하나님과 다른 사람과의 관계 맺음, 의사소통 기술, 자신의 형성과 적응에 필요한 핵심 성분 등이 있다. 이들 요소, 즉 말 한 마디, 각각의 행동, 반응과 응답 등이 모여 요람을 구성한다. 어머니와 아버지가 서로를 사랑하고 보살피는 정도에 비례해 자녀 발달의 요람은 그 안전과 안정성에 영향을 받는다.

부모 그리고 그 부모가 만드는 요람을 둘러싼 것은 부모가 자라난 자국 문화다.[4] 한국 문화는 지리적 영향으로 '단일 문화'로 알려져 있다. 대체로 한국인은 다른 문화에 노출될 기회가 많지 않다. 선교사 부모가 한국에 체류하는 동안 교회와 친척들이 부모의 요람 역할을 하며 그들에게 사랑과 애착, 소속감, 지지를 보장해준다. 수많은 요소가 결합해 요람을 구성하고 지지하기 때문에 자녀는 세상이 꽤 안전한 곳이라는 확신을 가질 수 있다.

그러나 부부가 해외로 나가기로 결정하면 그들이 자라난 삶의 터전으로부터 분리되고 자신을 지지하던 여러 가닥의 끈을 잃게 되어 그들의 요람은 위기에 처하게 된다. 요람을 엮는 결속이 일부 느슨해지고 부모라는 요람의 힘이 약해진다. 이에 따라 부모는 자녀를 지킬 새로운 요람을 만들어야 하는 동시에 자기 자신을 지지해줄 요람을 강화해야 하는 문제에 직면하게 된다. 교회와 친척들은 그 부부를 파송하기에 앞서 이 점을 반드시 이해해야 한다. 이제는 부모의 관계가 다음 세대인 자녀를 위한 일차적 요람의 역할을 하게 된다. 핵가족을 이룬 부모가 안전하고 견고한 요람을 만들도록 우리가 돕지 않는다면 가족 전체가 위태로워질 수 있다. 선교사 자녀들은 부모의 건강 수준, 부모가 사랑의 관계를 이루는 수준 이상으로 건강하게 성장하기 어렵다.

튼튼한 요람은 사랑으로 짜였다

아기 모세를 강에 띄운 그 유명한 요람은 우리에게 유용한 모형을 제시해준다.[5] 아기와 하나님을 향한 어머니의 헌신에 힘입어 모세는 이중 문화 환경에서 자신의 생모에게 보살핌과 양육을 받으며 바로의 딸을 통해 왕궁교육을 받았다. 그는 바로와 이집트인의 생활 양식에 적응하며 그들의 문화를 배우면서도 어머니와의 결속 덕분에 유대인의 정체성을 유지할 수 있었다. 이를 통해 모세는 하나님이 그를 위해 계획하신 독특한 역할, 즉 유대인인 동시에 더 큰 문화적 맥락에서 성과를 이루는 사명을 위해 준비되었다.

부모의 사랑
부모의 사랑은 자녀에게는 모형이자 그들이 자라나는 '토양'이다. 그러므로 우리는 부부가 강력한 사랑의 관계를 형성할 수 있도록 최선을 다해 도와야 한다. 특히 부부가 서로를, 또한 자녀를 견고하게 세워주는 방식으로 사랑하고 애정을 표현하는 능력을 길러주는 것이 핵심이다. 이것은 사역지 파송 이전에 그들의 성품과 인성이 미리 갖춰져 있어 긍정적 의사소통, 효과적 애정 표현, 자국 문화 밖에서의 관계 형성 등이 가능해야 함을 의미한다.

자국 문화

누구나 자국 문화에 든든하게 뿌리를 내릴 때 건강하게 자랄 수 있다. 한 문화, 한 가족 안에 뿌리내리고 자리를 잡아야 긍정적 인격 형성이 이뤄지고, 자아를 극복할 힘과 능력을 가질 수 있다. 아이가 자기 모국어를 읽고 쓸 수 있을 때 다른 나라의 언어를 습득하는 데 그 기술을 활용할 수 있듯이 자녀 양육도 마찬가지다. 핵가족 내에서 일어나는 역기능을 '선교사가 된' 탓으로 돌리는 사람도 있지만, 그런 문제는 이미 파송 전 가족 안에서 시작되었고, 이후 선교사로서 적응하는 과정에 영향을 끼쳤다고 본다.

아무도 자국 문화에 대한 애착을 '포기'하지 않는다. 오히려 자국 문화를 기반으로 해서 현지 문화를 수용하고, 이해하고, 그것에 동화되어 간다. 먼저 자신을 한 개인으로 이해해야만 자신을 넘어 성장하고 자신을 남에게 내어줄 수 있는 것처럼,[6] 우리도 자국 문화에 건강하게 뿌리내릴 때 그것을 넘어 확장해 나갈 수 있다. 자녀들은 부모의 신호를 그대로 받아들이기 때문에 선교사 부모가 그 자녀에게 어떤 모범을 보여주는지는 매우 중요하다.

요람을 튼튼하게 하는 것은 누구인가?

선교기관과 교회, 친척은 건강한 부모 훈련 과정과 정책을 수립하여 선교사가 그 자녀를 건강하게 키울 수 있도록 도와야 한다. 자녀의 언어, 성품 개발, 인성 유형, 정신건강 등에 대한 중심 역할은 가정이라는 요람이 담당한다. 역경에 대처하고 타문화의 속성을 수용하는 방법에 대해 부모가 어떤 본보기를 보여주느냐에 따라 선교사 자녀의 회복력이 결정된다. 그들은 현지 문화에서 한국인으로서 효과적으로 살아가는 방법을 배워야 한다. 타인에 대한 존중, 개방성, 활발한 의사소통, **사랑하고 애정을 표현하는 능력**, 다른 사람과의 유대관계 등 타인과 관계 맺는 방법에 대해 부모가 어떤 본을 보여주는지가 가장 중요하다.

인간 발달의 최고 단계에 이르려면 자녀에게 좋은 본보기가 필요하고, 사랑하고 수용할 수 있는 자신의 노력도 필요하다. 이것은 현지 문화의 모든 것을 수용해야 한다는 뜻은 아니다. 우리가 받아들일 수 없는 문화적 측면이 있음에도 사람들을 사랑하는 방법을 배워야 한다는 뜻이다. 더 큰 세상을 향한 부모의 열린 태도는 자녀에게 본보기가 되고, 자녀는 문화 차이로 인한 갈등 가운데서도 회복력을 갖출 수 있다. 성장의 요람인 부모의 관계가 어떠한지에 따라 자녀가 삶에서 제구실을 못할 수도 있고 건강하게 자라 열매 맺는 삶이 살 수도 있다. 선교사 자녀와 그 부모는 문화에 적응하고 '자신을 극복'하려고 씨름하는 과정에서 역경을 이겨내는 방법을 찾아낸다. 이로써 그들은 **자국 문화에 있을 때보다 더 나은 사람이 될 수 있다.**

선교지에서 가족이 더 건강하려면 파송 전에 지식과 기술을 습득해야 한다. 교육 내용으로 '원가족이 주는 열 가지 중요한 영향'-7, '자녀 양육과 대인관계의 두 패러다임'-8, '자녀에게 줄 열 가지 선물'-9 등을 예로 들

수 있다. 부모에게 제공되는 파송 전 훈련은 선교사 자녀의 삶을 극적으로 바꿀 수 있다. 언어 훈련을 위한 시간만큼 가족을 견고하게 세우기 위한 준비 시간을 제공하는 선교기관을 상상해 보라. 어느 쪽이 훨씬 오래 가겠는가?

요람의 이동과 변화

앞선 제안이 요람과 그 안에서 자라는 이들을 변화시킬 수 있을까? 물론이다. 그러나 그런 변화는 문화의 경계를 넘어 열매 맺는 사람으로 살기 위해 반드시 필요한 과정이다. 만약 요람이 이동하되 변화가 수반되지 않으면 효과적인 삶을 사는 데 지장을 줄 수 있다. 이것은 선교사 자녀나 그 부모가 다시는 자국 문화에 완전히 들어맞을 수 없게 됨을 뜻한다. **그들은 떠날 때보다 넓어진 정체성을 가진 변화된 한국인이 되어 한국으로 돌아올 것이다.** 부정할 수 없는 이런 현실이 귀국하고 난 뒤 고통으로 느껴질 수 있다. 그들이 새로운 토양에서 성장하는 과정에서 자아가 확대되어 새로운 자아가 드러났기에 교회와 기관은 이런 변화에 대비하도록 선교사 가족을 준비시켜야 한다.

부모가 현지 문화의 새로운 토양에서 열매 맺기 위해 씨름하는 과정을 자녀에게 본보기로 보여주는 동안, 다른 사람들과 소통하고 그들에게 사랑과 환대를 베푸는 더 나은 방법을 부모로부터 배우면서 선교사 자녀의 정체성은 형성된다. 이것은 부모 자신이 더욱 열매 맺는 삶을 살아가면서 성장해야 한다는 것을 뜻한다. 만약 부모가 서로 사랑하고 현지인을 사랑하는 법을 배우는 과정에서 정체된다면 자녀 역시 정체된다. 선교사 자녀는 부모의 적응 과정을 관찰하면서 무의식중에 부모의 모습을 내면화한다. 우리는 멤버케어 사역 초기에 부부관계에 있어 작은 균열이 생길 경우 현지에서 받는 스트레스까지 더해져 그 무게를 감당하지 못해 빠른 속도로 그 틈이 크게 벌어진다는 것을 발견했다.[10] 이 경우 부모 사이가 멀어져 서로의 가치를 인정하고 세워주는 일이 중단된다. 이런 일이 발생하면 그 가족은 곤란에 빠지게 되는데, 관계 회복을 위해 즉각적 개입이 필요하다. 그 벌어진 틈새에 선교사 자녀가 빠지게 된다면 큰 상처를 입게 된다.

이와 대조적으로, 남들 보기에도 견고하고 서로 사랑하는 관계를 유지하는 가정은 사람들을 예수님께로 인도한다. 이것은 복음이 주는 최고의 역사다. 유능한 내과 전문의인 남편과 함께 페루에 갔을 때 우리의 핵심 사역이 사람들을 예수님께로 이끌 것으로 기대했다. 그러나 그곳 사람들을 주님께로 인도한 것은 우리 가정 안에 하나님의 사랑이 드러난 모습을 통해서였다.

요람을 흔드는 것은 누구인가?

부모의 부드러운 손길 외에도 요람을 흔드는 여러 요소가 있다. 예견하지 못한 영향력이 작용해 큰 문제를 일으키기도 하는데, 대표적으로 다음 네 가지를 꼽을 수 있다.

팀과 단체

선교사가 소속된 단체는 현지 문화보다 더 큰 영향력을 선교사의 삶에 끼친다. 그 이유는 사역의 구조, 책무, 구체적 내용 등을 제공하는 것이 그 단체이기 때문이다. 팀 또한 큰 영향력을 행사한다. 일반적으로 한국인은 타문화와 다문화 팀에서 일하면서 그 관계로부터 많은 영향을 받는다. 안타깝게도 갈등으로 말미암아 깨진 관계의 70%는 끔찍한 결과로 이어진다.-[11] '치료'가 필요한 선교사는 대부분 팀 내의 부정적 인간관계가 그 원인이었다. 반면 건강한 팀은 서로를 세워주고 협력하는 분위기를 만들고 소속감을 심어줌으로써 구성원의 성장을 돕는다.

현지 문화

모든 선교사 가족은 현지 정부와 갈등을 겪을 수밖에 없는데, 이와 연관된 여러 가지 이유로 요람이 흔들릴 수 있다. 그 나라 정부의 결정에 따른 상황 변화 때문에 선교사 부모는 자녀에게 안정을 보장할 수 없게 되기도 한다. 그 외 여러 요인도 가족과 사역을 압박한다. 그런 압박은 때로 험한 파도가 되어 요람을 덮칠 수 있다. 그러나 이런 상황이 주는 도전을 자녀와 함께 마주하며 극복해 감으로써 특별한 성장의 기회가 되기도 한다. 선교사 자녀가 나약해지거나 끈질긴 회복력을 갖추는 것은 요람을 흔드는 영향력에 맞서고 대응하는 부모의 능력 여하에 따라 달라진다.

이런 영향력에 맞서 이를 극복하는 방법을 배운 선교사 자녀는 효능감과 회복력을 일평생 발휘할 것이다. 현지 정부가 주는 상황의 압박을 긍정적 태도로 이겨낸다면 성장으로 이어진다. 현지 정부에 대해 적개심이나 악의를 품는 것은 자녀의 장래를 위험에 빠트릴 수도 있다. 나는 최근 선교지를 탈출한 가정의 10세 남자 아이를 디브리핑했는데, 그 아이는 현지 정부가 잘못했다고 믿었다. 현지 정부가 매우 악한 의도를 갖고 그렇게 한 것이라고 생각했다. 또한 "나는 방문자가 아니라 거기 사는 사람이다"라고 주장했으며 "그들은 불공평하다!" "정부는 비자 발급료를 환불해야 한다!"라고 말했다.

예기치 않은 사건

전쟁, 탈출, 재배치, 자연재해, 재난 등은 파괴성을 갖고 있으며 요람의 안전을 위협한다. 현지의 집, 친구, 학교, 반려동물, 하다못해 하찮은 물건과도 갑작스레 헤어지면 선교사 자녀와 부모 모두에게 큰 충격을 준다. 그런 경우 평정을 되찾으려는 부모의 노력을 통해 마음의 상처를 최소화할 수 있다.

우주와의 관계

하나님 나라의 백성이 타문화 또는 다문화 환경에 놓일 경우 가족 구성원 각자는 우주(cosmos, 하나님의 지배 영역과 세상 속에서 하나님의 목적)를 이해하는 방식이 달라진다.[12] 요람에서 우주에 이르는 모든 것이 달라진다고도 말할 수 있다. 이런 엄청난 변화는 개인의 인식을 왜곡시킬 가능성도 있다. 그러나 이것은 개인의 인격을 성숙시키기 위한 최상의 기회가 될 수도 있다. 이 변화는 자신의 민족중심주의에 도전장을 내밀고, 긍정적으로는 보다 방대한 현실에 눈뜨게 할 수도 있다. 예를 들어 하나님이 세상 사람을 하나님의 형상대로 만드셨기에 그들 모두가 하나님께 동일하게 소중하다는 사실 말이다. 우리 모두 세상에서 특정 인물이 '최고'라는 전제를 버려야 한다. 그 이유 중 하나는 잘못된 전제는 갈등을 불러오며, 그 사람이 가진 능력을 약화시키기 때문이다. 갈등을 극복하며 사랑 안에서 자라기 위해 자신의 전제를 재검토하는 것을 배우면 개인의 성장과 성숙을 가져오고, 그 자신의 효용성을 높이는 결과를 가져온다. 차이점을 분간하며 다양한 접근 방법을 검토하려면 많은 노력이 든다. 그러나 그런 과정을 통해 우리와 다른 사람들을 사랑하고 하나님의 백성 모두에게 공통으로 적용되는, 인간의 보편적 필요를 이해하는 기회를 가질 수 있다.

평형의 회복

요람은 흔들리도록 만들어졌다. 정체된 상태에 가만히 있으라고 만든 것이 아니다. 따라서 요람은 변화의 가능성을 위해 흔들려야 한다. 그러나 편안함과 성장을 제공하는 안전한 장소가 되려면 큰 흔들림으로부터 평형을 회복해야 한다. 선교사 자녀에게는 부모와의 관계가 지속적인 평형 작용의 역할을 해줄 것이다. 자녀를 위한 요람을 만드는 부모에게는 자국 문화가 평형 작용의 역할을 해줄 것이다. 만약 자국 문화의 구성원이 파송된 가족들의 변화된 정체성을 받아들인다면 자국 문화는 평형 작용의 역할을 더 잘 해낼 것이다. **파송된 이들을 '이하(less than)'의 존재로 비하하지 않고 '이상(more than)'의 존재로 소중하게 여겨야 한다.**

선교사 가족의 귀국을 변화를 소중히 여기고 인정하는 기회로 만들어 내는 것도 중요하다. 교회와 기관, 친척들은 **귀국하는 선교사 자녀를 맞이할 때 우리의 문화적 경계를 넘어 성장한 '우리의 일원'으로 받아들여야 한다.** 그러면 그들은 "우리의 일원을 내보내 세계적 수준을 갖추고 하나님 나라의 영향력을 떨치는 인물로 만들어 추수 때를 준비하게 했습니다"라고 자랑스럽게 이야기할 수 있을 것이다.

자국 문화에 든든히 뿌리를 내린 덕분에 선교사 부모와 자녀는 단일 문화의 경계를 넘어 더 큰 세상을 향해 도전할 힘을 얻는다. 이 과정에서 선교사 부모와 자녀 모두 변화하지만, 선교사 자녀가 더 큰 세상을 향해 나아갈 도약대로써 견고한 자국 문화의 역할은 매우 중요하다. 파송 받은 사람은 '단일 문화'를 벗어나 더 넓은 세상에서 열매를 맺는 사람, 즉 다문화적 인물이 되어간다. 그는 복음을 위해 두 세상 또는 여러 문화권을 잇는 가교 역할을 할 것이다.[13] 이와 관련해 우리는 선교사 자녀가 부모의 문화와 현지 문화가 융합된 고유의 제3문화를 가진다는 점을 인정해야 한다.

이전과 같을 수는 없다

SIL에서의 훈련 과정 첫날 존경하는 캘빈 렌치 교수는 다음과 같이 말했다. "오늘 이후 여러분은 다시는 어느 한 곳에 온전히 소속될 수 없게 될 것입니다. 선교지 사람들에게 온전히 속하지도 못하고, 남겨두고 떠나는 사람들에게 다시 온전히 속하게 될 수도 없습니다." 다시 돌아갈 수 없다는 이야기가 준 충격을 지금도 생생히 기억한다. 이것이 사실임을 확인한 고통스러운 여정도 기억한다. 귀국한 선교사들에게서도 이 미묘한 진실을 목격했다. 그러나 그 여정 끝에 우리가 하나님 가족의 일원이 된다는 것이 더 중요하다는 사실을 깨달았다. 이제 우리는 어느 나라에 내리든 하나님의 큰 가족 안에서 형제 자매된 이들을 만난다. 하나의 가족을 포기하고 더 많은 가족을 맞는 보람을 얻게 되는 것이다.

선교사 자녀의 회복력과 관련한 역동성_14

선교사 자녀는 건강한 요람 안에서, 외국이라는 공간 안에서 성장하는 동안 성공적인 인생을 향해 준비된다. 선교사 자녀에게 해당하는 몇 가지 역동성을 다음과 같이 요약할 수 있다.

다문화적 상황을 자연스럽게 받아들인다

그들은 다양한 집단에서 소속감을 느끼며 편안하게 지낼 수 있다. 나는 선교사 자녀가 대학에 갈 때 이런 현상을 목격한다. 어느 나라에서 살다 왔던 간에 그들은 한 가족처럼 어울려 다니며 제3문화 아이들(TCKs, Third Culture Kids)이라는 공통의 정체성으로 강한 유대를 형성한다._15 딸의 결혼식에 여러 나라에서 온 선교사 자녀가 12명 넘게 참석했다. 딸과 사위가 그들을 초대한 것이었다. 그들의 끈끈한 유대감이 얼마나 사랑스러웠는지 모른다!

다문화적 상황에 적응할 수 있다

최근 몇몇 선교사 자녀가 나에게 이런 말을 했다. 휴가 때 자국의 도심 빈민가에서도 편하게 지낼 수 있었다고 말이다. 그 지역의 학교와 이웃에 다양한 문화권에서 온 사람들이 모여 있었기 때문이라고 했다.-[16]

더 독립적이다

특히 여행과 관련해 그들은 집을 떠나서도 더 빨리 적응한다. 대학 기숙사에서 지내다 보면 여행을 한 학생과 그렇지 못한 학생을 쉽게 구분할 수 있다.-[17]

어른들을 덜 어려워한다

연령별로 나뉜 하위문화에서 살기보다 공동체 생활을 해온 덕분에 그들은 어른을 상대하는 일에 익숙하다. 이것은 자국 문화로 귀국할 때 장점으로 작용한다.

국제적 상황에 익숙하다

내가 아는 어느 두 살배기 선교사 자녀는 비자, 여권, 환전 놀이를 즐겨 한다.

여러 언어를 습득하게 된다

본국의 또래 친구들과 비교해 많은 외국어를 할 수 있어 더 많은 기회를 얻을 수 있다.

세계를 더 넓게 인식한다

사위는 칠레에서 살다 온 선교사 자녀인데, 역시 선교사 자녀인 내 딸과 첫 데이트를 하고 나서 부모에게 이렇게 말했다고 한다. "내가 만난 여자들 가운데서 세상을 이해하는 여자는 이 사람이 처음이에요. 이 사람과 결혼할래요!"

취약성과 관련한 역동성[18]

자국 문화에 대해 낯설어 한다

유행하는 노래, TV 프로그램, 영화 등에 대해 잘 모르는 '문화 리터러시 격차'가 있다. 문화 신호가 익숙하지 않다 보니 본국을 방문했을 때 어색해한다. 그래서 잘 어울리지 못하고 본국에서 지내는 또래 친구들의 가치관과 행동에 대해 물음표를 단다. 내 아들 중 한 명은 미국 대학교 친구들의 행동을 보고 처음에는 당혹스러움을 느꼈는데, 그들의 행동을 외국인 인류학자의 관점에서 관찰한다고 생각하자 적응이 한결 쉬웠다고 했다. 본국 문화가 단일 문화일수록 작은 실수에도 오해를 사고 소외당한다고 느낄 수 있다.

장소에 대한 소속감이 약하다

이것은 제3문화 아이들의 특징이기도 하다.[19] 그들은 "너는 어디 출신이니?"라는 질문에 어떻게 대답해야 할지 잘 모른다. 항구적인 집이 없을 수도 있기 때문이다.

정체성 문제가 해소되지 않았을 수 있다[20]

여러 문화권에서 생활하다 보면 견고한 정체성 형성이 늦어지거나 너무 빨리 형성되기도 한다(존 마르시아는 정체성 형성의 네 단계 가설을 제시하는데, 모두 선교사 자녀와 연관이 있다[21]).

부모와의 잦은 이별이 나쁜 결과를 초래할 수 있다

한 선교사 자녀는 열두 살 때 '교육을 위해' 미국에 남겨졌는데, 그 아이가 실제로 일본인임을 전혀 모르는 가정에 맡겨졌다. 배로 여행하던 시대여서 장기간 부모와 떨어져 지낸 것이 그 아이에게는 평생 부정적 영향을 끼쳤다. (당시는 가족과 함께 지내는 것의 가치, 그것이 성장기 아이에 얼마나 중요한지보다 정규 교육이 더 강조되던 시기여서 다른 부모들의 본을 따라 그 선교사 부모도 좋은 의도에서 그랬을 수 있으므로 그들의 결정에 대해 판단을 내리지 않도록 조심하려고 한다.) 우리 세대는 부모와의 분리가 주는 부정적 결과와 가족이 함께 있는 것의 긍정적 결과 양쪽을 모두 배울 수 있었다. 이 문제는 대부분의 나라와 다른 학교 시스템을 가진 한국인 가족에게 특히 고민되는 부분이다. 해외에 나가는 가족은 함께 지냄으로써 얻는 성장상의 유익과 한국 교육 시스템으로부터 기대되는 혜택을 위해 자녀를 떼어놓는 것의 해로움 사이에서 저울질해야 하는 상황에 놓이기도 한다.

외롭고 오해받는다고 느낀다

자식보다 하나님의 일이 더 중요하기 때문에 선교사 부모가 자기를 버렸다고 느낄 때 특히 그렇다.[22]

모국어가 유창하지 않다

여러 언어를 구사해서 그렇다. 최근 연구에 따르면 어린 자녀들의 이중 언어 구사의 메커니즘을 이해하는 것이 중요하다고 한다.[23] 이로 말미암아 선교사 자녀는 남들이 자신을 잘 이해하지 못한다고 느낄 수 있다. 하트스트림 프로그램에 참가한 어느 한국인 가족은 자기 아이에게는 한국말을 할 줄 아는 친구가 한 명도 없다고 했다. 이런 경험을 가진 선교사 자녀는 깊은 속마음을 표현할 능력이 부족할 수 있고, 이는 나중에 우울증이나 소외감을 유발하는 요인이 될 수 있다.

교육 과정이 시기적으로 어긋난다

한국인 선교사 자녀가 겪는 이 문제에 대해서는 상세히 다뤄진 적이 있다.[24]

요약

건강한 부모 없이 건강한 선교사 자녀를 키울 수는 없다. 우리는 이 점을 진지하게 받아들이고, 선교기관과 교회가 선교사 후보생을 준비시킬 때 외국어와 문화 훈련에 쏟는 노력만큼이나 가정생활과 사랑관계의 어려움에 대해서도 준비시켜야 한다. 장기적으로 볼 때 서로 사랑하는 건강한 가정 안에서 부모가 사랑하는 모범을 보일 때 다른 어떤 선교적 노력보다 더 큰 신뢰를 얻고 열매를 맺을 수 있다. 부부관계에 생긴 작은 틈은 현지 문화에 가면 타문화 선교 생활이 주는 극심한 스트레스로 말미암아 깊은 골짜기가 될 수도 있다. 부모의 사랑으로 만들어진 요람을 흔드는 여러 종류의 바람이 불고, 때로 강풍처럼 몰아칠 때 가정이 쓰러질 수도 있다. 선교사 가족에게 효과적 의사소통을 통해 견고한 관계를 유지하도록 가르친다면 선교사 자녀들이 안정되게 성장할 수 있을 것이다. 그래서 그들은 한국인인 동시에 한국인을 넘어선 존재로 성장하여 더욱 효과적으로 예수님을 드러내는 삶을 살게 될 것이다.

덧붙이는 말

적응에 대한 유용한 자기점검 문항이 개발되어 있다.[25]

21

다문화 선교 수립에 따른 기회와 도전,
한국 WEC 국제선교회의 사례

박경남 • 조경아

    WEC(Worldwide Evangelization for Christ) 국제선교회는 1913년 '케임브리지 7인' 중 한 명인 찰스 토머스 스터드가 설립했다. WEC 국제선교회는 언제나 개척 선교를 추구하며 예수님이 덜 알려진 지역의 문화 장벽을 넘어 그분의 복음을 전했다. 세계 미전도 종족이 그리스도를 알고, 사랑하며, 예배하는 것을 보는 것이 우리의 비전이다. 복음 전파의 시급성에 대한 인식을 바탕으로 타인과 동역하기로 한 우리는 성령의 능력으로 다음과 같은 사명을 수행한다. 말과 행동으로 복음을 선포함으로써 사람들이 예수 그리스도를 구주와 주님으로 고백하는 살아있는 믿음에 이르게 하며, 그들을 제자화한다. 그리스도를 중심으로 신자들이 모이게 하고, 하나님의 말씀 위에 교회를 세워 그들이 자신들이 속한 지역사회와 더 광범위한 곳에서 제자를 삼을 수 있도록 한다. 많은 교회와 동역하고 선교사를 모집, 훈련, 파송하고 돌본다.[1]

    한국 WEC 국제선교회(한국에 세운 파송 본부, 이하 '한국 WEC'으로 표기)는 1997년 WEC에 보낼 한국인 선교사 영입을 위해 세워졌다. 당시 WEC에서는 여러 파송 본부를 통해 영입된 열 명의 한국인 멤버가 일하고 있었다. 한국 WEC은 2018년 12월 말까지 40여 국가에 총 487명의 사역자를 파송했다. 비록 역사는 짧지만 한국 WEC은 전 세계 WEC 파송본부 가운데서 대표적인 파송 본부로 자리 잡았다. 많은 사람을 WEC으로 모을 수 있던 요인이 무엇이었으며, 그 과정에서 우리가 직면한 도전과 얻은 교훈을 되돌아보려고 한다.

통계로 본 현황

WEC에는 56개국 출신의 2,300여 명 장기 사역자(은퇴자 포함)가 소속되어 있다. 이들 가운데 1,900명은 여러 사역에서 활동 중인데[2] 그중 462명이 한국인이다. WEC 국제선교회에서 현역으로 활동 중인 멤버의 24% 이상이 한국인인 셈인데 영국, 미국, 브라질이 다음으로 높은 비율을 차지한다. 이것은 표준화된 선별 과정을 사용하는 국제 선교기관에서는 독특한 현상이다. 전통적 파송 국가(TSC, traditional sending countries)와 비전통적 파송 국가(NTSC, non-traditional sending countries)의 비율은 59.2% 대 41.8%다.[3] 이것은 WEC이 다문화 선교 공동체 형성을 적극적으로 강조한 데 비롯된 결과다.

WEC의 한국인 현역 멤버 중 378명은 결혼했으며, 84명은 독신이다. 또한 394명의 선교사 자녀가 있다. 우리 사역자들 대부분은 미전도 종족 내에서 일하고 있다. 지난 8년간 매해 평균 16.8명의 새로운 멤버를 파송했다.

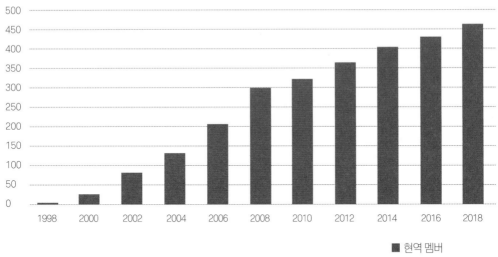

연도에 따른 현역 멤버 수

〔그림 21.1〕 한국 WEC의 회원 수 추이

WEC에 한국인이 몰두할 수 있었던 기여 요인 ──────────

앞선 준비 – 하나님의 섭리

우리는 다양한 배경과 문화권에서 모인 하나님의 백성으로 이뤄진 공동체로, 전 세계 교회의 다양성을 반영한다.[4] 따라서 우리는 다문화 팀사역을 하기 원한다. 동시에 이런 방침이 우리 조직과 팀 결성에 가져오는 유익과 도전을 기꺼이 받아들인다.[5]

디터와 레나테 쿨 선교사 부부(WEC 국제선교회 총재, 1984~1996년)는 다문화성을 강조했다. 그들은 '제3세계 선교사'[6]의 유입이 WEC을 더욱 튼튼하게 만들 것이라는 강한 신념을 설파했다.[7] 사실 WEC은 1986년에 한국 파송 본부 개설을 결정했지만 시기와 인력 구성 문제로 1997년에 이르러서야 지부가 설립되었다. 한국 WEC은 국제화에 대한 조직상의 요구에 따라 설립됐고, 이를 통해 한국인이 WEC에 몰두할 수 있는 장기적이고 확고한 기틀을 마련했다. 1989년 비전통적 파송 국가 출신 WEC 멤버는 58명(4.1%)이었고 1998년에는 153명(8.6%), 2008년에는 555명(25.3%), 현재는 794명(41.8%)으로 늘어났다. 이것은 한국인 멤버와 WEC 국제선교회를 향한 하나님의 섭리의 결과다.

WEC 정신(ethos) 강조를 통한 동원

WEC은 영적 공동체이자 선교기관으로 몇 가지 핵심 원리를 강조한다. 'WEC의 네 기둥'으로 알려진 다음 원리는 우리가 그리스도를 존귀하게 하고 하나님이 주신 사명을 완수하기 위해 살아가고자 하는 방식의 핵심이다. 이 네 가지 원리는 믿음, 거룩, 희생, 교제다. 이 원리는 우리 안에 거하시는 그리스도와 성령의 변화시키시는 역사를 통해서만 실현될 수 있음을 인정한다.[8] 더 나아가 우리는 이 원리대로 살아가려는 헌신이 WEC의 일원이 되는 데 중요한 요소가 된다고 여긴다.

한국 WEC을 설립하고 1997~2008년 대표를 역임한 유병국, 류보인 선교사 부부는 이 네 가지 핵심 원리를 특별히 강조하는 동시에 그들 자신이 이 원리를 삶 속에 구현하는 놀라운 모범을 보여줬다. 그들의 사역은 많은 청년에게 큰 영향을 끼쳤다. 결국 이 청년들이 WEC에 가입하면서 한국 WEC은 급성장했다. 1998년 세 명이었던 사역자는 성령님의 놀라운 역사로 2008년 311명(현역 297명)으로 증가했다. 우리는 여전히 네 가지 핵심 원리와 하나님의 메신저로서 철저하게 살아갈 것을 강조하고 있다. 이런 가치는 한국 WEC 공동체가 꾸준히 성장하는 데 추진력을 제공해주고 있다.

이종선의 논문에서 사람들이 WEC을 선택한 주요 요인 세 가지는 실천 원리, 사역의 노하우, 팀 사역과 수평적 의사결정이라고 밝혔다.[9]

2019년 설문조사[10]에서도 멤버들이 WEC에 가입한 가장 중요한 세 가지 이유로 WEC 정신과 WEC 선교사들의 모범, WEC의 목적, WEC의 팀 사역/다문화 팀을 꼽았다. 흥미롭게도 설문 응답자들은 WEC이 공유하는 정신과 팀을 소중히 여기는 것이 현장 적응에 가장 큰 도움이 된 요소라고 지적했다. 이 요소는 다음에 설명하는 타문화 훈련과 후보자 오리엔테이션보다 높은 점수를 받았다.

다문화 훈련과 교육: 후보자 훈련

WEC은 잘 준비된 사람들이 좋은 사역자로서 제 역할을 해낼 수 있다고 믿는다. WEC은 5개국(이전에는 6개국이었음)에서 선교사훈련대학(MTC)을 운영 중이다. 후보자들은 다문화 환경에서 성경, 신학, 선교학, 실제적 사역 기술 등을 배운다. 강사 대부분은 WEC 선교사다. 이를 통해 후보자들은 WEC 정신에 기초해 지식과 실제 기술을 연마할 수 있다. WEC에서 섬기고자 하는 한국인들에게 다른 문화권에서 온 사람들과 소통하는 방법을 배우고, 자신의 정체성을 확인하고, 문화적 차이를 이해하고, 함께 생활하고 함께 사역하는 것은 큰 도움이 된다. 따라서 한국 WEC은 후보자 대부분을 해외에 있는 MTC에 보낸다. 훈련 과정은 1년 또는 2년간 영어로 이뤄진다. 대체로 후보자는 1~2년 동안 한국에서 자기 직업을 유지하면서 영어를 배우고 난 뒤 해외 훈련을 받으러 떠난다. 이종선의 보고에 따르면 WEC 훈련생의 87.5%가 MTC 훈련이 적응에 도움이 되었다는 점에 동의했다.[11] 우리 경험에 따르면 MTC 훈련을 받은 사역자들이 선교 현지 문화와 WEC 팀과의 공동 사역에 보다 잘 적응했다.

각 파송 본부는 후보자 오리엔테이션(CO)을 실시한다. 오리엔테이션 기간은 8주 또는 그 이상이다. 현재 한국 WEC은 12주짜리 프로그램을 운영하고 있다. 각 파송 본부는 CO 기간을 결정할 수 있다. 다양한 CO

커리큘럼 가운데 몇 가지 공통적 요소가 있는데, 그중 'WEC 정신'이 가장 중요한 요소다. 후보자들은 이를 통해 영성과 인격 훈련에 대해 깊이 묵상할 수 있게 된다. 더 나아가 후보자들은 '다문화 팀 수립 방법'에 대한 안내를 받는다. 예를 들어 문화적 다양성, 효과적인 의사소통, 중재, 그리스도 안에서 자신의 정체성 뿌리내리기 등의 주제를 다룬다. 이 과정을 통해 후보자들은 다문화성을 더욱 깊이 이해할 수 있게 된다. 대부분의 한국인 후보자는 CO 과정 전에 이런 타문화 훈련을 받기 때문에 그들은 CO 기간 중 MTC에서 배운 내용을 되새겨볼 수 있다.

한국 WEC의 CO는 인격과 영성 훈련에 강조점을 두고 있다. 후보자들이 MTC와 CO에서 배운 지식과 문화적 다양성 경험을 실생활과 사역에 적용하는 방법을 이해하려면 시간이 필요하다. 적용에 있어 그리스도와의 깊은 관계 형성과 일상적인 자기부인에 대한 연습 없이는 자문화중심주의를 극복하기가 어렵다. 따라서 CO 강의와 훈련은 자기정체성과 개인 특성, 그리스도와의 연합, 정서적 건강, 영성 훈련 등을 다룬다. 이런 주제에 부합하는 내용은 한국 WEC의 CO 가운데 3분의 1을 차지한다. 또한 우리의 과거 경험을 사례 연구로 삼은 강의도 있다. 이런 사례 연구를 통해 후보자들은 다문화 팀 사역에 대해 이론이나 상상이 아닌, 현실적 이해를 할 수 있다. 후보자들은 CO를 통해 다문화 팀 사역을 시작할 준비를 하게 된다.

다문화성을 위한 훈련과 교육:
경험 있는 사역자들을 선교 현지에서 훈련시키기

경험이 있는 사역자들을 선교 현지에서 훈련시키는 것은 매우 중요하다. 특히 전통적 파송 국가 출신의 멤버들에게 더욱 그렇다. 경험 있는 사역자들(특히 전통적 파송 국가 출신)이 선교 현지에서 자신들의 사고방식과 습관을 바로잡지 못한다면, 그들이 이끄는 팀에 새로 합류하게 될 사역자들도 적응하는 데 어려움을 겪을 수밖에 없다. 우리 부부가 뉴질랜드에서 공부하던 당시, 평생을 선교사로 지낸 교수가 다음과 같은 이야기를 들려줬다. "WEC이 달라지지 못한다면 한국에서 새로 온 사역자는 WEC에 머물면서 적응할 수 없을 겁니다." 당시 우리는 교수의 그 말이 무슨 뜻인지 깨닫지 못했지만 WEC의 훈련 내용과 구조는 실제로 변하기 시작했다. 2006년 WEC은 리더십 훈련, 지역과 국제 콘퍼런스, 현장 콘퍼런스 등을 통해 '전통적 파송 국가와 비전통적 파송 국가의 문화 차이'에 대해 교육하기 시작했다. 조화로운 다문화 팀을 만드는 데 열정을 가진 한 부부의 노력을 통해 WEC은 2008년 중재(peacemaking) 훈련을 제공하기 시작했다. 현재 WEC의 모든 훈련 모듈에는 이런 요소가 포함되어 있으며, 현장에 나가 있는 사역자들도 훈련을 받는다. 이를 통해 모든 WEC 멤버가 같은 사고방식을 가지고 WEC의 정체성을 보다 온전히 이해하도록 만들었다. 또한 이것은 전통적 파송 국가와 비전통적 파송 국가에서 온 멤버 간의 상호 이해를 높이고, 서로 간의 의사소통을 보다 원활하게 만들어주었다.

멤버케어 강화하기

WEC의 국제 리더들은 비전통적 파송 국가 출신 멤버를 돌보는 것은 전통적 파송 국가 출신 멤버를 돌보는 것과 상당한 차이가 있음을 깨달았다. 그래서 국제 본부는 멤버케어 컨설턴트를 임명해 각 문화권에 적합한 멤버케어 방식을 개발하는 노력을 기울였다.

2008년 멤버케어는 한국 WEC에게 매우 중요한 이슈였다. 한국 WEC은 빠르게 성장했지만 제대로 된 멤버케어 체계가 갖춰져 있지 않았고 돌봄을 제공할 인력도 부족했다. 적절한 수준의 멤버케어가 미흡하다 보니 여러 현장에서 어려움과 갈등이 생겨났다. 이런 도전은 성장통과 같았다. 2008년을 기점으로 한국 WEC은 후보자 선별 과정을 강화하기 시작해 지금은 다층심리 검사를 시행하고 있다. 2008년 이후 우리는 후보자 선별 과정과 훈련 기간을 멤버케어의 시작점으로 삼고 있다. 2009~2011년 우리는 멤버케어 행정 조직을 만들고 멤버케어 목표를 수립했다.

2011년 연차 총회에서 우리는 브레인스토밍 시간을 가졌다. 100여 명의 멤버가 참가한 이 과정을 통해 우리가 곧 개발해야 하는 멤버케어 영역을 찾아냈고, 이 결과를 바탕으로 멤버케어 체계를 만들기로 결정했다. 우리는 멤버들이 성령의 열매를 맺으며 내면의 힘, 인격, 사역, 좋은 관계 등에서 성장하도록 돕는 것을 목표로 삼았다. 그 결과 우리는 모든 사역자가 선교사로서 건강하고, 회복력을 갖추며, 영향력을 지니는 모습을 보여주기를 희망했다. 이것은 한국 WEC으로서는 전환점이었다. 동원에 집중하기를 그치고 동원과 돌봄을 함께 집중해 다루기로 한 것이다.

우리는 재능 있는 사역자들이 상담, 영성 지도, 디브리핑, 선교사 자녀 케어, 멤버케어와 관련된 여러 영역에서 훈련을 받도록 독려했다. 또한 여러 멤버케어센터와 제휴를 맺었다. 이런 노력은 멤버들을 다양한 방법으로 이해하고 돌보는 데 도움이 되었다. 초기에는 우리 사역자들을 외부 케어센터에 보내 상담을 받도록 소개하는 것이 쉽지 않았다. 한국인 멤버들은 상담을 받거나 마음속 고민을 털어놓는 것 자체를 받아들이는 데 어려움이 있었다. 전통적으로 그런 주제를 논의하는 것 자체를 부끄러운 일이라고 생각했던 것이다. 많은 사람은 그리스도인은 상담을 받지 말아야 한다고 생각했다. 그러나 우리는 상담이 일반 은총의 하나이며, 잘 돌봄을 받은 사역자가 하나님의 나라를 보다 효과적으로 섬길 수 있다고 믿는다. 그래서 리더들이 앞장서서 자신의 경험을 나누기 시작했다. 그 결과 감사하게도 몇몇 멤버가 상담을 받고 돌봄을 받아들이기로 했다. 그리고 그들은 그 경험에 대해 긍정적인 반응을 보였다. 결과적으로 한국인 멤버들은 멤버케어를 받아들였다. 현재 한국 WEC에서는 새로운 사역자와 안식년을 맞은 사역자들에게 상담, 코칭, 영성 훈련과 지도, 심리 평가 등을 제공하는 것이 일반 관행으로 자리 잡았다.

2018년 1월 우리는 차기 리더가 앞으로 집중해야 할 영역이 무엇인지에 대해 다시 브레인스토밍 시간을 가졌다. 가장 많이 언급된 내용 다섯 가지 중 멤버케어가 다섯 번째를 차지한 것은 놀라운 일이었다. 우리는 그토록 짧은 기간에 그만큼의 개선을 기대하지 않았지만 우리 한국인 멤버들은 멤버케어를 잘 받고 있다고 느꼈다. 물론 돌봄 가운데 더 발전시켜야 하는 영역이 존재한다. 그러나 하나님은 우리의 진지한 노력을 사용해 사람들의 마음을 만지고 계셨다.

2019년 설문조사에서 팀 또는 현장에서 적응하는 데 있어 가장 중요한 요인으로 '팀 내에서 받는 돌봄과 도움 또는 팀원과의 교제(상호 돌봄)'가 3위를 차지했다. 이 팀 지원은 영어 훈련보다 높은 순위를 차지했다. 응답자 가운데 85%가 WEC에서 5년 이상 일했기에 영어 훈련의 중요성을 덜 중요하게 생각해 설문조사의 결과가 치우친 면이 있을 수 있지만 그럼에도 근래 WEC이 멤버케어를 강조해 온 것이 중요한 변화를 불러온 것으로 보인다.

사임 이유	건수 (전체 모집 인원 591명 대비 %)	2000~2008	2009~2013	2014~2018
비전과 사역 목표가 팀/현장과 맞지 않음	17(2.9)	2	8	7
개인 또는 팀과의 갈등	22(3.7)	8	11	3
개인 사정 (건강, 장기적 개인 문제 등)	21(3.6)	6	6	9
교단 문제 - 이중 소속 불허	10(1.6)	2	0	8
선교 소명의 변화	16(2.7)	0	8	8
결혼	11(1.9)	4	4	3
가정 문제 (결혼, 선교사 자녀, 부모 등)	7(1.2)	2	4	1
합계	104(17.5)	24	41	39

[표 21.2] 2000~2018년 기간 중 사임 이유

다문화 조직 수립에 따르는 도전

이탈률

멤버들을 돌보려는 부단한 노력에도 불구하고 지난 21년간 총이탈률은 17.5%였다. 이탈의 이유를 [표 21.2]로 정리했다. 결혼이나 교단과의 문제처럼 예방할 수 없는 요인 3.6%를 제외하면 실제 이탈률은 13.9%다.

빈도가 가장 높은 이유는 갈등이다(104건 중 22건으로 21.2%). '사역 목표의 차이'(104건 중 17건으로 16.3%)를 포함하면 팀원 관련 이유가 가장 많다(104건 중 39건으로 37.5%). 그다음은 개인 사정(104건 중 21건으로 20.2%), 선교 소명의 변화(104건 중 16건으로 15.4%), 가정 문제(104건 중 7건으로 6.7%) 순으로 이어진다.

한국 WEC의 역사는 다음과 같이 세 시기로 나눌 수 있다. 폭발적 동

원 시기(1997~2008년), 체계적 돌봄을 향한 전환 시기(2009~2013년), 체계적 돌봄 활용 시기(2014~2018년). 현재의 멤버케어 체계는 2010~2012년에 수립되었다.

WEC은 팀 사역을 매우 중요하게 여긴다. 이것은 서로가 팀 비전과 공동 목표를 공유해야 함을 뜻한다. 사역자가 개별적으로 사역을 맡는 경우는 드물다. 따라서 대부분의 사역자는 도전에 직면할 때 팀 동료와 함께할 수 있는 유익을 누린다. 최근 들어 한국 WEC에서는 갈등이 줄어들고 있다. 이것은 후보자 선별 과정을 강화한 것과 파송 전 훈련 과정에 팀 사역, 중재, 타문화 의사소통과 관련된 주제를 도입하는 등 다양한 노력을 기울인 결과다. 더 나아가 후보자 지원 과정에서 관계 또는 개인적 문제가 수면 위로 떠오를 경우 선교지 파송 전에 상담을 받도록 권유한다. 이를 통해 후보자는 자신의 약점에 대해 숙고하고 이를 보완하는 기회를 가지게 된다. 또한 후보자는 한국 WEC이 제공하는 훈련을 통해 다문화 팀에 대한 이해를 높일 수 있다. 안타까운 점은 한국 WEC의 이탈률과 관련해 선교 소명의 변화를 언급하는 건수가 증가했다는 점이다. 이것은 관계 문제에서 비롯됐을 가능성도 있다. 그러나 전반적으로 볼 때 관계 문제와 연관된 이탈은 감소 추세에 있다.

개인 문제로 사임한 사역자들 대부분은 2009년 이전에 한국 WEC에 가입한 이들이다. 즉 그들은 다층 선별 심사나 파송 전 멤버케어 과정을 밟지 않은 이들이다. 향후에 강화된 후보자 선별 심사 과정이 어떤 영향을 미쳤는지 평가해 본다면 유익할 것이다. 지난 5년간 개인 사정에 따른 사임 건수는 줄었다. 이는 한국 WEC에서 특히 상담과 멤버케어를 통한 개인 치유와 연관되어 성숙함, 성품, 정직성(integrity), 선교 책무 등을 강조한 것이 그 원인 중 하나가 아닐까 싶다. 잘 받아들인 사람들이 있는 반면, 몇몇 사람은 안내와 지원 받기를 거부하고 조직을 떠났다.

2019년 설문조사에서 다음과 같이 물었다. "WEC을 사임하고 싶은 적이 있습니까? 그렇다면 그 이유는 무엇입니까?" 놀랍게도 44%의 응답자가 그렇다고 답했다. 그러나 그들은 그만두고 싶은 마음을 최근 몇 년간 극복하기 위해 노력했다고 했다. 응답자들은 사임하고 싶은 다양한 이유와 함께 자신의 문제를 어떻게 해결했는지를 나눴다. 그들의 해결책 중 일부는 겸손한 태도, 인내심, 자기부인, WEC으로의 부르심 기억하기 등이었다.

문화적 다양성에 대한 이해를 넘어

지난 20년간 한국인 멤버들은 WEC의 국제적 문화에 꽤 잘 적응해 왔으며, WEC도 한국인들을 잘 포용했다. 오늘날 많은 한국인이 WEC에서 리더로 섬기고 있다. 그들은 문화적 다양성에 익숙하며, 문화마다 소통 방식에 상당한 차이가 있음을 이해하며 섬기고 있다. 그러나 한국인이 더 성장해야 하는 영역도 있다.

의사소통과 의사결정은 한국인이 여전히 어려움을 느끼는 영역이다. 언어의 어려움은 정확한 문법이나 소통 방식의 문제만이 아니라 언어를 둘러싼 문화의 문제이기도 하다. 한국인은 위계적 의사결정에 익숙하다. 이는 대화와 논의를 통한 의사결정과는 거리가 있다. 오늘날의 한국인 팀 멤버들은 점점 전통을 탈피하고 있지만 여전히 한국 전통문화의 영향력이 존재한다. 팀 사역을 할 때 소통 스타일의 차이에 따른 어려움이 여전히 존재한다. 예를 들어 여러 한국인 멤버와 리더는 독립적으로 생각하고 계획을 세우는 경향이 있다. 그것은 그들이 남 앞에서 발표하기 전에 뚜렷하고 완성된 생각과 아이디어를 갖추도록 훈련 받았기 때문이다. 그런 이유에서 한국인들은 팀원들과 계획을 수립하는 회의 중에는 자기 생각을 꺼내지 않고 잠자코 있다가 거의 마지막에 가서야 팀원들에게 의견을 제시하는 일이 종종 발생한다. 팀원들은 얼핏 뒤늦은 참여로 보이는 이런 행동에 대해 한국인들이 참여 의욕이 낮거나 심지어는 정직하지 않다고 여길 수도 있다. WEC 팀원들은 서로 매우 밀접하게 일하고 있기 때문에 의사소통과 의사결정의 문화적 차이는 WEC 팀에서 곤란한 문제를 일으킬 수 있다. 그래서 우리는 이런 부분에 대해 멤버들을 가르치려고 애썼다. 그러나 이 문제가 어떤 사람에게는 어려운 도전이었다. 특히 한국인이 팀 리더가 된 경우 팀원들은 그가 지나치게 권위주의적이거나 소통이 어려운 사람이라고 느끼기도 했다.

영국에서 시작되어 점차 확장된 WEC은 저맥락 문화에 그 뿌리를 두고 있다(한국은 고맥락 문화에 속한다). 한국인은 훈련을 통해 저맥락 문화에서 온 이들과의 소통 방법을 배웠다. 저맥락 문화는 명문화된 정보를 중시한다. 따라서 WEC에서 적응하고 성장하려면 영어 구사 능력이 매우 중요하다. 이종선의 논문에서도 이 점을 지적하고 있다.-[12] 실제로 의사소통에는 문화적 전제, 사고방식, 가치, 신념 체계 등 여러 요소가 연관되어 있다. 의사소통이 이처럼 복잡한 행동이기에 이 영역에서 지속적인 성장을 이룰 방법을 고민해 봐야 한다.

현재 WEC 멤버라면 누구나 다문화 팀의 중요성을 인정할 것이다. 우리는 서로의 문화적 배경을 존중하며 상대방의 문화적 가치를 배우려고 노력한다. 그러나 우리는 더욱 전진해야 한다. 즉 하나님 나라를 반영하는 성경적 문화를 찾아야 한다. 2019년 설문조사의 응답자들도 같은 이야기를 했다. 다문화 팀을 수립하는 것은 쉽지 않은 일이지만 그 시도는 값지다. 우리는 다문화 팀을 세워 가면서 그리스도의 장성한 분량에 이르기까지 배우고 성장할 수 있다. 또한 다문화 팀은 하나님 나라의 모습이 어떠할지에 대한 예를 사람들에게 보여줄 수 있다.

갈등 해소

다문화 팀을 세우는 데 있어 갈등은 언제나 도전이지만, 이와 동시에 성장하며 하나님께 영광을 돌리는 기회이기도 하다. 갈등은 표면 아래 가려져 있던 문제를 겉으로 드러나게 한다. 이 도전을 극복한다면 우리 팀은 보다 강해지고 더 효과적으로 움직이게 될 것이다. 대체로 우리는 차이가 갈등을 일으킨다고 생각하지만 서로의 차이보다는 개인적 요인이 더 큰 원인이다. 이종선은 문화적 차이나 생활 양식의 차이보다 미성숙한 인격이 가장 큰 갈등 요인이라고 지적했다.-[13] 따라서 우리는 멤버들의 영적·정서적 성장을 돕는 방법을 반드시 생각해야 한다.

더 나아가 우리는 갈등을 잘 다뤄야 한다. WEC은 중재의 원리와 실천 방법을 활용해 대인 문제를 다루고 용서를 통해 사람들이 서로 가까워지도록 만든다. 그러나 화해에 이르는 과정은 매우 어렵다. 한국의 전통적 갈등 해소 방법은 덮고 묻어두는 것이다. 언젠가 미래에 만나 어떤 문화적 방법으로 사과 표시를 할 수는 있지만 드러내놓고 용서와 포용을 구하지 않는다. 그래서 어떤 한국인 멤버는 중재의 원리를 실천하는 것을 어려워한다. 최근 한국인 간에 생긴 갈등을 해소하느라 무척 애를 먹었다. 그것은 각자 국제문화에 적응한 정도가 달랐기 때문이다. 이것 역시 우리가 더 발전해야 하는 부분이다.

결론

여러 도전에도 불구하고 다문화 팀을 세우는 것은 값진 노력이다. 이 노력은 하나님의 나라를 반영하는 것이며, 우리가 영적·정서적·사회적으로 성장할 수 있는 기회를 제공한다. 서로 다른 문화를 넘어 우리가 하나 될 때 우리 자신이 복음의 메시지가 된다(요 17:22-23). 서로를 세우기 위해 우리는 빌립보서 2장 5절에 기록된 대로 예수의 마음을 품어야 한다. 에반 데이비스는 그의 책에서 트라우고트 뵈커(Traugott Boeker)의 말을 인용하며 이렇게 적었다. "결국 중요한 것은 여러 나라에서 온 멤버들과 리더들이 서로에 대해 가진 마음과 태도다. 규칙과 규정이 할 수 없는 것을 상대방에 대한 사랑과 서로의 차이에 대한 존중을 통해 이룰 수 있다."-14

마지막으로, 한국인들은 전통적 파송 국가에서 온 멤버들과 비전통적 파송 국가에서 온 신입 멤버들 사이를 연결하는 일을 도와야 한다. 우리는 지난 22년간 많은 교훈을 얻었다. 우리는 시행착오를 통해서도 배웠기에 여러 세계에서 온 형제자매를 도울 수 있는 경험이 많이 쌓였다. 우리는 하나님이 다음 수확기를 위해 한국인을 준비하심을 믿는다. 그러므로 우리 마음을 열어 성령님의 인도하심을 따라야 한다. 국제화는 사람들을 식탁 자리에 모아놓는 것이 아니라 사람들을 주방으로 불러들여 함께 음식을 준비하는 것이라고 누군가 이야기한 적이 있다. 마찬가지로 우리는 여러 세계에서 온 사람들이 WEC의 주방에 들어와 하나님의 영광을 위해 함께 요리를 만드는 모습을 보기 원한다.

제7부

■

마무리 요약

22
우리의 고통은 헛되지 않다

이정숙

　KGMLF에 참여하는 특별한 기회를 제공한 조나단 봉크 박사에게 특별히 감사 인사를 전한다. 이 분야의 전문가가 아닌 사람으로서 총괄 정리를 글로 적는 것은 벅차고 떨리는 일이지만, 이 도전을 받아들이기로 했다. 이를 통해 이번 주제에 대해 더 배울 수 있다고 생각하기 때문이다. 이번 주제는 타문화 선교라는 맥락에서 사역하는 선교사뿐 아니라 자국에서 다양한 사역에 종사하는 기독교 사역자에게도 매우 중요한 주제다. 나는 각 논문을 읽고, 다양한 사례와 일화에 묘사된 여러 사람의 입장이 되어 보면서 그들의 고통을 민감하게 느낄 수 있었다. 나는 그런 온갖 고난과 충격을 수없이 겪은 선교사들과 가족들을 위해 기도했다. 나는 이들이 바로 '상처 입은 종'이 되어 결국 "하나님께 받는 위로로써 모든 환난 중에 있는 자들을 능히 위로하게"(고후 1:4) 될 것임을 머릿속에 그려 보았다. 우리의 고통은 하나님 안에서 결코 헛되지 않다!
　한국인 선교사의 정신건강에 대한 논문들은 거의 한 목소리로 두 가지를 지적했다. 첫째, 한국인 선교사들의 정신건강은 한국 사회와 한국 사회의 고맥락 문화와 밀접하게 연관된다는 점이다. 둘째, 선교사를 위한 멤버케어 체계 확립이 절실하며, 선교사와 그 가족들의 절박한 필요를 채우려면 더욱 높은 전문성이 요구된다는 점이다.

첫 번째 문제를 부연 설명하겠다. 한국 사회는 20세기 전반까지 침략과 전란을 연거푸 겪었고, 20세기 후반에는 삶의 모든 영역에서 급격한 변화를 경험했다. 한국인은 불과 수십 년 만에 전례 없는 경제 성장을 이뤄 전 세계를 놀라게 했다. 그러나 이런 성장에 희생이 따른 것도 사실이다. 한국이 OECD 국가 가운데 가장 높은 자살률과 가장 낮은 출산율을 기록하고 있음은 놀라운 경제 성장을 위해 지불한 대가가 무엇인지 보여주는 한 예에 불과하다. 한국에서 일어난 '한강의 기적' 수혜자 중 하나가 바로 한국 기독교라는 점에 많은 사람이 동의한다. 그리고 그 결과 한국 교회는 전대미문의 성장과 부를 이뤘다. 한국 정부는 서구화(보다 구체적으로는 미국화)에 대한 강한 갈망을 가지고 무속과 정령 신앙을 체계적으로 억눌렀다. 또한 1970~1980년대 복음주의 기독교 지도자들이 정부 지도자를 지지한 것은 개신교가 불교, 유교 등의 전통 종교를 대체하기에 적합하다는 인정을 받는 데 도움이 되었다. 기독교회와 교인의 급속한 수적 성장 덕분에 개신교 목사와 지도자들은 전국적인 유명 인사가 되었다. 1980년 이후 선교운동이 크게 도약한 것은 이런 성장의 영향을 받았음을 부인할 수 없다. 그리고 1980년대 이후 이런 사회경제적 환경에서 유능한 젊은이들이 선교에 동원되었다.

그러나 21세기에 들어 교회 성장은 정체되거나 심지어 역주행하기 시작했다. 비그리스도인과 상당수 그리스도인, 특히 젊은 세대에서 개신교를 신뢰하지 않는 경향이 나타났다. 한국의 종교에 대한 사회적 신뢰도를 알아보는 최근의 설문조사[1]는 한국 개신교에 큰 경종을 울렸다. 사회적 신뢰성 면에서 개신교는 가톨릭과 불교에 이어 3위였다. 사회가 개신교를 불신하는 주된 이유는 그리스도인들의 말과 행동이 회복 불가능할 정도로 불일치한다는 점, 물질주의적이고 자기중심적인 생활 양식과 관련이 있다. 요컨대 개신교는 예수 그리스도의 참된 제자가 아니라 성공, 권력, 명예, 부, 기타 물질적 축복 등 세속적인 것에 가치를 굳게 부여하는 번영 복음의 추종자로 여겨지고 있다. 이런 현상은 개신교가 한국의 언론과 문학에서 자주 조롱거리가 되고, 개신교를 소름 끼치는 모습으로 나타내는 '개독교'라는 표현이 만들어지는 데 크게 기여했다.

대중이 개신교를 불신하는 것에는 불공평한 면도 있다. 그 이유는 교회와 그리스도인에 대한 설문조사 응답자들의 이해가 잘못된 정보나 정보 부족에 기인한 경우가 많기 때문이다. 또한 종교나 종교기관에 대한 한국인의 신뢰도는 대체로 낮은 편이다.[2] 그러나 한국의 그리스도인과 교회에 대한 부정적 관점을 무시하고 외면할 수는 없다. 흔히 '가나안' 신자('안 나가'를 거꾸로 읽은, 일종의 언어 유희)라고 불리는, 교회에 출석하지 않는 그리스도인의 존재는 개신교가 봉착한 문제를 보여주는 또 다른 증거다. 만연한 사회적 불신도 문제지만 세습, 헌금 유용, 성추행, 교회와 선교지에서 일어나는 여러 형태의 갑질 등 두드러진 문제도 큰 걱정거리다.

한국 교회문화의 특징

개신교에 대해 한국 사회에 만연한 불신과 연관해 민족정신을 통해 형성된 한국 그리스도인(교회) 문화의 몇 가지 특징을 설명해 보겠다. 한국인 선교사라면 이 같은 특징으로부터 자유롭지 못할 것이다. 다음 목록은 우리 한국 그리스도인이 주의하고 스스로 벗어나야 할 문화적 가치 기준이다. 더욱이 선교사라면 다른 문화권으로 떠나기 전 이런 성향을 떨쳐내야 한다. 그러지 않으면 이런 경향이 선교사 자신뿐 아니라 선교 현장의 현지인에게도 걸림돌이 될 수 있다.

1. 섬김보다 성공 또는 성공을 위한 섬김

한국 그리스도인이 공유하는 가장 문제가 되고 그리스도인답지 않은 가치는 성공 중심의 사고방식이다. 이것은 개인의 노력을 결과에 기반해 평가하며 근면을 강조하고 서두름, 지위 추구, 심지어 남보다 앞서기 위해 부정행위를 하는 것과 연관된다. 한 가지 예로 근면에 대한 강조를 살펴보자. 기독교가 소개될 당시 한국은 극도로 빈곤한 국가였기에 열심히 일하는 것이 절실히 필요했고, 한국 기독교 지도자들은 이를 독려했다. 그래야 사람들이 빈곤을 극복할 수 있었기 때문이다. 한국의 그리스도인들은 어려서부터 근면의 가치를 배웠다. 나도 주일학교 예배 시간에 '삼천리 반도 금수강산'이라는 한국 찬송가를 자주 부른 기억이 난다. 이 찬송가는 1907년 국가 지도자 중 한 명인 남궁억(1863~1939년)이 지었다. 현재 이 곡에는 마태복음 9장 37절이 주제 성구로 표시되어 있지만(나중에 부가되었을 것으로 보임), 가사에는 복음적 느낌이 없고 그 대신 나라를 위해 시급히 일해야 한다는 내용(아마도 독립을 위해)이 들어 있다. 또한 그렇게 하는 것이 한국인을 향한 하나님의 부르심이라고 말하고 있다! 어떤 사람들은 식민지 지배를 받던 때 교회에서 부른 이 찬송가가 국가의 역할을 했을 것으로 본다. 1937년 이 곡이 일본 식민지 정부에 의해 금지된 첫 찬송가가 되어 부를 수 없게 될 만한 이유가 있었던 것이다! 또 어떤 사람들은 이 찬송가가 1970년대 한국인들이 열심히 일해 삶을 향상시키려는 의식을 고취한 새마을운동 노래 '잘 살아보세'의 탄생에 큰 영향을 끼쳤다고 말한다. 그리스도인들은 근면의 가치를 성경 말씀(잠 6:9-11; 살전 5:14; 살후 3:10)을 통해 재확인했다. 이것은 한국 교회가 빠른 속도로 자립하는 데 기여했다. 그리스도인 사업가들은 자기 가족뿐 아니라 교회와 교인들까지 경제적으로 돕기 시작했다. 한국이 일본으로부터 독립하고 한국전쟁의 고난을 겪고 나서 새마을운동은 한국 국민에게 돌파구를 마련해줬고, 이를 통해 그들은 경제적 자립과 더 나아가 국가적 번영을 가속화했다. 근면과 성공(또는 권력과 부)이 직결되어 있다는 이야기가 교회와 신학교에서 아무 비판 없이 강조되고 강화되었다. 젊은 시절 참석한 거의 모든 공예배 시간마다 목회자와 평신도 지도자들이 성공을 위한 기도를 드린 것을 기억한다. 한 가지 예는 "주여, 우리 자녀들이 꼬리가 되지 말고 머리가 되게 하여 주소서"라는 기도다. 이와 동일한 성공 개념은 한국 선교운동의 모든 요소에서 예외 없이 발견된다. 이런 배경에서 비그리스도인은 그리스도인과 교회에 대해 "그리스도인은 비그리스도인만큼 세속적이거나 오히려 더 심하다"라고 비난했다. "그리스도인들은 천국을 포함해 모든 것을 원한다"라는 이야기도 자주 듣는다. 한국 그리스도인과 교회가 종교적 세력 단체로 간주되고, 본국과 심지어 선교 현장에서 나타나는 갑질.[3] 증후군은 이런 종교와 권력 간 관계로 설명될 수 있을 것이다.

2. 예수보다 공자

한국 기독교는 교회 정치와 사역 관행에서 가부장적 위계질서를 중시하는 특징으로 말미암아 '유교적 기독교'로 알려졌다. 유교문화는 한국 기독교 가정에 깊이 스며들어 있다. 따라서 선교사 부부 사이의 문제나 선교사 부모와 자녀 사이의 문제는 자국에 있는 기독교 사역자 가정의 문제와 많은 부분에서 공통점이 있다.

이번 포럼의 일부 논문에서 한국을 '고맥락 문화'로 분류하고, 눈치가 한국에서 수백 년에 걸쳐 발달했다고 언급했다. 눈치는 개인과 직장의 대인관계에 매우 중요하며, 때로는 명문화된 규칙보다 우선하기도 한다. 유교의 가부장적 위계질서 때문에 눈치는 아랫사람, 여성, 젊은 세대, 또는 교육 수준이 낮은 사람들에게 더욱 요구된다. 한국 교회에서도 교회

직분의 위계질서가 발달했다. 목회자와 교회 내 평신도 가운데서 지위, 나이, 성별, 결혼 여부, 교육, 가정 배경 등은 누가 지도하는 입장이 되고 누가 한 걸음 뒤에서 따르는 입장이 될지를 결정하는 요인이 된다. 조선 시대의 오랜 유교문화에서는 왕에 대한 충성, 부모에 대한 공경, 친구에 대한 신의, 어른에 대한 예의가 인간관계의 바탕이 되는 미덕으로 간주되었다. 이런 미덕은 분명 그 자체로 훌륭하고 우리 삶을 꽃피우는 데 도움이 된다. 그러나 대인관계에서 이런 미덕은 안타깝게도 정의와 공공선에 대해 눈을 감아버리게 만든다. 한국인의 정(情, 인정의 줄임말)은 그와 같은 남용의 한 가지 예가 될 수 있다. 실질적으로 종교로서의 유교는 한국에서 존재하지 않지만 공자는 죽어서도 한국인의 삶 속에서 영향력 있는 존재감을 보여주고 있다.

3. 여성보다 남성

최근 한국에서 젠더는 큰 논란거리가 되고 있다. 서양의 성에 대한 급진적 이해와 제3의 성에 대한 합법화 움직임으로 말미암아 한국 사회는 먼저 젠더에 대한 제대로 된 논의를 거치지도 않고 젠더 이데올로기의 논란 속으로 뛰어들었다. 젠더의 개념에 대해, 이 개념이 어떻게 시작되었는지에 대해 시간을 들여 논의함으로써 하나님 보시기에 남자와 여자가 된다는 것의 의미가 무엇인지, 더 나아가 가정과 사회에서 남성 또는 여성으로 양육된다는 것의 의미가 무엇인지를 재고해 보도록 도울 수 있다. 서양에서, 기독교 내에서 '유전이냐 환경이냐(nature vs. nurture)'에 대한 논쟁은 오랜 역사를 가지고 있다. 그러나 한국에서는 이 모든 논의가 학계 일부(주로 여성학자)에 국한되어 왔는데, 이제는 차별금지법 내 동성애 포함 여부 문제와의 직접적 관계 때문에 젠더 이슈가 뜨거운 화젯거리가 되었다. 그러나 한국에서 젠더 연구는 반드시 필요하다. 남녀 모두(특히 중년 이상)에게 유교적 개념이 여전히 지배적인 위치를 점하고 있지만 밀레니엄 세대는 더 이상 그런 이상을 믿지 않는다. 이것은 세대 격차를 유례없이 크게 벌어지게 만들었다. 일반적으로 아이의 성별에 따라 어린 시절부터 각각 다른 이미지와 활동이 부과된다. 다만 특정 관행에 있어 개인과 가족에 따라 그 차이가 있다. 성별에 따라 다르게 부과되는 이미지는 결과적으로 불평등을 가져왔고 결혼에 있어서도 여러 가지 문제를 야기했다. 성평등은 기독교가 한국에 전파된 초기에 강력하게 옹호한 주제임에도 최근 사역에서 남녀의 역할과 관련해 오히려 문화적으로 뒤떨어져 있다. 분명히 복음주의적 교회에서는 오랜 기간 성직자나 평신도 지도자 중에 여성을 찾아보기 어려웠다. 이로 말미암아 여성은 자신의 가치가 덜 인정받는다고 느끼게 되었고, 교회 내 의사결정에서 여성은 관심을 적게 갖거나 아예 눈을 감는 입장에 서게 만들었다. 반면 일반 사회에서 여성의 지위는 현저하게 발전했다.

선교사와 목회자에게 발생하는 결혼 문제와 성추행 사건은 기독교 사역자가 젠더, 성, 결혼, 가정에 대해 적절한 관점에서 배우고 생각할 기회가 없었음을 나타낸다. 그들은 교회와 가정에서 하나님의 사역을 위해 이성과 건강한 동반자, 배우자 관계를 유지하는 방법을 모른다. 2016년 발생한 강남역 살인 사건 이후 20~30대 한국 여성은 불평등과 여성 혐오에 대해 목소리를 높이고 있다. 그들 중 다수는 여성 인권을 지지하며 이해관계에서 자신의 입지를 강화하고 있는데, 교회도 예외가 아니다. 이 연령대의 많은 여성은 결혼과 출산에 대해 무관심해졌다. 한편 목회자들은 창세기 1장 28절에 근거해 출산을 독려하는 목소리를 내고 있다. 그러나 이와 동시에 그들은 여성을 잘못 대함으로써 국가적 위기를 조장하고 있다. 나는 교회가 여성에 대해 가진 선한 의도를 평가절하하거나 혹독하게 비난하려는 것이 아니다. 그러나 교회 내에서 활발히 진행 중인 전국 규모의 또 다른 운동은 남녀와 그들의 사랑에 대해 말하는 성경의 선한 메시지를 언급조차 하지 않는다. 이 운동 이면에 외국인 혐오 또는 난민, 외국인 노동자, 탈북자를 배척하는 태도가 숨어 있지 않은지 의심된다.

독신은 한국 교회와 선교 현장에서 민감한 또 하나의 문제다. 19세기 말부터 선교 현장은 서양 기독 여성에게 평등한 기회를 주는 사역지로 여겨졌다.[4] 종교개혁 이래 독신은 개신교에서 고난 받는 개념 중 하나였다. 16세기에 개신교 개혁주의자들이 결혼을 찬미한 것은 독신에 대한 성경의 가르침에 대한 오용과 남용을 비난한 것이었다. 로마 가톨릭 교회에서 성직자의 독신을 의무화한 사례에서 보듯 독신이 잘못 해석되고 잘못 적용되었던 것이다.

예수 그리스도는 결혼과 가정을 축복하셨지만 누구든지 하나님의 뜻을 행하는 자가 그의 형제요 자매요 어머니라고 말씀하심으로써 새로운 개념의 가족을 선포하셨다(마 12:50; 막 3:35; 눅 8:21). 성경은 하나님을 믿는 모든 사람에게 선교와 사역의 긴박성에 대해 말하면서 고린도전서 7장에서 설명하듯 그런 목적을 위해 어떤 사람에게는 독신이 특별한 은사로 주어졌다고 말한다. 특히 여성에게 결혼 적령기라는 개념은 출산과 연관이 있는데, 유교문화를 가진 한국과 한국 교회에서 공공연하게 언급되고 있다. 그러나 결혼이라는 일차적 신분은 아우구스티누스와 중세 신학자들의 가르침과 달리 생식이나 성적 욕구를 해소하기 위한 것만은 아니다. 결혼의 유익은 우선 동반자 관계(창 2:18)에 있다고 이해해야 한다. 따라서 결혼은 남녀 모두의 영적·정신적·사회적 성숙과 독립을 요구한다. 그러나 대단히 가족 중심적인 한국 사회에서 독신자는 제대로 된 대우를 받지 못한다. 독신자는 부모에 의해 강제로 결혼을 당하기도 한다. 그 부모의 결혼생활도 그리 행복해 보이지 않는데도 말이다. 이런 점에서 교회 역시 사회와 별반 다르지 않으며, 교회 내의 독신자들은 소외감을 느낀다.

4. 천국보다 국가

이런 태도는 한국이 기독교 선교에 참여하기 시작한 당시 한국의 역사적 상황과 밀접한 관련이 있다. 19세기 말 한국은 세계 정세를 파악하기에 너무나 고립되어 있었다. 서구 제국주의의 확장과 식민지 원정 그리고 극동 지역의 러시아, 중국, 일본 간의 패권 다툼은 이미 진행되어 그들은 언제든 한국을 삼킬 준비가 되어 있었다. 일본이 한국을 병합했을 때 한국 그리스도인들은 몇몇 선교사의 지원을 받아 애국지사로서 나라의 독립을 위해 일하기 시작했다. 2019년은 1919년에 일어난 3·1운동의 100주년을 기념하는 해였다. 3·1운동은 기독교 지도자들이 독립선언서 초안 작성을 비롯해 여러 방면에서 깊이 관여한 것으로 널리 알려져 있다. 이후 수십 년간 상당히 많은 그리스도인이 목숨을 걸고 기독교 선교에 참여했다.

식민지시대와 한국전쟁 중에, 그 이후에 한국 기독교는 나라의 운명을 놓고 기도하며 실천하는 중심 역할을 했다. 지금도 많은 그리스도인은 공적 기도와 개인 기도를 할 때 나라의 평안과 번영을 위해 간구한다. 국가적으로 이뤄낸 성공의 역사에 대한 자부심이 교회 내에서도 매우 강하다. 이 자부심은 국내 체류 외국인 노동자나 선교지의 현지인에게 국수주의적 자만심으로 비치기도 한다. 이런 사고방식은 교만, 갑질, 좌절감, 분노 등으로 표출되기도 한다. 1903년 원산부흥운동에 대해 들어 본 사람이 있을 것이다. 이 운동은 1907년 평양대부흥운동의 도화선 역할을 했다. 원산부흥운동은 캐나다인 의료 선교사 로버트 A. 하디(1865~1949년)의 회개로부터 시작됐다고 알려졌다. 1903년 여름, 젊고 유능한 선교사인 하디는 원산에서 자신의 선교 사역이 열매를 맺지 못하는 상황에 대해 분노와 낙심이 가득했다. 그때 원산에 휴가 차 와 있던 몇 명의 선교사와 성경을 공부하며 기도하던 중 하디는 스스로를 양대인(洋大人)으로 여긴 채 사역을 하고, 한국인들을 밥이나 얻어먹으려고 교회를 찾아온 사람들로 업신여기고 있음을 깨달았다. 그가 이런 교만한 태도를 회개하자 부흥이 일어나 그 불씨가 한국 여러 곳으로 번져 나갔다.[5] 타문화 맥락에서 섬기는 가운데 자국에 대한 자부심으로부터 완전히 자유로운 기독교 사역자는 선교 역사상 많지 않았다. 그러나 국수주의적이고 기고만장한 태도는 복음 전파나 기독교 선교 확장에 결코 도움이 되지 않는다.

새뮤얼 H. 모펫(1864~1939년)은 1919년 독립운동에 엉겁결에 참여하게 된 일화를 남겼다. 1919년 그는 몇몇 미국인 선교사가 한국인들의 거사에 동참하려 한다는 소식을 듣고 상황에 대해 알아보기 시작했다. 더 나아가 그저 독립을 위해 구호를 외치기만 하는 평화 시위를 한 한국인에게 일본 경찰이 어떤 잔학 행위를 했는지 알리게 되었다.[6] 선교사들은 자국 정부의 이익과 규제에 지배를 받으며 쉽게 좌우되는 것이 사실이지만, 많은 수의 서양 선교사가 독립 지도자들과 각별한 친분을 유지했음이 밝혀졌다. 선교사들의 이런 선택은 한국인들이 다른 종교보다 기독교를 신뢰하게 되는 명분을 제공했다. 우리의 국적이 어떠하든지 천국의 시민권을 가진 사람으로 자처하면서 공의를 위해 일하지 않는다면 사람들은 우리를 결코 하나님 나라를 위해 일하는 그리스도인으로 보지 않고 단지 자국의 이권을 위해 종사하는 사람으로만 볼 것이다.

나는 1980년대 베드로전서 2장 9절을 인용하면서 한국이 세계 선교를 이끌 선택된 국가라고 이구동성으로 강조한 목회자들과 선교운동가들을 기억한다. 그들은 한국이 겪은 역경과 끈기, 인내, 노력을 통해 이룬 유례없는 성공의 역사는 모두 하나님의 섭리였으며, 하나님이 일으켜 세운 한국이 선교의 바통을 미국으로부터 이어받았다고 했다. 감사하게도 한국의 선교운동은 단기간에 모든 대륙에서 놀랍도록 효율적으로 추진되었고 많은 영향을 끼쳤다고 말할 수 있다. 그러나 동시에 우리는 한국인 선교사들이 자신의 문화적 굴레를 벗기 위해 필요한 디브리핑 과정을 밟지 않았을 때 여러 문제를 야기하고, 그들 자신도 상처 입었음을 인정한다.

선교기관과 파송 교회의 책임 ──────────────

이번 포럼에서 우리는 선교사의 정신건강을 지키고 선교 사역을 더욱 안정시키기 위해 멤버케어 체계가 필요하다는 내용을 분명하게 다뤘다. 멤버케어는 선교사 선발 과정부터 시작해 은퇴 시점까지 포괄한다. 선교사의 현지 사역 기간 중 선교사와 그 가족의 필요를 다루기 위해 멤버케어 체계가 (아마도 외부의 케어 제공자와 공동으로) 마련되어야 한다. 그런 서비스가 제공된다면 선교사가 어려움에 직면했을 때 도움을 받기가 수월해질 것이다. 전문 상담사로 이뤄진 단기선교팀으로도 큰 격려가 될 것이다. 2015년 6월 횃불트리니티신학대학원대학교(TTGU)는 대형 지진이 발생한 네팔 지역에 상담사 자격을 가진 교수와 학생으로 구성된 '엔젤 프로젝트' 팀을 2개월간 파송해 현지인들이 재난으로 받은 충격을 극복하도록 도왔다. 아시아와 아프리카 지역에서 기독교 상담 프로그램을 제공하는 신학교는 몇 곳뿐이지만 대부분의 한국 신학교에는 기독교 상담학 과정이 있다. 따라서 파송 교회나 선교기관이 한국의 상담학 과정이나 상담센터와 협력해 멤버케어 팀을 제공하여 선교사의 정신건강의 필요를 채울 수 있다면 바람직한 일일 것이다.

발표에서 언급된 대로 선교사의 정신건강은 재정적 안정과도 관련이 있다. 남서울교회의 모범 사례는 특히 파송 선교사를 그들의 은퇴 시점에서 어떻게 보살펴야 하는지를 설명해주어 큰 도움이 됐다. 내가 근무하는 학교에 다니는 선교사 학생들은 재정적 제약 때문에 안식년을 가지기가 어렵다고 자주 털어놓는다. 그들의 말에 따르면 안식년 기간 중에는 재정 지원이 크게는 70%까지 삭감된다고 한다. 그런데 한국에서의 생활비는 선교 현장에서의 생활비보다 높다. 선교지에서 갑자기 추방당하거나 그 외의 충격적 상황을 당할 경우 선교사가 이에 적절히 대처하기는 쉽지 않다. 나는 20세기 초 미국인 여성 선교사에 대한 연구를 통해 파송 교회와 선교기관은 자신들이 보낸 선교사를 반드시 보살펴야 한다는 것을 확신하게 되었다. 메리 컬러 화이트(Mary Culler White, 1875~1973년)는 1901년 애틀랜타 남감리회의 파송을 받아 남감리회 여성해외선교회(WFMSMECS) 소속으로 중국에 갔다. 그녀는 1903년 8월 휴가 차 원산을 방문해 한국으로 파송된 선교사들을 만나 친목을 다졌다. 그 당시는 부흥이 일어나던 시기여서 로버트 하디를 비롯한 선교사들이 함께 모여 기도하며 성경공부를 진행했다. 화이트 선교사는 1943년 중국 정부에 의해 추방당할 때까지 중국에서 사역했고, 이후 미국으로 돌아가 자신을 중국으로 파송한 조지아 주에 있는 교회를 섬기면서 세상을 떠날 때까지 선교사로서의 삶을 살았다.

여성해외선교회와 남감리회 선교부의 회의록과 보고서를 읽으면서 나는 우리 선교사들을 보다 포괄적으로 보살펴야 한다는 확신을 갖게 되었다. 여성해외선교부의 제26차 연례보고서를 보면 다음과 같이 기록되어 있다.

"하나님이 본 기관을 통해 성취하신 것을 기뻐하는 한편 우리는 우리가 파송한 **사절단**(필자 강조)이 과중한 업무 때문에 과로로 쓰러지고 있다는 사실을 외면할 수 없다. 또한 그들은 증원이 계속 미뤄지면 이미 이뤄놓은 영광스러운 성공이 해를 입을까 걱정한다. 상황은 참으로 위태롭다. 본국에서는 교인수 증가가 기대에 미치지 못하고, 해외 사역 후보자는 거의 없고, 헌신자들은 아직 훈련이 충분하지 못하며, 후원금도 부족하여 우려되는 상황이다. 올해 훈련 학교 졸업생 중 네 명만이 해외 선교에 지원했는데, 중국만 하더라도 최소 네 명의 새로운 선교사가 필요하다. … 우리 기관의 첫 시범 기간에 해당하는 몇 년이 지난 이 시점에서 선교사들의 자기부인과 고난은 과거의 일이 되었어야 마땅하다.”_7

제안과 결론 ─────────────────────

본국 목회자들의 생활과 마찬가지로 해외 선교사들의 생활도 일정 기준을 통해 보호받아야 한다. 그래야 사역과 복음 증거에서 성과를 낼 수 있다. 선교사의 생활을 표준화하고 정규화하는 것은 선교사가 과도한 스트레스를 겪지 않도록 지켜주는 데 도움이 되며, 선교사가 추방이나 트라우마 같은 도전적 상황에 직면할 때 정신질환이 생기는 것을 방지하는 데 도움이 된다. 선교사의 정신건강을 위해 적절한 돌봄을 제공하는 것은 선교사 자신뿐 아니라 선교 사역 자체를 위해서도 중요하다. 그것은 선교 현장과 선교기관에서 경험을 쌓은 선교사는 대체불가능한 자원이기 때문이다. 따라서 나는 한국 선교사를 돌보기 위해 우리가 더 많은 관심을 기울여야 할 다섯 가지 영역을 제안하고자 한다. 첫째, 우리는 한국 그리스도인으로서 인격 목록 수준을 넘어 우리가 누구인지에 대해 비판적 이해를 발전시켜야 한다. 이것은 자신이 처한 사회역사적 맥락으로부터 자유로운 사람은 아무도 없기 때문이다. 둘째, 생활수준에 대한 우리의 기대치를 정규화할 필요가 있다. 성공 지향적 문화는 사람들이 성공,

근면, 목표 달성을 지향하도록 몰아가고 있으며 건강, 가족, 공동체, 심지어 영적 수행조차 그런 목적 달성을 위한 수단으로 간주한다. 셋째, 우리 선교사들의 휴가, 안식 기간, 은퇴연금 등이 보장되어야 한다. 시니어 선교운동의 증가에 대한 최근 통계는 이런 측면에서 고무적이다. 넷째, 모든 선교사 파송 단체는 반드시 (통일된) 멤버케어 체계를 갖춰야 한다. 마지막으로, 선교사들은 영성 지도 프로그램 또는 멘토링/코칭 프로그램 같은 영성 훈련 프로그램을 반드시 받아야 한다. 여러 연구자가 이미 주장한 것처럼 영적 웰빙과 정신건강, 선교 사역은 서로 밀접하게 연결되어 있다.[8]

끝으로 시편 107편 6-7절 말씀을 전하고자 한다. "이에 그들이 근심 중에 여호와께 부르짖으매 그들의 고통에서 건지시고 또 바른 길로 인도하사 거주할 성읍에 이르게 하셨도다." 그리스도인은 여러 근심거리를 만나게 되고, 그런 근심거리는 만날 때마다 더욱 커진다. 왜냐하면 우리의 걱정과 두려움을 그것에 덧붙이기 때문이다. 그러나 우리가 하나님의 자비를 구할 때 근심거리가 우리에게 가져오는 스트레스와 곤고함을 하나님이 맡아주신다. 근심거리를 만나고 나서 주님의 구원을 받는 양상이 우리 삶에서 반복될 때 다음 말씀에 주어진 하나님의 약속을 기억하며 서로를 격려할 수 있다. "수고하고 무거운 짐 진 자들아 다 내게로 오라 내가 너희를 쉬게 하리라"(마 11:28). "그러므로 내 사랑하는 형제들아 견실하며 흔들리지 말고 항상 주의 일에 더욱 힘쓰는 자들이 되라 이는 너희 수고가 주 안에서 헛되지 않은 줄 앎이라"(고전 15:58).

23
"우리가 이 보배를 질그릇에 가졌으니…":
정신건강과 하나님의 종들

조나단 J. 봉크

관점

기독교 선교라는 큰 맥락 안에서 우리의 정체성과 위치를 이해하는 것은 이번 포럼과 같은 모임에서 도움이 된다. 초대교회는 그 미약한 탄생 직후 실존적 위기를 맞았다. 스데반이 돌에 맞아 죽은 후(행 7장) "예루살렘에 있는 교회에 큰 박해가 있어 사도 외에는 다 유대와 사마리아 모든 땅으로 흩어졌다"(행 8장). 익히 알다시피 예수의 추종자들을 말살하려는 맹렬한 공격의 주동자는 사울이었다. 그랬던 그가 역사상 가장 유명하고 큰 영향력을 떨친 선교사가 되었다. 이후 사람들은 그의 가르침과 방식을 계속 응용하고 모방했다.

바울은 사역 내내 신체적 폭력과 실망, 피로에 시달렸기에 그에게 트라우마와 외상 후 스트레스 장애가 있었으리라고 충분히 짐작할 수 있다. 그는 의사인 누가와 종종 만났지만 자신의 상태에 대해 오늘날과 같은 진단과 치료를 받는 사치는 누리지 못했다. 그는 고린도 교인들에게 보낸 두 번째 편지에 자신이 받은 고난과 잔혹한 핍박에 대해 적었다. 에베소에서는 더 혹독한 상황이 그를 기다리고 있었다. 이런 내용은 읽고 상상하는 것만으로도 괴롭다(고후 11:16-12:10).

내가 다시 말하노니 누구든지 나를 어리석은 자로 여기지 말라 만일 그러하더라도 내가 조금 자랑할 수 있도록 어리석은 자로 받으라 내가 말하는 것은 주를 따라 하는 말이 아니요 오직 어리석은 자와 같이 기탄 없이 자랑하노라 여러 사람이 육신을 따라 자랑하니 나도 자랑하겠노라 너희는 지혜로운 자로서 어리석은 자들을 기쁘게 용납하는구나 누가 너희를 종으로 삼거나 잡아먹거나 빼앗거나 스스로 높이거나 뺨을 칠지라도 너희가 용납하는도다 나는 우리가 약한 것같이 욕되게 말하노라 그러나 누가 무슨 일에 담대하면 어리석은 말이나마 나도 담대하리라 그들이 히브리인이냐 나도 그러하며 그들이 이스라엘인이냐 나도 그러하며 그들이 아브라함의 후손이냐 나도 그러하며 그들이 그리스도의 일꾼이냐 정신 없는 말을 하거니와 나는 더욱 그러하도다 내가 수고를 넘치도록 하고 옥에 갇히기도 더 많이 하고 매도 수없이 맞고 여러 번 죽을 뻔하였으니 유대인들에게 사십에서 하나 감한 매를 다섯 번 맞았으며 세 번 태장으로 맞고 한 번 돌로 맞고 세 번 파선하고 일 주야를 깊은 바다에서 지냈으며 여러 번 여행하면서 강의 위험과 강도의 위험과 동족의 위험과 이방인의 위험과 시내의 위험과 광야의 위험과 바다의 위험과 거짓 형제 중의 위험을 당하고 또 수고하며 애쓰고 여러 번 자지 못하고 주리며 목마르고 여러 번 굶고 춥고 헐벗었노라 이 외의 일은 고사하고 아직도 날마다 내 속에 눌리는 일이 있으니 곧 모든 교회를 위하여 염려하는 것이라 누가 약하면 내가 약하지 아니하며 누가 실족하게 되면 내가 애타지 아니하더냐 내가 부득불 자랑할진대 **내**

가 약한 것을 자랑하리라 주 예수의 아버지 영원히 찬송할 하나님이 내가 거짓말 아니하는 것을 아시느니라 다메섹에서 아레다 왕의 고관이 나를 잡으려고 다메섹 성을 지켰으나 나는 광주리를 타고 들창문으로 성벽을 내려가 그 손에서 벗어났노라 … 너무 자만하지 않게 하시려고 내 육체에 가시 곧 사탄의 사자를 주셨으니 이는 나를 쳐서 너무 자만하지 않게 하려 하심이라 이것이 내게서 떠나가게 하기 위하여 내가 세 번 주께 간구하였더니 나에게 이르시기를 내 은혜가 네게 족하도다 이는 내 능력이 약한 데서 온전하여짐이라 하신지라 그러므로 도리어 크게 기뻐함으로 나의 여러 약한 것들에 대하여 자랑하리니 이는 그리스도의 능력이 내게 머물게 하려 함이라 그러므로 내가 그리스도를 위하여 약한 것들과 능욕과 궁핍과 박해와 곤고를 기뻐하노니 이는 내가 약한 그때에 강함이라

바울은 일관되게 자신의 연약함의 신학을 통해 여러 가지 어려움을 극복했다. 그는 빌립보 교인들에게 "내게 능력 주시는 자 안에서 내가 모든 것을 할 수 있느니라"고 설명했다(빌 4:13).

2,000년이 지난 오늘날 교회는 진정으로 보편적 교회가 되었다. 기독교 역사상 분명히 많은 복음 전파자들에게 정신적 질병이 있었겠지만 그런 증상을 적절히 묘사하거나 다룰 만한 어휘나 개념적 틀은 대부분의 기간 중 존재하지 않았다. 심리학이나 정신의학을 가르치는 학교도, 치료사도, 치료 센터도 없었다. 그러나 외상 후 스트레스 장애는 분명히 존재했을 것이다.

모든 문화와 시대마다 정신질환을 이해하고, 설명하고, 식별하고, 예방하고, 다루는 저마다의 방식이 있었다. 우리는 스스로를 상대적 특권의 수혜자로 여긴다. 우리 조상 대다수가 구경조차 못 해 본 혜택과 기대

502

수준에 길들여진 사회의 구성원이 되었다. 하지만 오늘날 전 세계 그리스도인 중 상당수는 이런 혜택에 대해 알지도 못한다.

이제 나는 이번 포럼에서 발표되고 논의된 통찰력이 탁월한 사례 연구들을 짧게 요약하려고 한다. 그런데 이 모임이 100년 전, 1,000년이나 2,000년 전에 이뤄졌다면 인간의 나약함을 다루기 위해 전혀 다른 분석 도구와 개념을 동원했을 텐데 대부분 신학적이고 목회적인 성격의 도구와 개념이었을 것이다. 결국 근본을 파헤쳐 보면 그와 같은 것들이 지금까지도 우리 그리스도인에게 고유한 것이며, 확실한 기초라고 믿는다.

내 생각을 정리하기 위해 이번 사례 연구를 논리적 발전 단계에 따라 크게 네 가지 범주로 분류했다. 다만 각 범주의 기준이 상호배타적이지 않은 관계로, 어느 정도의 중첩과 반복이 있을 것이다. 나는 이번 포럼을 마무리하면서 발표된 내용을 이 단계별로 요약하겠다.

사례 연구의 네 가지 범주

1. 선교사의 환멸과 낙심, 우울증

선교사의 환멸과 낙심, 우울증이라는 틀 안에 세 편의 사례 연구가 자연스럽게 어울리는 듯하다. **루스 맥스웰 박사**는 연혁과 규모 면에서 가장 명망 있는 선교기관 중 하나인 SIM 인터내셔널 소속 선교사이자 동시에 선교사들을 돌보는 사람으로 다년간 경험을 쌓았기에 그녀의 말은 설득력이 있다. 그녀는 용감무쌍한 선교사가 모든 어려움을 극복한다는 장밋빛 환상 대신 우리가 질그릇에 보배를 가졌다는 현실을 상기시킨다. 이 보배는 우리에게서 난 것이 아니라 하나님께로부터 왔다. 선교사들과 모든 하나님의 종에게 '절망, 낙심, 환멸, 낙담, 실망'은 사역 가운데 마주칠 수밖에 없는 일종의 표준이다. 분명 예수님은 그랬다. 그분은 청년에 불과했고, 수십 년에 걸친 다문화 사역을 겪은 유경험자가 아닌데도 말이다!

사역 시작 전의 기대와 사역지 현실 사이의 엄청난 간극을 메울 방법은 없다. 이런 간극은 결혼, 자녀, 직업 등에 대한 기대를 가진 이후 실제로 경험했을 때 사람이라면 누구나 느낄 만한 것이다. 인지 부조화가 생기는 것은 당연하다. 젊은 시절의 순진한 기대와 실제 삶 사이의 간극이 너무나 커서 다리를 놓을 수 없기에 순례자는 그 먼 길을 한 걸음씩 내디디며 걸어가야 한다. 게다가 선교사라는 직책에 따른 역할 기대는 스트레스를 가중시킨다. 바울이 자신과 동료 선교사들에 대해 "하나님이 사도인 우리를 죽이기로 작정된 자같이 끄트머리에 두셨으매 우리는 세계 곧 천사와 사람에게 구경거리가 되었노라"(고전 4:9)고 언급한 수준의 기대를 한국과 서양 사회는 이미 넘어섰다. '선교사'라는 지위와 역할에 걸맞은 삶을 산다는 것은 우리 대부분에게 어려운 정도가 아니라 불가능할 정도다. 맥스웰 박사의 논문에 등장한 부부가 결국 그들의 실망감을 극복했는지는 밝히지 않았지만 앰버는 성경을 상고하면서 전진을 위한 실마리를 찾고자 했다.

홍경화 박사의 탁월한 논평을 통해 우리는 '다른 문화에 적응하는 동시에 가정과 사역의 균형을 맞추려는' 선교사들이 어둠 속에서 희망을 잃는 경우가 너무 많다는 사실을 확인했다. 교회와 선교기관은 승리의 소식을 전하는 '결과' 보고 대신 선교사의 내면과 대인관계에 더욱 초점을 맞춰야 한다는 그녀의 주장에 동의한다. 또한 그녀는 선교사를 영적·정서적으로 지원하기 위해 교회와 선교기관이 체계적으로 접근하면서 디브리핑, 상담, 심리 검사 등을 활용해야 한다고 제안한다. 파송 전 훈련 또는 여러 단기 프로그램이나 다문화 체험을 활용한다면 신참 선교사와 그 후원자들이 장밋빛 환상에서 벗어나는 데 도움이 될 것이다. 그래야 선교에 대한 기대가 현장의 실상과 부딪혀 무참히 깨지는 것을 막을 수 있다.

김도봉 박사는 슈퍼맨 환상에 맞춰 살아가려는 '설악산'이라고 이름 붙인 한 목사의 무모하고도 파괴적인 노력에 대한 실감나는 이야기를 들려줬다. 직책과 이에 수반되는 역할과 기대는 타인을 통해 주어지기도 하고 스스로 만들기도 한다. 주변이 우리를 무엇이라고 부르느냐에 따라 자아가 규정된다는 점은 인간이 피할 수 없는 가혹한 현실이다. 선교사가 된다는 것은 출세의 한 방편이자 더 높은 사회적 지위에 따를 법한 여러 혜택을 얻는 방법 중 하나다. 실제로 역사상 특정 시기, 특정 사회에서는 선교사가 되는 것이 높은 지위를 얻는 한 방법이기도 했다.[1]

그러나 이런 직책에는 역할과 기대가 수반된다는 사실이 김도봉 박사가 제시한 사례에 생생하게 묘사되었다. 이런 기대는 프로크루스테스의 침대와 같다.[2] 이런 역할로부터 벗어날 방법은 없다. 사람들은 선교사의 성격과 인품이 그의 지위와 일치할 것으로 기대한다. 역할에 대한 성실성 여부가 선교사의 신뢰성에 결정적 요소로 작용한다. 종교 생활이 직업이 된 우리 같은 사람들은 항상 믿는 대로 말하고 행동하는 것처럼 보이고 싶은 유혹을 받는다. 이런 경우 역할에 대한 불성실함은 모순된 메시지를 전달하는 기능을 한다.[3] 성공 중심 문화를 가진 한국과 서양 여러 나라의 목회자와 선교사는 감당할 수 없을 만큼 무거운 영적·문화적 기대를 짊어진다. 김도봉 박사는 그의 사례 연구를 통해 특정 맥락(P국가)에서 주어진 직책의 역할 완수가 반드시 다른 맥락(캐나다)에 있는 한국인 목회에서도 성공과 조화로운 사역을 보장하지 않는다는 것을 상기시켜 준다. '선교사 정신건강 돌봄의 여정 지도'는 설악산 목사 부부가 신체적·정신적·관계적 어려움을 겪으면서 맺게 된 긍정적 열매 가운데 하나다. **켐퍼 박사**의 논평을 통해서는 선교사들의 초인적 '영웅담'을 통해 청년들에게 선교 사역에 대한 헌신을 권하곤 했지만, 선교사들을 단편적으로 성인처럼 묘사한 것은 결과적으로 선교사 자신과 동료, 소명에 대해 깊은 좌절과 환멸을 가져왔음을 상기할 수 있었다.

선교사의 환멸과 낙심, 우울에 대한 사례 묶음 중 세 번째 논문을 쓴 **조나단 강 박사**는 한국인 관점에서 선교사의 분노에 대한 통찰력 있는 분석을 내놓았다. 그는 분노가 한국인만의 문제는 아니라고 보았다. 분노는 인류 전체를 관통하는 보편적 문제다. 그럼에도 여러 한국인을 가까운 친구와 동료로 둔 특권을 가진 우리로서는 "한국인은 열렬하고 열정적이고 감정적이며 … 쉽게 화를 내고" 물불을 가리지 않고 '개선과 발전'을 추구하는 경향이 있다고 말한 강 박사의 표현에 동의하지 않을 수 없다. 그는 한국인의 '한(恨)'이나 화산처럼 폭발하는 '울화병'은 한국인의 열등의식과 타인의 상대적 성공에 대한 부러움이 어떤 대가를 치르더라도 체면을 지켜야 한다는 뿌리 깊은 사회적 압박감과 결합되어 나타나는 것이라고 말한다. 한국인의 일에 대한 집중력과 과업 중심적 태도, 존재(being)보다 구체적 활동(doing)을 강조하는 경향이 정신적 압박감을 키워 분노 폭발로 이어진다. 나는 한국인이 아니라서 강 박사의 글을 충분히 이해할 수 없지만, 나이를 먹을 만큼 먹은 입장에서 말하건대 한국인의 단점이 무엇이든 간에 한국인을 통해 모든 나라, 특별히 전 세계의 기독교 선교 공동체가 더욱 풍요로워졌다고 확신한다.

2. 선교사의 관계 역동성과 갈등

이어지는 네 편의 사례는 관계 역동성과 갈등이라는 주제와 긴밀히 연관된다. 이들 '질병'의 공통점은 대인관계를 심각하게 훼손한다는 점이다. 기독교 신앙은 근본적으로 관계적 신앙, 즉 하나님과의 화해와 서로의 화해를 강조하는 신앙이다. 그런 의미에서 이들 사례를 주의 깊게 살펴볼 필요가 있다.

인간을 구분하는 기준 가운데서 인종과 각 인종을 구분하는 외견상의 특징은 다루기가 무척 조심스럽다. 그리스도인조차 가장 악독한 종류의 인종차별주의에 동조할 수 있다는 점을 간과해서는 안 된다. 1493년 5월 4일, 로마 교황 알렉산더 6세가 내린 '기독교적 칙서(Inter Caetera)'가 스페인이 서방 대륙('신세계')을 침략하는 데 큰 영향을 주었다는 점을 기억해야 한다. 그 문서는 한 해 앞서 콜럼버스가 '발견'한 땅에 대한 스페인의 독점권을 정당화한 백지수표나 다름없었다. 또한 역사상 최악의 인종말살과 토지 약탈이 자행되도록 '기독교적' 신학의 근거를 제공한 셈이 되었다.[4]

김수현 박사는 타문화 연구, 사회학, 심리학 등이 제공하는 해석의 정당성을 인정하는 한편, 국제 선교기관 내의 소수 인종이 경험하는 '타자성'을 설명하거나 개선하는 데 이들 각 학문은 부분적으로 유용할 뿐이라고 말한다. 김수현 박사는 국제 선교기관의 틀 안에서 버텨내는 한국인 선교사들은 상당한 전략적·신학적 유익을 얻는다고 결론지으면서, 그렇게 버티기 위한 여섯 가지 지침을 제시한다. 그러나 그 과정에서 개인의 정체성은 큰 대가를 치르게 된다고 말한다. **퍼트리샤 톨런드**의 통찰력 있는 논평은 이 점에 대해 건설적 동의를 보낸다. 그런 대가를 치르는 것이 이 문제와 연관된 당사자에게, 기독선교사의 신빙성에 그만큼의 가치가 있을까? 그럴 수도 있다. 그러나 문화적 우위를 선점한 사람들이 자신과 다른 '그들'을 진정으로 포용하는 것은 생각보다 훨씬 어려운 일이다.

이현숙 박사의 사례 연구는 부부가 비슷한 문화적·사회적 배경에서 자랐고, 같은 신학 이해와 선교 비전을 공유하는 결혼관계에서조차 관계 갈등은 얼마든지 일어날 수 있다고 말한다. 이현숙 박사의 예리한 통찰은 문화적 조건화, 고도로 이상화된 성 역할과 직업 역할 기대가 성경이 가르치는 이상, 원리와 첨예하게 대립될 경우 결혼과 사역을 훼손하고 침식하고 파괴할 수 있음을 보여준다. **벤 토레이 신부**의 논평은 결혼과 사역을 왜곡시키는 프로크루스테스의 침대 같은 문화적 기대로부터 벗어나는 유일한 길은 유교적 조건화, 교회와 사역 역할에 대한 이상화와 기대를 성경에 근거해 변화시키는 것뿐임을 상기시킨다.

선교사 자녀들의 신경발달장애와 정신건강을 다룬 **낸시 크로퍼드 박사**의 사례 연구는 이현숙 박사의 사례 연구에 대해 논리적 보완을 하고 있다. 크로퍼드 박사는 전 세계 부모가 직면한 딜레마, 즉 자원 결핍 때문에 아이들의 필요를 충분히 채워주지 못하는 문제에 대해 경각심을 일깨운다. 이것은 선교사 가족만의 문제가 아니다. 오히려 선교사 자녀가 누리는 서비스와 특권은 그들과 함께 지내는 현지인 자녀의 99%가 경험하는 수준보다 월등히 낮다고 해도 과언이 아니다. 그러나 서구 또는 한국인 선교사가 지닌 문화적 특권 의식, 본국에 돌아가면 로버트의 ADHD나 레베카의 특정학습장애(SLD)를 치료할 대안이 있다는 현실 인식은 부모로서 느끼는 좌절과 죄책감을 더욱 무겁게 만들 수 있다. 이런 딜레마는 개신교 선교 활동에서 가족을 함께 파송하기 시작한 이후 쭉 있어 왔다.[5]

크로퍼드 박사 같은 이들의 섬김은 선교사 가족에게 너무나 소중하다. 장애의 판정과 식별은 장애에 따른 피해를 이해하고, 피해에 대처하고, 가능한 경우 장애를 치료하기 위한 희망의 시작이다. 크로퍼드 박사의 사례 연구가 마무리되었다는 이야기를 선교사 가족들이 들으려면 어느 정도 시간이 걸릴 것이다. **제니 박 박사**의 논평에서 지적하듯 한국인 선교사 가족은 주의력결핍과잉행동장애나 학습장애를 치료하는 것은 고사하고 그런 장애를 이해하고 받아들이기조차 힘겨운 독특한 문화 장벽에 직면해 있다. 이런 영역에서 우리 모두 더 많은 공부가 필요한데, 그런 지식을 우리 자녀들의 행복을 위해 기능적으로 활용하는 과정에서 우리가 소속되고 자녀 양육의 바탕이 되는 문화가 어떤가에 따라 도움을 받거나 오히려 방해를 받을 수 있다.

관계 역동성과 갈등에 대한 논문 묶음에 성중독을 사려 깊게 고찰한 **리처드 윈터 박사**의 논문을 포함시켰다. 성중독이 정신질환인지 여부에 대해 심리학자와 정신과 의사 사이에 논쟁이 있지만, 적어도 서구사회에서는 성이 광고, 교육, 문화, 예술, 정치, 대중의 상상 속에 만연한 강박관념이라는 점은 의심의 여지가 없다. 성적 충동은 모든 피조물 안에 존재한다는 점을 생각해 볼 때 전도서 저자의 수수께끼 같은 언급이 맞는 것 같다. "사람들에게는 영원을 사모하는 마음을 주셨느니라 그러나 하나님이 하시는 일의 시종을 사람으로 측량할 수 없게 하셨도다"(전 3:11). 미래에도 우리 존재를 이어가려면 자손을 통한 자기복제가 유일한 방법이다. 벼룩, 생쥐, 귀뚜라미, 다람쥐, 토끼 등 모두 마찬가지다. 성적 충동은 지구상에서 생명의 연속성을 보장하는 최선의 방편이다. 이것은 성적 상상력을 포함한 온갖 상상력을 펼치는 능력을 가졌고 자의식을 소유한 인간에게도 적용된다. 미래에도 인류가 살아남으려면 재생산에 대한 강박에 의존할 수밖에 없다. 흔히들 남자는 7초마다 한 번씩 성에 대해 생각한다고 한다. 이런 주장을 입증하거나 반증하기는 어렵지만, 성충동은 그저 인간 정체성의 일부분이 아니라 전체를 통합하는 요소라고 말할 수 있다. 성적 인식이 (나이, 정력, 문화, 사회적 맥락에 따라 차이는 있지만) 상대적으로 일정하다고 해도 놀랄 일은 아니다.

기독교 역사 초기의 신학자들이 이해한 대로 원수 마귀는 아무것도 창조할 수 없다. 다만 하나님이 창조하신 것을 왜곡할 따름이다. 선한 것을 뒤틀고 잘못된 방향으로 돌려놓아 선한 목적을 위해 사용되지 못하게 만드는 것이다. 성적 충동은 인간을 포함한 모든 생물의 삶의 중심을 이룬다. 그것이 한 세대에서 그치지 않고 생존을 이어가는 기본 요소이기 때문이다. 어느 작가의 말처럼 "인생의 모든 것은 전희"다. 성이 없다면 생명은 단 한 세대 만에 끝나고 만다.

가톨릭 교회 내에 만연한 성폭력은 적어도 11세기까지 거슬러 올라가며, 최근 몇 년 동안에도 큰 논란이 있었음을 굳이 언급할 필요는 없을 것이다. 그러나 기독교계 기숙학교와 교회 청소년부에서 일어난 아동학대에 대한 가슴 아픈 이야기가 상기시켜 주듯 복음주의 선교사와 성직자, 그 외의 헌신된 그리스도인도 다른 누구 못지않게 이런 중독에 취약할 수 있다.[6] **김선만 목사**의 논평에서 언급한 것처럼 리처드 윈터의 사례 연구와 "우리 모두는 [성적] 중독의 가장자리에 살고 있다"는 지적은 시의적절하고 유익하다.

3. 선교사의 정신 '질환'에 미치는 상황 요인

세 번째 논문 묶음 제목에서 나는 '질환'에 따옴표를 씌웠다. 그 이유는 '질환'이 본 사례 연구에 꼭 해당되는 것은 아닌 것 같아서다. 인간이 견딜 수 있는 압박과 정신적·심리적 지구력의 한계를 넘나드는 선교사들의 정신 상태를 묘사할 때는 심리적 압박과 한계라는 표현이 더 적합할 듯하다. 이 네 편의 사례 연구는 특히 사도 바울을 떠올리게 만든다. 바울의 경우처럼 선교사들은 자신이 받은 소명이 높은 지위, 안전, 세상의 위로, 건강을 보장하는 것이 아님을 알게 된다. 이 사례 연구를 읽으면서 나는 거룩한 땅을 밟고 있다는 느낌을 받았다. 나는 이 선교사들의 신발 끈을 묶을 자격조차 없다. 그들의 삶은 바울의 사역에 대한 일종의 주석에 해당한다.

김정한 목사는 그리스도의 이름으로 이뤄지는 섬김이 불가능하도록,

최소한 불편하도록 권력자들이 모든 수단을 동원한 상황에서도 헌신적으로 사역하는 선교사들의 가슴 아픈 이야기를 나누고 있다. 사랑하려고 찾아간 사람들을 섬기기 위해 그들의 언어와 문화, 사회에 온 가족이 깊이 몸을 담그는 수년간의 투자에도 결국 사랑하는 사람들로부터 강제로 격리, 추방되어 본국으로 돌아오지만 신앙 공동체의 선의에도 불구하고 충분히 이해받지 못하는 이들의 이야기다. 직업을 잃고, 사회적으로 뿌리 뽑히고, 심적으로 당황한데다가 새 출발하기에 이미 나이를 많이 먹어버린 그들은 가족과 함께 이 시련을 견뎌야 한다. 이런 상처 입은 종들을 위해 '맞춤 돌봄'을 제공하고자 하는 GMS의 헌신을 알게 된 것은 고무적인 일이다. 그러나 **캐런 카 박사**의 논평에서 지적하듯, 추방당한 선교사들의 깊은 상처와 충격을 아물게 하기 위해 특정 기관이나 교회가 할 수 있는 일에는 분명 한계가 있다.

이 묶음의 두 번째 사례 연구는 납치를 당하고 감금 56일 만에 풀려난 알 가이저와 글래디스 가이저 부부에 대해 **스탠리 그린 목사**가 쓴 가슴 저미는 이야기다. 이 사례 연구는 이런 긴급 상황에서도 원칙에 따라 운영되는 기관의 정책과 위기관리팀의 한계를 보여준다. 알 가이저는 위험한 상황으로부터 벗어날 기회조차 없는 아프간 현지인 동료와 함께하기 위해 다시 아프가니스탄으로 돌아가기로 결정했는데, 결국 두 사람 모두 죽게 된다. 그렇다면 그들의 헌신은 낭비였을까? 죽지 않으면 열매를 맺을 수 없다는 씨앗의 논리로 보면 그렇지 않다(요 12:24). 이 사례 연구는 아프가니스탄과 같은 나라에서 예수님의 이름과 영으로 섬길 때 받는 정신적 긴장감과 생명의 위협이 얼마나 큰지를 다루는 동시에 그런 상황에서는 가장 개화된 교단이나 선교기관의 정책도 한계에 부딪힐 수 있음을 다룬다. 이 이야기(그리고 **변진석 박사**와 **홍혜경 박사** 부부의 사려 깊은 논평에서 언급된 한국인 인질 사건)는 사도 바울의 생애와 그의 행동을 떠올리게 해준다

(행 21:12; 고후 4, 6, 11장). 물론 바울의 삶과 행동은 선교기관이나 교회 차원에서 그대로 따라할 수는 없지만 기독교 역사상 하나님의 모범적 종들을 통해 모방되었고, 현재도 모방되고 있다. 바울의 생애는 지중해 해변의 기독교 은퇴자 마을에서 존경심과 예의를 갖춘 도우미들에게 둘러싸여 눈을 감는 해피 엔딩으로 끝나지 않는다. 로마의 지하 감옥에서 나약한 노인의 모습으로 마지막 날을 보내던 그의 너덜너덜한 육체는 처형을 통해 비로소 안식을 얻게 되었다. 그렇다면 바울의 헌신은 과연 낭비였을까? 전혀 그렇지 않다. 고야마 고스케는 다음과 같이 말한다. "수감되고 폭행당하고 돌에 맞고 난파를 당하고 온갖 사람의 위협을 당하고 굶주리고 목마르고 춥고 헐벗었던 바울을 통해 하나님은 역사의 기초를 다지셨고, 바울이 그 일에 동참하도록 허락하셨다."7

"하나님의 상처 입은 종"이라는 제목을 단 **김영옥 박사**의 사례 연구는 트라우마를 겪은 선교사들을 돕는 저자의 사역을 배경으로 삼으면서 광범위한 직접 경험에 근거해 쓰였는데, 앞의 두 사례 연구를 든든하게 보완해준다. 김영옥 박사는 납치를 당해 두려움 속에서 14시간 동안 감금되었던 한 선교사의 이야기를 들려준다. 다친 곳 없이 풀려났다는 이유로 소속 선교기관은 그의 트라우마에 공감하지 못한다. 김영옥 박사의 두 번째 이야기에서 동아프리카에서 사역하던 여성 선교사는 자동차 사고로 다친 왼팔을 절단하게 되었다. 그런데 돌봄을 주는 사람들은 트라우마에 공감하기는커녕 '왼팔일 뿐'이라며 그녀의 충격과 상실감을 대수롭지 않게 여겼고, 그로 말미암아 그녀는 완전히 버려졌다고 느꼈다. 세 번째 이야기의 주인공은 엄청난 지진으로 50만 명 이상이 사망한 지역에서 학교를 다니던 어린 딸을 둔 선교사 부부였다. 그 어린 딸은 심리적 어려움을 겪으며 심각한 섭식장애를 보였다. 적절한 치료를 위해 본국으로의 귀환을 요청했지만 선교기관은 이를 무시했다. 자식을 제대로 돌보지 못한다는 생각에 그 아버지는 무력감과 우울감을 느꼈다. **패멀라 데이비스 박사**가 말했듯, 이런 사례들이 배경이 되어 보다 민감하고 기능적인 멤버케어 정책이 생겨나고 있다. 그런 정책에는 문화적 인식이 강화된 정신건강 서비스 제공자도 포함된다. 더 나아가 데이비스 박사는 한국인 선교사들을 위해 파송 전 진단과 파송 전 훈련 모델을 제안한다.

마지막 논문은 이 사례 연구 모음에 큰 기여를 하고 있다. **프라우케 쉐퍼와 찰리 쉐퍼 박사** 부부는 의학, 정신의학, 심리학 분야의 훈련과 경험을 겸비한 재능 있는 선교사다. 의료 선교사이기도 한 이들이 트라우마를 다루기 위한 영적 자원을 논할 때는 신뢰감이 배가된다. 의도가 좋긴 한데 내용 없는 공허한 말로 끝나지 않기 때문이다. 전문지식과 광범위한 체험에서 비롯된 그들의 현명한 권고에 모든 선교기관과 파송 교회가 귀를 기울이고 실천 방안을 연구해야 마땅하다. 그들은 트라우마 피해자의 돌봄을 위한 실제적이고도 성경적인 신학을 제시한다. 그들이 밝히는 영적 자원의 여섯 가지 차원을 내면화하고 실천하는 선교와 교회 공동체는 참으로 축복을 받을 것이다. 우리 신앙의 가장 모범적 선교사인 사도 바울도 사용한 이 영적 자원을 우리도 활용할 수 있다.

4. 선교사의 정신건강 돌봄을 위한 자원

쉐퍼 박사 부부의 논문은 네 번째이자 마지막 묶음으로 자연스럽게 이어진다. 이 묶음에 속한 네 편의 논문은 예방, 치료, 적극적 지원을 통해 선교사의 정신건강 문제에 대처하는 자원과 조직 구조에 초점을 맞춘다. "한국인 은퇴 선교사들의 정서적 스트레스와 정신건강"을 파악하기 위해 여러 명의 은퇴한 남자 선교사와 인터뷰를 진행한 **이재헌 박사와 문성일 박사**의 논문과 **리즈 벤더-새뮤얼 박사**의 논평은 증거 기반 방식으로 이 중요한 이슈를 다루기에 한계가 있긴 하지만 인터뷰 방식은 잠재력을 가졌다고 본다. 인터뷰한 선교사 수는 대표성을 갖기에 너무 적다. 인터뷰 대상은 은퇴한 남성 11명에 불과했고, 인터뷰의 범위와 시간도 매우 제한적이었다. 인터뷰 대상에 여성 선교사가 없었고, 선교사의 성인 자녀도 포함되지 않았다. 방법론 자체는 상당한 가능성을 가졌으므로 더 많은 수의 대표성을 가진 은퇴 선교사와 그의 가족, 가까운 친구, 후원자 등이 포함되면 좋겠다. 이런 연구에 들이는 시간과 돈은 가치 있는 투자가 될 것이다.

  "한국인 선교사의 행복과 선교 공동체 내의 조직적 돌봄"에 대한 **엄은정**의 사례 연구와 **로이스 도즈 박사**의 논평은 많은 깨달음을 주는 연구 보고서다. 나는 그녀의 노력을 치하하며, 사람들이 그녀의 연구 모델을 본받을 필요가 있다고 본다. 여러 측면에서 그녀의 연구는 우리가 본능적으로 이미 알고 있는 내용을 확증시켜 준다. 인간은 관계적 생물이다. 인간은 혼자 사는 것을 좋아하지 않을 뿐 아니라 에티오피아의 속담처럼 "너가 없으면 나도 없다"라는 생각을 갖고 있다. 우리의 근원적 정체성을 형성하는 가정과 공동체가 얼마나 건전한지는 성인으로서 우리의 인격 형성과 대인관계에 직접적 영향을 미친다. 따라서 교회와 선교단체가 돌봄을 실천할수록 선교사의 소속감과 행복이 커지는 것은 당연한 일이다. 국제 선교기관에 소속된 한국 선교사가 한국 선교기관 소속 선교사에 비해 더 나은 돌봄을 받는다고 느낀다는 사실은 의외다. 자신이 공동체의 일원으로 보살핌을 받는다는 인식은 인간이 건강한 활동을 영위하는 데 필수 요소다. 지역 공동체와의 일체감과 친밀감이 클수록 선교사의 행복이 커진다는 발견도 인상적이었다. 로이스 도즈의 이야기 가운데 "한 선교사가 '해임'되었는데 그녀의 고별식에 무려 1,000명의 현지인이 참석"한 것에 대해 선교팀의 리더들이 당혹스러워한 사례는 누군가를 선교단체의 직원으로 인식하는 것과 살아있는 공동체의 일원으로서 진정 이해하는 것이 얼마나 다른지에 대한 교훈을 준다. 현지인들은 선교단체 임원들에게 "왜 그녀를 돌려보내나요? 그녀는 우리랑 가장 닮은 사람인데!"라고 말하며 이별을 아쉬워했다.

　　브렌트 린퀴스트 박사의 "조직 중심의 멤버 건강"에서 언급된 사례와 성남용 박사의 논평은 엄은정의 연구에서 얻은 통찰을 확증시켜 준다. 그가 고마워할 줄 모르는 개인과 선교기관에서 겪은 일에 대해 안타까워한 것과는 별도로(덧붙이면 그는 이 포럼에서 감사로 충만한 동료와 동역자를 만났으리라고 확신함) 선교기관이 "건강한 조직이 되려면 무엇이 필요한가 하는 질문을 등한시했다"는 그의 관찰은 이 묶음에 속한 다른 사례 연구과 일맥상통한다. 한국 선교기관들 가운데 선교 현장 경험이 거의 없는 목회자나 교수가 책임을 맡고 있으면서 선교사들에게 직접적 영향을 끼치는 중요한 결정을 내리는 조직이라면 린퀴스트 박사가 조직문화에 대해 고찰한 내용에 각별한 관심을 기울여야 하겠다. 이런 조직의 이사회에 선교사들이 직접 참여하는 경우는 드물고, 참여한다고 해도 발언권이 크지 않다. 따라서 선교사들이 자기들과 멀리 떨어져 있고 때로는 귀찮게만 하는 권력 구조를 신뢰하기란 쉽지 않아 보인다. 조직의 행정 담당자는 탁상공론이나 하는 듯 보이고, 이들 담당자의 임명에 대해 아무런 권한이 없는 선교사는 상호 불신에 빠지기 십상이며, 선교사로서 겪는 대인관계의 어려움과 정신적 위기가 악화될 것이 거의 확실하다. 이 사례와 논평이 주는 뚜렷한 교훈은 선교기관이 행정 리더십에 대한 신뢰를 최우선으로 삼아야 한다는 점이다. 이를 위해 기존 조직의 구조와 절차를 바꾸거나 심지어 포기해야 한다면 그것은 현장에서 수고하는 선교사들의 신뢰와 복지를 위해 치러야 하는 대가치고는 아주 작은 것이다.

　　끝으로, 선교사를 위해 공정하고 실질적인 은퇴 계획을 세우기 위해 애쓰는 남서울교회의 사례를 통해 우리 모두는 많은 유익을 얻었다. 이 이야기를 공유해 준 **김진봉 박사와 넬슨 제닝스 박사**에게 감사한다. 이 사례는 하나님의 노사역자들에 대한 책임이 무엇인지에 대해 이제 막 숙고하기 시작한 다른 선교단체들에게 유익한 모범이 될 것이다. 선교의 쟁기를 손에 잡고 선교사들이 가장 연약한 순간에 뒤돌아서는 것은 수치스러운 책임 회피다. 남서울교회는 매우 특별한 경우로, 하나님은 옳은 일을 하려는 이들의 헌신을 축복하시리라고 믿는다. 한편 남서울교회가 수립해 놓은 은퇴 정책의 모범을 따르려고 하면 국가와 교회의 연령 인구 통계가 보여주는 복잡한 현실과 마주하게 된다. 아시아 국가 중 최저 출생률을 기록한 한국에서는 조만간 다섯 명 중 한 사람이 공식적으로 '노인'이 된다. 지금 은퇴 선교사의 전망은 어둡기만 하다. 이 사례를 통해 짐작컨대 선교사가 파송 교회나 선교기관을 통해 재정 지원을 받는다는 비교적 근래에 생겨난 개념이 통용되는 시대는 곧 막을 내릴 것이다. 선교사는 바울처럼 되어야 할지도 모른다. 즉 자신과 동료들의 생계를 책임질 수 있는 능력과 기술을 가져야 한다는 뜻이다(행 20:33-35). 그 과도기에는 다수의 선교사를 파송하기보다 기드온의 용사들처럼 엄격한 자격 요건을 만족시키는 소수의 인원만으로 제한하여 파송 선교사 수를 급격히 줄여 나가야 할 것이다.

로렌스 펑 박사와 존 왕 박사는 논평을 통해 서양의 개인주의적 가치로 인해 노인에 대한 전통적 의무감이 붕괴된 시대에 과연 부모 공경과 선교사의 영적·심리적 복지에 대한 교회의 역할이 무엇인지 중요한 질문을 던진다.

결론

힐링 콘서트를 통해 이 포럼의 마무리를 아름답게 장식해준 바이올린 연주자 정유진에게 감사를 표한다. 성경에 기록된 첫 음악 치료는 깊은 우울증에 빠진 사울 왕을 위한 다윗의 연주로 알고 있다(삼상 16장). 당시에는 정신질환을 표현할 어휘가 제한적이어서 사울의 신하들은 "여호와께서 부리시는 악령"이 그를 번뇌하게 했다고 표현한다(삼상 16:14-23). 성경은 이렇게 기록한다. "하나님께서 부리시는 악령이 사울에게 이를 때에 다윗이 수금을 들고 와서 손으로 탄즉 사울이 상쾌하여 낫고 악령이 그에게서 떠나더라"(23절). 전 세계 사람들은 지금도 음악의 가사와 선율을 통해 위안을 얻는다. 찬송가 가운데 상당수는 심한 고통과 상실 가운데 있는 사람들이 지었는데, 나를 포함한 많은 그리스도인은 그런 신앙의 위대한 찬송가를 부르며 감동을 느끼고, 용기와 힘을 얻는다.

서두에 언급한 동료 선교사인 바울의 간증(고후 4:1-18)을 다시 인용하면서 이 글을 마치겠다.

그러므로 우리가 이 직분을 받아 긍휼하심을 입은 대로 낙심하지 아니하고 이에 숨은 부끄러움의 일을 버리고 속임으로 행하지 아니하며 하나님의 말씀을 혼잡하게 하지 아니하고 오직 진리를 나타냄으로 하나님 앞에서 각 사람의 양심에 대하여 스스로 추천하노라 만일 우리의 복음이 가리었으면 망하는 자들에게 가리어진 것이라 그중에 이 세상의 신이 믿지 아니하는 자들의 마음을 혼미하게 하여 그리스도의 영광의 복음의 광채가 비치지 못하게 함이니 그리스도는 하나님의 형상이니라 우리는 우리를 전파하는 것이 아니라 오직 그리스도 예수의 주 되신 것과 또 예수를 위하여 우리가 너희의 종 된 것을 전파함이라 어두운 데에 빛이 비치라 말씀하셨던 그 하나님께서 예수 그리스도의 얼굴에 있는 하나님의 영광을 아는 빛을 우리 마음에 비추셨느니라 우리가 이 보배를 질그릇에 가졌으니 이는 심히 큰 능력은 하나님께 있고 우리에게 있지 아니함을 알게 하려 함이라 우리가 사방으로 욱여쌈을 당하여도 싸이지 아니하며 답답한 일을 당하여도 낙심하지 아니하며 박해를 받아도 버린 바 되지 아니하며 거꾸러뜨림을 당하여도 망하지 아니하고 우리가 항상 예수의 죽음을 몸에 짊어짐은 예수의 생명이 또한 우리 몸에 나타나게 하려 함이라 우리 살아 있는 자가 항상 예수를 위하여 죽음에 넘겨짐은 예수의 생명이 또한 우리 죽을 육체에 나타나게 하려 함이라 그런즉 사망은 우리 안에서 역사하고 생명은 너희 안에서 역사하느니라 기록된 바 내가 믿었으므로 말하였다 한 것같이 우리가 같은 믿음의 마음을 가졌으니 우리도 믿었으므로 또한 말하노라 주 예수를 다시 살리신 이가 예수와 함께 우리도 다시 살리사 너희와 함께 그 앞에 서게 하실 줄을 아노라 이는 모든 것이 너희를 위함이니 많은 사람의 감사로 말미암아 은혜가 더하여 넘쳐서 하나님께 영광을 돌리게 하려 함이라 그러므로 우리가 낙심하지 아니하노니 우리의 겉사람은 낡아지나 우리의 속사람은 날로 새로워지도다 우리가 잠시 받는 환난의 경한 것이 지극히 크고 영원한 영광의 중한 것을 우리에게 이루게 함이니 우리가 주목하는 것은 보이는 것이 아니요 보이지 않는 것이니 보이는 것은 잠깐이요 보이지 않는 것은 영원함이라

참가자

백은영(Eunyoung Baek)
카운슬러
아시안미션
서울, 대한민국

마틴 베이커(Martyn Baker)
국제 멤버케어 컨설턴트
WEC 국제선교회
Palmerston North, Manawatu,
New Zealand

웬디 베이커(Wendy Baker)
국제 멤버케어 컨설턴트
WEC 국제선교회
Palmerston North, Manawatu,
New Zealand

엥흐바야르 밭수렌(Enkhbayar Batsuren)
선교사
몽골 하나님의성회
태백, 대한민국

엘리자베스 벤더-새뮤얼(Elizabeth (Liz)
Bendor-Samuel)
부교목, 옥스퍼드선교연구원(OCMS)
카운슬러, 영성 지도자
Oxford, Oxfordshire, UK

폴 벤더-새뮤얼(Paul Bendor-Samuel)
Executive Director
옥스퍼드선교연구원(OCMS)
Oxford, Oxfordshire, UK

진 봉크(Jean Bonk)
조력자
글로벌선교지도자포럼(GMLF Inc.)
Winnipeg, Manitoba, Canada

조나단 봉크(Jonathan J. Bonk)
이사장
글로벌선교지도자포럼(GMLF Inc.)
DACB 연구 교수,
Boston University School of Theology
Winnipeg, Manitoba, Canada

변진석 (Jinsuk (Felipe) Byun)
원장
한국선교훈련원(GMTC)
서울, 대한민국

캐런 F. 카(Karen F. Carr)
임상심리학자
바나바(Barnabas) 국제선교회
Midlothian, Virginia, USA

스티브 차(Stephen Cha)
영어 예배 담당 목사
온누리교회
서울, 대한민국

최두열(Duyol (Joseph) Choi)
담임목사
새마음교회
용인, 대한민국

최은경(Eunkyung Choi)
중국 선교사
Hope
서울, 대한민국

최헌(Hunn Choi)
대표
올네이션스선교센터
Lexington, Kentucky, USA

최형근(Hyungkeun Choi)
부총장
서울신학대학교
고양, 대한민국

정재철(Jaechul Chung)
목사
아시안미션
서울, 대한민국

낸시 크로퍼드(Nancy Crawford)
심리학 부교수
로즈미드심리학대, 바이올라대학교
La Mirada, California, USA

패멀라 데이비스(Pamela Davis)
부교수
고든곤웰신학교
Lake Wylie, South Carolina, USA

마이클 G. 디스테파노(Michel G. Distefano)
구약학자
Homewood, Manitoba, Canada

도육환(Yookhwan Do)
본부장, 두란노해외선교회
온누리교회
용인, 대한민국

로이스 A. 도즈(Lois A. Dodds)
설립자, 대표
Heartstream Resources USA, and
International
Liverpool, Pennsylvania, USA

스탠리 그린(Stanley Green)
대표
메노나이트미션네트워크(MMN)
Goshen, Indiana, USA

우르술라 그린(Ursula Green)
사역자
메노나이트미션네트워크(MMN)
Goshen, Indiana, USA

홍혜경(Hyekyung (Grace) Hong)
교수
한국선교훈련원(GMTC)
서울, 대한민국

홍정희(Junghee Hong)
대표
에젤선교회
서울, 대한민국

홍경화(Kyungwha Hong)
교수
햇불트리니티신학대학원대학교
서울, 대한민국

황종연(Jongyeon Hwang)
원장, Acts29비전빌리지
온누리교회
용인, 대한민국

렌첸-오치르 이슈쿠(Rentsen-Ochir Ishkhuu)
목사, 선교사
United Mongolian Church in Seoul
서울, 대한민국

J. 넬슨 제닝스(J. Nelson Jennings)
선교 목사, 컨설턴트, 국제 담당
온누리교회
New Haven, Connecticut, USA

조대식(Daeshik Jo)
장로
온누리교회
서울, 대한민국

정임숙(Eimsook Joung)
성공회 신부
St. David's Anglican Church
Fort Simpson, Northwest Territories,
Canada

전영수(Youngsoo Jun)
장로, 세계인터넷선교학회 이사장
온누리교회
서울, 대한민국

정혜선(Hyesun Jung)
지휘자, 카운슬러
주님의교회
성남, 대한민국

정순욱(Soonuk Jung)
독립 연구가
KGMLF 번역 담당
성남, 대한민국

강철민(Cheolmin Kang)
중국 선교사
Hope
서울, 대한민국

강경화(Kyunghwa Kang)
대표, 한국 지부
WEC 국제선교회
서울, 대한민국

에리카 바버라 켐퍼(Erika Barbara Kemper)
프리랜서 트레이너, 심리치료사,
부교수
United Methodist Church
Atlanta, Georgia, USA

토머스 켐퍼(Thomas Kemper)
총무
United Methodist Church Global
Ministries
Atlanta, Georgia, USA

김도봉(Dobong Kim)
컨설턴트, 전인치유교육연구원
안양샘병원
군포, 대한민국

김동화(Donghwa Kim)
대표
성경번역선교회(GBT), (사)한국해외
선교회(GMF)
안양, 대한민국

김홍주(Hongjoo Kim)
본부장, 2000선교본부
온누리교회
서울, 대한민국

김혜진(Hyejin (Liselle) Kim)
스태프, 올네이션스선교센터
어시스턴트, KGMLF
천안, 대한민국

김혜원(Hyewon Kim)
멤버, TCK 케어 코디네이터
한국 SIM 국제선교회
성남, 대한민국

김현철(Hyuncheul Kim)
남서울 지부 총무
성서유니온선교회
서울, 대한민국

김재형(Jaehyung Kim)
대표, 한국 지부
WEC 국제선교회
서울, 대한민국

김정한(Jeonghan Kim)
원장, 위기관리원
총회세계선교회(GMS)
화성, 대한민국

김진봉(Jinbong Kim)
대표, GMLF
코디네이터, KGMLF
Shelton, Connecticut, USA

김경술(Kyungsool (Joshua) Kim)
대표, SIM Korea
SIM International
성남, 대한민국

김수현(Soohyun Kim)
정신과 의사, AIM 선교사
투마이니상담센터(AIM)
Nairobi, Kenya

김숙희(Sookhi Kim)
Lay Leader
승동교회
서울, 대한민국

김선만(Sunman Kim)
담임목사
매키니 샬롬장로교회(KAPC)
McKinney, Texas, USA

김영옥(Youngok Kim)
대표
Flourishing Lives Counseling Center
Korean American Wellness Association(KAWA)
Chicago, Illinois, USA

김원태(Wontae Kim)
담임목사
수지기쁨의교회
용인, 대한민국

폴 공(Paul Kong)
아시아·태평양 지역 대표
UMC Global Ministries
서울, 대한민국

조지 아이프 코보어(George Iype Kovoor)
교구목사
St. Paul's Episcopal Church
Chaplain to the Queen Elizabeth II.
Darien, Connecticut, USA

로렌스 펑(Lawrence Fung)
대표
가스펠 오퍼레이션 인터내셔널
Daly City, California, USA

이현숙(Hyunsook Lee)
소장
터닝포인트 회복상담센터
서울, 대한민국

이재훈(Jaehoon Lee)
담임목사
온누리교회
서울, 대한민국

이재헌(Jaehon Lee)
정신과 의사
국립재활원 정신건강의학과장
서울, 대한민국

이정숙(Jungsook Lee)
총장
횃불트리니티신학대학원대학교
서울, 대한민국

이시영(Seeyoung Lee)
전 주 유엔대사
시니어선교한국 실행위원
성남, 대한민국

이용래(Yongrae Lee)
General Counsel
에젤선교회
김포, 대한민국

더람자브 쿰부(Dulamjav Lkhumbu)
선교사
United Mongolian Church in Seoul
서울, 대한민국

브렌트 린퀴스트(Brent Lindquist)
대표
링크(Link) 케어센터
Fresno, California, USA

마거릿 라이먼(Margaret Lyman)
인터서브 선교사
박사 과정 학생, 풀러신학교
Tucson, Arizona, USA

루스 맥스웰(Ruth Maxwell)
컨설턴트, Regional Leadership and
Development
SIM 국제선교회
Abbotsford, British Columbia, Canada

문상철(Steve Sangcheol Moon)
원장
한국선교연구원(KRIM)
서울, 대한민국

문성일(Sungil Moon)
디렉터
수영로 심리상담센터
부산, 대한민국

문신희(Shinhee Mun)
GMS & GBT 선교사
디렉터, 샬롬카운슬링센터
Kuala Lumpur, Malaysia

오휘경(Hweekiong Oh)
Deputy International Director
가스펠 오퍼레이션 인터내셔널
Commonwealth Close, Singapore

오영섭(Yungsup Oh)
설립자, 대표
Landmarker Ministry
서울, 대한민국

제니 박(Jenny H. Pak)
교수
심리학과 풀러신학교
Pasadena, California, USA

박대영(Daeyoung Park)
편집자, 〈묵상과 설교〉
성서유니온선교회
서울, 대한민국

박진호(Jinho Park)
Director
총회세계선교회 훈련국(GMTI)
화성, 대한민국

박정애(Jungae Park)
선교사 케어 담당
수영로세계선교회
부산, 대한민국

박기영(Kiyoung Park)
General Counsel
에젤선교회
고양, 대한민국

조경아(Kyoung A Jo)
전임 대표, 한국 WEC 지부
WEC 국제본부(2020년~)
서울, 대한민국

박경남(Kyungnam Park)
전임 대표, 한국 WEC 지부
WEC 국제본부(2020년~)
서울, 대한민국

박민하(Minha Park)
SIL & GMS 선교사
Field Mentoring Missionary
Kuala Lumpur, Malaysia

데이드 웨인 파슨스(David Wayne Parsons)
Diocesan Bishop
Anglican Diocese of The Arctic
Yellowknife, Northwest Territories,
Canada

찰리 쉐퍼(Charlie Schaefer)
심리학자
바나바국제선교회 스태프
Chapel Hill, North Carolina, USA

프라우케 쉐퍼(Frauke Schaefer)
정신과 의사, 개업의
바나바국제선교회 스태프
듀크대학교 Consulting Faculty
Chapel Hill, North Carolina, USA

신헌승(Hunseung Shin)
장로, 선교분과위원장
온누리교회
서울, 대한민국

신선한(Sunhan Shin)
Assistant Administrator
새물결선교회
용인, 대한민국

성남용(Namyong Sung)
담임목사
삼광교회
서울, 대한민국

타카미자와 에이코(Eiko Takamizawa)
교수
횃불트리니티신학대학원대학교
서울, 대한민국

퍼트리샤 톨런드(Patricia Toland)
디렉터, WEC 라티노
디렉터, 라티노멤버케어
Forest Grove, Oregon, USA

벤 토레이(Ben Torrey)
대표
네 번째 강 프로젝트(The Fourth River Project, Inc.)
태백, 대한민국

리즈 토레이(Liz Torrey)
교장
생명의 강 학교
태백, 대한민국

엄은정(Eunjung Um)
공동대표
하트스트림 한국센터
고양, 대한민국

왕 링훼이(Linghuei Wang)
임상상담사
더웰인터내셔널
A. Hangdong, Chiang Mai, Thailand

리처드 윈터(Richard Winter)
명예교수
커버넌트신학교
St. Louis, Missouri, USA

크리스토퍼 J.H. 라이트(Christopher J.H. Wright)
국제 사역 디렉터
랭함파트너십
London, UK

유희주(Mary Heejoo Yoo)
상임연구위원
한국선교연구원(KRIM)
서울, 대한민국

바야라 준두이도리(Bayaraa Zunduidorj)
한국 주재 선교사
몽골하나님의성회
태백, 대한민국

기고자

엘리자베스 벤더-새뮤얼(Elizabeth Bendor-Samuel)은 무슬림 국가에서 국제 선교기관에서 섬긴 경력이 있고, 남편 폴과 네 명의 아들이 있다. 영국 국적인 엘리자베스는 처음에 가정의학과 의사로 훈련을 받았다. 지난 16년간 말레이시아와 영국에서 목회 상담과 통합 상담가로 활동했다. 영국 상담 및 심리치료협회 회원이다. 다종교, 다인종 맥락에서의 상담 활동 외에도 그녀는 두 곳의 비정부기구와 한 군데의 대형 교회에서 상담 사역을 수립했다. 현재 그녀는 개인 상담, 영성 지도, 옥스퍼드선교연구원(OCMS)의 부교목, 타문화 선교사를 위한 심사역과 멘토로 활동 중이다.

조나단 J. 봉크(Jonathan J. Bonk)는 보스턴대학교 선교학 연구교수로 아프리카 기독교 인명사전(Dictionary of African Christian Biography)의 책임자다. 그는 1997~2013년 재직했던 해외선교연구센터(OMSC)의 명예대표이며, International Bulletin of Missionary Research의 편집자(1997~2013년)를 역임했다. 그는 《선교와 돈》(대한기독교서회, 2010)을 비롯한 다섯 권의 저서를 출간하고, 여덟 권의 공저를 편집하고, 100건이 넘는 학술 논문, book chapters, 리뷰, 사설 등을 출판했다. 그는 글로벌선교리더십포럼(GMLF)의 이사장이며, KGMLF의 초기부터 깊이 관여해 왔다. 그는 아내와 함께 캐나다 매니토바 주 위니펙 소재 포트개리(Fort Garry) 메노나이트 펠로십 교회 소속으로 활동하고 있다.

변진석(Jinsuk Byun)은 장로교 목사로 1994~2002년 에콰도르에서 선교사로 사역하면서 지도자 훈련과 교회 개척 사역에 집중했다. 일리노이 주 디어필드 소재 트리니티복음주의신학교에서 선교학 박사 학위(Ph.D)를 받은 후 서울에 있는 한국선교훈련원(GMTC)에서 원장과 교수로 섬기고 있다. 그는 세계복음주의연맹 선교위원회(WEA Mission Commission)의 국제선교사훈련네트워크(IMTN) 운영위원회 멤버이기도 하다.

캐런 F. 카(Karen F. Carr)는 바나바국제선교회에서 선교사 훈련 담당, 선교기관 컨설턴트로서 활동하는 임상심리학자다. 15년간 서아프리카에서 모바일 멤버케어 팀의 임상 디렉터로서 위기에 처한 선교사들을 도왔고, 선교사를 위한 위기관리 훈련을 실시했다. 그녀가 이끄는 팀은 동료들의 위기 상황에 대처하는 방법을 수백 명의 선교사에게 훈련시켰다. 캐런 카 박사는 회복력과 위기 대처 방안에 대해 많은 글을 기고했으며, 영어로 출간되고 한국어로 번역된 《고통과 은혜》(디모데, 2016)의 공저자이기도 하다(이 책은 현재 스페인어로도 번역 중이다). 현재 미국 버지니아에 거주하고 있다.

도로시 캐럴(Dorothy Carroll)은 KGMLF 2019 출판물의 영문 편집자다. 선교학 출판물인 Missiology: An International Review(2007~2011년)의 편집을 4년간 도왔으며 프리랜서로 5권의 책, 20편의 박사학위 논문을 비롯해 많은 논문과 제안서, post-residency 페이퍼 등을 편집했다. 남편인 티머시 캐럴 목사와 함께 다문화 교회를 섬기면서 보다 다양한 이웃들을 품기 위해 노력하는 중이다. 티머시와 도로시는 워싱턴 DC 외곽에서 세살, 갓난아기 딸과 함께 살고 있다.

채정호(Jeongho Chae)는 가톨릭의대 정신건강의학과 주임교수이자 서울성모병원 정신건강의학과 교수다. 대한외상성스트레스연구회, 대한정서인지행동의학회, 대한명상의학회 등의 창립 회장을 역임했고, 대한기독정신과의사회 회장을 역임했다. 심리학적 트라우마, 불안장애, 스트레스 관련 장애, 우울증, 신경생리학, 뇌자극, 긍정정신의학(positive psychiatry), 정서신경학 등의 연구와 치료를 전문으로 한다. 400편이 넘는 과학 학술논문을 저술하고 스무 권 이상의 책을 출간했다.

최헌(Hunn Choi)은 1974년 중학생 때 미국 이민 후, 미시간대학교에서 항공우주공학을 전공하고 스탠퍼드대학에서 공부했다. 항공우주 관련 기업에서 근무하고 애즈버리신학대학원과 프린스턴신학대학원에서 공부한 후, 여러 해 동안 뉴저지와 시카고에서 목회했다. 현재 그는 다문화, 다인종, 다회중 교회인 올네이션스 연합감리교회 담임목사로 시무하고 있다. 연합감리교회 켄터키 연회의 교회개척위원회 아시안아메리칸 디렉터(2005~2013년)를 역임한 바 있다. 현재 애즈버리신학교에서 선교학 박사학위 과정을 마무리하는 중이다.

최미생(Meesaeng Lee Choi)은 이화여대 학부와 서울신학대학원(신학석사)을 졸업하고 명지대학교와 서울신학대학교에서 부교목으로 섬겼다. 미국 애즈버리신학대학원(Th.M.)과 드류대학교(역사신학 박사학위)에서 공부하면서 뉴욕 소재 국제신학대학원에서 가르쳤다. 2002년 이후 그녀는 뛰어난 초교파 복음주의 신학교인 애즈버리신학대학원에서 교회사와 역사신학 교수로서 차세대 지도자를 양육하고 있다. 2011년 이후 그녀는 남편 최헌 목사와 함께 올네이션스선교센터에서 선교사와 목회자를 위한 멤버케어와 선교 연구 사역으로 섬기고 있다.

정재철(Jaechul Chung) 한국의 대표적인 기독교 기업인 E-LAND의 사목으로 활동하고 있으며, 회사 선교재단인 아시안미션을 섬기고 있다. 2002~2008년 동남아시아의 한 회교국가에서 성경 나눔과 비즈니스를 통한 선교 경험을 했다. 선교사 멤버케어에 대한 관심과 선교사 재배치, 선교사 재교육, 선교사 은퇴 후 삶과 은퇴 공동체에 관심을 가지고 계속 고민하고 있다. 교회를 떠났지만 신앙이 있는 사람들을 대상으로 가나안브리지교회를 개척해 섬기고 있다.

낸시 A. 크로퍼드(Nancy A. Crawford)는 캘리포니아 주 라미라다 소재 바이올라대학교 로즈미드심리학대 부교수이자 임상 훈련 디렉터로 일하고 있다. 2010년 이곳에 오기 전에는 7년간 케냐 키자베 소재 리프트밸리아카데미의 교사 겸 상주 상담사로 일했고, 10년간 케냐 나이로비의 투마이니상담센터에서 임상심리학자로 일했다. 1985년 아프리카내지선교회(AIM)에 합류해 현재까지 제휴 회원으로 있으면서 멤버케어에 심리학자들이 참여하는 일을 돕고 있다.

패멀라 데이비스(Pamela Davis)는 아시아권 선교사로 22년간 일했다. TEAM 선교회의 지역 멤버케어 코디네이터로 일하면서 아시아 8개국의 선교사들을 돌보는 일을 관리했다. 치앙마이 소재 더웰(The Well) 멤버케어센터와 코너스톤상담재단에서 가족 상담을 진행하면서 한국인 선교사를 자주 상담했다. 현재 그녀는 고든콘웰신학교 부교수로 재직하며 상담대학원 디렉터로 있다. 노스캐롤라이나 주 샬롯에 거주하며 칼멜상담센터(Carmel Counseling Center)에서 선교사 가족을 돕고 있다.

마이클 G. 디스테파노(Michel G. Distefano)는 신생아 집중치료실에서 간호사로 일한 이후 맥길대학교에서 이스라엘 종교를 포함한 고대근동 종교학과 초급, 고급 성서 히브리어를 가르쳤다. 저서로는《Inner-Midrashic Introductions and Their Influence on Introductions to Medieval Rabbinic Bible Commentaries》가 있다. 최근 성경에서 고난, 기도, 탄식, 지혜, 치유 등을 상세히 연구한 내용으로 2019년 KGMLF에서 발표했다. 주님의 인도하심으로 그의 아내가 매니토바 남부에서 좋은 교사직을 갖게 되어 그 지역으로 이주했다. 이후 그는 100년이 넘은 집을 개조하고, 별채를 수리하고, 차량과 트랙터를 보수하고, 정원을 가꾸고, 땔감을 마련하는 등 집안 가꾸기에 힘써 왔다. 장성한 세 자녀를 뒀는데, 둘은 결혼을 했고 한 명은 대학 재학 중이다.

로이스 A. 도즈(Lois A. Dodds)는 하트스트림(Heartstream Resources of Global Workers)의 공동 창설자 중 한 명이자 대표로 섬기고 있다. 의사인 남편 로렌스와 WBT, SIL에서 23년간 사역하고 1992년 하트스트림을 설립했다. 아주사퍼시픽대학교에서 진행한 오퍼레이션 임팩트(Operation Impact) 활동으로 30개국에서 가르친 것을 비롯해 기타 여러 나라에서 활동했다. 그녀는 로라 가드너(Laura Mae Gardner) 박사와 공저로 세 권짜리 시리즈인《Global Servants》를 비롯해 15권의 책을 냈다. 그 외에도 국제 사역자들의 돌봄을 주제로 수백 건에 달하는 저술을 발표했다. 전 세계 인도주의 활동가를 대상으로 4만 시간 이상의 상담을 진행했다. 그녀는 상처 입은 이들의 회복을 도와 건강하게 열매 맺는 삶을 살도록 하는 일에 열정을 가지고 일해 왔다. 로이스와 남편 로렌스 사이에는 세 명의 자녀, 여덟 명의 손주, 다섯 명의 증손주가 있다.

로렌스 펑(Lawrence Fung)은 가스펠 오퍼레이션 인터내셔널(GOI, Gospel Operation International)의 국제 디렉터다. 홍콩에서 나고 자란 그는 홍콩 YFC에서 대표 대행과 아시아 훈련 디렉터로 섬기며 전임 사역을 시작했다. 그는 신학 훈련을 받고 1981년 컴벌랜드 중국인 장로교회(CPCC, Cumberland Presbyterian Chinese Church)에서 섬기기 시작했다. 펑 목사는 샌프란시스코 소재 골든게이트침례신학교에서 신학 석사와 목회학 박사학위를 받았다. 20년 이상 CPCC 담임목사로 섬긴 후 2008년 GOI에 합류했고, 이어 오리건 주 포틀랜드 소재 웨스턴신학교에서 선교학 박사학위를 받았다.

스탠리 그린(Stanley Green)은 미국 메노나이트교회의 선교기관인 메노나이트미션네트워크의 대표다. 그는 지난 25년간 선교기관의 리더로 섬겼으며, 메노나이트세계협의회의 선교 커미션 의장을 맡고 있다. 그는 1980년대 그의 아내 우르술라 루실과 함께 선교사로 섬기면서 남아프리카공화국, 캘리포니아, 자메이카에서 회중을 인도했다. 그는 캘리포니아 패서디나 소재 풀러신학교에서 문화교류학 석사학위를 받았다. 그는 여러 이사회에 소속되어 섬겼으며, 80개국 이상을 다니며 사역했다.

한규삼(Kyusam Han)은 서울 충현교회 담임목사로 섬기고 있다. 이에 앞서 미국의 한인 교회에서 18년간 목회를 하며 세 곳의 교회에서 담임목사로 섬기는 동안 그는 여러 방법으로 세계 선교에 대한 열의를 보이며 현지 지도자를 훈련하고, 선교사를 파송하고, 여러 선교 전략 회의를 주최했다. 그는 박해받는 소수민족에게 깊은 관심을 가지고 있다.

홍혜경(Hyekyung Hong)은 에콰도르에서 선교 사역을 했다. 소망재단(Fundacion Esperanza)에서 장애아동과 취약계층아동들을 섬기면서 그들이 속한 지역사회를 위하여 남편과 함께 교회를 개척하기도 하였다. 한국으로 귀국한 후에는 한국선교훈련원(GMTC)에서 교수로 사역하고 있다. 연세대학교에서 간호학으로 석사학위(RN; BSN, MSN)를 받았고 상담코칭학으로 석사와 박사학위(Th.M., Th.D.)를 받았으며 전문 상담사로도 활발하게 활동하고 있다.

홍경화(Kyungwha Hong)는 서울 햇불트리니티신학대학원대학교에서 기독교 상담학 부교수로 재직 중이다. 대학 이후 그녀는 주로 아동, 청소년과 그 환경에 대한 이해에 중점을 뒀다. 미국 하버드대학교대학원에서 발달심리학으로 석사학위(M.Ed.)와 박사학위(Ed.D.)를 취득했다. 현재 Education Community Research Institute for Character and Citizenship의 연구팀 소속이다. 그녀는 위기 아동, 청소년과 그 가족에 대한 임상 경험이 있으며, 햇불트리니티신학대학원대학교 교수, 학생들과 아프리카와 동남아시아권 단기선교에 참여한 바 있다.

J. 넬슨 제닝스(J. Nelson Jennings)는 1986년 아내 케시(Kathy), 그의 자녀들과 교회 개척 선교사로서 일본으로 파송을 받았다. 그는 도쿄기독교대학(1996~1999년)과 커버넌트신학대학원(1999~2011년)에서 가르쳤고, 해외선교연구센터(OMSC, 2011~2015년)와 GMI(2016~2017년)에서 섬겼다. 2015년 9월 이후 그는 서울 온누리교회에서 선교 목사, 컨설턴트, 국제 관계 담당자로 사역하고 있다. 저작물로는《Theology in Japan: Takakura Tokutaro(1885 - 1934)》(2005),《God the Real Superpower: Rethinking Our Role in Missions》(2007),《Philosophical Theology and East-West Dialogue》(2000, 이나가키 히사카즈 공저) 등이 있다. 그는 〈Missiology〉(2007~2011년)와 〈Global Missiology〉(2018~현재)의 편집자이기도 하다.

정순욱(Soonuk Jung)은 2019년 KGMLF의 번역에 참여했다. 그는 한국어, 영어, 일본어를 구사하며, 현재 에이콘출판사의 디자인 리서치 고문이다. 국제 디자인 컨설팅 회사인 컨티뉴에서 디자인 전략 수석, 한전원자력대학원대학교에서 겸임교수를 역임했다. 가르 레이놀즈의《프리젠테이션 젠》(2008), 낸시 두아르테의《공감으로 소통하라》(2013) 등 프레젠테이션 디자인 관련 도서를 다수 번역했다. 아내, 세 명의 딸과 한국에 거주하고 있다.

조나단 강(Jonathan Shung Kang)은 캘리포니아 주 로스앤젤레스 소재 Christian Counseling and Education Partners의 대표이자 Friends of Missionaries에서 멤버케어 전문가로 섬기고 있다. 교육학과 임상심리학 두 분야의 박사학위를 가지고 있다. 미국 교포 1.5세인 그는 목회자 겸 임상심리 전문가로서 임상 인턴을 감독하고 대학원생을 지도하고 있다. 한국어 및 영어를 구사하는 내담자와 선교사, 목회자를 비롯해 그들 가족에게 개별 심리 서비스를 제공하고 있다.

바버라 휴프너-켐퍼(Barbara Hüfner-Kemper)는 브라질에서 감리교 선교사로 8년간 일했다. 20년 이상의 임상 경력을 가진 그녀는 스트레스 완화와 탈진, 불안을 비롯한 트라우마와 연관된 증상 등을 전문적으로 다룬다. 타문화 트레이너와 갈등 전환(conflict transformation) 컨설턴트로서 교회, 정부, 비정부단체 등과 함께 일한다. 또한 그녀는 St. Luke's 훈련상담센터에서 영어, 포르투갈어, 독일어로 인생 코칭을 인도하며, 애틀랜타 소재 에모리대학교 캔들러신학대학에서 겸임교수로서 성서극치료(Bibliodrama)와 갈등 전환을 가르친다. 독일 GIZ Deutsche Gesellschaft für Internationale Zusammenarbeit(Capacity Building International)의 트레이너 겸 컨설턴트로도 일하고 있다.

토머스 켐퍼(Thomas Kemper)는 연합감리교회 세계선교부 총무로서 세계적 맥락에서 선교사, 의료 선교, 복음 전도, 교회 성장을 책임지고 있다. 세계선교부 산하 연합감리교회 구호위원회에서는 개발과 재난 대책 부문을 담당한다. 그는 평신도로서 미국인이 아닌 사람으로서는 최초로 연합감리교회 기관 대표로 임명된 인물이다. 2010년 선거를 통해 임명된 이후 그는 선교 활동의 국제화에 박차를 가했으며, 여러 지역 사무소를 개설하고, '모든 곳에서 모든 곳으로'라는 기치 아래 선교와 선교사를 세워 청년들의 선교 기회를 다변화했다. 그전에 그는 독일 연합감리회 선교회 소속으로 브라질 선교사로 일했으며, 독일 복음교회에서 사역하고, 독일 연합감리교회 선교 디렉터를 역임했다.

김도봉(Dobong Kim)은 한국 감리교회 소속 목사다. 그는 1991~2003년 필리핀 선교사로 활동했으며, 선교 현장의 실무를 경험한 후 유니온신학교에서 잠시 교수로 일했다. 그는 필리핀, 캐나다, 한국에서 임상목회교육을 가르친 것을 큰 보람으로 여긴다. 그는 안양샘병원에서 환자와 환자 가족들의 전인적 돌봄을 제공하고 있으며, 한국에서 호스피스 교육 강사로 널리 알려져 있다. 그는 한국과 세계 선교 네트워크에 걸쳐 멤버케어에 대한 열정을 품고 있다.

김진봉(Jinbong Kim)은 조나단 봉크가 원장으로 있던 OMSC에서 국제교회관계 스태프로 섬기고 있던 2008년 KGMLF 포럼을 건의해 시작했고, 그때부터 코디네이터로 계속 섬기고 있다. 2016년 6월 OMSC를 떠나게 되어 봉크, 제닝스, 베이커 박사 등과 GMLF라는 새로운 선교단체를 코네티컷 주 정부에 등록해 그 단체 대표로 섬기면서 지속적으로 KGMLF를 감당하고 있다. 그는 1990년 아이보리코스트 단기선교사 파송 후 1994년 GMS에서 아내인 정순영과 아프리카로 파송을 받았고 1998년에는 WEC 국제선교회에도 가입해 기니(Guinea)의 풀라니 무슬림 사역을 했다. 그는 한국뿐 아니라 영국과 프랑스, 미국에서 선교학과 관련한 공부와 선교지에서의 여러 경험을 통해 선교사 멤버케어와 한국 선교의 국제 네크워크에 대한 지대한 관심을 갖고 있다. KGMLF에서 발행한 영문 서적을 전 세계에 보급하는 일에 힘쓰고 있는 그는 아내, 두 아들과 함께 미국에 거주하고 있다.

김정한(Jeonghan Kim)은 2001년부터 중국에서 선교사로 사역했고, 2007년 총회세계선교회(GMS) 본부에서 선교국장으로 제한 접근 지역의 선교사에 대한 인사/사역 및 위기관리 사역을 담당했다. 2012년 대만에서 대만 기독교사를 연구한 후, 2013년부터 중국에서 사역했다. 2017년 9월 이후 GMS 본부에서 위기관리를 담당하고 있다. 그는 총신신학대학원과 총신선교대학원을 졸업했으며, 아내와의 사이에 1남 1녀를 두었다.

김수현(Soohyun Kim)은 사역자와 그 가족을 위해 현장에서 상담 서비스를 제공하는 투마이니상담센터(케냐 나이로비 소재)에서 선교사로 일하고 있다. 정신과 의사인 그녀는 다양하고 예기치 못한 어려움에 직면한 선교사와 그 가족들을 현장에서 돕는 것이 꼭 필요하다고 말하곤 한다. 극한 고난 한가운데 서 있는 이들이 빠르게 회복되기 위해서는 즉각적인 멤버케어가 중요하다고 느끼기 때문이다. 또한 그녀는 AIM(African Inland Mission International)의 일원으로서 균형 잡힌 다문화 공동체를 세우는 일에 즐거이 동참하고 있다.

김선만(Sunman Kim)은 텍사스 주 앨런 소재 매키니 샬롬장로교회를 개척한 목회자다. 또한 댈러스 한인 라디오 방송국 '오늘의 말씀' 프로그램에서 설교를 전하고 있다. 2012~2015년 그는 코네티컷 주 뉴헤이븐 소재 해외선교연구센터(OMSC)의 이사로 섬겼고, 2014년 코네티컷 한인교회협의회 회장을 역임했다. 코네티컷 주 맨체스터 소재 하트포드 제일장로교회(2006~2016년)에서 사역하고, 뉴욕 주 플러싱 소재 동부개혁장로회신학교(Reformed Presbyterian Theological Seminary of the East)에서 교수와 이사로 섬겼다(2010~2015년). 저서로《요한계시록 강해설교》(CLC, 2014)가 있다.

김영옥(Youngok Kim)은 오엠국제선교회(OM) 선교사로 인도, 시베리아, 한국 오엠 본부에서 10년간 사역했다. 그녀는 총신대학교 선교학 석사, 풀러신학교 가족치료학 석사, 휘튼대학교 임상심리학 석사, 풀러신학교 목회학 석사, 휘튼대학교 임상심리학 박사학위를 받았다. 현재 임상심리학자로 활동하면서 비영리단체인 시카고한인정신건강협회(KAWA, Korean American Wellness Association) 대표를 맡고 있다. 그녀는 한국인 선교사를 위한 멤버케어에 적극 관여하면서 대면 상담과 온라인 상담을 제공한다. 그녀의 박사학위 논문 제목은 "한국인 선교사들의 트라우마와 연관된 고통에 대한 해석 현상학적 분석"이다.

이현숙(Hyunsook Lee)은 1984년부터 국내 위클리프 회원 기관인 성경번역선교회(GBT, Global Bible Translators)에서 GBT 설립 멤버로 디렉터인 남편과 함께 일하고 있다. 그녀는 선교사를 위한 상담사로 25년 넘게 섬겨 왔다. 서울 백석대학교에서 기독교상담학 박사학위를 받았다. 현재 서울 소재 터닝포인트 회복상담센터 소장이며, 미국 미주리 소재 미드웨스턴 침례신학대학원 상담학 겸임교수다.

이재헌(Jaehon Lee)은 국립재활원 정신건강의학과 과장이며, 인제대학교 겸임교수, 토론토대학교 정신과 강사, 토론토 정신분석연구소의 정신분석가 후보다. 남서울교회에 출석하며 상하이에서 중국인 선교사들에게 정신건강을 주제로 지도한 바 있다. 그의 임상과 연구 관심 주제는 우울, 불안, 문화적 정신의학, 소수 인구를 위한 효과적인 심리적·사회적 개입, 정신 분석, 몸과 마음의 관계 특징짓기 등이다. 그는 불안과 우울에 대한 책과 치료 매뉴얼을 여러 권 저술하고 번역했다.

이재훈(Jaehoon Lee)은 2011년부터 서울 온누리교회의 담임목사로 시무하고 있다. 미국 뉴저지 주 노우드 소재 초대교회에서 4년간 목회했다. 그는 복음전도자로서 한국에서 가장 창의적인 대형 교회 중 하나로 여겨지는 온누리교회를 인도하고 있다. 그는 소셜미디어, 예술, 출판을 혁신적으로 활용해 한국 내 기독교와 비기독교 진영 모두에게 영향력을 발휘하고 있다. 또한 그는 한국로잔중앙위원회 의장과 한동대학교 이사장으로 섬기고 있다.

이정숙(Jungsook Lee)은 서울 횃불트리니티신학대학원대학교의 교수로서 총장을 역임한 바 있다. 현재는 전국신학대학협의회(KAATS) 회장, 한국복음주의신학대학협의회 회장으로 섬기고 있다. 세계칼빈학회 상임위원, 아시아신학연맹(ATA) 부회장 겸 이사, 옥스퍼드선교연구원(OCMS) 이사이기도 하다. 개신교 신앙개혁과 그 유산에 대해, 기독교 미술사와 개신교 선교 역사에 대해 가르치고 저술하는 것을 좋아한다. 최두열 목사와 결혼한 그녀는 안수 받은 목사이며 장성한 두 명의 자녀가 있다.

브렌트 린퀴스트(Brent Lindquist)는 심리학자로서 선교사와 목회자들에게 심리적·목회적 돌봄과 훈련을 제공하는 세계적 사역기관인 링크케어센터(Link Care Center)의 대표다. 그는 미시오넥서스(Missio Nexus)와 크로스와이어드(Crosswired)를 비롯한 다수 기관을 상대로 학습과 멤버 건강 분야의 컨설턴트로 활동하며, 이들 기관이 선교사와 목회자를 상대로 보다 나은 서비스를 제공하고 전 세계로 확장하도록 돕고 있다. 그는 아내 콜린(Colleen), 두 명의 장성한 자녀, 네 명의 손주들과 함께 시간을 보내는 것을 즐긴다.

루스 L. 맥스웰(Ruth L. Maxwell)은 SIM 국제선교회에서 리더케어와 코칭을 맡고 있다. 나이지리아 선교사 가정에서 자라면서 부모를 통해 기독교 사역자를 위한 돌봄의 가치를 직접 체험했다. 그녀는 어린 시절 마을 생활과 기숙학교를 경험했으며, 청년기에 부모를 교통사고로 잃었다. 캐나다 프레리대학(Prairie College)의 학생 생활부에서 지낸 5년 동안 팀원, 제자도, 리더십과 관련된 소중한 경험을 했다. SIM에서 일한 33년간 그녀는 기독교 사역자를 섬기는 이들을 위한 성경공부, 코칭, 훈련, 환대,

지원 등을 통해 멤버케어, 리더케어, 멘토링, 제자도를 진행했다. 그녀는 사역을 위해 캐나다, 라이베리아, 케냐, 남아프리카, 동남아시아를 방문했고, 현재는 인터넷을 통해 더 많은 지역과 접촉하고 있다.

문성일(Sungil Moon)은 대한예수교장로회(PCK) 목사이며 캐나다 온타리오의 등록된 심리치료사(RP)다. 부산 수영로교회 산하 수영로심리상담센터 디렉터를 맡고 있다. 그는 캐나다에서 한국인 이민자 공동체와 유학생을 위해 상담을 제공하고, 토론토 KOSTA를 섬겼으며, 토론토대학교 녹스칼리지의 아시아-캐나다 신학사역센터에서 코디네이터로 일했다. 그는 캐나다와 한국의 신학교에서 계속 섬기면서 목회 상담과 심리치료에 대한 자신의 경험과 지식을 나누고 있다.

오휘경(솔로몬)(Hweekiong (Solomon) Oh)은 토지 측량사로서 8년간 정부기관에서 일한 뒤 전임 사역자로서 하나님을 섬기기로 결단했다. 그와 그의 아내는 캄보디아 프놈펜에서 현지인들과 함께 교회를 개척했다. 최근 그는 싱가포르신학원(Singapore Bible College)에서 목회학 박사학위를 받았다. 현재 동남아시아와 동아시아 지역 선교사들을 돌보는 일을 하고 있다.

제니 박(Jenny H. Pak)은 현재 풀러신학대학교 심리학과 부교수로서 문화와 공동체심리학 과정 학장을 맡고 있다. 그녀는 기독교심리학협회(CAPS)의 이사로서 협회 안에서 다문화와 국제 분야의 책임자로 섬기고 있다. 그녀는 태국을 비롯해 터키, 중국, 한국 등 여러 나라를 다니며 선교사와 목회자들에게 상담을 가르치고, 그들을 상담하는 일을 하고 있다. 그녀는 내러티브 분석기법을 활용해 급격하게 변화하는 현대문화와 트라우마가 개인의 심리적 정체성과 영성 형성에 미치는 영향을 연구하고 있다. 대표적인 저서로는《Korean American Women: Stories of Acculturation and Changing Selves》등이 있다. 그녀는 남부 캘리포니아에서 한인 목회를 하는 남편과 30년 넘게 결혼생활을 하면서 두 딸을 두고 있다.

박기호(Timothy Kiho Park)는 1996년 이후 풀러선교대학원 교수로서 아시아 선교학을 가르치고 있다. 그는 한국학 프로그램의 디렉터로 있다가 2015년 글로벌 커넥션 디렉터로 자리를 옮겼다. 풀러신학교로 오기 전에는 필리핀에서 선교사로 15년간 사역했다. 그는 아시아선교연구원(Institute for Asian Mission)과 아시아선교학회(Asian Society of Missiology)을 설립해 여러 아시아 선교학자들과 함께 연구, 출판, 컨설팅, 교육 등으로 아시아권 교회와 선교기관을 돕고 있다. 그는 아시아선교협회 대표 회장을 역임했으며, 현재 동서선교연구개발원 원장이다.

찰리 A. 쉐퍼(Charlie A. Schaefer)는 심리학자이며, 타문화 사역자와 그 가족을 격려하고 힘을 북돋아주는 일을 하는 바나바국제선교회의 스태프로 섬기고 있다. 그는 서아프리카에 살았고, 그곳을 비롯해 유럽, 중앙아시아, 동아시아, 중동 지역의 기독교 사역자들을 섬겼다. 그가 특별히 관심을 가진 분야는 생애와 사역 전환, 관계, 결혼과 가족 건강, 트라우마와 회복, 탈진, 남성 문제, 우리 삶 가운데 하나님의 일에 대해 이야기하는 것 등이다. 그는 아내 프라우케와 함께 《고통과 은혜》(디모데, 2016)를 저술했다. 바나바국제선교회 사역을 하면서 노스캐롤라이나에서 상담 서비스를 통해 주로 기독교 사역자들을 섬기고 있다.

프라우케 C. 쉐퍼(Frauke C. Schaefer)는 독일 출신의 가정과 의사이자 독일 Klinik Hohemark과 미국 노스캐롤라이나 소재 듀크대학교에서 훈련받은 정신과 의사 및 심리치료사다. 1990~1997년 국제네팔단체(INF, International Nepal Fellowship)에서 의료 선교사로 일했다. 현재는 파트타임으로 주로 선교사와 목회자를 대상으로 개인 진료를 하고 있으며, 바나바국제선교회의 스태프이기도 하다. 남편 찰리와 미국을 비롯해 국제적으로 임상 케어, 전문 상담, 훈련, 멤버케어 연구 지원 등에 집중하고 있다. 이들 부부가 공저자로 참여한 《고통과 은혜》(디모데, 2016)는 타문화 기독교 사역자를 지원하기 위한 자료다. 이 책은 두 건의 연구 논문에 뿌리를 두고 있다(The Journal of Traumatic Stress, 2007; International Journal of Psychiatry in Medicine, 2008).

성남용(Namyong Sung)은 서울 소재 삼광교회 담임목사다. 이전에는 나이지리아 선교사였으며 현재 총신대학교 목회신학대학원 교수다. 〈한국선교〉(KMQ)의 편집장이며, 여러 책과 논문을 집필했다. 저서에는 《연구방법론》(철탑, 2012), 《365일 기도로 세계 품기》(철탑, 2011), 《선교 현장 리포트》(생명의말씀사, 2006) 등이 있다. 레이첼과 결혼해 장성한 두 자녀를 두고 있다.

퍼트리샤 루실 톨런드(Patricia Lucille Toland)는 1990년부터 WEC 국제선교회 선교사로 일해 왔다. 지난 21년간 그녀는 주로 남미 스페인어권 국가에서 활동하면서 미션스쿨 안에서 남미 현지인 선교사를 훈련시키고, 선교 콘퍼런스에서 강연하고, 타문화 모의 캠프를 개발하고, 남미 현지인 교회를 동원하는 일을 해왔다. 그녀는 WEC 라티노 라틴아메리카를 창설했고, 남미 현지인 선교사를 훈련시켜 파송하는 일을 하는 WEC 라티노글로벌의 디렉터를 맡고 있다. 또한 그녀는 WEC 라티노 내에 멤버케어 부서를 만들어 키우면서 멤버케어 팀의 디렉터로 일하고 있다. 그녀는 트라우마와 위기 개입 전략, 선교 현장에서의 영적 전쟁, 명예(수치심) 문화에서의 리더십 등을 비롯해 여러 타문화 관련 주제를 가르친다. 그녀는 다수의 글을 발표했다.

벤 토레이(Ben Torrey)는 강원도 태백의 예수원 소속으로, 북한의 개방을 준비하는 '네 번째 강 프로젝트'의 디렉터다. 그는 한국에서 자랐으며, 그의 아버지 아처 토레이 신부는 한국전쟁 이후 성공회 신학교를 재건하려고 하다가 아내 제인과 함께 범교단 공동체인 예수원을 설립했다. 벤과 그의 아내 리즈는 2005년 한국으로 돌아와 예수의 사랑으로 북한에 들어가 화해와 치유의 전달자로 섬길 사람들을 훈련시키는 장소로 태백에 예수원 삼수령센터를 세웠다. 벤은 갈대아파교회 한국 선교 신부로도 섬기고 있다. 2005년 이후 그는 서울 여의도순복음교회가 발행하는 월간지 〈신앙계〉에 컬럼을 기고하고 있다.

엄은정(Eunjung Um)은 하트스트림 한국센터의 공동대표로 멤버케어를 통해 선교단체와 교단 선교부의 해외 선교사들을 초교파적으로 섬기고 있다. 그전에는 인재개발 컨설팅사인 휴먼다이나믹㈜에서 프렉티스 디

렉터로 일했으며, 케냐 나이로비신학교와 서울신학대학교에서 기독상
담학을 가르쳤으며, OMS 선교회에서 한국인 스태프로 섬겼다. 서울신
학대학교를 졸업(B.A.)한 뒤, 미국 애즈버리신학대학원(M.A.)과 연세대 대
학원(Ph.D. 수료)에서 기독상담학을 전공했다. 그녀는 미술과 음악을 사랑
하며 자연 속에서 혼자 있는 시간을 즐긴다.

리처드 윈터(Richard Winter)는 미국 미주리 주 세인트루이스 소재 커버
넌트신학교의 응용신학과 상담학 명예교수다. 그는 심리치료사 겸 상
담사로서 영국에서 의학 및 정신과 훈련을 받고, 영국 라브리 공동체에
서 스태프와 디렉터로 14년간 섬겼다. 그는 영국왕립정신의학회 소속 회
원이며,《When Life Goes Dark: Finding Hope in the Midst of Depression》
(IVP 2012),《Perfecting Ourselves to Death: The Pursuit of Excellence and the
Perils of Perfectionism》(IVP, 2005),《Still Bored in a Culture of Entertainment:
Rediscovering Passion and Wonder》(IVP, 2002) 등 다수의 책과 학술 논문을
저술했다. 그는 결혼하여 네 명의 자녀와 아홉 명의 손주를 뒀다.

크리스토퍼 J.H. 라이트(Christopher J.H. Wright)는 제3국가 목회자와 신
학교에 문서, 장학금, 설교 훈련 등을 제공하는 랭함파트너십 인터내셔널
의 국제 사역 디렉터. 5년간 인도의 유니온성서신학교에서 구약성서를
가르치는 교수로 일했다. 저서로는《Old Testament Ethics for the People of
God》《The Mission of God》《The God I Don't Understand》《The Mission
of God's People》등이 있다. 그는 2010년 10월, 제3차 로잔대회의 선언문
'케이프타운서약' 초안을 작성했다. 영국의 구호기관 중 하나인 티어펀
드(Tearfund)와 국제복음주의학생회(IFES)의 명예부대표를 맡고 있다. 그와
그의 아내 리즈는 네 명의 장성한 자녀, 열 명의 손주를 두고 있으며, 런
던에 살면서 랭함플레이스 올소울즈교회의 일원으로 지내고 있다.

미주

─────── 추천사 ───────

1. 앤드루 월스 지음, 방연상 옮김, 박형진 해설,《세계 기독교와 선교운동》(서울: 한국기독학생회출판부, 2018), 289-290.

2. 딤후 1:15.

3. 딤후 4:16.

4. 딤후 4:10.

5. 요 16:33.

6. 마 1:23.

─────── 1부 ───────
성경 강해

03_베드로: 실패와 죄책감의 치유

1. 이 설교는 2003년 3월 30일 런던 랭함플레이스의 올소울즈교회에서 처음 발표되었는데, 다음 책에 수록되었다. *Let the Gospels Preach the Gospel: Sermons Around the Cross* (Carlisle, PA: Langham, 2016). 이어서 다음 책에도 수록되었다. *To the Cross: Proclaiming the Gospel from the Upper Room to Calvary* (Downers Grove, IL: InterVarsity, 2017). 허락을 받아 이곳에 게재한 것이다.

2. Stephen Pile, *The Book of Heroic Failures: The Official Handbook of the Not Terribly Good Club of Great Britain* (Abingdon-on-Thames: Routledge & Kegan Paul, 1979).

3. 마 26:31-35, 69-75; 막 14:27-31, 68-72; 눅 22:31-34, 54-62; 요 13:37-38; 18:15-27.

4. William Taylor, ed. (Pasadena, CA: William Carey Library, 1997).

5. 찬송가 〈죄짐 맡은 우리 구주〉의 한 구절이다.

2부
선교사의 환멸과 낙심, 우울증

04_사례 연구: 절망과 낙심, 환멸, 낙담, 실망의 어둠 속에서 길 찾기

1. 사리타 하르츠의 공식 웹사이트에 게재된 글 "선교사의 탈진에 대해 미리 알았더라면 좋았을 것들(What I Wish I'd Known About Missionary Burnout)," March 24, 2015, http://www.saritahartz.com/what-i-wish-id-known-about-missionary-burnout/.

2. 데비 허커(Debbie Hawker)와의 이메일 교신 내용(2018년 5월).

3. David Livermore, *Cultural Intelligence: Improving Your CQ to Engage Our Multicultural World* (Grand Rapids, MI: Baker Academic, 2009), 217.

4. Danica Hays and Bradley Erford, *Developing Multicultural Counseling Competence: A Systems Approach, 3rd Edition* (Boston: Pearson, 2018).

5. Amy Cousineau, Elizabeth Lewis Hall, Christopher Rosik, and Todd Hall, "Predictors of Missionary Job Success: A Review of the Literature and Research Proposal," *Journal of Psychology and Christianity* vol. 29, no. 4 (2010): 354-363.

6. 문상철·박찬의·신경섭·유희주·조난숙,《한국 선교사 멤버케어 개선 방안》(서울: GMF Press, 2015), 120-122.

7. 이은하, "선교사 상담의 현황 및 상담 추구 의도 모형"(박사학위 논문, 햇불트리니티신학대학원대학교, 2013).

8. 앞의 논문.

9. 문상철 · 박찬의 · 신경섭 · 유희주 · 조난숙,《한국 선교사 멤버케어 개선 방안》(서울: GMF Press, 2015), 39.

05_한국인 선교사의 정신건강을 위한 여정

1. 제레미 홈즈, 이경숙 옮김,《존 볼비와 애착이론》(학지사, 2005).

2. 수잔 캐벌러 아들러, 이재훈 옮김,《애도: 대상관계 정신 분석의 관점》(한국 심리치료연구소, 2009).

3. 선교사케어넷,《땅끝의 아침: 선교사를 위한 11가지 마음의 선물》(두란노, 2007).

4. 앞의 책, 33-35.

5. 김미향, "중년 여성의 갱년기 증상과 영적 안녕에 관한 연구", 〈여성건강간호학회지〉, 4권 1호 (한국여성건강간호학회, 1998), 38-51.

6. Julia H. Johnston, *Fifty Missionaries Heroes Every Boy and Girl Should Know* (New York: Fleming H. Revell Company, 1913). http://www.temkit.com/13-Missionary/ Fifty%20Missionary%20Heroes.pdf.

7. Amy Peterson, "Farewell to the Missionary Hero," *Christianity Today* 59, no. 7 (Sept. 2015): 76, https://www.christianitytoday.com/ct/2015/september/farewell-to-missionary-hero.html.

8. Phillip Hauenstein, *Fremdheit als Charism* (Neuendettelsau: Erlanger Verlag für Mission und Oükumene, 1999).

9. 새번역.

10. Colin Morris, *Bible Reflections Round the Christian Year* (London: SPCK Publishing, 2005), 48.

1. 바가바드기타는 힌두교 전통의 경전과 철학의 중요한 기초를 이루는 인도의 고대 경전이다.

2. Gordon Franz, "Nahum, Nineveh and Those Nasty Assyrians," The Shiloh Excavations, Associates for Biblical Research, biblearchaeology.org, May 28, 2009, accessed September 3, 2018, http://www.biblearchaeology.org/post/2009/05/28/Nahum2c-Nineveh-and-Those-Nasty-Assyrians.aspx.

3. Boo-wong Yoo, *Korean Pentecostalism: Its History and Theology* (New York: Verlag Peter Lang, 1988), 221.

4. "우리나라 역사에서 외세의 침략이 몇 번 있었나?", accessed August 24, 2018, http://tip.daum.net/question/99361511.

5. 《정신질환의 진단 및 통계 편람(DSM)》은 현재 화병을 문화 고유 장애로 분류하고 있다.

6. Y.K. Harvey and S. Chung, "The Koreans," in *Peoples and Cultures of Hawai'i: A Psycho-cultural Profile*, eds. J.F. McDermott, W. Tseng, and T.W. Maretzki (Honolulu: University of Hawai'i Press, 1980), 135-154.

7. 이와 비슷한 영어 속담으로 "The envious man grows lean at the success of his neighbor(이웃의 성공을 부러워하는 사람은 야위어 간다)"이 있다.

8. Sonja Vegdahl and Ben Hur, *CultureShock! Korea: A Survival Guide to Customs and Etiquette* (Singapore: Marshall Cavendish International Asia Pte Ltd., 2008), 36.

9. 고맥락 문화는 함축적인 의사소통과 비언어적 신호에 의존한다. 고맥락 의사소통에서 메시지는 상당한 배경 정보가 없으면 이해하기가 어렵다. 이것에 대한 것은 다음을 참조하라. Brian Neese, "Intercultural Communication: High- and Low-Context Cultures," Southeastern University Online Learning, August 17, 2016, accessed August 25, 2018, https://online.seu.edu/high-and-low-context-cultures/.

10. 한국의 젊은 직장인 세대는 변화의 한복판에 서 있다. 보다 현대적·서구적·개인적이며, 유교 이념에 대해 그다지 경도되지 않은 젊은 세대는 전통적이고 집단주의적 문화를 고집하는 조직의 상급자나 선배를 어떻게 대해야 하느냐에 대한 문제로 혼란스러워하며 고심하고 있다.

11. 갑질은 권력을 가진 위치에 있는 사람의 무례하고 권위적인 태도나 행동을 뜻한다.

12. '글로컬'은 글로벌과 로컬의 합성어로, '국지적 고려 사항과 전 세계적 고려 사항을 동시에 반영하거나 그런 특징을 가지는 것'을 뜻한다. 이것에 대한 것은 다음을 참조하라. "Glocal," *Oxford Living Dictionary*, July 29, 2018, https://en.oxforddictionaries.com/definition/glocal.

13. 엡 4:26, 새번역.

14. Jim Elliot, *Journal, October 28, 1949*, Journal entry. p. 174, Billy Graham Center Archives, Collection 277.

15. 감정을 뜻하는 영어 단어 emotion의 라틴어 어원 'movere'는 '움직이다' '동원하다'의 뜻을 가진다.

16. Marshall B. Rosenberg, *The Surprising Purpose of Anger* (Encinitas, CA: PuddleDancer Press, 2005).

17. 감정과 욕구에 대해 참고가 될 만한 목록은 비폭력 대화 웹사이트를 참조하라. https://www.cnvc.org.

07 _ 국제선교의 도전을 항해하며

1. 비밀 유지를 위해 중요한 개인 정보는 변경했다.

2. O. Sng, K.E.G. Williams, and S.L. Neuberg, "Evolutionary Approaches to Stereotyping and Prejudice," in *The Cambridge Handbook of the Psychology of Prejudice*, eds. Chris G. Sibley and Fiona Kate Barlow (Cambridge: Cambridge University Press, 2017),

21, 46.

3. 앞의 자료, 38.

4. K.J. Reynolds, E. Subasic, L. Batalha, and B. Jones, "From Prejudice to Social Change: A Social Identity Perspective," in *The Cambridge Handbook of the Psychology of Prejudice*, eds. Chris G. Sibley and Fiona Kate Barlow (Cambridge: Cambridge University Press, 2017), 47, 64.

5. D. Elmer, *Cross-Cultural Connections: Stepping Out and Fitting in Around the World* (Downers Grove, IL: IVP Academic, 2002), 97.

6. 앞의 책, 114.

7. 앞의 책, 91.

8. D.R. Atkinson, G. Morten, and D.W. Sue, *Counseling American Minorities: A Cross-Cultural Perspective*, 4th Ed. (Dubuque: WBC Brown & Benchmark Publishers, 1993), 19–39.

9. S. Johnson, "Emotionally Focused Couple Therapy," in *Clinical Handbook of Couple Therapy, 5th Edition*, eds. A.S. Gurman, J.L. Lebow, and D.K. Snyder (New York: Guilford Press, 2015), 97–128.

10. K.J. Gergen, "The Social Construction of Self," in *The Oxford Handbook of The Self*, ed. Shaun Gallagher (Oxford: Oxford University Press, 2011), 639.

11. 앞의 책, 645.

12. J. Barresi and Raymond Martin, "History as Prologues: Western Theories of the Self," in *The Oxford Handbook of The Self*, ed. Shaun Gallagher (Oxford: Oxford University Press, 2011), 53.

13. D.J. Siegel, *The Developing Mind: How Relationships and the Brain Interact to Shape Who We Are, 2nd Edition* (New York: Guilford Press, 2012), 349, 387.

14. M.B. Brewer, "Intergroup Discrimination: Ingroup Love or Outgroup Hate?" in *The Cambridge Handbook of the Psychology of Prejudice*, eds. Chris G. Sibley & Fiona

Kate Barlow (Cambridge: Cambridge University Press, 2017), 90, 110.

15. A.T. Maitner, E.R. Smith, and D.M. MacKie, "Intergroup Emotions Theory: Prejudice and Differentiated Emotional Reactions toward Outgroups," in *The Cambridge Handbook of the Psychology of Prejudice*, eds. Chris G. Sibley & Fiona Kate Barlow (Cambridge: Cambridge University Press, 2017), 111, 130.

16. Lianne Roembke, *Building Credible Multicultural Teams*, edition afem: academics BD.4 (Bonn: Verlag für Kultur und Wissenschaft Culture and Science Publ., 1998), 56, 59.

17. 앞의 책, 56, 58.

18. 앞의 책, 59.

19. 앞의 책, 59.

20. John Stott, *The Contemporary Christian* (Leicester: InterVarsity,1992), 346.

21. Lianne Roembke, *Building Credible Multicultural Teams*, 82.

22. F.E. Jandt, *An Introduction to Intercultural Communication: Identities in a Global Community*, 4th Ed. (Thousand Oaks, CA: SAGE Publications, 2004), 150.

23. 앞의 책.

24. S.X. Chen, V. Benet-Martinex, and M.H. Bond, "Bicultural Identity, Bilingualism, and Psychological Adjustment in Multicultural Societies: Immigration-based and Globalization-based Acculturation," *Journal of Personality* 76, no. 4 (August 2008): 803-838.

25. P.G. Hiebert, *Anthropological Reflections on Missiological Issues* (Grand Rapids: Baker Books, 1994); P.G. Hiebert, *Transforming Worldviews: An Anthropological Understanding of How People Change* (Grand Rapids: Baker Academic, 2008).

26. Christopher L. Flanders, *About Face: Rethinking Face for 21st Century Mission* (Eugene, OR: Pickwick, 2011), 45-46; 55-56.

27. David A. DeSilva, *Honor, Patronage, Kinship and Purity: Unlocking New Testament*

Culture (Downers Grove, IL: IVP Academic, 2000), 35.

28. Stephen Pattison, "Shame and the Unwanted Self," in *The Shame Factor: How Shame Shapes Society*, eds. Robert Jewett, Wayne L. Alloway Jr., and John G. Lacey (Eugene, OR: Cascade, 2011), 9, 18.

29. Karen Carr, "Normal Reactions After Trauma," in *Trauma and Resilience*, eds. Charles and Frauke Schaefer (Fresno, CA: Condeo Press, 2012), 45-46.

30. Graham Barker, "The Effects of Trauma on Attachment" (Christian Counsellors Association of Australia, 2012), 4, https://www.ccaa.net.au/documents/TheEffectsOfTraumaOnAttachment.pdf.

31. 앞의 자료, 2.

32. Laura Mae Gardner, "A Practical Approach to Missionary Transitions," in *Enhancing Missionary Vitality*, eds. John R. Powell and Joyce M. Bowers (Palmer Lake, CO: Mission Training International, 1999), 94-95.

33. Lawrence and Lois Dodds, *Caring for People in Missions: Just Surviving – or Thriving?* (Liverpool, PA: Heartstream, 1997).

34. Kelly O'Donnell, "Going Global: A Member Care Model for Best Practice," in *Doing Member Care Well*, ed. Kelly O'Donnell (Pasadena, CA: William Carey, 2002), 15-19.

3부
선교사의 관계 역동성과 갈등

08 _ 한국인 선교사의 부부관계에 대한 사례 연구

1. 한국의 이혼 건수는 2009년 최고로 증가했다가 차츰 줄어드는 추세로 2016년에는 10만 7,300건으로 전년보다 1.7%(1,800건) 감소했다. 한편 조이

혼율(1,000명당 이혼 건수)은 2009년 2.5건, 2016년에는 2.1건으로 차츰 줄어들다가 2017년에는 4.4건으로 늘었다(2017년 혼인 이혼 통계, 3/21/2018, 통계청: kostat.go.kr/portal/korea/kor_nw/3/index.board?bmode).

2. 여기서 언급한 사례들은 비밀 보장을 위해 각색한 것으로 어떤 선교사 부부의 사례이기보다는 한국인 선교사 부부에게 흔히 일어날 수 있는 사례로 보편화시켰음을 밝힌다.

3. 문상철 외 4인,《한국 선교사 멤버케어 개선 방안》(서울: 한국선교연구원, 2015).

4. 이현숙, "선교사의 대인관계 스트레스 회복 과정 연구"(박사학위 논문, 백석대학교대학원, 2014); 문상철 외 4인.

5. 문상철 외 4인, 134.

6. 김형준, "타문화권 선교사 부부의 탈진과 부부적응"(박사학위 논문, 장로회신학교대학원, 2009), 2-3; 문상철 외 4인.

7. 이은주, "부인 선교사들의 심리적 갈등과 불안이 우울에 미치는 영향 연구"(박사학위 논문, 총신대학교, 2017), 130.

8. 이현숙, 58, 110.

9. 정민영, "선교사의 정신건강 왜 중요한가?, 한국 선교사의 은퇴와 정신건강",《방콕포럼 2014, 2015 자료집》(미션파트너스, 2015), 121-125.

10. 김사라형선, "부부 갈등과 우울, 불안의 관계에서 용서의 중재 효과", 〈한국가정관리학회지〉, 제28권 4호, (2010), 55-66.

11. 이현숙.

12. 이유경, "한국인 선교사 부부의 갈등 경험과 극복"(박사학위 논문, 연세대학교 신학대학원, 2014).

13 프라우케 쉐퍼 · 찰리 쉐퍼 · 캐런 카 외 2인, 도문갑 옮김,《고통과 은혜》(서울: 도서출판 디모데, 2016)

14. 조나단 강, "선교사 가정의 정신적, 정서적 건강", 조나단 봉크 외 37인,《선

교사 가정에 대한 책무》(서울: 두란노서원, 2013), 266-297.

15. 로라 매 가드너, 백인숙 · 송헌복 옮김,《선교사 멤버케어 핸드북》(서울: 아바서원, 2016), 44-59.

16. 터닝포인트상담센터에서는 선교사 지원 그룹과 미술 치료를 봄과 가을에 각 10주씩 매주 화요일 실시하여 선교사들의 자기성찰과 이해를 돕고 있다.

17. 이현숙, "선교 현장 사역 이후 단계에서 선교사의 정신건강과 멤버케어", 《한국인 선교사의 은퇴와 정신 건강: 방콕포럼 2014, 2015 자료집》(하터늘씨앗미디어 미션파트너스, 2015), 183-193.

18. 이현숙, "선교 현장 사역 이후 단계에서 선교사의 정신건강과 멤버케어", 190.

19. 이현숙, "선교사의 대인관계 스트레스 회복 과정 연구", 〈한국기독교상담학회지〉 제27권 제1호(2016), 215-216.

20. 이현숙, "선교 현장에서의 멤버케어", 〈한국선교 KMQ〉 17권 4호 (2018), 65-78.

09 _ 신경발달장애와 선교사 자녀의 정신건강

1. 로버트는 ADHD 판정을 받은 선교사 자녀들을 조합한 가상의 인물이다.

2. Samuele Cortese, et al., "Toward Systems Neuroscience of ADHD: A Meta-analysis of 55 fMRI Studies," *American Journal of Psychiatry* 169, no. 10 (Oct. 2012): 1038-1055.

3. Thomas C. Brown, *A New Understanding of ADHD in Children and Adults: Executive Function Impairments* (New York: Routledge, 2013).

4. Joseph Biederman, et al., "How Persistent Is ADHD? A Controlled 10-Year Follow-up Study of Boys with ADHD," Psychiatry Research 77, no. 3 (May 2010): 299-304.

5. American Psychiatric Association, *Diagnostic and Statistical Manual of Mental Disorders, Fifth Edition* (Arlington, CA: American Psychiatric Association, 2013).

6. Thomas E. Brown, *Outside the Box: Rethinking ADD/ADHD in Children and Adults: A Practical Guide* (Arlington, VA: American Psychiatric Association Publishing, 2017).

7. 레베카는 SLD 판정을 받은 선교사 자녀들을 조합한 가상의 인물이다.

8. Edward Fry and Jacqueline Kress, *The Reading Teacher's Book of Lists 5th Edition* (San Francisco, CA: Jossey Bass, 2006).

9. '읽기에 어려움이 있는 특정학습장애'와 '난독증'이라는 표현은 거의 같은 의미로 쓰인다. 읽기에 대한 특정학습장애에는 독해가 잘 안 되는 경우가 포함되고, 난독증에는 철자를 자주 틀리는 경우가 포함된다.

10. Russell A. Barkley et al., "International Consensus Statement on ADHD," *Clinical Child and Family Psychology Review* 5, no. 2 (June 2002): 89-111.

11. Guilherme Polanczyk et al., "The Worldwide Prevalence of ADHD: A Systematic Review and Metaregression Analysis," *American Psychiatric Association* 165, no. 6 (June 2007): 942-948.

12. Stephen V. Faraone et al., "The Worldwide Prevalence of ADHD: Is It an American Condition?" *World Psychiatry* 2, no. 2 (June 2003): 103-113.

13. Jessie C. Anderson, "Is Childhood Hyperactivity the Product of Western Culture?" *Lancet* 348, no. 9020 (July 1996): 73-74.

14. Stephen P. Hinshaw et al., "International Variation in Treatment Procedures for ADHD: Social Context and Recent Trends," *Psychiatric Services* 62, no. 5 (May 2011): 459-464.

15. Moonjung Kim et al., "Prevalence of Attention-Deficit/Hyperactivity Disorder and Its Comorbidity among Korean Children in a Community Population," *Journal of Korean Medical Sciences* 32, no. 3 (2017): 401-406.

16. Subin Park et al., "Prevalence, Correlates, and Comorbidities of DSM-IV

Psychiatric Disorders in Children in Seoul, Korea," *Asia Pacific Journal of Public Health* 27 no. 2 (August 2014): 1942–1951.

17. Soochurl Cho et al., "Full Syndrome and Subthreshold Attention–Deficit/ Hyperactivity Disorder in a Korean Community Sample: Comorbidity and Temperament Findings," *European Child & Adolescent Psychiatry* 18, no. 7 (July 2009): 447–457.

18. Minha Hong et al., "Nationwide Rate of Attention Deficit Hyperactivity Disorder Diagnosis and Pharmacotherapy in Korean in 2008–2011," *Asia-Pacific Psychiatry* 6 (October 2014): 379–385.

19. Kyunghwa Lee, "Attention Deficit/Hyperactivity Disorder across Cultures: Development and Disability in Contexts," *Early Child Development and Care* 178, no. 4 (May 2008): 339–346.

20. Younghee Hong, "Teachers' Perceptions of Young Children with ADHD in Korea," *Early Child Development and Care* 178, no. 4 (January 2007): 399–414.

21. Sungwon Roh et al., "Mental Health Services and R&D in South Korea," *International Journal of Mental Health Systems* (June 2016): 1–10.

22. Nari Choi et al., "Policies and Issues Surrounding the Identification of Students with Learning Disabilities in South Korea," *International Journal of Special Education* 32, no. 2 (April 2017): 439–457.

23. Special Education Act for Individuals with Disabilities and Others (2008). Act No. 8852. Retrieved from https://elaw.klri.re.kr/kor_service/lawView. do?hseq=16226&lang=ENG.

24. Daeyoung Jung, "South Korean Perspective on Learning Disabilities," *Learning Disabilities Research and Practice* 22, no. 3 (July 2007): 183–188.

25. Matthias Grunke et al., "Learning Disabilities around the Globe: Making Sense of the Heterogeneity of the Different Viewpoints," *Learning Disabilities: A Contemporary Journal* 14, no. 1 (Jan 2016): 1–8.

26. Juhu Kim et al., "Understanding of Education Fever in Korea," *KEDI Journal of Educational Policy* 2, no. 1 (June 2005): 7-15.

27. Jiyeon Park, "Special Education in South Korea," *Teaching Exceptional Children* 34, no. 5 (May 2002): 28-33.

28. 한국선교연구원(krim.org)이 실시한 조사 결과다.

29. Steve Sangcheol Moon, "Mission from Korea 2014: Missionary Children," *International Bulletin of Missionary Research* 38, no. 2 (April 2014): 84-85.

30. 앞의 책.

31. Rick Ostrander et al., "Attention Deficit-Hyperactivity Disorder, Depression, and Self- and Other-Assessments of Social Competence: A Developmental Study," *Journal of Abnormal Child Psychology* 34, no. 6 (December 2006): 772-786.

10_성중독

1. Christopher West, *Theology of the Body for Beginners* (West Chester, PA: Ascension Press, 2004), 12.

2. St. Jerome, Against Jovinianus, book 1, §49, trans. W.H. Fremantle, G. Lewis, and W.G. Martley. *In Nicene and Post-Nicene Fathers, Second Series* Vol. 6, ed. Philip Schaff and Henry Wace (Buffalo, NY: Christian Literature Publishing Co., 1893). Revised and edited for New Advent by Kevin Knight. http://www.newadvent.org/fathers/30091.htm.

3. See Glynn Harrison, *A Better Story: God, Sex and Human Flourishing* (London: IVP, 2016).

4. William Struthers, *Wired for Intimacy: How pornography hijacks the male brain* (Downers Grove, IL: IVP, 2009).

5. Gabor Maté, *In the Realm of Hungry Ghosts: Close Encounters with Addiction* (Berkeley, CA: North Atlantic Books, 2010), 142-145.

6. Jay Stringer, *Unwanted: How Sexual Brokenness Reveals Our Way to Healing* (Colorado Springs: Navpress, 2018), 11.

7. 대략적으로 남성 8%와 여성 3%다.

8. Stringer, *Unwanted,* xvii

9. Covenant Eyes Porn Stats, 2018, accessed August 6, 2018, https://www.covenanteyes.com/e-books/.

10. Stringer, *Unwanted,* 15.

11. 아우구스티누스 지음, 박문재 옮김,《고백록》(CH북스, 2016). 원서는 다음과 같다. Augustine, Confessions, trans. Albert Outler, in *The Library of Christian Classics*, vol. VIII (Philadelphia: The Westminster Press. 1955), 164.

12. 그런 남녀들을 위한 모임을 추진하는 단체를 알고 싶다면 다음을 보라. http://www.firstlightstlouis.org/.

13. Stringer, *Unwanted,* 33.

14. 앞의 책, 89.

15. 앞의 책, 150-151.

16. 리처드 포스터, 김영호 옮김,《돈, 섹스, 권력》(두란노서원, 1996), 106.

17. C.S. Lewis, *The Joyful Christian* (New York: Macmillan, 1977), 198. "성 그 자체를 도덕적이거나 비도덕적이라고 말할 수 없다. 그것은 중력이나 영양을 도덕적이거나 비도덕적이라고 말할 수 없는 것과 마찬가지다. 그러나 인간의 성적 행위에 대해서는 도덕성을 논할 수 있다."

18. Arthur F. Holmes, *Ethics: Approaching Moral Decisions* (Downers Grove: InterVarsity, 1984), 108.

19. 홈스, 112-114. 그는 정의에 대한 도덕적 원리를 성적 학대, 타인의 성을 착취하는 것, 결혼 상대와의 관계에서 성적으로 차별하는 것 등을 비롯한 여러 영역에 적용한다.

20. David L. Delmonico and Elizabeth J. Griffin, edited by D. Richard Laws and William T. O'Donohue,"Online Sex Offending: Assessment and Treatment," *Sexual Deviance: Theory, Assessment, and Treatment* (New York: Guilford Press, 2008), 459, 460. 인터넷을 성적으로 활용하는 사례가 위협적으로 급증하고 있다. 2006년 기준으로 약 3억 2,200명의 인터넷 사용자 가운데 성인 4,000만 명이 주기적으로 포르노그래피 사이트를 방문하는 것으로 조사됐다. 420만 개의 웹사이트가 연간 25억 달러에 달하는 수익을 올리는 것으로 추정된다. 놀랍게도 10~17세 연령의 인터넷 사용자 중 20%에 가까운 수가 낯선 성인으로부터 성적 유혹을 받는다.

21. 리처드 포스터, 108.

22. 앞의 책, 113.

23. Robert K. Schaeffer, *Understanding Globalization* (Lanham, Maryland: Rowman & Littlefield, 2009), 103. 쉐퍼는 현대를 유럽인들이 해외 이주를 시작한 이래로 제3의 글로벌 이주시대라고 칭한다. 이는 한 종류의 이주가 아니라 경제, 환경, 정치, 문화 개발 등에 기인한 다양한 종류의 이주 특징을 가진다고 기술하면서 유엔의 보고서를 근거로 2009년 현재 약 2억 명의 인구가 국경을 넘어 타국에서 살고 있다고 했다.

24. James E. Hart & Mark Owen Lombardi, *Taking Sides: Clashing Views on Global Issues* (New York: McGraw-Hill, 2012), 52-76. 저자들은 "글로벌 도시화가 기본적으로 원치 않는 결과로 이끌고 있는가?"라는 질문에 세계의 거대 도시들은 공해, 빈곤, 식수 부족, 질병과 같은 환경적 질환을 앓고 있다는 부정적 측면과 경제 산업의 엔진 기능에 기여하고 있다는 긍정적 측면을 제시했다. 공통점은 불가피한 사회적 변화와 인신매매 등 도덕 윤리의 위기를 초래하고 있다는 것이다.

25. 미주한인예수교장로회 총회재판국 전 서기 김선중 목사와의 전화 인터뷰, 2019년 2월 8일.

26. http://craaha.com/board_1040/1571.

27. Lisa M. Najavits, *Recovery from Trauma, Addiction, or Both* (New York, London: Guilford

Press, 2017), 1. "새로운 경험은 두뇌를 건강한 방향으로 재구성한다"(120쪽).

28. 박충구, "기독교와 성 윤리," 〈그말씀〉, 1996년 4월호(서울: 두란노, 1996), 136-146. 저자는 성과 정의의 문제를 별개로 보는 관점에서 벗어나 이 둘을 동시적인 것으로 보는 윤리학적 관점에서 인간의 성(sexuality)에 대한 이해를 모색하고 있다.

29. 김남조, 《김남조시집》 (서울: 상아출판사, 1967), 22.

4부
선교사의 정신'질환'에 영향을 미치는 상황 요인

11_제한 접근 지역 선교사의 심리적 스트레스

1. https://gms.kr/?d1=2&d2=1&d3=1.

2. https://kwma.org/index.php?mid=tg_0102&category=1597&document_srl=11229.

3. https://www.opendoors.or.kr/board/view.do?iboardgroupseq=1&iboardmanagerseq=1.
기독교 박해는 세계적 현상이며, 75개 국가에서 발생하고 있다. 전 세계적으로 기독교에 대한 적대감을 표출하는 국가는 151개국에 달한다. 오픈도어선교회의 산하기관인 '월드 와치 리스트'는 해마다 그 가운데 탄압과 핍박의 강도가 높은 50개 국가를 발표하고 있다.

4. GMS 위기관리팀 보고서(2018년 9월 보고서).

12_용기 있는 외침과 혼란스러운 위기, 적절한 돌봄의 윤곽

1. 알과 글래디스 부부가 메노나이트미션네트워크(MMN)의 아시아 지역 담당 이사 존 F. 랩에게 보낸 편지, 2010년 7월.

2. Al Geiser's Obituary, *The Daily Record*, August 2, 2012, July 10, 2018, http://www.the-daily-record.com/obituaries/20120802/alfred-al-geiser.

3. 알이 억류된 56일 동안 알과 글래디스의 모교회인 기드론 메노나이트교회는 매일 모여 그가 석방되기를 위해 기도했다. 이 기도 모임은 알이 풀려나 오하이오 집으로 돌아올 때까지 계속되었다.

4. John Roth, "How should we respond to kidnapping?" *The Mennonite*, September 2014, https://www.goshen.edu/wp-content/uploads/sites/59/2014/04/September.pdf.

5. Joel Roberts, "Captors Kill American Hostage," CBS News, March 10, 2006, accessed July 10, 2018, https://www.cbsnews.com/news/captors-kill-american-hostage/.

6. 가이저 가족이 미국 정부에 보낸 편지, 2008년 9월 1일.

7. Angela Rempel, Erwin Rempel, *Unexpected Invitations: Surprises, Adventures, and Opportunities in Mennonite Ministry* (Newton, KS: Mennonite Press, 2016).

8. Global Ministries, "Geiser, Partner Killed in Afghanistan," August 7, 2012, accessed July 10, 2018, https://www.globalministries.org/geiser_partner_killed_10_10_2014_1340.

9. 교훈 중 일부 내용은 존 F. 랩이 작성한 2008년 11월 5일자 미공개 문서로부터 수집한 것이다.

10. "Gladys and Al Geiser-United States," Bearing Witness Stories Project, July 5, 2016, https://martyrstories.org/gladys-and-al-geiser/.

11. 앞의 자료.

12. Bob Klamser, "Former Hostage Killed in New Afghanistan Attack," Crisis Consulting International, July 25, 2012, http://www.cricon.org/2012/former-hostage-killed-in-new-afghanistan-attack.

13. James R. Krabill, ed., *Together in Mission: Core Beliefs, Values and Commitments of Mennonite Mission Network. Missio Dei* No. 10 (October 2005).

14. Tertullian, *Apologeticus pro Christianis (Apology)*, trans. T.H. Bindley, accessed September 8, 2018, https://earlychurchtexts.com/public/tertullian_blood_christians_seed.htm, chaps. 48-50.

15. GMTC에서는 온 가족이 들어와 훈련을 받는다. 피랍되었던 두 명은 부부가 가정 단위로 함께 훈련을 받았기 때문에 두 가정이라고 표기했다.

16. 피랍 당사자 중 한 명이었던 그 남편은 2017년 성탄절을 앞두고 한국을 방문했다가 교통사고로 갑작스럽게 죽음을 맞았다.

17. 홍혜경, "비자발적 사역 중단을 경험한 선교사의 외상 후 성장" (박사학위 논문, 연세대학교, 2018).

13_하나님의 상처 입은 종: 트라우마에 대한 경험 탐구

1. Robert Grant, "Trauma in Missionary Life," *Missiology: An International Review*, 23, no. 1 (1995), 71-83.

2. The Korea World Missions Association, "Statistics of Korea Missionaries as of December 2017," *Korea Missions Quarterly* 17, no. 3 (Spring 2018), 138-145.

3. Robert W. Bagley, "Trauma and Traumatic Stress Among Missionaries," *Journal of Psychology and Theology* 31, no. 2 (2003): 97-112; Frauke Schaefer et al., "Traumatic Events and Posttraumatic Stress in Cross-cultural Mission Assignments," *Journal of Traumatic Stress* 20, no. 4 (2007): 529-539. doi:101002/jts.20240.

4. Steve S.C. Moon, "The Recent Korean Missionary Movement: A Record of

Growth, and More Growth Needed," *International Bulletin of Missionary Research* 27 (2003), no. 1: 11-17; Steve S.C. Moon, "The Protestant Missionary Movement in Korea: Current Growth and Development," *International Bulletin of Missionary Research* 32 (2008), no. 2: 59-64.

5. Claire Camp et al., "Missionary Perspectives on the Effectiveness of Current Missionary Practices," *Journal of Psychology and Theology* 42, no. 4, (2014): 359-368; Cynthia Eriksson et al., "Social Support, Organisational Support, and Religious Support in Relation to Burnout in Expatriate Humanitarian Aid Workers," *Mental Health, Religion & Culture* 12, no. 7 (2009): 671-686.

6. Robert Bagley, "Trauma and Traumatic Stress Among Missionaries," *Journal of Psychology and Theology* 31 (2003): 97-112; Frauke Schaefer et al., "Traumatic Events and Posttraumatic Stress in Cross-cultural Mission Assignments," *Journal of Traumatic Stress* 20, no. 4 (2007): 529-539. doi:101002/jts.20240.

14_ 트라우마 치료를 위한 영적 자원

1. Frauke C. Schaefer, Dan G. Blazer, Karen F. Carr, Kathryn M. Connor, Bruce Burchett, Charles A. Schaefer, and Jonathan R.T. Davidson, "Traumatic Events and Posttraumatic Stress in Cross-Cultural Mission Assignments," *Journal of Traumatic Stress* 20 (2007): 534-535.

2. R.C. Kessler, A. Sonnega, E. Bromet, M. Hughes, and C.B. Nelson, "Post-Traumatic Stress Disorder in the National Comorbidity Survey," *Archives of General Psychiatry* 12 (1995): 1048-1060.

3. F.C. Schaefer, et al., "Traumatic Events and Posttraumatic Stress," 536.

4. 앞의 자료.

5. 이 논문에 소개된 사례는 당사자들의 사생활 보호를 위해 여러 선교사가 겪은 내용을 조합하여 재구성한 것임을 일러둔다.

6. C.R. Brewin, B. Andrew, and J.D. Valentine, "Meta-analysis of Risk Factors for Posttraumatic Stress Disorder in Trauma-exposed Adults," *Journal of Consulting and Clinical Psychology* 68 (2002): 748-766.

7. F.C. Schaefer and C.A. Schaefer, eds., *Trauma and Resilience: A Handbook* (Fresno, CA: Condeo Press, 2012); Korean translation: *Suffering and Grace* (Seoul: Timothy Publishing House, 2016). Relevant sections: Karen Carr, "Normal Reactions After Trauma," 43ff and Appendix B "Common Reactions to Trauma," 201ff; Scott Shaum, "Reflections on a Theology of Suffering," 1ff.

8. F.C. Schaefer and C.A. Schaefer, eds., "Spiritual Resources in Dealing with Trauma," in *Trauma and Resilience: A Handbook* (Fresno, CA: Condeo Press, 2012), 157-162.

9. K.I. Pargament, B.W. Smith, H.G. Koenig, and L. Perez, "Patterns of Positive and Negative Coping with Major Life Stressors," *Journal for the Scientific Study of Religion* 37 (1998): 710-724.

10. Scott Shaum, "Reflections on a Theology of Suffering," in *Trauma and Resilience: A Handbook*, F.C. Schaefer and C.A. Schaefer, eds. (Fresno, CA: Condeo Press, 2012), 1ff, Appendix A. Worksheet, 197 참조.

11. C.V.O. Witvliet, K.A. Phipps, M.E. Feldman, and J.C. Beckham, "Posttraumatic Mental and Physical Health Correlates of Forgiveness and Religious Coping in Military Veterans," *Journal of Traumatic Stress* 17 (2004), 269-273.

12. 용서의 과정에 대한 상세한 내용은 다음을 참조하라. F.C. Schaefer and C.A. Schaefer, eds., "Spiritual Resources in Dealing with Trauma," in *Trauma and Resilience: A Handbook*, 162-168.

13. 각주 12번과 다음도 참조하라. Lewis Smedes, *Forgive and Forget* (New York, NY: HarperCollins, 1996).

14. 프라우케와 찰리 쉐퍼는 다음 책의 편집자 겸 저자다. Frauke C. Schaefer and Charles A. Schaefer, *Trauma & Resilience: Effectively Supporting Those Who Serve God* (Fresno, CA: Condeo Press, 2012).

1. E. Tory Higgins, "Self-Discrepancy: A Theory Relating Self and Affect," *Psychological Review* 94, no. 3 (January 1987): 319.

2. 김윤희, "한국 선교사 우울증과 성경적 상담" (석사학위 논문, 총신대학교 상담전문 대학원, 2013), 9-12.

3. Jill Freedman and Gene Combs, *Narrative Therapy: The Social Construction of Preferred Realities* (New York: Norton, 1996), 101-103.

4. Christopher Peterson and Martin Seligman, *Character Strengths and Virtues: A Handbook and Classification* (Washington D.C.: American Psychological Association, 2004).

5. Seulgi Park and Jinsoo Hwang, "The Impact of Organizational Culture on Subjective Well-being in the Hotel Industry," *Journal of Hotel Resort* 14 (Feb. 2015): 329-345.

6. Wade T. Keckler, Glen Moriarty, and Mark Blagen, "A Qualitative Study on Comprehensive Missionary Wellness," *Journal of Psychology and Christianity* 27, no. 3 (2008): 205-214.

7. Leslie A. Andrews, "Spiritual, Family, and Ministry Satisfaction among Missionaries," *Journal of Psychology and Theology* 27, no. 2 (Summer, 1999): 107.

8. Larry Dodds and Lois Dodds, *Foundation of Missionary Care* (Liverpool, PA: Heartstream Resources, Inc.). 미발간된 교육 자료. SPARE 케어에 대한 설명은 다음을 참조하라. Lois Dodds, Laura Mae Gardner and Alice Chen, *Global Servants: Cross-cultural Humanitarian Heroes* vol. 3 (Liverpool, PA: Heartstream Resources, Inc.), 140-153. 선교사의 우울증에 대한 설명은 다음을 참조하라. Esther Schubert, *What Missionaries Need to Know about Burnout and Depression* (New Castle, IN: Olive Branch, 1993).

9. 자가평가지(K-SE)에서 사역 만족도를 평가하기 위한 척도 질문 일곱 가지 는 다음과 같은 내용을 다룬다. 첫째, 사역 환경(환경, 직무 또는 장소의 안전성)이

다. 둘째, 사역 자원(사역 동기와 사역에 대한 의욕, 사역을 위한 자원, 재정적 자원)이다. 셋째, 사역 관계(동료 사역자와 리더와의 관계, 조직과 동료의 지원)이다.

10. 평균 차이를 확인하기 위해 독립표본 T-검정을 했다. 신체적 웰빙, t-2.595, p .014. 조직적 웰빙, t-3.550, p .001. 평균 차이는 p<.05에서 유의미 하다.

11. Lois A. Dodds, "Am I Still Me? Challenges to Identify for Cross-cultural Workers, Immigrants and Refugees," AACC World Congress of Christian Counselors, Nashville, TN (Forest, VA: AACC, 2013) 그리고 www. heartstreamresources.org에서 다른 콘퍼런스 자료를 참조하라.

12. 이 모델은 1994년 하트스트림에서 로렌스 도즈와 로이스 도즈가 창안한 것이다.

─────────── **5부** ───────────
선교사의 정신건강 돌봄을 위한 자원

16_조직 중심의 멤버 건강

1. 도널드 N. 라슨은 토론토 언어학연구소와 베델칼리지에서 가르쳤다. 그가 작고하기 전까지 우리는 링크케어센터에서 20년여 간 파송 전 오리엔테이션 프로그램을 함께 지도했다. 나의 기발한 생각은 상당수 그와 함께 일하면서 생겨난 것이다.

2. 여기 열거한 특징은 내가 30여 년간 선교기관을 훈련시키고 자문한 결과를 통해 나온 것으로, 특정 문헌이나 자료 출처로 연결시키기 어렵다는 점을 밝혀 둔다.

3. 이 연구를 위해 나는 간단한 구글 검색부터 출발했다. 수개월이 지난 뒤 이 여섯 항목으로 정리되었다. 참고문헌을 명시할 경우 문헌 목록이 논문보다 더 길어질 것 같아서 참고문헌을 생략한 것에 대해 양해를 구한다. '건강한 조직'

같은 키워드를 구글에서 검색하면 동일한 문헌을 찾을 수 있을 것이다. 다만 한국적 상황을 직접 다룬 자료들은 거의 찾지 못했다.

4. 여러 역할 가운데 하나는 미시오넥서스 멤버 에이전시의 '선교 자문역'이다 (https://missionexus.org/new-mission-advisors/). 나는 이 역할을 통해 전 세계에 흩어져 있는 에이전시의 조직 구조와 거기서 파생되는 전국 교회 구조에 멤버 건강이 통합되도록 돕고 있다.

5. Ivan Liew, ed., *Churches and Missions Agencies Together: A Relational Model for Partnership Practice* (Fresno, CA: Condeo Press, 2017).

17_ 한국인 은퇴 선교사들의
정서적 스트레스와 정신건강에 대한 사례 연구

1. 최형근, "선교사 멤버케어 시스템 구축", 〈선교와 신학〉, 28 (2011), 86-88.

2. "Missionary Health Institute", Retrieved November 10, 2018, http://missionaryhealth.ca

3. 최형근, 86-88.

4. 방콕포럼위원회-미션파트너스, 《방콕포럼 2014, 2015 자료집: 한국 선교사의 은퇴와 정신 건강》 (경기: 하늘씨앗미디어, 2015), 34-53, 66-76, 121-204.

5. 문상철, 《한국 선교 2013: 마이크로 동향과 재정》 (서울: 한국 선교연구원, 2013). http://www.internationalbulletin.org/issues/2013-02/2013-02-096-moon.pdf. 또한 다음을 참조하라. 문상철 등, "한국 선교 2015: 선교지를 떠나야 했던 선교사들", *International Bulletin of Missionary Research*, 39(2), (2015).

6. 대한예수교장로회총회 세계선교부, November 10, 2018, http://www.pckwm.org.

7. 노인정신의학회, 《노인정신의학》 (서울: 중앙문화사, 2014).

8. 조용환, 《질적 연구: 방법과 사례》 (서울: 교육과학사, 1999).

9. American Psychiatric Association, *Diagnostic and Statistical Manual of Mental Disorders 5* (Washington DC: American Psychiatric Association; 2013).

10. 고경봉, 《스트레스와 정신신체의학》 (서울: 일조각 2011). 17-24.

11. 황윤일, "선교사 은퇴 후 복지 문제". 〈선교와 신학〉, 28 (2011), 189-220.

12. 대한신경정신의학회, 《신경정신의학》, 687-723.

13. Daniel A. Girdano, Dorothy E. Dusek, and George S. Everly, Jr., *Controlling Stress and Tension: A Holistic Approach* (Upper Saddle River, NJ: Prentice-Hall, Inc., 1979), 3-7.

14. 대한신경정신의학회, 《신경정신의학》, 687-723.

15. 최상진·유승엽, "한국인의 체면에 대한 사회심리학적 한 분석", 〈한국심리학회지: 사회 및 성격〉, 6(2), (1992), 137-157.

16. 이원규, "한국교회의 개방성과 폐쇄성", 〈기독교사상〉, 288 (1982), 71-84.

17. 민성길 등, 《한국판 세계보건기구 삶의 질 척도 지침서》 (서울: 하나의학사, 2002).

18. 보건복지부 중앙자살예방센터, 《자살예방백서》 (서울: 중앙자살예방센터, 2015).

19. 배규환·이기재, 《통계조사방법론》 (서울: 한국방송통신대학교 출판부, 2003), 96-101.

20. 그 예로 다음을 보라. Debbie M. Hawker, John Durkin, and David S.J. Hawker, "To Debrief or Not to Debrief Our Heroes: That Is the Question," *Clinical Psychology and Psychotherapy* 18, no. 6 (Nov./Dec. 2011): 453-463.

21. Paul Davies, "New NHS Charges Hit Missionaries," *Professional Adviser*, Feb. 2017: 6-7, https://www.eauk.org/current-affairs/news/new-nhs-charges-hit-missionaries.cfm.

22. Simon Hearn et al., "Between Integrity and Despair: Toward Construct Validation of Erikson's Eighth Stage," *Journal of Adult Development* 19, no. 1 (Jan.

2012): 1-20. http://dx.doi.org/10.1007/s10804-011-9126-y.

23. Jaekyeong Lee, "South Korea's Great Missionary Movement-God's Sovereignty, Our Obedience," Korea Baptist Convention, Feb. 9, 2018, https://www.imb.org/2018/02/09/south-korea-mission-movement/.

24. Craig Storti, The Art of Coming Home (Boston: Intercultural Press, 1996, 2001, 2003).

25. Peter Jordan, Re-entry: Making the Transition from Missions to Life at Home (Seattle: YWAM Publishing, 1992).

26. Michael J. Beaver, "The Effect of Modernity on Korean Sojourners and Korean Non-sojourners: Shift in Cultural Identity and Self-construal and Reentry Adaptation" (doctoral dissertation, Capella University, 2008).

27. Helene Kim Lee, "Bittersweet Homecomings: Ethnic Identity Construction in the Korean Diaspora" (doctoral dissertation, University of California, 2009).

28. Stephen Suh, "Nostalgic for the Unfamiliar: US-Raised Koreans and the Complexities of 'Return'" (doctoral dissertation, University of Minnesota, 2016).

29. Jeeeun Park, Seongjin Cho, Junyoung Lee, Jeehoon Sohn, Suseong Seong, Hyewon Suk, and Maengje Cho, "Impact of Stigma on Use of Mental Health Services by Elderly Koreans," Social Psychiatry and Psychiatric Epidemiology 50, no. 5 (May 2015): 757-766.

30. Simon Wessely, "Princes William and Harry Break Mental Health Taboos for a New Generation," The Guardian, April 19, 2017, https://www.theguardian.com/commentisfree/2017/apr/19/princes-william-harry-taboos-mental-health.

18_남서울교회를 통해 본 한국인 선교사의 은퇴 준비

1. Andrew F. Walls, "Migration in Christian History," in People Disrupted, ed. Jinbong Kim (Pasadena: William Carey Library, 2018), 35-39.

2. 앞의 책, 35-39.

3. Steve Sangcheol Moon, *The Korean Missionary Movement* (Pasadena: William Carey Library, 2016), 5-11.

4. 앞의 책.

5. 다음을 보라. http://www.krim.org/welcome/press/?bo_table=notice_press&wr_id=69.

6. 다음을 보라. http://ny.koreatimes.com/article/20180731/1194310

7. Jinbong Kim, *Rethinking Retirement and Creative Aging among Korean Protestant Missionaries* (Winona Lake: Grace Theological Seminary, 2016), 228-230.

8. Jinbong Kim, "Korean Missionary Retirement Survey," in *Family Accountability in Missions*, ed. Jonathan Bonk (New Haven: OMSC, 2013), 259-273.

9. Kim, "Rethinking Retirement and Creative Aging Among Korean Protestant Missionaries," 228-230.

10. 가명으로, 그는 남서울교회 소속 선교사가 아니다.

11. 다니엘 선교사는 대한예수교장로회 합동측 선교회 소속으로, 그 단체는 당시 아프리카 선교지로 가는 4인 가족의 선교사 가정에게 월 2,400달러의 후원금 모집을 요구했다. 그리고 파송 교회가 되는 자격은 그 금액의 60%(1,440달러) 이상을 후원하는 것으로 규정하고 있었다.

12. Jinbong Kim, "Korean Missionary Retirement Survey", 259-273.

13. Eunjee Park and Yunhwan Chae, "Old and Broke, More Koreans Forgo Retirement," *Korea Joongang Daily*, November 12, 2018.

14. GMS는 2,500명 이상의 선교사를 파송했고, 900여 곳의 주 후원 교회가 연결되어 있다. 그러나 그중 선교사 은퇴 준비를 하는 후원 교회는 거의 없다. 한국 WEC에서는 (2018년 기준) 462명의 회원이 활동하고 있지만, 은퇴하는 선교사에 대한 구체적 재정 대책이 없다.

15. 남서울교회 《선교백서》에 잘 명시되어 있다.

16. Special panel on "Korean Mission and the Future," 4th KGMLF in Sokcho, South Korea, November 10-14, 2017.

17. 인터뷰 중에서, 2018년 7월 10일.

18. 인터뷰 중에서, 2018년 6월 15일.

19. 이 책에 실린 엄은정의 논문을 참조하라.

20. Sherwood Lingenfelter, "Response to SaRang Community Church," in Jonathan Bonk et al., eds., *Accountability in Mission: Korean and Western Case Studies* (Eugene, OR: Wife & Stock, 2011), 148.

21. Kim, 2013, 259-273.

22. 스페인 말라가에서 열린 유럽 멤버케어 콘퍼런스에서의 대화, 2018년 3월 17일.

23. Sinae Park, "Development of the Survey on Immigrant's Living Conditions and Labor Force" *Migration Statistics Research* 22, no. 1 (2017): 2.

24. 빌 3:13.

25. George Miley, "The Awesome Potential for Mission Found in Local Churches," in Ralph Winter and Steven C. Hawthorn, eds., *Perspectives on the World Christian Movement: A Reader* (Pasadena, CA: William Carey Library, 2009), 748.

26. Sunny Hong, "Caring for the Parents of Missionaries: A Case Study of Global Bible Translators," in Dwight P. Baker and Robert J. Priest, eds., *The Missionary Family: Witness, Concerns, Care* (Pasadena, CA: William Carey Library, 2014), 60-78.

19_구약성경에 나타난 우울증

1. 영어 논문에서는 별도의 언급이 없는 경우 표준적인 학술 사전에 근거해 히브리 성경을 저자가 직접 번역해 사용했다. 시구는 영어의 운문 작법을 따랐다(한글 번역 시 원칙적으로 개정개역을 따랐고, 의미 전달을 위해 필요한 경우 원문의 번역문을 한글로 번안했음-옮긴이 주).

2. "Depression, major depressive disorder," Mayo Clinic, accessed April 2, 2018, https://www.mayoclinic.org/diseases-conditions/depression/symptoms-causes/syc-20356007. 다른 설명이 없을 경우, 메이요클리닉 관련 인용구는 이 주소나 그 하위 폴더에서 인용했다.

3. "Depression," American Psychiatric Association, accessed April 2, 2018, https://www.psychiatry.org/patients-families/depression/what-is-depression.

4. '마음'은 히브리어에서 '정신'을 뜻하는데, 생각과 느낌(감정)이 그곳에서 나온다. 따라서 '마음의 슬픔'은 정신질환을 가리킨다.

5. 미첼 다후드가 번역한(히브리어) 시편 69장 21절: Mitchell Dahood, *Psalms II: 51-100*, AB 17 (New York: Doubleday, 1968), 161.

6. 사울에게 양극성 장애가 있었을 수도 있다.

7. "Complicated Grief," Mayo Clinic, accessed September 15, 2018, https://www.mayoclinic.org/diseases-conditions/complicated-grief/symptoms-causes/syc-20360374.

8. 그 밖에 욥은 친구들이 제기한 죄와 형벌에 대한 문제(8:4)와 연관된 교훈(21:19)의 맥락에서 자녀들의 죽음을 암시할 뿐이다.

9. 솔직히 이런 증상 중 일부는 피부질환과 우울증의 복합적 이유 때문일 수 있다.

10. 이런 증상은 일반적이어서 하나의 부작용으로 우울증이 나타나는 특정 질병의 감별 진단을 시사하는 것으로 보이지는 않는다. 전체로 보아 이 비탄시들은 다른 어떤 질병보다 우울증을 나타내는 것으로 보인다.

11. 시편 3, 5-7, 9-10, 12-13, 17, 22, 25, 26, 28, 31, 35-36, 38-43, 51, 54-57, 59, 61, 63-64, 69-71, 77, 86, 88, 94, 102, 109, 120, 130, 137, 140-143 등 모두 47편의 비탄시가 나온다. 또한 최소 여섯 편의 공동체의 비탄시가 있다. 시편 44, 60, 74, 79, 80, 83이 그것이다. 주석 학자에 따라 14편까지 되기도 한다(예를 들어 Gottwald는 시편 58, 85, 89, 90, 108, 123, 126, 144편을 추가한다).

12. 영어 번역본과 사전이 '부르짖다(calling out)'를 '울부짖다(crying [out])'로 번역할 때 혼동을 일으킬 수 있다. 어떤 경우에는 '부르짖음'이 눈물 흘리는 것을 동반할 수 있다(예를 들면 시 39:12; 69:3). 또한 어떤 비탄시에서 구체적으로 흐느껴 운다고 표현하지 않더라도 울고 있음을 가정할 수도 있다. 즉 부르짖음/울부짖음에 흐느낌이 동반되는 것이다. 그러나 번역과 사전은 이 두 가지 표현을 구분할 필요가 있다.

13. 히브리어 학자 미첼 다후드는 이 단어를 '흐려졌다(bleary)'라고 번역했다. M. Dahood, *Psalms II: 51-100*, 156.

14. 미첼 다후드는 이 단어를 '두근거리다(flutters)'로 번역했다. M. Dahood, *Psalms II: 51-100*, 28.

15. 미첼 다후드는 이 단어를 '(언어)폭력'으로 번역했다. Dahood, *Psalms II, 51-100*, 154.

16. "Depression: Supporting a family member or friend," Mayo Clinic, accessed April 17, 2018, https://www.mayoclinic.org/diseases-conditions/depression/in-depth/depression/art-20045943.

1. Lois A. Dodds and Laura Mae Gardner, *Global Servants: Cross-cultural Humanitarian Heroes*, vol. 1, *Formation and Development of These Heroes* (Liverpool, PA: Heartstream Resources, 2010), vviii.

2. 빅터 고어즐 · 밀드러드 조지 고어즐 · 테드 조지 고어즐, 박중서 옮김,《세계적 인물은 어떻게 키워지는가(Cradles of Eminence)》(뜨인돌, 2006).

3. Dodds and Gardner, *Global Servants*, 109.

4. Dodds and Gardner, *Global Servants*, xxiii.

5. 출 2:1-10.

6. Dodds and Gardner, *Global Servants*, xxiv, 67.

7. Dodds and Gardner, *Global Servants*, 5-6.

8. Dodds and Gardner, *Global Servants*, 7-8

9. Lois A. Dodds, "Ten Gifts to Give Your Children," *Eternity*, vol. 30, no. 12 (Dec. 1979): 26-29. 이 글은 다양한 저널과 언어로 번역되었다. Korean language translation by Child Evangelism Fellowship, 1984.

10. Lois A. Dodds and Lawrence E. Dodds, "Love and Survival: Personality, Stress Symptoms, and Stressors in Cross-cultural Life" (presentation, American Association of Christian Counselors Conference, Dallas, TX, Oct. 19, 2000), http://www.heartstreamresources.org.

11. 정신건강과 선교 콘퍼런스에서 존 파월 박사가 직접 이 내용을 보고했다. 다른 이들도 이와 같은 내용에 대해 언급했다.

12. Lois A. Dodds and Lawrence E. Dodds, "Stressed from Core to Cosmos: Needs and Issues Arising from Cross-cultural Ministry" (presentation, American Association of Christian Counselors Conference, Philadelphia, PA, March 22 – 23, 1995); also presented

at AACC Conference, Pittsburgh, PA, Sept. 22-23, 1995. Later published in *Christian Counseling Newsletter*, Fall 1995 (Liverpool, PA: AACC). Also presented for the Association of Church Mission Committees (ACMC) at various regional meetings. 이 작품은 도즈의 글 가운데서 가장 많이 읽혔다.

13. Dodds and Gardner, *Global Servants*, 45-46.

14. Dodds and Gardner, "Resiliency-Essential for Effectiveness," in *Global Servants*, vol. 2 (Liverpool, PA: Heartstream Resources, 2011), http://www.heartstsreamresources.org, 56-59.

15. David Polluck and Ruth Van Reken, *Third Culture Kids: The Experience of Growing up among Worlds* (Yarmouth, ME: Nicolas Brealey Publishers with Intercultural Press, 2001), 119; also Cindy Loong, ed., *Growing Up Global: What a TCK's Life is Like* (Hong Kong: Shepherd International Church, Ltd., 2008).

16. Dodds and Gardner, *Global Servants*, 109.

17. 내 자녀와 손자들이 세 곳의 기독교대학에서 경험한 내용이다.

18. Jonathan Bonk, et al., eds., *Family Accountability in Missions* (New Haven, CT: Overseas Ministries Studies Center Publ., 2013), 5-13. Esther Baeq poignantly illustrates many of these in her life narrative.

19. David Polluck and Ruth Van Reken, *Third Culture Kids*.

20. Lois A. Dodds, "Am I Still Me? Challenges to Identity for Cross-cultural Workers, Immigrants, and Refugees" (presentation, AACC World Congress, Nashville, TN, Sept. 11-14, 2013). Also available in booklet form from http://www.heartstreamresources.org.

21. Lois A. Dodds, "Resiliency and Vulnerability: Longevity and Effectiveness in Cross-cultural Ministry," *AACC Newsletter* 20, no. 4 (Liverpool, PA: Heartstream, 2012), 22-25, http://www.heartstreamresources.org.

22. Jonathan Bonk et al., eds., *Family Accountability in Missions*, 7.

23. Tracey Tokuhama-Espinosa, *Raising Multilingual Children: Foreign Language Acquisition and Children* (Westport, CT: Bergin and Garvey, 2001).

24. Bonk, et al., eds. *Family Accountability in Missions*, 75-101. See especially chapter 3: "The Education of Missionary Children: Challenges and Opportunities."

25. Dodds and Gardner, *Global Servants*, 21.

21 _ 다문화 선교 수립에 따르는 기회와 도전, 한국 WEC 국제선교회의 사례

1. WEC International, "Core of WEC" (WEC International, 2016), 2.

2. 이 1,900명을 '현역 멤버'라고 부른다.

3. 이 사례 연구에서 전통적 파송 국가는 1980년 이전 WEC에서 활발하게 선교사를 내보낸 국가들을 말한다.

4. WEC International, "Core of WEC," 4.

5. WEC International, "Practice of WEC" (WEC International, 2016), 4.

6. 오늘날에는 '다수 세계(the majority world)' 또는 '남반구(global south)'라고 표현한다.

7. Evan Davies, *Whatever Happened to CT Studd's Mission?* (Gerrard's Cross, UK: WEC Publications, 2012), 87.

8. WEC International, "Core of WEC," 3.

9. 이종선, "WEC 국제선교회 한국 선교사들의 다문화 팀 적응에 관한 연구" (신학석사학위 논문, 합동신학대학원대학교, 2014), 45.

10. 2019년 3월에 이뤄진 짧은 설문조사에는 74명(남녀 비율은 55 대 45)이 참여했다. 응답자 가운데 77%는 WEC에서 5년 이상 일했으며, 응답자의 50%는 10년 이상 일했다. 응답자 가운데 리더 역할을 한 사람은 23%였고, 기혼자는

78%(22%는 독신)였다. 다문화 팀에서 일한 사람은 85%였다. 팀원 가운데 대다수가 비전통적 파송 국가 출신인 경우 47%, 팀원 대다수가 전통적 파송 국가 출신인 경우는 46%였다.

11. 이종선, "WEC 국제선교회 한국 선교사들의 다문화 팀 적응에 관한 연구", 49.

12. 이종선, 앞의 논문, 55-57.

13. 앞의 논문, 94.

14. Evan Davies, *Whatever Happened to CT Studd's Mission?*, 142.

7부
마무리 요약

22 _ 우리의 고통은 헛되지 않다

1. 한국의 NGO 단체인 기독교윤리실천본부의 정직신뢰성증진운동은 2008년 이래로 한국 교회의 사회적 신뢰성을 측정하는 연차 설문조사를 실시해 왔고, 그 결과가 공개되어 있다. 비그리스도인과 그리스도인이 교회에 대해 어느 정도의 사회적 신뢰도를 가지고 있는지를 가늠하는 조사는 한국 교회와 그리스도인으로서 처음 시도해 보는 것이었다. 초창기에는 복음주의적 그리스도인들로부터 이것이 자기파괴적 행동이라는 비난을 받았지만, 이제는 가톨릭과 불교와 비교해 한국 교회의 신뢰도가 사회적으로 어떻게 인식되는지를 평가하는 잣대로 널리 인정받고 있다.

2. 최승현, "종교단체 신뢰도 3.3%, 12개 기관 중 8위," *Newsnjoy.or.kr*, Nov. 8, 2018, accessed Mar. 20, 2019, http://www.newsnjoy.or.kr/news/articleView. html?idxno=220874. 정부기관들과 군대를 포함한 12개 기관 중 종교단체는 사회적 신뢰도 수준에서 8위를 기록했다(종교단체의 신뢰도 수준은 3.3%였다).

3. 갑질은 상대적으로 우위에 있거나 다른 사람보다 많은 권력을 가진 자가 보이는 오만무례하고, 권위주의적이고, 심지어 폭력적이기까지 한 태도나 행

동을 말한다. 회사 소유주가 마치 제후처럼 행동하는 경우 등에서 자주 목격된다. 2014년에 일어난 악명 높은 '땅콩 분노' 사건으로 사회적 스캔들이 되었다.

4. Ruth Tucker, *From Jerusalem to Irian Jaya: A Bibliographical History of Christian Missions* (Grand Rapids: Zondervan Academic, 1983 and 2004).

5. Robert A. Hardie, "God's Touch in the Great Revival," *Korea Mission Field*, vol. 10 (January 1914).

6. Samuel H. Moffett, "The Independence Movement and the Missionaries," *Royal Asiatic Society-Korea Branch*, vol. 54 (1979): 13-32.

7. Methodist Episcopal Church, South, *Twenty-Sixth Annual Report of the Woman's Foreign Missionary Society for 1903-04*, Methodist Episcopal Church, South, Woman's Foreign Missionary Society (Louisiana Conference: 1954).

8. 최근에 이루어진 다음 연구 프로젝트는 이 문제를 이해하는 데 도움이 될 것이다. 유희주, "영적 안녕감 증진을 위한 선교사 집단 심리 디브리핑 프로그램 개발: 기독교적 이야기 치료 관점에서" (박사학위 논문, 햇불트리니티신학대학원대학교, 2018).

23 _ "우리가 이 보배를 질그릇에 가졌으니…":
정신건강과 하나님의 종

1. C.P. Williams, "Not Quite Gentlemen: An Examination of 'Middling Class' Protestant Missionaries from Britain, c. 1850 – 1900," *The Journal of Ecclesiastical History* 31, no. 3 (July 1980): 301-305. Published online, March 25, 2011, https://www.cambridge.org/core/journals/journal-of-ecclesiastical-history/article/not-quite-gentlemen-an-examination-of-middling-class-protestant-missionaries-from-britain-c-18501900/A0C2EE294A577DA3A397FB2F93E66D05 참조.

2. 그리스 신화에서 포세이돈의 아들 프로크루스테스(Procrustes)는 아테네와 엘

레우시스를 잇는 신성한 도로상의 에리네우스에 위치한 코리달로스 산에 요새를 짓고 살았다. 그는 지나가는 나그네가 있으면 하룻밤 묵어 가라고 불러들여 침대에 눕힌 뒤 대장장이의 망치를 들고 침대 크기에 맞도록 나그네를 잡아 늘이거나 몸의 일부분을 잘라냈다.

3. 로웬은 말라리아에 걸린 아우렐리아누스 목사의 아내가 병을 치유한 이야기를 전한다. 선교사들은 야고보서 5장 14-15절 "너희 중에 병든 자가 있느냐 그는 교회의 장로들을 청할 것이요 그들은 주의 이름으로 기름을 바르며 그를 위하여 기도할지니라 믿음의 기도는 병든 자를 구원하리니 주께서 그를 일으키시리라…"는 말씀을 믿는 척만 했을 뿐 그들의 기도는 효험이 없었다. 얼마 뒤 현지 원주민 출신 목사들이 따로 모여 그녀를 위해 기도했을 때는 은혜가 있었다. 선교사들이 어째서 기도 모임에 자기들을 부르지 않았느냐고 묻자 아우렐리아누스 목사는 "당신들은 진정한 믿음이 없어 기도의 효과가 분명히 없을 것이기 때문이다"라고 답했다. Jacob A. Loewen, "Missions and the Problems of Cultural Background," in *The Church in Mission: A Sixtieth Anniversary Tribute to J.B. Toews*, ed. A.J. Klassen (Fresno, CA: Mennonite Brethren Church, 1967), 289-292.

4. David E. Stannard, *American Holocaust: Columbus and the Conquest of the New World* (New York: Oxford University Press, 1992) 참조. 역사학자 스태너드는 1490년대 히스파니올라 섬의 아라와크족에 대한 스페인의 최초 공격에서부터 1890년대 '운디드 니(Wounded Knee)' 주변에서 벌어진 미국 육군에 의한 수(Sioux) 인디언 학살에 이르기까지 400년 동안 세계 역사상 가장 끔찍한 대량학살을 통해 현재의 북미와 남미 대륙의 토착민 1억 명가량이 말살된 것으로 추정하고 있다. 그것은 백인 '그리스도인'에 의해 저질러졌다. 그리고 역사상 가장 기독교적 국가들 가운데 하나인 독일이 자행한 유대인 대학살을 떠올리지 않을 수 없다. 물론 히틀러는 그리스도인이 아니라고 변명할 수 있겠지만, 우리는 당시 독일의 종교 인구 통계에 기초해 이 거대한 살상 체계를 잉태하고 관리하고 구현한 군인과 군무원, 민간 공무원 대부분이 자신을 '그리스도인'이라고 칭했음을 부인할 수 없다. 인종에 근거한 대량학살이 백인만의 전유물은 아니었다. 1994년 4월 7일부터 7월 중순에 이르는 100일 동안 자행된 르완다의 인종 말살에서 후투족은 50~100만 명가량의 투치족을 학살했다. 르완다는 당시에도 지금도 기독교 국가로 인구의 57%가 천주교, 26%가 개신교, 11%가 제칠일안식일예수재림교 교인이다. 나머지 인구는 무슬림이거나 토착종교를 따른다.

이것은 희생자와 가해자 모두 그리스도인이었음을 뜻한다. 이런 일들을 생각해 보면 다민족 선교 공동체 내에서 갈등 상황이 일어나는 것이 전혀 놀랍지 않다. 이런 갈등은 종종 '문화적'인 것으로 대수롭지 않게 다뤄진다. 물론 문화적 차원이 있는 것은 사실이다. 그러나 그 이면에는 인종차별주의, 동족결혼주의, 문화와 언어의 뚜렷한 차이 등에 따른 자기정체성의 개념이 견고히 자리하고 있다. 이런 이유로 바울이 초기 신자들에게 지속적으로 촉구한 것과 같은 조화로운 공동체를 만들기가 어려운 것이다.

5. 180여 년 전 아라칸(미얀마)에 온 젊은 어머니이자 미국 침례교 선교사인 세라 데이비스 콤스탁(Sarah Davis Comstock)은 1842년 선교 사역과 가족에 대한 책임 사이에서 갈등하는 내용의 고뇌에 찬 편지를 다음과 같이 써내려 갔다.

"우리 아이들은 자아의 또 다른 이름입니다. 내가 자녀들의 미래를 두고 큰 염려를 하고 있다고 여긴다면 바로 맞췄습니다. 내 염려가 얼마나 많고 깊은지 아무도 모를 것입니다. … 나는 자녀들에 대한 어머니의 의무는 창조주에 대한 의무에 이어 두 번째로 중요하다고 믿습니다. 선교사이자 동시에 어머니인 경우 이런 보편적 인식에서 어느 정도까지 자유로울 수 있는지 판단하기가 어렵습니다. 나는 모든 어머니가 기도하는 마음으로 이 문제를 생각해 보고 각자의 양심에 따라 결정하는 수밖에 다른 방법이 없다고 봅니다. 이 문제에 대한 내 느낌을 말하라고 하면, 오랫동안 기도하며 숙고한 결과 큰 아이 둘을 일 년간 미국으로 보내는 것이 최선이라는 결론에 도달했습니다. 이것은 분명 선교사가 치러야 할 희생의 극치인 듯합니다…."

"옳은 일을 해야 한다는 양심, 의무를 다해야 한다는 책임감이 아니라면 정말 버티기가 어렵습니다. 저를 위해, 부모가 주는 사랑의 섬세한 보살핌이 가장 필요한 나이에 곧 고아가 될 사랑하는 아이들을 위해 기도해주십시오. 이런 생각을 하면 고통스럽고 터질 듯한 마음을 진정시키기가 너무 어렵습니다. 동정심 많은 내 구주께서 그분을 위한 희생 목록에 '자식'이라는 두 글자를 추가하지 않으셨다면 아마도 저는 아이들 생각을 더 많이 했겠지요…."

"우리의 이삭을 포기하지 말아야 할까요? 그렇지 않습니다. 오히려 우리는 '너희 고아들을 나에게 맡겨라'고 말씀하신 주님의 돌보심에 우리 자신과 소중한 자녀를 맡기기 위해 노력해야 합니다. 어떤 의미에서 그들은 고아입니다. 그러나 우리가 하늘에 계신 아버지의 뜻에 순종하는 과정에서 그들이 고아가 되었다면 하나님이 그들의 아버지와 보호자가 되어 주지 않으실까요? 세상에서 가장 애정 어린 부모의 자리를 하나님이 대신 넉넉히 채워주지 않으실까요?"

1842년 그녀는 자녀들을 배에 태워 미국으로 보냈다. 그리고 일 년도 채 지나지 않아서 콜레라로 사망했고, 다시 자녀들을 볼 수 없었다.

1835년 그로브스와 세라 콤스탁 부부는 영국령 아라칸(미얀마)에서 봉사 활동을 시작했다. 큰아이 둘을 미국으로 보내고 얼마 지나지 않아서 부부 모두 콜레라로 사망했다. 아내는 1843년, 남편은 1845년에 세상을 떠났다. Mrs. A.M. Edmond, *Memoir of Mrs. Sarah D. Comstock, Missionary to Arracan* (Philadelphia, PA: American Baptist Publication Society, 1854), 184-186. 그리고 다음을 참조하라. G. Winfred Hervey, *The Story of Baptist Missions in Foreign Lands, From the Time of Carey to the Present Date* (St. Louis, MO: Chancy R. Barns, 1884), 348.

6. V. Hunter Farrell, "Broken Trust: Sexual Abuse in the Mission Community. A Case Study in Mission Accountability" (paper presented to the seminar on Mission-Missionary-Church Accountability Issues and Case Studies: Implications for Integrity, Strategy, and Dynamic Community; OMSC, New Haven, CT, Feb. 2011) 참조. 1998년 GAMC의 세계 선교부는 콩고에서 사역한 어느 장로교 은퇴 선교사에게서 성적 학대에 대한 보고를 받았다. 1945~1978년 콩고민주공화국(구 자이르)에서 발생한 아동학대 혐의를 조사하기 위해 독립조사위원회('조사위')가 구성되었다. 조사위는 독립적으로 활동했으며, 총회 평의회 집행위원회에 추가 조치 권고 사항을 포함한 보고서를 제출했다. 조사위에게 주어진 구체적 임무는 징계나 민사상의 법적 책임을 수립하기 위한 목적이 아니라 "본질적으로 목회적 차원에서 피해자를 돕고 일반 기독교 공동체의 복지, 총회 차원의 사무국, 미국 장로교의 건전성에 도움이 되는 것"이었다.

2002년 조사위가 제출한 최종 보고서에 따르면 한 장로교 목사가 33년 동안 선교사로 사역하는 동안 콩고 루본다이에 위치한 센트럴스쿨에서 선교사 자녀에 대해 적어도 25건의 성적 학대를 저질렀음이 확인되었다. 조사위가 제출한 30건의 권고안은 총회 평의회에 접수되었으며, 그중 한 건과 하위 항목 한 가지를 제외한 모든 권고안을 채택했다(권고안 #29는 장로교 체제에서는 실현될 수 없었고, 하위 항목 #14-B는 총회 평의회의 권한을 넘어서는 법적 문제가 제기되었다). 총회 평의회는 이 보고서를 공개적으로 배포했으며, 아동 성 학대 문제에 대한 인식을 높이고 향후 학대 행위를 방지하기 위해 조사위 권고 사항 이상의 추가 조치를 취했다. 조사위의 조사 과정에서 다른 국가(특히 이집트와 카메룬)와 다른 시기에도 장로교 선교사 자녀들이 학대를 당했다는 고발이 접수되었다. 2003년 6월 27일, 총회 평의회 집행위원회는 학대 사건 검토를 위한 독립 소위원회에 '카메룬과 이집트를 포함한 다른 선교지'에서의 학대 혐의에 대한 조사를 의뢰했다.

7. Kosuke Koyama, *No Handle on the Cross: An Asian Meditation on the Crucified Mind* (London: SCM, 1976), 77.

색인